权威·前沿·原创

皮书系列为
"十二五""十三五"国家重点图书出版规划项目

陕西房地产蓝皮书

BLUE BOOK OF
REAL ESTATE OF SHAANXI

陕西房地产业发展报告
（2019）

ANNUAL REPORT ON THE DEVELOPMENT OF SHAANXI'S
REAL ESTATE (2019)

长安大学
陕西省房地产研究会
主　编／王圣学
副主编／王婉玲　周　华　赵乃全

社会科学文献出版社
SOCIAL SCIENCES ACADEMIC PRESS（CHINA）

图书在版编目（CIP）数据

陕西房地产业发展报告. 2019 / 王圣学主编. －－北
京：社会科学文献出版社，2019.6（2019.7 重印）
（陕西房地产蓝皮书）
ISBN 978 － 7 － 5201 － 4469 － 8

Ⅰ. ①陕…　Ⅱ. ①王…　Ⅲ. ①房地产业 － 经济发展 －
研究报告 － 陕西 － 2019　Ⅳ. ①F299. 274. 1

中国版本图书馆 CIP 数据核字（2019）第 046580 号

陕西房地产蓝皮书
陕西房地产业发展报告（2019）

主　　编 / 王圣学
副 主 编 / 王婉玲　周　华　赵乃全

出 版 人 / 谢寿光
责任编辑 / 王　展

出　　　版 / 社会科学文献出版社·皮书出版分社（010）59367127
　　　　　　地址：北京市北三环中路甲 29 号院华龙大厦　邮编：100029
　　　　　　网址：www. ssap. com. cn
发　　　行 / 市场营销中心（010）59367081　59367083
印　　　装 / 天津千鹤文化传播有限公司

规　　　格 / 开 本：787mm × 1092mm　1/16
　　　　　　印 张：30　字 数：452 千字
版　　　次 / 2019 年 6 月第 1 版　2019 年 7 月第 2 次印刷
书　　　号 / ISBN 978 － 7 － 5201 － 4469 － 8
定　　　价 / 128. 00 元

本书如有印装质量问题，请与读者服务中心（010 － 59367028）联系

长安大学中央高校基本科研业务费专项资金资助
（项目编码：300102418609）
陕西省社科界 2019 年度重大理论与现实问题研究项目
（立项号：2019W011）

陕西房地产蓝皮书编委会

主要编撰者简介

王圣学 陕西省房地产研究会会长,西安天盛城市发展研究院院长,长安大学城市研究所所长、教授。兼任陕西省决策咨询委员会委员、西安市决策咨询委员会委员、西安市规划委员会委员、陕南发展研究院学术委员会主任、西安—渭南富阎产业合作园区管委会经济顾问、中国城乡规划学会国外城市规划学术委员会委员、首都经贸大学兼职教授、北京房地产学会理事会副主席等。

长期以来主要从事城市与区域经济学、房地产经济学和城市规划与区域规划方面的研究工作。1979 年以来,在《中国社会科学》《人民日报》《经济日报》《人文杂志》等报刊发表经济学理论、城市与区域经济学、城市规划、房地产研究等方面学术论文 150 多篇,出版专著 8 部。主持和参与国家及省级重点课题 15 项,获省部级和学会奖 10 余项,主持科研项目 20 余项,主持城市规划项目 10 余项。

王婉玲 西安工程大学教授、硕士生导师,陕西省优秀教师。曾参加或主持国家社会科学基金项目、陕西省社会科学基金项目、陕西省教育厅项目等 10 余项,获陕西省优秀教学成果、中国纺织工业联合会优秀教学成果奖等多项,发表科研论文 50 余篇。

周 华 毕业于西北大学城市与环境学院,人文地理学硕士,现任长安大学建筑学院城乡规划系讲师,主要从事城乡规划、房地产经济学等方面的教学研究工作。先后发表学术论文 10 多篇,参与国家级和省部级课题 10 余项,参与城乡规划编制工作多项。

赵乃全 经济管理专业研究生学历，高级工程师。曾任西安市房地产开发总公司党总支书记，长期从事房地产的管理和研究工作，曾在《陕西建设》《西安房地产》《西北大学学报》《中国思想政治工作研究》等报刊发表论文50余篇。

摘　要

《陕西房地产业发展报告（2019）》反映的是 2014～2018 年五年来陕西房地产业发展的基本情况。

从 2014 年到 2018 年的五年，陕西的房地产业大致可分为两个阶段：2014～2016 年市场低迷，处于去库存阶段；2017～2018 年处于复苏、快速发展阶段。

全书分为三大部分，第一部分为总报告，对陕西省五年来，特别是最近两年来的房地产业各个方面做了较为全面的论述，尤其是对商品房市场和保障房市场做了较为详尽的分析，并对全省 2019 年的房地产发展提出了建议。

第二部分为专题篇，从土地政策、财税政策、金融政策、保障房建设等 11 个方面对全省的房地产业进行了专题研究并对今后的发展提出了建议。

第三部分为区域篇，分区域对全省包括西安在内的 10 个省辖市和一个省部共建的杨凌农业高新技术示范区最近五年来，特别是最近两年来的房地产业发展状况做了较为全面的研究分析。

前　言

　　《陕西房地产业发展报告（2019）》反映的是 2014～2018 年五年来陕西房地产业发展的基本情况。

　　从 2014 年到 2018 年的五年，陕西的房地产业大致可分为两个阶段：2014～2016 年市场低迷，处于去库存阶段；2017～2018 年这两年处于复苏、快速发展阶段。

　　据统计，2014 年到 2016 年，陕西房地产商品房住宅年均投资不到 2000 亿元，平均增长速度不到 7%，年均商品房销售面积不足 3000 万平方米，平均增长速度不到 5%；商品房平均价格只有每平方米 5000 多元，平均增长速度不到 3%。

　　分析其原因，这三年陕西房地产市场低迷，除了受我国宏观经济下行压力较大，房地产市场整体投资下降、销售下降，市场信心不足等因素的影响外，也和陕西前些年经济社会发展和人口增长缓慢有关。我们曾在 2016 年夏秋之际做过一次较为深入的调研。通过调研，我们总结出了当时西安房地产市场投资、需求、销售和房价长期超稳定的六大原因：一是多头供地、竞相压价，压低了土地价格；二是保障房规模较大；三是单位集资建房规模较大；四是城中村改造规模大，小产权房数量多；五是人口增长缓慢；六是经济增长缓慢，居民收入低，人们普遍对西安未来的发展、就业、收入不看好，对楼市的信心不足。

　　2017 年以来的这两年，除了中央政府对楼市采取了"去库存"和"一城一策"的调控政策以外，陕西省新一届省委、省政府调整了有关方面的政策，特别是调整了影响陕西全局的西安进城户籍政策和把由省直管的国家级新区西咸新区交给西安市代管，从而使西安和陕西的房地产业在 2017～

2018 年这两年进入了迅速发展的快车道。

特别是占全省房地产份额 70% 以上的西安市，在新一届市委、市政府的领导下，全面调整了过去十多年来影响西安市房地产和经济社会发展的诸多政策，比如多头供地政策、单位集资建房政策、城中村改造政策以及严厉的进城户籍政策等，使西安的经济社会发展和房地产业发展迅速，不但 GDP 每年增加 1000 亿元以上，城市人口两年里增加了 105 万人，而且城市建设日新月异。加上获批国家中心城市和国家"一带一路"倡议等诸多利好政策的支持，西安迅速成为"网红"城市，人们对西安的未来发展前景预期大增。同时，房地产的发展也改变了前些年市场不温不火，房价超稳定的局面。据统计，西安市房地产开发企业完成投资由 2017 年的 2333.34 亿元增加到 2018 年的 2518.01 亿元，同比增长 7.9%；房屋施工面积由 2017 年的 15843.92 万平方米增加到 2018 年的 16044.57 万平方米，同比增长 1.3%；商品房销售面积由 2017 年的 2509.78 万平方米增加到 2018 年的 2713.46 万平方米，同比增长 8.1%；商品房销售额由 2017 年的 2123.34 亿元增加到 2018 年的 2753.13 亿元，同比增长 29.7%；全市（含郊县）平均房价由每平方米 8000 元左右上涨到 10000 元左右，增速一度为全国大城市第一。为此，西安市在最近两年出台的房地产调控政策也是全国最为频繁、最为严厉的，即使西安的房价在全国大城市中还是比较低的。

展望未来，伴随着经济稳步增长和新型城镇化的推进，房地产业仍然有较大的发展空间。因为土地价格、原材料价格、劳动力成本都在上涨，加之像西安这样的大城市，由于就业、收入预期较高，又放开了进城户籍政策，人口大量流入是不可避免的，住房需求旺盛的势头，今后还会持续较长一段时间，房价仍然会是上涨趋势。因此，稳地价、稳房价、稳预期就成为各级政府对 2019 年和未来房地产市场的一个基本要求。

对此，按照习近平总书记提出的"房子是用来住的，不是用来炒的"指导思想，建立房地产市场长效调控机制，促进房地产健康发展，就成为包括陕西省、西安市在内的各级政府应当高度关注的大问题。那么，如何建立房地产市场长效调控机制呢？从这些年政府的调控经验教训来看，在加强宏观调控的同时，还要按照市场经济的游戏规则，多用经济杠杆，少用行政手段。用行政手段调控楼市，在房价上涨过快、市场难以控制的非常时期短暂操作是可以的，但长期这么做是不符合市场经济规律的。

　　本书由长安大学和陕西省房地产研究会主编，参与本书编写的有来自长安大学、西安交通大学、西安财经大学、西安工程大学、陕西理工大学、延安大学、陕西省社会科学院等全省 20 多所高等院校、科研机构的专家、学者和省、市政府有关部门的专业人士共 40 多人。本书创作历时半年多时间，几经修改才得以完成，后又经编辑部几位负责人修改、统稿才送交出版社印行。

　　本书之所以在 2014 年出版后停顿五年又能重新编写出版发行，全赖长安大学中央高校基本科研业务费专项资金资助和陕西省社会科学界联合会的大力支持。

　　本书的顺利出版也得到了社会科学文献出版社皮书分社的大力支持，为本书的出版、发行做了大量的工作。

　　在此，对参与本书编写的各高等院校、科研机构的专家、学者、研究生和政府有关部门的同志以及给予出版资助的长安大学社科处和陕西省社科联各位领导、出版社的编辑同志表示衷心的感谢。

王圣学

2019 年 2 月 18 日

Preface

The Development Report of Shaanxi Real Estate Industry (2019) reflects the basic situation of real estate industry in Shaanxi Province from 2014 to 2018.

During the five years from 2014 to 2018, the real estate industry in Shaanxi can be roughly divided into two phases. The first phase from 2014 to 2016 was about destocking, during which time the market was sluggish. The second phase from 2017 to 2018 was marked by recovery and fast development.

According to statistics, the average annual investment in commercial residential housing in Shaanxi was less than 200 billion Yuan from 2014 to 2016 with an average growth rate of lower than 7%. The annual sales area of commercial houses were less than 30 million square meters, with an average growth rate of lower than 5%. The average price of commercial housing was only 5,000 Yuan per square meter, with an average growth of less than 3%, which was far lower than the average annual growth rate of the per capita disposable income of urban residents, which was 8% annually.

The downturn in the real estate market during the three years can be explained by several factors. On the one hand, the downward pressure of China's macro economy has led to the decreasing investments, sales and confidence in real estate market. On the other hand, the socio-economic development and population growth in Shaanxi province in previous years were slowing down, especially when officials of Provincial Party committee did not seek truth from facts but focus on Prestige Projects concerning some major livelihood projects such as the building of indemnificatory apartments and resettlement of migrants. Xi'an real estate market, which accounts for over 70% of the provincial total, was a case in point. We had an in-depth research in the summer and fall of 2016, through which, we summarized five factors influencing the long-term stability of investments, demands, sales and housing prices in Xi'an real estate market.

First, multiple sources of land supply have been suppressing land prices. For many years, Xi'an adopts an economic development model featuring "the lead of development zones". There were more than 30 development zones of various kinds, among which over 10 had development rights at municipal level and all had the right to supply land. Second, the supply of indemnificatory apartments was simply too large. At that time in Xi'an, even a 25-year-old bachelor could apply for an indemnificatory apartment. Third, the scale of houses built with funds collected from buyers was too large as well. Xi'an is home to a large number of SOEs, universities and research institutes. They were all building with money collected internally even including some Party and government organizations. Some have been building at various places. Fourth, the population growth remained slow. The population size has a direct impact on real estate market. According to figures, during the 12th Five – Year Plan (2011 – 2015), the population only increased by 190, 000 people, with an annual increase less than 50, 000. One year even witnessed a negative growth! Fifth, people's confidence in real estate market has been undermined by factors such as slow economic and population growth, low resident income and strict household registration policy for rural people to move to the city, thus people generally held a negative view towards the development, employment and income in Xi'an.

In the past two years since the beginning of 2017, the central government has released regulatory policies targeting at the real estate market such as destocking and "Different cities follow different policies". What's more, the newly elected Shaanxi Provincial Party Committee and Provincial Government have adjusted relevant policies especially Xi'an household registration policy which influences Shaanxi Province as a whole. Meanwhile, Xixian New Area, a national-level new area, which used to be under the direct governance of Shaanxi province, is now managed by Xi'an City. Thus the real estate markets in Xi'an and Shaanxi at large have been on the fast track from 2017 to 2018.

Under the leadership of newly-elected municipal party committee and municipal government, Xi'an, the real estate of which accounts for over 70% of the provincial total, witnessed the fast development in economy and real estate industry. An overall adjustment in policies that influence the real estate market and socioeconomic development in the past decade has been made, such as multiple sources of land supply and strict household registration policy for rural people to move to the city. Thus, Xi'an had an annual GDP growth of 100 billion Yuan and population growth of 1.05 million within two years. Along with favorable policy support such as being selected as "National Central City" and the country's "Belt and Road Initiative", changes are taking place everyday in Xi'an which soon became a popular city. People start having confidence in the prospects of Xi'an. Meanwhile, the real estate industry was no longer as it used to be when the market was lukewarm and housing prices were extremely stable. According to statistics, the real estate development enterprises in Xi'an have invested 233.334 billion Yuan in 2017, with a year-on-year growth of 15%. The area of buildings under construction increased from 158.4393 million square meters in 2017 to 160.4457 million square meters in 2018, with a year-on-year growth of 5.4%. The sales area of commercial houses increased from 25.0978 million square meters in 2017 to 27.1346 million square meters in 2018, with a year-on-year growth of 20.8%. The sales of commercial housing increased from 212.334 billion Yuan in 2017 to 275.313 billion Yuan in 2018, with a year-on-year growth of 55.4%. The average housing price increased from 7000 Yuan per square meter to 12000 Yuan per square meter. Its growth rate once ranked the top in China's big cities. Thus, Xi'an has enacted the most frequent and the strictest real estate regulatory policies in recent two years although the housing prices in Xi'an is relatively low compared with other big cities in China.

Looking into the future, we can see that real estate industry, the leading industry of national economy, has plenty of room for further development as the economy is developing steadily and new type of urbanization is advancing, which is especially true for big cities like Xi'an. The housing price will continue to rise for a long time to come given that people have high expectations for employment and income. Besides, the household registration policy has been relaxed which will ultimately leads to the big flow of people into the city. Thus the demand for houses is huge. What's more, the price of land, raw materials and labor force are constantly rising. Along with the influx of people, it's impossible for housing prices to decrease. To stabilize land prices, housing prices and expectations shall be the basic requirements of governments at all levels for 2019 and the real estate market in the future.

Under the guiding thought of General Secretary Xi Jinping that "Housing is for living in, not for speculation", governments at all levels should establish a long-term regulatory mechanism for real estate market and promote its healthy development. Then how to establish the mechanism? Lessons and experiences from the past several years have shown that it's essential to play by the rules of market economy while strengthening macro-control and economic lever is preferred over administrative means. If the price of each building and each square meter must be examined and approved by the price department like Xi'an, then what's the difference between commercial housing market and the management system of indemnificatory housing? Can it still be called market economy? It's understandable and acceptable to resort to administrative means for a short term when housing prices are skyrocketing and the market gets out of control, but it's against the law of market economy in the long run.

This book is co-edited by Chang'an University and Shaanxi Real Estate Association. More than 40 professionals from over 20 universities, research institutes and government have participated in the writing including Chang'an University, Xi'an Jiaotong University, Xi'an University of Finance and Economics, Xi'an Polytechnic University and Shaanxi Academy of Social Sciences. It took over half a year to complete the book and send it to the publishing house after several revisions from the writers and staff at editorial office.

The recompilation and republication of this book five years after it was first published in 2014 cannot be realized without the support of Chinese Universities Scientific Fund from Chang'an University and Office of Social Science.

The successful publication of the book has also been supported by the branch office of Social Sciences Academic Press and the editor in charge of the editorial office. Director Wu Min has done much during the process.

Here I'd like to express my heartfelt thanks to all the experts, scholars, and postgraduate students from universities and research institutes, comrades from relevant government departments, Chang'an University Office of Social Science which funded the projects as well as the publishing house.

Wang Shengxue

February 18th, 2019

目 录 ⤷

Ⅲ　区域篇

皮书数据库阅读**使用指南**

总 报 告

General Report

B.1

2017~2018年陕西房地产业发展报告

课题组 *

摘　要： 近几年来，陕西房地产市场发展总体平稳健康，主要得益于陕西经济在多个国家级平台上"追赶超越"和中央"化解房地产库存"政策。2017 年和 2018 年前三季度，陕西房地产市场在去库存基础上，开发投资增长持续回升；商品房施工面积增速平稳放缓；房屋施工面积和新开工面积增速明显加快；土地购置面积增幅较大；到位资金持续增长；自筹资金占比提高；房屋竣工速度持续减缓；商品房待售面积总量下

---

* 课题组成员：王圣学，陕西省房地产研究会会长、长安大学城市研究所所长，教授，主要研究方向为城市与区域经济学、房地产经济学和城市规划与区域规划；赵乃全（执笔），西安市房地产开发总公司原党总支书记、副总经理，陕西省房地产研究会理事、党支部书记，高级政工师，主要研究方向为房地产经济与管理；贾承斌，陕西省统计局投资处处长，高级统计师，主要研究方向为宏观经济；刘海燕，陕西省统计局投资处主任科员，统计师，主要研究方向为房地产统计制度。

降，增速持续回落；商品房价格在上了一个台阶后趋于平稳。重点城市试点土地二级市场交易，深化土地、住房供给侧结构性改革，创新土地供给新模式，建立"租购并举"的住房体制机制。2019 年，陕西房地产市场将在"稳地价、稳房价、稳预期"环境中稳定发展，开发投资增速趋缓，土地购置面积减少，施工面积略有增加，新开工面积增速下降，竣工面积和待售面积增加，房价稳中有升，房地产企业竞争激烈，房地产业集中度进一步提高，重点城市房地产供给侧结构性改革加速推进。

关键词： 房地产业　去库存　租购并举　住房制度改革

一　房地产业对陕西经济社会的贡献

（一）陕西房地产市场发展的四个阶段

孕育成长阶段（1992～2003 年）。陕西房地产市场从 20 世纪 80 年代开始孕育，1992 年邓小平南方谈话后，开始迅速成长发展。1998 年国务院出台城市住房制度改革框架，停止福利住房分配制度，到 2000 年逐步形成住房分配的市场化体系。这阶段房地产开发投资不断加快，到 2003 年，房地产住宅投资规模达到 123.69 亿元，平均每年以 29.6% 的速度增长，商品住宅的均价从 1199 元/平方米上升到 2003 年的 1395 元/平方米，年均增长 3.1%。在这个阶段，商品住宅市场刚开始形成，商品住宅在城镇居民家庭住房中的占比并不高，2003 年仅达到 6.8%。

快速发展繁荣阶段（2004～2011 年）。2004 年以后陕西省商品住宅市场进入了快速发展阶段，房地产开发投资以 34.2% 的年均速度高速增长，到 2011 年全省的房地产住宅投资已经超过千亿元。商品住宅的销售面积达

2874.51万平方米，以29.4%的年平均速度增长。这8年间，商品住宅平均价格从1395元/平方米上升到4705元/平方米，平均每年以16.7%的速度增长，高于城镇居民人均可支配收入的平均增速13.6%。快速增长的房价迫使人们加快购房的步伐，同时吸引了大量投资和投机需求，快速壮大繁荣了房地产市场。在西安房地产市场带动下，商品住宅价格过快增长，国家和省市出台房市的调控政策，房价得到暂时性抑制，房市回归平静。2008年为了应对次贷危机，国家出台了一系列宏观经济刺激和调控政策，给抑制性的房地产调控政策"松绑"，需求再次集中爆发。房价在2011年达到了较高水平，同比增长28.3%，至此房地产市场需求达到了鼎盛时期。

调整相对稳定阶段（2012～2016年）。2012年到2016年，房地产商品房住宅年平均投资1772亿元，年平均增长速度只有6.7%；商品住宅的年平均销售面积为2786万平方米，年平均增长4.5%；商品住宅平均价格为5264元/平方米，年平均增长2.3%，远低于城镇居民平均可支配收入的平均增长速度8.2%。随着商品住宅市场规模的扩大，2016年城镇居民家庭有31.1%通过购买商品房解决住房问题。房地产发展到相当大的规模，房地产开发投资和销售面积增长速度都在减缓，房价增长缓慢甚至出现负增长，投资及投机性需求迅速缩减，主要以自住型需求为主，房地产市场出现相对稳定状态。

新一轮快速发展阶段（2017～2018年）。2017年在西安人才引进政策、区域大发展理念、房价价格凹地效应、货币化安置等多重作用下，陕西省相对平稳的房地产市场刚性需求、改善型需求和投资性需求全方位爆发，房地产市场再次进入炙热阶段，区域化的调控政策频频出台，仍难抑制人们的购房热情。2017年陕西省商品住宅均价6477元/平方米，同比增长23.1%；2018年上半年陕西省商品住宅均价7785元/平方米，同比上涨24.1%。快速上涨的房价，引发居民恐慌性购房，需求增长空前高涨，房地产开发规模急剧扩大，房地产市场发展与风险并存。

（二）房地产业的发展对改善居民居住条件的作用非常明显

1994年至2017年陕西省商品住宅累计竣工面积19330万平方米，住宅商品房累计销售面积 32528 万平方米。陕西省城镇居民人均住房建筑面积从改革初期的 3.35 平方米增加到 2016 年的 32.6 平方米，其中 36.8% 的城镇居民通过购买商品房解决居住问题。同时，为改善困难群众的居住条件，陕西省加大保障性安居工程建设力度。2013 年以来，陕西省住房保障体系基本形成，全省 5 年累计开工建设保障性安居工程 174.66 万套，改造各类棚户区 112.25 万套，累计发放租赁补贴 86.4 万户，完成投资 3186.26 亿元。281.52 万户城镇中低收入住房困难家庭、外来务工人员和城镇新就业职工的住房问题得到有效解决，11.4 万户城镇低保住房困难家庭实现应保尽保，有效地改善了部分中低收入群众的住房状况。

（三）房地产开发对经济的拉动作用日益重要

陕西省房地产完成投资从 1994 年的 18.19 亿元增长到 2017 年的 3101.97 亿元，每年以 25% 的速度增长，占固定资产投资的比重基本保持在 14% 左右，房地产投资成为固定资产投资的重要组成部分。2016 年，陕西省房地产业增加值达到 747.18 亿元，占全省 GDP 的 3.9%，占第三产业增加值的 9.1%，对第三产业的贡献率达到了 9% 左右。与房地产建设生产、房地产开发紧密相关的建筑业实现增加值 1943.2 亿元，房地产业和建筑业的增加值在全省 GDP 的占比达到 13.9%，成为带动陕西经济的支柱产业。

（四）房地产对其他产业和就业的带动作用明显

房地产开发一方面与建筑业生产活动密不可分，另一方面直接消耗大量建筑材料，带动了陕西省水泥、钢铁、冶金、交通设备、专用设备、化工等多个制造行业以及煤炭、石油、电力、热力生产和供应的发展。住房销售后，与住房有关的消费活动促进了陕西省家电、家具、家纺等批发零售行业的发展。房地产的开发和销售，对金融、批发和零售、交通运输、仓储、邮政以及居民服务业、租赁等第三产业具有很强的拉动效应。利用国家统计局房地产开发投资拉动相关行业的增加值计算模型，可以测算出陕西省房地产开发投资拉动各行业的增加值占全省 GDP 的 3.5% 左右，几乎等于房地产业的增加值。房地产的发展创造了大量就业机会。全省房地产业和建筑业就业人员从 1993 年的 83.9 万人达到 2017 年的 132.6 万人，占全部就业人数的 6.4%。

二 陕西房地产开发企业发展情况

（一）2017年房地产开发企业基本情况

1. 房地产开发投资主要指标及构成情况

2017 年陕西房地产开发企业（按有项目统计）共有 2326 家，其中地方企业 2243 家，地方企业中省属企业 56 家。分别比 2016 年增加 149 家、95 家和 2 家。西安市 2017 年有开发企业 1044 家，比 2016 年增加 121 家，占全省的比重为 44.88%。

本年完成投资情况：按构成分，建筑工程投资 2119.18 亿元，安装工程投资 397.49 亿元，设备工器具购置 71.97 亿元，其他费用 513.34 亿元，其中土地购置费 344.79 亿元。分别比 2016 年增加 106.26 亿元、44.24 亿元、28 亿元、186.72 亿元和 166.83 亿元。

2. 房地产开发投资和新增固定资产情况

2017 年陕西省房地产开发企业总投资 19300.08 亿元，其中本年完成投资 3101.97 亿元，分别比 2016 年增加 2275.82 亿元和 365.22 亿元。2017 年陕西房地产开发企业新增固定资产 1008.06 亿元，比 2016 年增加 211.26 亿元。2017 年西安市房地产开发企业计划开发总投资、实际开发投资和本年完成投资分别占全省的 77.1%、76.4% 和 75.2%，新增固定资产占全省的 73.12%。

3. 房地产开发经营情况

2017 年陕西房地产开发企业主营业务收入 1925.29 亿元，其中土地转让收入 1.12 亿元、商品房销售收入 1868.09 亿元、房屋出租收入 11.12 亿元、其他收入 29.98 亿元，分别比 2016 年增加 166.77 亿元、减少 5.69 亿元、增加 176.01 亿元、减少 4.45 亿元和减少 14.08 亿元。2017 年陕西房地产开发企业主营业务成本 1494.21 亿元，主营业务税金及附加 72.6 亿元，分别比 2016 年增加 44.49 亿元和减少 26.55 亿元。2017 年西安市房地产开发企业主营业务收入占全省的比重为 77.92%，主营业务成本占全省的比重为 77.14%。

4. 房地产开发企业基本情况

2017 年陕西省房地产开发企业实收资本金 1302.37 亿元，资产总计 12676.7 亿元，本年折旧 13.96 亿元，负债合计 10724.27 亿元，所有者权益合计 1951.80 亿元，全部从业人员年平均人数 8.17 万人，本年应付工资总额 62.98 亿元，分别比 2016 年增加 22.55 亿元、1682.71 亿元、3.37 亿元、1543.3 亿元、138.78 亿元、-0.26 万人、5.83 亿元。2017 年西安市开发企业实收资本金、资产总计、本年折旧、负债总计、所有者权益、全部从业人员年平均人数和本年应付工资总额分别占全省的 69.79%、72.64%、40.83%、74.17%、66.11%、55.16% 和 71.15%。

（二）房地产开发企业运行特点

1. 实力房企集聚陕西

近年来，随着西安楼市的逐步升温，全国排名前 30 的品牌房企已全部落地西安，加速在陕全域布局，有类似万科、龙湖、中海等这样长期扎根西安的房企，也有碧桂园、融创、中南、绿城、绿地等近几年一进西安就大展拳脚的房企。目前，世界 500 强企业碧桂园在陕已拿下 20 余块土地，在常宁新城核心区预计投资 210 亿元建"城中之城"，2018 年将有 10 余个项目面市。绿地作为世界 500 强企业，布局千亿元综合投资多个重大项目，最大湿地公园潏河湿地公园被定位为"城市绿肺"。2018 年 6 月，香港佳兆业集团与西安曲江临潼旅游度假管委会、碑林区政府、阎良国家航空高技术产业基地签订了三大项目合作框架协议，投资金额近千亿元，深度参与大西安建设，共同打造丝路经济带上的标杆作品。

2. 房企加速转型升级

在经济常态化发展的形势下，去库存、去杠杆的进一步推进，也给房地产企业提出了新的挑战。陕西房地产企业为了适应房地产市场发展需要，重视并加快了转型升级的步伐。陕西金泰恒业作为本土房企，2017年明确提出"做陕西最具实力的城市运营服务商"，实现从"创造金泰恒业"向"再造金泰恒业"二次创业的历史跨越，并力争从五个方面实现突破。目前，陕西房企在产业园区、城市更新、特色小镇、旅游、养老等领域跨界转型升级正稳步推进。

3. 房企努力实现产品创新

一是在产品创新上注重打精装修牌。一方面精装修可以在政府审批价外自主定价，另一方面精装修受年轻消费群体青睐，有利于加速资金的周转。据统计，全省房企精装房的比例约占50%，大型房企和品牌房企在大项目上采用精装修的比例达80%以上。二是实力房企开始进入长租公寓新产品领域，如万科把长租公寓作为业务转型的重中之重，龙湖、碧桂园、旭辉等都已布局长租公寓。三是创新品牌管理。随着行业粗放竞争时代进入尾声，购房者对高品质服务的需求更加旺盛。因此，越来越多的房地产企业开始致力于创新客户服务能力，强化企业品牌，带动品牌价值和品牌忠诚度提升。如万科、金地、保利和恒大都通过企业品牌和项目品牌的叠加协同，增强了消费者对企业品牌的了解和认同。

4. 房企盈利模式分化明显

大型房企一般的盈利模式是"品牌＋规模＋精装修＋人性化物业管理"。从利润角度讲，进入微利时代后，大型房企凭借资金实力走规模化扩张道路，多拿地、高周转。从物业管理角度看，大型房企舍得打造物业公司品牌。中小房企的盈利模式一般是"城（棚）改项目＋（合作）资金＋毛坯房＋和谐的物业管理"。中小型房企资金受限，多通过城改项目，采用与投资单位或施工单位合作的模式，减轻资金周转压力，物业管理大多是对开发后期遗留问题的协调处理。盈利模式分化是市场竞争日益激烈的必然结果。

（三）陕西房地产企业存在的问题

1. 在项目选择方面存在的问题

有的把项目选在文物保护区域，致使项目迟迟不能开工，造成了不必要的损失。有的对城改项目的难度估计不足，造成烂尾工程，至今难以自拔。有的中小房企盲目扩张，拿了自己啃不动的项目，大企业又因项目没有溢价空间不愿接手合作等。

2. 在执行合同方面存在的问题

2018 年随着房价快速上涨，房地产开发企业合同违约问题呈增多趋势，有的无预售证售房，预售证办下来后又要求业主退房；有的四年前签订购房协议，四年后的 2018 年却通知业主要涨价，不涨价就解约；还有的为了逃税和回避追责，与购房人签阴阳合同等，引起了社会和新闻媒体的广泛关注。西安闻天科技实业集团有限公司以自己违法无证销售为由，两年后的 2018 年 2 月将 12 名业主相继告上法庭，请求法院判决内部认购合同无效，被业主反诉其借机涨价。2018 年 12 月 29 日，西安市中院做出终审判决，撤销长安区人民法院一审判决，驳回闻天公司确认合同无效的诉讼请求，认定闻天公司"真正目的在于获取超出合同预期的更大利益，其行为显然与社会价值导向和公众认知相悖"，人民法院对此种行为不应予以支持。

3. 在销售环节存在的问题

2018 年 4 月，陕西省住建厅对全省在商品房销售方面存在的问题进行了通报，主要有未批先售、超备案价销售、哄抬房价、捂盘惜售、捆绑销售、拒绝公积金贷款和虚假宣传等。同期，西安市物价局对群众反映突出的七个价格申报公示方面不规范的问题也进行了通报。西安市房管局对西安天磊置业有限公司在 2018 年 4 月 29 日公开摇号销售"南长安街壹号"商品房过程中人为操作摇号结果违规销售 106 套商品房进行了严肃查处，其中 7 名犯罪嫌疑人被公安机关采取了刑事强制措施。

三 2017～2018年陕西房地产市场运行情况

（一）2017年房地产市场运行情况

1. 房地产开发完成投资情况

2017年，全省房地产开发企业完成投资3101.97亿元，同比增长13.3%，增速比上半年回落3.1个百分点，比2016年提高3.6个百分点，比全国平均增速高6.3个百分点，占全省固定资产投资的13.2%。

分区域来看，2017年全省有6个市（区）房地产开发投资增速比上半年有所回落。其中，铜川市和宝鸡市回落幅度较大，分别回落21.4和21.3个百分点。

2. 房屋施工情况

2017年，陕西省房屋施工面积23630.1万平方米，同比增长6%，比上半年回落5.5个百分点，比2016年回落1.4个百分点。房屋新开工面积4279.08万平方米，同比下降4.6%，降幅比上半年扩大30.7个百分点，比2016年扩大17.7个百分点。

3. 土地购置情况

从房地产企业土地购置情况来看，2017年房企土地购置面积560.14万平方米，同比增长56.8%，比上半年回落98.1个百分点，比2016年提高77.0个百分点；土地成交价款227.01亿元，同比增长191.5%，比上半年回落39.2个百分点，比2016年提高233.7个百分点。

4. 销售面积、销售额情况

2017年，陕西省商品房销售面积3890.4万平方米，同比增长19.2%，增速比上半年回落8.8个百分点，比2016年提高9.7个百分点，比全国平均增速高11.5个百分点。其中，住宅销售面积3419.84万平方米，增长13.5%，比上半年回落11个百分点，比2016年提高2.7个百分点。其中，现房销售面积607.02万平方米，增长18.7%，增速比上半年提高1.7个百分点，占商品房销售面积的 15.6%；期房销售面积 3283.38 万平方米，增长 19.3%，增速比上半年回落 10.9 个百分点，占商品房销售面积的 84.4%，现房销售趋好于期房。商品房销售额 2661.08 亿元，增长 49.1%，比上半年回落 6.3 个百分点，比 2016 年提高 37.3 个百分点。其中，住宅销售额 2215.17 亿元，增长 39.7%，增速比上半年回落 9.4 个百分点，比 2016 年提高 24.9 个百分点。

从住宅结构看，90 平方米及以下（含 90 平方米）普通住宅销售面积 645.09 万平方米，同比增长 1.1%，占住宅销售面积的 18.9%；90～144 平方米（含 144 平方米）普通住宅销售面积 2229.56 万平方米，同比增长 13%，占住宅销售面积的 65.2%；144 平方米以上普通住宅销售面积 545.19 万平方米，同比增长 35.6%，占住宅销售面积的 15.9%。住宅中别墅、高档公寓销售面积 82.27 万平方米，同比增长 63.1%，占住宅销售面积的 2.4%。

分区域来看，全省有 7 个市（区）的销售面积增速比上半年有所回落。其中，延安市和榆林市回落幅度最大，分别回落 19.7 和 18.4 个百分点。

5. 待售面积情况

从商品房竣工情况来看，2017 年房屋竣工面积 2392.05 万平方米，同比下降 1.6%，比上半年回落 14.2 个百分点，比 2016 年回落 46.2 个百分点。12 月末，全省商品房待售面积 936.86 万平方米，同比增长 5%，比 6 月末回落 20.8 个百分点，比 2016 年 12 月末回落 24.7 个百分点，比年初 2 月末减少 32.13 万平方米。其中，住宅待售面积 513.31 万平方米，同比下降 4.4%，占商品房待售面积的 54.8%，比 2 月末减少 67.22 万平方米。

分区域来看，全省除了延安市和商洛市，其他市（区）的待售面积比年初 2 月末均有所减少，其中，西安市减少最多，减少 54.76 万平方米。

从住宅结构看待售面积，90 平方米以下（含 90 平方米）普通住宅待售面积 139.11 万平方米，同比增长 30.3%，占住宅待售面积的 27.1%，比 2 月末增加 14.47 万平方米；90～144 平方米（含 144 平方米）普通住宅待售面积 284.84 万平方米，同比下降 18.4%，占住宅待售面积的 55.5%，比 2

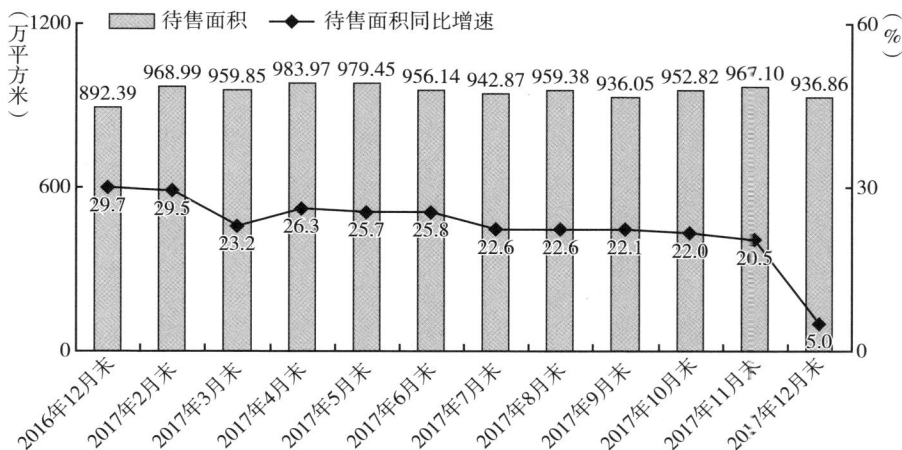

图1 2016年12月以来全省商品房待售面积情况

资料来源：陕西省统计局。

月末减少94.05万平方米；144平方米以上普通住宅待售面积89.36万平方米，增长10.2%，占住宅待售面积的17.4%，比2月末增加12.35万平方米。住宅中别墅、高档公寓待售面积3.46万平方米，增长247.9%，占住宅待售面积的0.7%，比2月末增加1.79万平方米。

6.到位资金情况

从房地产开发资金方面来看，2017年房地产开发企业到位资金3886.58亿元，同比增长26.5%，比上半年回落8.7个百分点，比2016年提高17.4个百分点。从资金构成来看，国内贷款495.42亿元，同比增长30.5%；自筹资金1631.29亿元，同比增长5.2%；其他资金1759.64亿元，同比增长54.1%。

（二）2018年前三季度房地产市场运行情况

1.房地产开发企业完成投资情况

2018年前三季度，房地产开发企业完成投资2589.95亿元，增长17.9%，增速比上半年提高6.8个百分点，比一季度提高15.4个百分点，比上年同期增速提高 7.9 个百分点，比全国平均增速高 8 个百分点。前三季度新增房地产开发项目 410 个，比上年同期多 94 个。

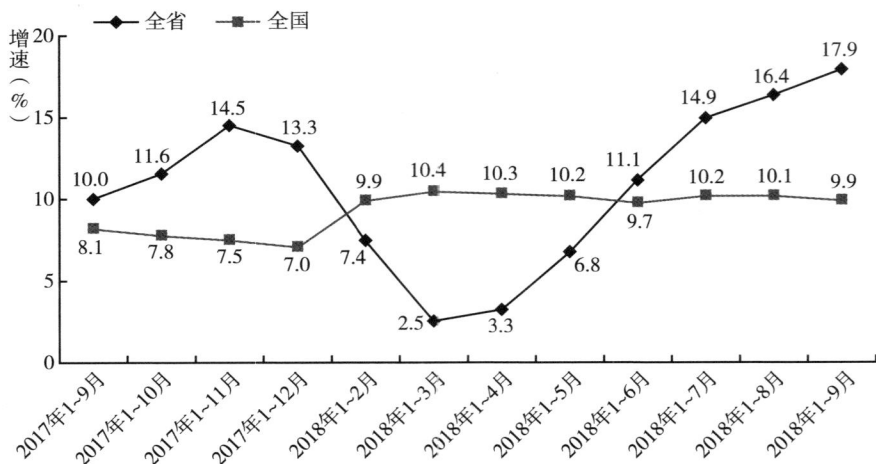

图 2 全国和陕西省房地产投资增长情况

资料来源：陕西省统计局。

分区域来看，前三季度全省有 7 个市的房地产开发完成投资增速较上半年有所提高，其中铜川市和渭南市提高幅度较大，分别提高 23.4 和 23.2 个百分点。

2. 土地购置情况

2018 年前三季度土地购置面积 492.84 万平方米，同比增长 30%，比上半年提高 12.9 个百分点；土地成交价款 140.86 亿元，同比下降 5.3%，降幅比上半年收窄 25.5 个百分点。土地购置面积增速在 1~4 月探底后，降幅开始震荡收窄。其中，西安市 1~9 月土地购置面积 142.44 万平方米，同比下降 34.2%，降幅比上半年回落 10.6 个百分点；其他地市土地购置面积 350.4 万平方米，同比增长 115.3%。

3. 房屋施工面积、新开工面积情况

2018 年前三季度，在房地产开发完成投资增速回升的同时，施工速度加快，尤其是新开工面积增长明显加快。前三季度房屋施工面积 22932.74

万平方米，同比增长 2.7%，增速比上半年提高 3 个百分点。房屋新开工面积 3850.09 万平方米，同比增长 28.6%，比上半年提高 27.2 个百分点。

4. 商品房销售面积、销售额情况

2018 年前三季度，全省商品房销售面积 2819.46 万平方米，增长 9.7%，比上半年回落 1.3 个百分点。其中住宅销售面积 2428.48 万平方米，同比增长 5.5%，比上半年回落 1.2 个百分点。全省商品房销售额 2340.78 亿元，同比增长 39%，比上半年提高 0.5 个百分点。其中，住宅销售额 1918.86 亿元，增长 32.9%，比上半年提高 0.4 个百分点。商品房销售面积中的现房销售面积 439.12 万平方米，同比增长 8.9%，比上半年回落 13.8 个百分点，占商品房销售面积的 15.6%；期房销售面积 2380.24 万平方米，同比增长 9.8%，比上半年提高 0.9 个百分点，占商品房销售面积的 84.4%。

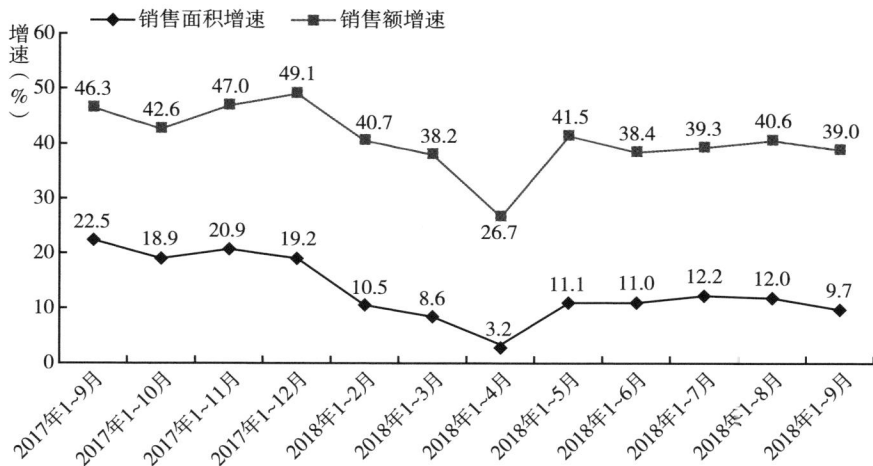

图 3 陕西省商品房销售增长情况

资料来源：陕西省统计局。

从住宅结构看，90 平方米及以下（含 90 平方米）普通住宅销售面积 393.71 万平方米，同比下降 12.6%，占住宅销售面积的 16.2%；90~144 平方米（含 144 平方米）普通住宅销售面积 1646.89 万平方米，同比增长

10.9%，占住宅销售面积的67.8%；144平方米以上普通住宅销售面积387.88万平方米，同比增长6.1%，占住宅销售面积的16%。住宅中别墅、高档公寓销售面积28.21万平方米，同比下降50.4%，占住宅销售面积的1.2%。

分区域来看，2018年前三季度全省有6个市的商品房销售面积增速比上半年有所回落，其中，铜川市和榆林市回落幅度最大，分别回落56.4和45.6个百分点。

5. 商品房待售面积情况

2018年1~9月陕西省房屋竣工面积971.84平方米，同比下降33.5%，降幅比上半年扩大0.5个百分点。9月末商品房待售面积753.04万平方米，同比下降19.6%，降幅比上半年扩大1.2个百分点；总量减少26.76万平方米，比上年同期回落41.7个百分点。

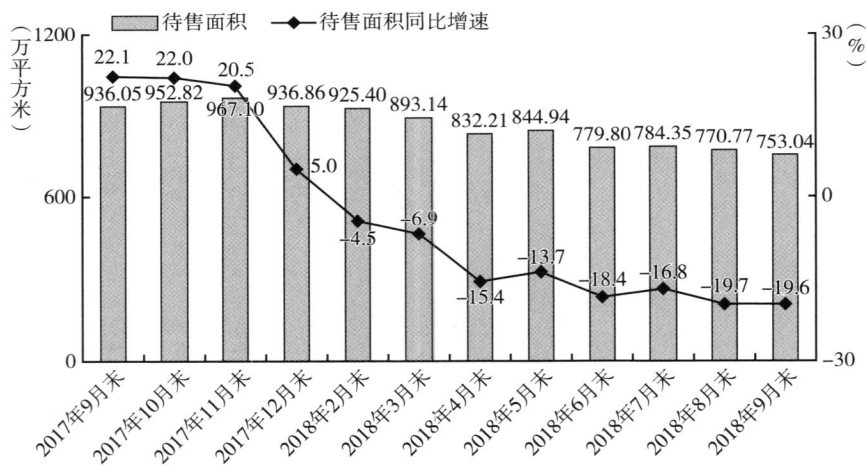

图4　2017年9月以来全省商品房待售面积情况

资料来源：陕西省统计局。

分区域来看，2018年9月末，全省有4个市（区）的商品房待售面积增速比上半年有所回落，分别是西安市、渭南市、安康市和杨凌示范区。其中，安康市增速回落幅度最大；西安市待售面积只有200多万平方米，只是一个月的销售量。

6. 房地产开发企业到位资金情况

2018 年前三季度，房地产开发企业到位资金 3327 亿元，同比增长 20.4%，增速比上半年提高 7.2 个百分点，比一季度提高 15.8 个百分点。从资金构成来看，国内贷款 278.24 亿元，同比下降 18.5%，降幅比上半年扩大 3.8 个百分点，占到位资金的 8.4%；自筹资金 1540.52 亿元，增长 31.4%，比上半年提高 14.9 个百分点，占到位资金的 46.3%；定金及预收款 981.67 亿元，同比增长 38.2%，比上半年提高 12.9 个百分点，占到位资金的 29.5%；个人按揭贷款 380.09 亿元，增长 5.4%，比上半年回落 2.2 个百分点，占到位资金的 11.4%；其他资金 146.47 亿元，同比下降 18.2%，降幅比上半年扩大 21 个百分点，占到位资金的 4.4%。

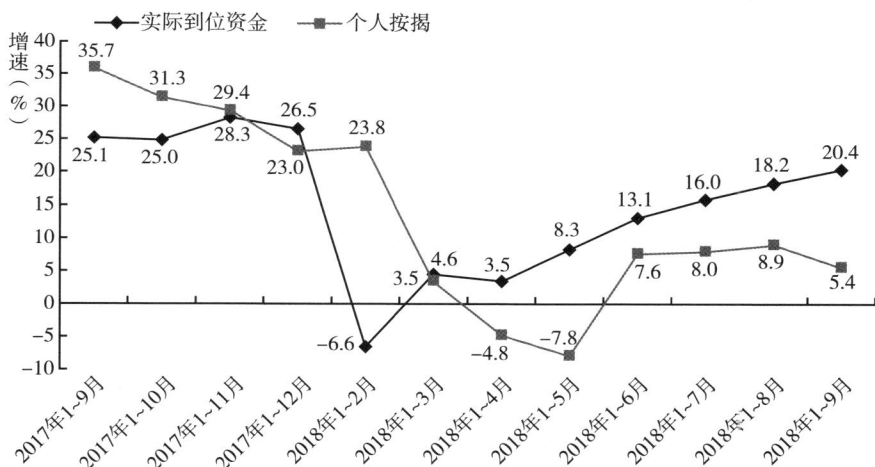

图 5　全省实际到位资金和个人按揭贷款增长情况

资料来源：陕西省统计局。

（三）2017~2018年房地产市场运行情况分析

1. 房地产开发投资呈趋稳回升态势

2017 年 1~2 月，全省开发投资增速在 2016 年 1~12 月增长 9.7% 的基础上增长 10.7%，1~5 月增速达到全年最高的 22%，而 1~8 月增速却下降到全年最低的7.8%，1~12月增速回稳到13.3%。2018年前三季度，全省开发投资增速在一季度探底后，一路持续回升，1~9月增速达到前三季度最高的17.9%，这也是2017年下半年以来的最高点。其原因主要是新增房地产开发项目410个，比上年同期多94个，拉动房地产投资增长的作用明显。

2. 土地购置面积增速高开低走后有所回升

2017年一季度，陕西省土地购置面积73.92万平方米，同比增长255.4%，比1~2月提高153.3个百分点。从房地产企业土地购置情况来看，由于2016年购地低迷，增速一直持续负增长，所以2017年一开始全省土地购置面积增速较高，在一季度达到顶点后增长速度持续放缓。2017年上半年，购地增速回落到154.9%，1~9月增速回落到75.3%，1~12月增速为56.8%，成为全年的最低点。2018年1~2月，全省土地购置面积增速达到360.1%，增速比2017年提高303.3个百分点，比全国1~2月平均增速高361.3个百分点，1~4月增速又降到全年的最低点-12.9%，1~6月增速回到17.1%，之后持续回升，1~9月增速回到30%。2017年陕西土地购置保持较快增长速度，由于上年量的积累，2018年很难继续保持较快增长趋势。

3. 商品房销售增速高位震荡中回升放缓

2017年1~2月全省商品房销售面积增长42.2%，比2016年提高32.7个百分点。分区域看，1~2月，西安市商品房销售面积同比增长43%，比2016年全年提高26.9个百分点，其他地市中，宝鸡增长95.2%、榆林增长57.3%、延安增长56.5%、安康增长47.5%、咸阳增长44.3%、汉中增长44.2%、杨凌示范区增长23.4%。1~2月商品房销售加快的原因，一是受楼市去库存政策影响；二是西安市推出诸多利好政策；三是返乡置业和促销推盘带来市场共赢；四是棚户区改造货币化安置和移民搬迁政策锦上添花；五是改善性需求陆续入市。2017年上半年，商品房销售面积同比增长28%，比一季度提高5个百分点，比2016年提高18.5个百分点。2017年商品房销售面积同比增长19.2%，比上半年回落8.8个百分点，比2016年提高9.7

个百分点。2018 年一季度，商品房销售面积增速回落，同比增长 8.6%，比 2017 年回落 10.6 个百分点。其中西安市占比最大，对全省销售回落影响最大。2018 年上半年全省销售面积同比增长 11%，比一季度提高 2.4 个百分点。全省商品房销售面积增速在 1~4 月触底后开始震荡回升，1~7 月同比增长 12.2%，1~8 月同比增长 12%，1~9 月同比增长 9.7%。

4. 价格上涨压力依然存在

数据显示，2017 年陕西商品房住宅均价为 6477 元/平方米，同比增长 23.1%。快速上涨的房价，引发居民恐慌性购房心理，投资性购房、刚性需求和改善型需求共同作用，需求增长空前高涨。2018 年全省待售面积持续减少，需求较旺，引起价格不断上涨，尤其是住宅价格上涨明显。全省上半年住宅均价为 7785 元/平方米，同比增长 24.1%，比一季度提高 2.8 个百分点。全省除了商洛市，其他地市住宅价格均比 2017 年有所上涨，其中，延安市价格上涨幅度最大，其次是西安市。西安市同比增长 10.4%，在全国 70 个大中城市里排第九名，同比涨幅连续 15 个月超过 10%，环比保持 28 个月持续上涨。

5. 到位资金持续宽松

2017 年一季度，全省房地产企业到位资金同比增长 41.7%，比 1~2 月提高 17.7 个百分点。从资金构成看，国内贷款同比增长 18.5%，自筹资金同比增长 26.1%，其他资金同比增长 78.4%。在其他资金中，定金及预收款同比增长 99.3%，个人按揭贷款同比增长 60.7%。从资金来源看，2017 年一季度销售好转，资金到位速度加快。上半年资金到位有所趋缓。上半年到位资金同比增长 35.2%，比一季度回落 6.5 个百分点，比 2016 年提高 26.1 个百分点。2017 年前三季度，国内贷款增长加快，其他组成部分资金增长均有不同程度的减缓，资金到位总体收紧。2017 年房地产企业到位资金同比增长 26.5%，比上半年回落 8.7 个百分点，比 2016 年提高 17.4 个百分点。

2018 年一季度到位资金同比增长 4.6%，增速比 1~2 月提高 11.2 个百分点；上半年到位资金同比增长 13.1%，增速比一季度提高 8.6 个百分点；

前三季度到位资金同比增长 20.4%，增速比上半年提高 7.3 个百分点，比一季度提高 15.8 个百分点。从资金构成看，国内贷款同比下降 18.5%，自筹资金增长 13.4%，其他资金同比下降 18.2%；定金及预收款同比增长 38.2%，个人按揭贷款增长 5.4%。随着销售资金回笼速度加快，房地产到位资金总体趋于宽松。

（四）2017年以来重点城市西安市商品住宅价格运行分析

1. 新建商品住宅同比价格涨幅高位逐步回落趋稳

2017 年，受基期价格较低及前两年连续购房优惠政策影响，西安新建商品住宅销售同比价格从 1 月起一路上扬，直到 7 月上涨 15.1%，为最高峰值。从 2017 年 9 月开始至 2018 年 6 月，价格涨幅呈现高位逐月回落走势。2018 年上半年，新建商品住宅销售同比价格涨幅高位趋稳，涨幅在 11% 附近徘徊。

2. 新建商品住宅环比价格涨幅频繁震荡

2017 年，西安新建商品住宅销售价格环比指数大体经历了三个阶段。第一个阶段为大幅上涨期，1 月至 5 月，受上年房价的惯性上涨推动，购房者刚需、跟风购买的共同影响，房价连续 5 个月大幅上涨，平均涨幅达到 1.2%。第二个阶段为迅速收窄期，6 月至 8 月，政府限购政策实施，在保证刚需购房需求同时，适时遏制了不良投机行为，8 月环比指数涨幅迅速收窄至 0.3 个百分点。第三个阶段为稳定期，9 月至 12 月，刚需购买者观望情绪有所波动，涨幅在 0.5% 左右徘徊，房价涨幅趋于稳定。进入 2018 年，西安连续进行户籍政策升级，住房刚需人群不断增加，西安房地产市场热度再次高涨，新建商品住房环比价格指数高位震荡。具体来看，1~3 月延续上年的上涨态势，环比价格指数分别上涨 0.6%、0.5%、0.9%；4 月、5 月达到上半年高点，均上涨 1.6%，6 月涨幅稍有回落，上涨 1.1%。

3. 新建住宅销售市场大幅降温

据西安市网签销售数据显示，在"去库存"主基调的影响下，2016 年，西安新建住宅成交量达 17.51 万套，销售面积 1891.8 万平方米。2017 年，西安新建住宅销售市场在最严限购、限售的政策引导下，成交量大幅下降，仅为11.02万套，较上年下降37.1%；销售面积1197.7万平方米，较上年下降36.7%。

2018年1～6月，成交量和销售面积继续大幅下降。新建住宅网签成交3.52万套，较2017年同期下降53.1%；新建住宅销售面积377.5万平方米，较2017年同期下降53.9%。

4. 新建住宅和二手住宅销售价格首次出现倒挂

随着城市的发展，新批预售的商品住宅项目集中在西安三环周边，交通相对不便，周边其他服务设施亟待健全。而房市交易市场流通的二手房大多位于主城区，房龄也基本在5到10年，住宅小区配套较为成熟，品质优，周边环境好，吸引更多购房者将目标转向二手房市场。二手住房需求激增，房源十分紧张，甚至还出现一些卖房者已经签订合同却反悔或要求加价的失信行为。西安市房管局网签数据显示，2017年底，西安市新建住房、二手住宅均价差异逐步缩小，2018年初，西安新建住房均价低于二手住宅均价，首次出现倒挂现象。在一些风景优美、交通便利、优质教育资源丰富、服务设施齐全的成熟地段和小区，二手房与新建商品住房价格倒挂现象有逐步拉大之势。

四　2017～2018年陕西土地市场基本情况

（一）土地供应情况

1. 审批建设用地情况

2017年陕西批准建设用地合计19845.51公顷，同比下降18.06%。其中新增建设用地16174.46公顷，同比下降20.73%；农用地15536.49公顷，同比下降10.03%；耕地7563.4公顷，同比下降27.89%；未利用地637.97公顷，同比下降79.65%。其中，国务院批准新增建设用地8796.07公顷，同比下降35.63%；未利用地265.34公顷，同比下降90.44%。

其中省政府批准新增建设用地 7378.39 公顷，同比增加 9.48%。未利用地 372.64 公顷，同比增加 3.31%。按建设用地类型分，商服用地 1930.89 公顷，同比增加 11.32%；工矿仓储用地 3941.23 公顷，同比增加 29.14%；住宅用地 1525.61 公顷，同比增加 8.03%；公共管理与公共服务用地 1983.96 公顷，同比增加 14.37%；能源用地 7965.47 公顷，同比增加 65.47%。

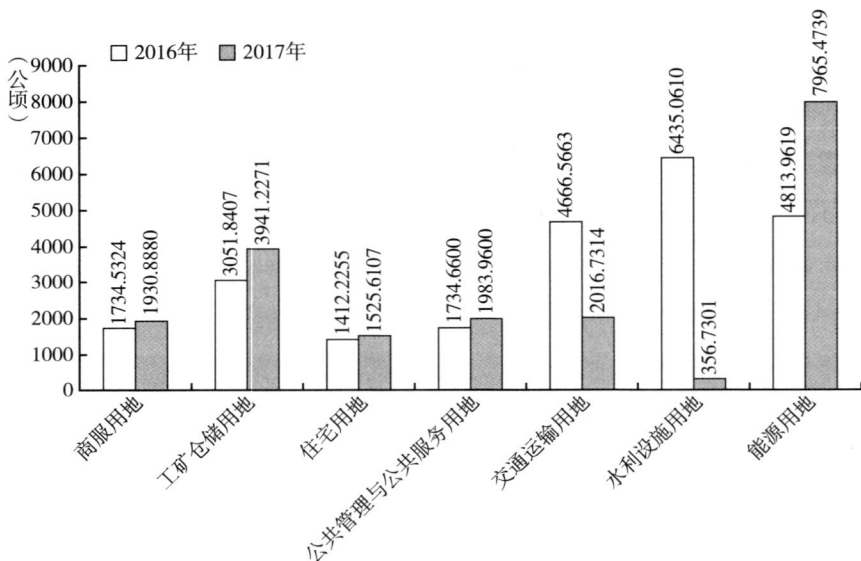

图6　2017年各用地类型供应情况

资料来源：陕西省自然资源厅。

2018 年 1~9 月陕西省批准建设用地合计 10435.5083 公顷，同比下降 28.37%；新增建设用地 7368.8193 公顷，同比下降 41.66%；农用地转用 7043.1307 公顷，同比下降 42.34%；耕地 4260.8286 公顷，同比下降 22.45%；未利用地 325.6886 公顷，同比下降 21.53%。按建设用地类型分，商服用地 1994.8220 公顷，同比增加 121.97%；工矿仓储用地 2224.3823 公顷，同比增加 10.69%；住宅用地 1231.6547 公顷，同比增加 42.45%。

2.国有建设用地供应情况

2017年国有建设用地供应总面积11063.97公顷，同比下降23.15%。其中存量6266.67公顷，同比增加20.82%；增量4797.30公顷，同比下降47.91%。供应方向集中在交通运输、工矿仓储、住宅用地、公共设施等方面。从供地类型看，商服用地847.40公顷、工矿仓储用地2807.12公顷、住宅用地1796.70公顷和其他用地共计5612.75公顷，分别占土地供应总量的7.66%、25.37%、16.24%、50.73%，各项用地类型同比分别减少18.17%、减少21.01%、增加0.57%和减少29.88%。2017年全省普通商品住房供地1463.70公顷，同比增长21.72%。保障性住房（经济适用房、廉租房和限价商品房）供地332.93公顷，同比减少42.98%。保障性住房占住宅用地供应总面积的18.53%，比重有所下降。

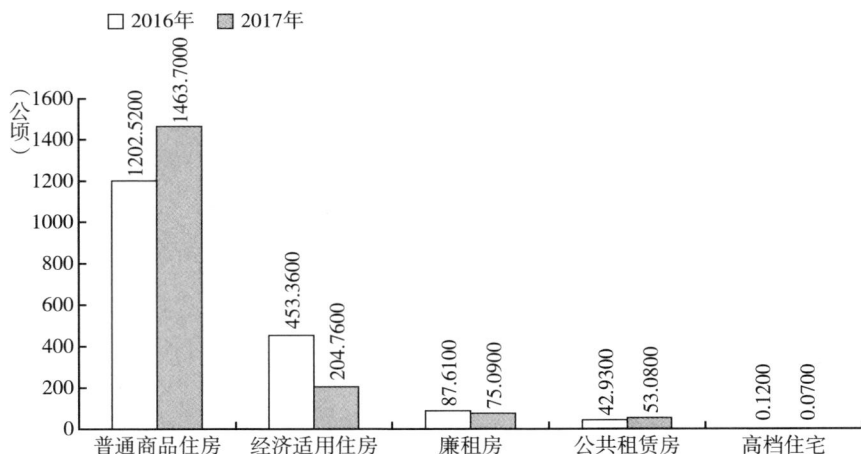

图7　2017年住宅用地供应情况

资料来源：陕西省自然资源厅。

从供地方式看，出让5329.39公顷，同比下降8.73%。其中存量3533.44公顷，同比增长107.51%；新增1795.95公顷，同比下降56.58%。其中招拍挂面积4946.59公顷，同比下降8.71%。土地出让成交价款539.11亿元，同比增长27.92%。招拍挂成交价款525.22亿元，同比增长

29.19%。按用地类型分，商服用地 833.08 公顷，同比下降 18.40%；工矿仓储用地 2793.96 公顷，同比下降 18.78%；住宅用地 1366.77 公顷，同比增长 29.46%。普通商品住房 1347.86 公顷，同比增长 31.72%。其中，中低价位、中小套型普通商品住房 118.29 公顷，同比下降 39.22%；经济适用住宅 15.16 公顷，同比下降 50.25%；廉租住宅 1.41 公顷，同比增长 6950%；公共租赁住房 2.27 公顷，同比增长 22.70%；高档住宅 0.07 公顷，同比下降 41.67%；其他用地 335.58 公顷，同比增长 4.08%。2017 年国有土地划拨面积 5729.51 公顷，同比下降 32.92%。

2018 年 1~9 月，陕西省国有建设用地供应总面积 9838.20 公顷，同比增加 66.58%。其中存量 4706.78 公顷，同比增加 24.92%；新增 5131.42 公顷，同比增加 139.99%。从供地类型看，商服用地 830.80 公顷、工矿仓储用地 1726.09 公顷、住宅用地 2093.61 公顷、其他用地 5187.70 公顷，各项分别占土地供应总量的比重为 8.44%、17.54%、21.28%、52.73%，各项用地类型同比分别增加 35.89%、减少 10.25%、增加 98.91%、增加 123.70%。2018 年 1~9 月，全省普通商品房供地 1818.06 公顷，同比增加 104.72%，保障性住房供地 272.33 公顷，占住宅用地供应总面积的 13.01%。从供地方式看，出让 4540.74 公顷，同比增加 26.90%，占建设用地供应总面积的 46.15%。其中招拍挂出让 4330.84 公顷，同比增加 30.24%，占国有土地出让总面积的 95.38%；划拨 5297.46 公顷，同比增加 127.57%，占建设用地供应总面积的 53.83%。2018 年 1~9 月，全省土地出让成交价款 713.1161 亿元，同比增加 109.90%。其中招拍挂价款 697.3074 亿元，同比增加 110.49%，占出让总价款的 97.78%。

（二）土地市场存在的问题

1. 土地违法违规问题比较严重

从 2014 年到 2017 年，陕西的土地违法违规案件发案数量仍然超出预期，如违规供地、未批先建、批建分离、非法占地、批小建大、违法建设等问题比较突出。最典型的是秦岭北麓违建问题，中央领导曾 5 次批示指示，明确要求拆除违建，保护秦岭生态环境。2018 年 7 月，中央纪委副书记、国家监委副主任、中央专项整治工作组入驻陕西，展开对秦岭违建别墅的整治行动，共清查出秦岭北麓西安段违建别墅 1194 栋，依法收回国有土地 4557 亩，退还集体土地 3257 亩，实现了从全面拆除到全面复绿。一些党员干部因违纪违法被立案调查。

2. 政府对土地支配权的监管机制有待完善

政府是土地的唯一提供者，存在某些主要领导权力滥用的可能性。如原西安市委书记、陕西省人大原副主任魏民洲，为相关单位及个人在矿产开发、土地竞拍、工程承揽、融资贷款等事项上谋取利益，收受财物总计超过 1 亿元，2018 年 11 月被判无期徒刑。陕西省原国土资源厅厅长王登记利用土地管理权，以竞争副省长为名一次受贿 5000 万元，总共受贿 6000 多万元，2016 年 11 月被判无期徒刑。目前虽然针对土地支配权强化了纪检和行政监察力度，但仍不能完全消除土地领域的弊端。

五 调控政策对陕西房地产市场的影响

（一）商品房待售面积出现过快上涨

受过去"一刀切"的调控政策及其累计效应等多重因素的影响，2012～2016 年陕西省商品房待售面积连续五年高增长，分别同比增长 105.5%、37.4%、51.73%、27.5% 和 29.72%。2016 年全省商品房消化周期为 19 个月，其中，住宅消化周期为 13 个月。截至 2016 年底，按照目前速度，非住宅类商品房全部消化需要 88 个月。2016 年西安市消化周期为 14 个月，其中，住宅消化周期缩短为 9 个月；其他三、四线城市库存去化周期为 27 个月，其中，住宅去化周期为 18 个月。陕西省统计局从 2012 年开始就将房地产待售面积纳入统计监测范围，定期向社会公布，并在《2014 年房地产新政出台对我省市场的影响》报告中，就库存压力加大，去库存任务紧迫等问题，向省委、省政府提出了"政府政策引导企业快速消化库存"的对策建议。

（二）国家政策支持去库存成效明显

2015 年 12 月，中央政治局会议做出"要化解房地产库存，扩大有效需求，稳定房地产市场，防范化解金融风险"的决定。随后的中央经济工作会议又把"去库存"作为供给侧结构性改革的五大任务之一，提出"去产能、去库存、去杠杆、降成本、补短板"的"三去一降一补"。用国家力量和政府资源帮助房地产市场去库存，力度之大，政策之完备，前所未有。国家相关部门又连续多次下调存贷款基准利率和存款准备金率，降低信贷和公积金首付款比例等。陕西省委、省政府于 2016 年 6 月出台《陕西省人民政府关于房地产去库存优结构的若干意见》，提出了"落实信贷支持和税收优惠政策"等 11 条化解房地产库存的具体措施。2017 年 1 月又把"培育发展住房租赁市场，提升棚户区改造货币化安置率，支持农民工进城购房，全省商品房库存减少 5%"作为 2017 年主要工作任务之一写入政府工作报告。库存量较大的西安市在《化解房地产库存促进房地产市场健康发展的若干意见》中采取了三十项有力措施去库存。其他地市也都结合实际采取了去库存的有效措施。在全省各地政府共同努力下，"去库存"取得明显成效。2016 年全省房地产市场扭转了 2015 年以来的下行趋势，住房市场需求持续释放；2017 年 12 月末，全省商品房待售面积增速降到近 5 年来的最低点；2018 年 9 月末全省待售面积降至 2016 年 10 月以来的低点。其中，西安市 2018 年 9 月末同比下降 30.1%，降幅比上半年扩大 6.5 个百分点。

（三）房价过快上涨势头得到遏制

2017 年陕西在去库存取得显著成效的情况下，商品住宅均价达到 6477 元/平方米，同比增长 23.1%。快速上涨的房价，引发居民恐慌性心理购房，投资性购房、刚性需求和改善型需求共同作用，需求增长空前高涨。2018 年上半年全省住宅均价为 7785 元/平方米，同比增长 24.1%。特别是西安市随着净流入人口增加，商品房销售火爆，一度出现房源偏紧、新房和二手房价格倒挂的情况。7月31日中央明确提出"坚决遏制房价上涨"。陕西省委、省政府针对陕西实际采取了遏制房价上涨的果断措施。热点城市西安市在坚持限购、限贷、限价、限售的基础上，实行摇号购房，加大土地供应，增加公租房和共有产权房的用地比例，加大整顿房地产市场秩序力度，严格约谈问责等措施。从2018年前三季度情况看，西安等热点城市房价上涨势头被遏制住，商品房价格上涨幅度放缓，二手房价格出现回调；全省商品房销售面积增速比上半年回落1.3个百分点，其中住宅销售面积回落1.2个百分点。分区域看，全省有六个市的商品房销售面积增速比上半年有所回落，其中铜川市回落幅度最大，超过50个百分点。从西安市2018年1~10月房地产市场运行情况通报来看，10月西安新建商品住宅价格指数环比上涨1.3%，涨幅环比下降4.9个百分点；二手住宅交易价格指数环比上涨1.5%，涨幅环比下降1个百分点。4~10月，商品房销售均价基本维持在11000元/平方米。

（四）对供给和需求的影响明显

1. 对供给的影响

一是土地供给结构发生了变化。西安市从2018年起，重点加大了公租房、共有产权住房土地供应的占比，商品房与公租房、共有产权住房的用地比例为3∶1∶1。其中20%的居住用地用于公租房建设，20%的居住用地用于限地价、限售价的共有产权住房建设，60%的商品住房用地按15%的比重实物配建公租房，其中5%无偿移交政府，10%由政府按成本价回购。2018~2021年，全市计划建设和筹集公租房20万套、共有产权住房15万套。二是土地出让竞拍条件的变化。2018年西安市土地出让实行竞物业自持和竞配建酒店、教育、商业等配套设施。三是西安市2017年9月重新实行商品房价格备案制度，加强了价格监管，采用摇号售房办法。四是房贷资金供给成本提高。数据显示，2018年7月全国首套房贷款平均利率为5.67%，相当于基准利率的1.157倍，环比上升0.53%；上年7月首套房贷款平均利率为 4.99%，同比上升 13.63%。其中，西安各大银行首套房贷最低上浮 10%，大多数上浮 15%，极少数直接上浮 30%。

2. 对需求的影响

一是购房预期改变。过去认为调控能降低房价，现在认为房价越调越高，甚至远远超过心理预期。现阶段多数购房者认为房价还会上涨，投资性购房活跃。二是住房观念开始转变。"新城市人"的住房观念逐渐由购房转向租房。西安市落户的毕业大学生选择租赁公租房和长租公寓就是这种转变的表现。三是大户型商品房销售增速超过中小户型，改善型需求增长明显。如 2017 年前三季度 90～144 平方米（含 144 平方米）普通住宅销售面积同比增长 18.4%，占住宅销售面积的 64.5%，到 2018 年前三季度占比提高到 67.8%，提高 3.3 个百分点；而 90 平方米以下（含 90 平方米）占比从 19.6% 降到 16.2%，减少 3.4 个百分点。陕西省统计局数据显示：2017 年通过银行贷款和公积金贷款的购房者占一半以上。在房价不断上涨的态势中，中高收入群体中的很多家庭受价格上涨影响增强了贷款购房的欲望。

（五）对房地产企业的影响

1. 商业模式改变

限贷形成的贷款难，限价导致的利润空间压缩，迫使房企创新商业模式。一是强强联合，优势互补。西安天朗地产通过与融创携手成立合作公司，完成了集团的第一次创新转型。金地、旭辉、招商蛇口三家大牌企业联合开发了大学城板块的新盘金地常宁府。二是通过收购壮大企业。如荣盛发展收购咸阳文林路上的华宇景观天下，融创收购科为地产航天城项目，朗诗地产收购陕西长泰房地产开发有限公司全部股权等。三是实行差异化战略定位。西安绿地"缤纷荟"项目荣获行业"金鼎奖"，就与其差异化的战略定位分不开。四是转型升级。向城市服务运营商转变，参与特色小镇、农业园区、城市更新等项目建设，投资教育、医疗、养老等产业。

2. 竞争方式改变

土地竞拍规则改变，限地价竞房价、限房价竞地价或限地价、竞配建成为常态，加之"全装修新政"的实施，促使房企由开发量的竞争转向品质和综合能力的竞争。激烈的市场竞争，使部分房企对市场投资持谨慎态度，大型房企的拿地方式则由追求规模化转向追求利润率，争抢优质地块的高溢价率。

六　陕西房地产市场存在的问题及原因分析

（一）商品房去库存差距明显

截至 2017 年 12 月末，西安市商品房待售面积 379.66 万平方米，占全省待售面积总量的 40.5%，较上年末减少了 7.73 万平方米。10 个三、四线城市商品房待售面积 557.2 万平方米，占全省的 59.5%，较上年末减少了 52.2 万平方米。其中，仅咸阳、渭南和杨凌示范区待售面积有所减少，其余 7 个市的待售面积仍有增加。2018 年 6 月末，商洛市待售面积总量为 25.06 万平方米，同比增长 795.5%，增速比 3 月末回落 1599.4 个百分点。2018 年 7 月末，全省待售面积增速比 6 月末有所提高的有 6 个市，其中铜川、商洛提高幅度较大，超过 20 个百分点；西安市待售面积继续保持总量减少，增速回落趋势。据统计，2018 年 11 月底，西安市商品房待售面积只有 254 万平方米。

（二）土地价格上涨过快

陕西省国土资源厅监测数据显示，重点城市西安市建设用地价格同比大幅上涨。2017 年西安综合地价为 2323.99 元/平方米，同比上涨 38.43%；商业地价为 3467.95 元/平方米，同比上涨 2.83%；住宅地价 4154.18 元/平方米，同比下降 10.50%；工业地价为 338.95 元/平方米，同比下降 7.5%。2018 年上半年监测数据显示，西安市综合地价为 3909.21 元/平方米，同比上涨 42.15%，比 2017 年上涨 1585.22 元/平方米；商业地价为 6682.05 元/

平方米，同比上涨91.80%，比2017年上涨3214.1元/平方米；住宅地价为6010.30元/平方米，同比上涨39.57%，比2017年上涨1856.12元/平方米；工业地价为421.80元/平方米，同比上涨22.64%，比2017年上涨82.85元/平方米。地价上涨过快的原因：一是西安市国家中心城市的确立，使城市价值大幅提升；二是品牌房企大举入驻西安，拿地竞争加剧；三是去库存以及人口政策放开，需求旺盛，引起的房价上涨助推了土地价格上涨；四是商品房销售面积增速加快和土地溢价率扩大。

（三）精品房源存在提升空间

从近年西安和陕西部分城市样房和精装修房源销售火爆的情况看，高质量的精品房源越来越受到消费者的青睐和关注。但是从精品房质量看，还存在房源质量不高、施工把关不严，甚至严重质量缺陷等问题。从技术角度看，还没有达到标准化、集成化、模块化、智能化精装修要求；个性化装修和产业化装修还有待统一；有的还缺乏精装修、全装修经验。从精品房源生产动机分析，有的开发商存在单纯逐利思想和投机心理，有的缺乏打造高质量、精装修、全装修房源的责任感和创新思想。

（四）本地房企竞争力下降明显

近些年来，由于外地品牌房企大举进驻，本地房企的竞争力下降明显。从西安房企销售前十名变化看，2014年排名前十中，天朗、海荣、泰华三家本地企业上榜；2015年排名前十中，天地源、紫薇两家高科系本地国有房企上榜；2016年排名前十中，仅剩海荣一家本地企业上榜；2017年本地企业在前十名中全军覆没；2018年排名前十中，万科、融创、绿地分列前三，依旧没有本地房企的身影，本地房企连续两年跌出前十。本地房企竞争力下降的原因有以下五点。一是资金实力和融资能力不及外地品牌房企，加上周转速度缓慢，资金流动性差，严重影响了扩张步伐。二是品牌市场认知度差，或不重视品牌打造，市场定位不精准。三是规划、制度规范和人才储备相对滞后，有的被棚改项目拖了后腿。四是错过了2016年下半年以来的西安楼市机遇，缺乏变现的产品和能力。五是外地品牌房企自有资金实力雄厚，运营能力强悍，强调核心管理团队本地化，还有始终把客户满意度放在第一位，敢于创造精品，敢于走规模化、高端化发展道路，竞争力超强等优势。

七 2017～2018年陕西保障房建设情况

（一）保障房建设基本情况

陕西省住房和城乡建设厅数据显示：截至2017年底，全省累计开工建设保障性安居工程284.48万套，其中公租房（又称租赁型保障房，包括公租房和廉租房）88.16万套、购置型保障房（包括经济适用房和限价商品房）62.62万套、各类棚户区改造住房133.7万套，累计发放租赁补贴110.66万户，累计完成投资5369.46亿元，可解决369.1万户城镇中低收入住房困难家庭、外来务工人员和城镇新就业职工的住房问题，特别是11.4万户城镇低保住房困难家庭实现了应保尽保。棚户区改造累计竣工住房83.9万套，分配入住住房76.3万套。各项考核指标连续六年保持全国先进水平。据了解，到2017年末，陕西省基本完成了省委、省政府确定的保障性安居工程覆盖城镇人口23%的保障目标。

2018年全省改造棚户区20.2万套，计划到2020年改造棚户区64.58万套。2018年1～6月，全省棚户区改造新开工13.83万套，完成全年开工计划的68.48%；公租房分配4.03万套，分配率达到88.15%，较2017年底提升5.4个百分点；新增发放租赁补贴4177户；完成投资363.61亿元；计划到9月底棚户区改造开工率达到90%，年底前完成218个"和谐社区·幸福家园"小区的达标验收。

（二）陕西保障房建设的主要做法

1. 抢抓政策机遇，强力推进保障房建设

一是科学确定保障目标。根据国务院的要求，陕西省委、省政府确定

"十二五"期间完成172万户五年轮候计划，并在各市主要媒体上向社会公示，保障面达到23%以上，高于全国"十二五"末20%的目标。二是足额保障资金。一方面积极争取中央补助资金支持，另一方面争取利用住房公积金支持保障性安居工程贷款额度113.5亿元。三是强化质量安全监管。成立了保障性安居工程质量监督站，落实参建各方的主体责任，完善各环节监管程序，实行工程质量终身负责制，小区安装了全省统一的保障性安居工程标志和永久性标识牌，接受社会监督。另外，陕西省政府编制了《陕西省棚户区改造规划（2017~2020年)》，积极推进棚户区改造中的货币化安置，制订了切实可行的征收补偿办法，采取搭建定向销售平台和收储社会房源等方式，积极推进此项工作。

2. 坚持问题导向，制度创新破解工作难题

一是在全国率先出台了《陕西省保障性安居工程项目规划及配套设施建设管理办法》，并强制实施。二是在全国率先采取"政府信用 + 企业信用"手拉手方式，走出了一条统一规划、统一融资、政府主导、市场运作的省级统贷推动棚户区改造的新路子。三是在全国率先制定出台了《廉租住房和公共租赁住房并轨运行管理的指导意见》，有效解决了保障性住房承租户的柔性退出问题和新就业职工、稳定就业的外来务工人员的住房问题。另外还出台了《关于开展共有产权住房工作的通知》，创新性提出租赁型保障房和购置型保障房，系统提出实施共有产权的四种模式。

3. 创新工作方法，努力提高精细化管理水平

一是在确保分配公平透明方面，实行"三级审核，三次公示"制度，并采取公开摇号方式进行分配，让群众知晓，并接受监督，确保公正。二是在构建和谐幸福家园方面，建立起政府公共服务与社区自助互助服务相对接、公益性服务与经营性服务相补充、专项服务与综合性服务相结合的社会化社区服务体系，预计2020年全部创建达标。2017年，全省已有85个小区通过省级验收并由省政府命名表彰。三是在推进小区物业管理社会化方面，以强化保障房小区管理创新为重点，引入服务质量好、有实力的社会物

业管理企业管理保障房小区，改变以往由政府统包统揽的直管公房管理运行模式，全面推动小区服务社会化、专业化发展。

（三）保障房建设存在的问题及原因分析

1. 基础设施配套滞后问题

基础设施配套滞后问题在各地市都有不同程度发生。如榆林市横山区凤凰新城限价房项目，因幼儿园、学校、医院、交通、地下车库等配套设施滞后导致纠纷。该项目共有23栋已竣工近两年的住宅楼，截至2016年11月，两期2048套住宅售出2027套，其中195户办理了交房手续，实际入住105户，入住率不足10%。该小区生活很不方便，以致业主多次联名向《中国经营报》、《法制周报》、彭湃新闻等新闻媒体反映。保障房基础设施配套滞后主要有以下几方面原因：一是保障房项目多数在城市边缘或偏僻地域，配套设施全部靠新建；二是城市建设规模不断扩大，配套费相对比较紧张；三是有些配套设施有个招商引资的过程，位置偏僻或规模偏小的保障房小区招商引资的难度要大一些；四是因入住率不高，缺少生源，幼儿园、学校无法投入使用，造成闲置。

2. 保障房建设规模过大问题

陕西保障房建设规模过大问题主要表现在四个方面：一是部分市、县有的保障房小区入住率不高；二是有的市、县保障房建设超过低收入人群数量后，放宽最低住房保障申请标准，扩大保障人群范围；三是有的市、县保障房规模过大存在挤出效应，导致新建商品房库存居高不下；四是有的市、县把保障房作为一般租赁房对外出租，甚至作为商品房对外出售。保障房规模过大的原因有四点：一是由上至下按任务分配保障房建设数量，而不是由下至上按实际统计户数安排保障房建设数量；二是落实国家23%保障计划与陕西经济发展水平和城镇居民人均收入水平不相匹配，超过了实际需求；三是过多建设保障房是为了向中央申请更多安居专项补助资金；四是搞政绩工程，强行提高入住率。

八 2017～2018年陕西住房租赁市场特点及存在问题

（一）住房租赁市场主要特点

1. 政府支持住房租赁市场发展

2016年12月陕西省人民政府办公厅发布了《关于培育和发展住房租赁市场的实施意见》，对陕西培育和发展住房租赁市场给予全方位的政策支持和保障，明确提出"到2020年，全省基本形成供应主体多元化、经营服务规范、租赁关系稳定的住房租赁市场体系，基本形成保基本、促公平、可持续的公共租赁住房保障体系，基本形成市场规则明晰、政府监管有力、权益保障充分的住房租赁法规制度体系，推动实现城镇居民特别是新市民住有所居的目标"。同时鼓励企业和个人依托旅游资源、教育资源发展客栈民宿、短期公寓、长租公寓、酒店式公寓等；制订住房租赁消费的优惠政策措施，引导城镇居民通过租房解决居住问题；开展商品房项目配建租赁住房试点；采取多种方式增加租赁住房用地有效供应。

2. 住房租赁综合服务平台开创新的租赁模式

2017年11月至2018年1月，陕西省住建厅和全省10个省辖市住建部门与建行陕西省分行先后签订了住房租赁市场发展战略合作协议，建行陕西省分行在未来五年给予住房租赁市场参与主体授信支持金额不少于500亿元。省住建厅和建行陕西省分行推出的住房租赁综合服务平台主要有两个创新：一是为住房租赁企业创新推出覆盖租赁住房"建、购、租"、改造装修、设施维护、日常运营、租赁住房资产盘活等项目的产品链，专项贷款最长期限达25年；二是为承租人创新推出贷款额度最高30万元、期限最长达5年的个人住房租赁贷款，一年期利率为基准利率4.35%。从2017年12月房屋租赁平台上线到2018年3月，已在全省签约租赁房源数量169套，储备房源5400余套，发布房源2200套，在线成交房源40余套，实现了全省10个省辖市签约全覆盖。

3. 长租公寓助推陕西住房租赁市场快速发展

近几年来，随着陕西房企转型升级，一批大型房企抓住国家支持住房租赁企业的利好机会，布局住房租赁市场，成立专业租赁公司，投资长租公寓。目前，相继入市的万科泊寓、龙湖冠寓、金辉E客公寓、世联红璞公寓等，针对青年客群的租赁型市场开启了新的发展方向。加之金融机构向租客提供资金贷和向地产商提供地产投资信托基金等金融服务，或是像建行陕西省分行一样直接与地产商、中介机构及集体租客合作，提供一些长租服务的解决方案，将从根本上加速推动长租市场发展。长租公寓以拎包入住、生活便捷受到租客喜爱，在租金和房源供给方面较为透明，提升了租房客户的体验，克服了散租市场房源不真实、租期无保障和信息不对称的问题。从2018年西安租赁市场发展趋势看，租赁市场比较火热，泊寓和冠寓甚至出现"一租而空"的场面，租客集中在普通白领、创客、小资学生和年轻专才这四类人群，"90后"是其中主力。长租公寓等新兴租赁模式的迅速崛起，对陕西住房租赁市场快速发展起到了有力的助推作用。

（二）房屋租赁市场存在的问题

1. 租赁市场秩序不规范

一是依托房产中介或私人交易的租赁户登记备案率过低。二是对泄露或不正当使用客户信息、中途退租、临时涨价、发布假房源等不规范行为还没有明确的法律规范予以约束。三是对长租公寓类新型租赁业态尚未制订新的管理法规，房源的质量和环保情况缺乏行业标准和信息公开渠道，对出现的甲醛问题和涨价问题等缺乏有效的监督管理机制。四是政策支持体系不完善，公共租赁房源总量不足，租赁住房解决城镇居民特别是新市民住房问题的作用没有充分发挥；还没有形成一套完善的住房租赁运行监测体系和公共租赁信息服务平台，土地、金融和税收的相关优惠政策还不明确，金融机构参与支持住房租赁还缺乏具体规范的实施细则。

2. 中介机构专业水平偏低

一是中介机构存在没有资质、没有登记的情况，缺乏专业人才，缺乏职业道德精神，多头收费、乱收费现象比较严重。二是中介合同存在不合理条款和"网贷付房租"陷阱。三是部分中介机构违规操作，代替银行为买方做资金监管。四是有的中介隐瞒房屋抵押、质量缺陷等真实情况。其原因主要有三点。一是租赁法规不健全，相关法律滞后于市场的发展，让不法中介有机可乘。二是房屋信息不对称，容易让承租人钻进中介设置的圈套。三是对租赁行业监管不力。由政府监管的，因数量庞大难以面面俱到，难以有效执行；由行业监管的，有的行业协会缺位，有的行业协会地位不明确，作用有限。

九　对陕西房地产业发展的对策建议

（一）陕西房地产市场发展的对策建议

1. 加速推进"租购并举"的住房制度建设

陕西应把建立"多主体供应、多渠道保障、租购并举的住房制度"放在重要位置，切实把保障房、商品房、租赁房、共有产权房相结合的住房管理体制机制落到实处，加速推进"租购并举"的住房制度建设。一是充分发挥政府行政力的导向作用，强力推进公租房、共有产权房的落实，拟采用西安市及"周至、蓝田模式"，分步在全省实施。二是支持和鼓励房地产企业参与租赁房、共有产权房建设，所建房屋既可自持、租赁、经营，也可提供给政府回购，同时加大鼓励开发企业投资经营长租公寓和存量房出租的力度。三是把公租房、共有产权房的质量建设放到突出位置，健全材料、价格监管机制，真正建成"品质房""放心房"，切实提高全装修房的质量。四是支持、鼓励金融部门推行"租赁贷"，引导有住房需求的人群通过租赁获得长期住房；同时实行"租购同权"政策，保障租房人子女落户、入托、上学、就医等公共权益，解除其后顾之忧。五是建立完善相关政策和法规制度体系，并将之纳入政府目标责任分类考核。

2. 稳预期是陕西房地产市场平稳健康发展的关键

2018年7月31日中央政治局会议提出"稳就业、稳金融、稳外贸、稳外资、稳投资、稳预期"。12月,住建部年度工作会议又提出"稳地价、稳房价、稳预期"。"稳预期"成为房地产市场平稳健康发展的关键词。

从陕西情况看,稳预期的任务仍然艰巨。西安等城市放开户籍政策引进人才将是一项长期举措,中心城市的城市价值不断提升,住房成本随新技术、新工艺和全装修标准的运用继续上升,热点城市和非限购区域购地热情不降反升,关中平原城市群建设加速推进,加之陕西商品房均价普遍低于周边省市,目前各市场主体普遍存在房价还会上涨的预期。中央"分类指导"的新政策对陕西各级政府"稳预期"的能力也是一个考验。

从以往地价上涨较快的实际看,陕西稳预期首先要"稳地价",要创新土地供应模式,发挥土地出让的导向作用,改变"价高者得"的出让方式,推行"限地价、竞房价"、"限房价、竞地价"的土地出让方式,也可通过"限地价、竞配建"增加租赁房面积,稳定房价。西安市在住房、土地供给侧结构性改革方面的经验做法可作为借鉴。其次要'稳房价',稳房价的关键是分流需求,特别是人口流入量大的热点城市和房价上涨压力较大的城市,要通过公租房和共有产权房满足"新市民"的住房需求;要坚持新建商品住宅价格报备制度和预售许可证审批制度,坚决打击投机型购房行为。西安市2019年实行"全装修新政"以后,要实行严格价格监管,防止出现借机涨价乱象。再次要坚持"因城施策"、"一城一策"和分类指导,强化各级政府、相关部门的主体责任,着眼长效机制,防止"松绑"后房价出现爆发式上涨。最后要加强全省房地产市场动态监测监管,力争把动态统计和监测监管从房屋销售环节向土地供应环节前移;加强统计、监测的系统性、完整性和实用性;加强对市场调研分析成果的管理和运用;重视发挥房地产研究机构专家队伍的作用,增强预测预判的前瞻性、针对性。

3. 加大对闲置土地的处置处理力度

闲置土地大部分属于住宅用地,闲置土地处置不及时,容易造成土地资源浪费，严重影响城市化进程。囤地不能形成有效供应，还易引起房价上涨。闲置土地难处理主要有以下原因：有的闲置土地有遗留问题，处理不好容易引起社会矛盾；有的涉及补偿问题，容易产生利益纠纷；另外，涉及多部门的闲置土地问题单靠国土部门一家难以有效推进。处置处理闲置土地的建议：一是建立土地、规划、城建等部门综合协调、齐抓共管的土地市场管理机制，依法有序推进闲置土地处置处理；二是严格执行"净地"出让政策，多措并举防止开发商因资金短缺而造成新的土地闲置；三是将土地储量过大、开发能力不足的开发商列入禁止拿地"黑名单"，并限期清理或促其加快开发进度；四是健全建设用地动态监管系统，重点对土地利用规划和计划执行、土地审批及土地征收、土地供应、项目用地开发利用等情况进行动态监管，切实防范批而未供、供而未用等现象发生，同时对新上项目要尽量利用存量土地，防止出现闲置土地。

4. 引导房地产开发企业把能力提升放在首位

一是提升输送高质量产品的能力。市场大环境变了，提供给房地产企业的发展平台也变了。比如，西安要建设国家中心城市和国际化大都市，要成为"一带一路"的重要节点城市，要成为推进关中平原城市群建设的核心，这对房地产开发企业提出了高质量发展的能力要求。墨守成规、一成不变，已无法适应新环境。房地产开发企业必须进行一次能力蜕变，从量的发展向质的发展转变，从规模品牌向能力品牌转变，从单一售房向租售并举转变，从资金实力向创新实力转变等。总之，从新平台的需要出发提升创造高质量产品的能力，是新时代、新环境对房地产企业提出的新挑战。

二是提高新规则适应能力。竞争规则改变了，房地产企业对新规则的适应能力也要变。在土地出让方式方面，由原来的价高者得变为现在的"限地价、竞房价"、"限房价、竞地价"或"限地价、竞配建"。拿地规则变了，要求开发企业不仅有资金实力，还要有经营运作能力。在土地供应方面，增加了公租房、共有产权房的用地比例，要求企业提高产品多元化生产能力；"全装修新政"实行以后，要求开发企业不仅在装修能力方面要学习提高，而且在整体规划能力方面也要有新突破。总之，竞争规则的改变，对企业能力的考验是全方位的。

三是竞争对手改变了，要求房地产企业必须增强自身竞争能力。在当前激烈竞争的形势下，企业集中度不断提高，合作、收购、兼并重组不断升级，企业的竞争力随时都受到严峻挑战。要生存，就必须战胜自我，超越当下，开辟一条属于自己的路，别无选择。

5. 应把"房闹"和"闹房"纳入房地产市场秩序整顿范围

所谓"房闹"，就是在同一楼幢或小区居住的业主（已完成购买手续），看到自己的开发商降价销售余房，就结成团伙找开发商"闹"、"补差价"或退房的不理智行为，有的甚至打砸售楼部。最近几年，全国部分城市的"房闹"已引起媒体的广泛关注。"房闹"在陕西也时有发生。"房闹"的主体往往是投机型炒房客。"房闹"不仅给开发商造成了经济损失，而且破坏了市场公平诚信的交易规则，造成了不良的社会影响，也反映了房地产市场的不成熟和管理法规的不完善。所以，建议完善相关法律法规，把"房闹"行为纳入房地产市场秩序整顿范围，杜绝"房闹"事件的发生，维护好房地产市场公平诚信的交易秩序。

所谓"闹房"，就是某些开发商不惜毁约告自己、企图提高房价的不法行为。从西安市发生的案例看，开发商在自身合同目的已经实现的情况下，反而以自己无证销售为由主张合同无效的做法，违背诚实信用的原则。开发商虽然违反了有关"商品房预售应当取得商品房预售许可证"的规定，但并不必然导致其签订合同的民事法律行为无效。开发商对所需条件应当是清楚的，对自己不办理商品房预售许可证即销售商品房行为的违法性应当是明知的，其真正目的在于获取超出合同预期的更大利益，其行为显然与社会价值导向和公众认知相悖。所以，建议健全相关法律法规，同样把"闹房"纳入房地产市场秩序整顿范围，对这类无良知的开发商采取更严厉措施，坚决阻绝此类事件发生。

（二）陕西租赁市场发展的对策建议

1. 完善租赁市场管理法规

依法管理租赁市场至关重要，目前租赁市场存在的不规范行为都与法律法规不完善有直接关系。要适应新型租赁市场不断扩大的需要，健全和完善与国际惯例接轨的、适应改革开放的、符合陕西省情的房屋租赁法规体系，制定房屋租赁条例实施细则，让出租人、承租人、中介机构、金融部门和政府主管部门等有法可依，从根本上加强租赁市场管理，营造公开、公平、公正的租赁法律环境，保障租赁市场稳定健康发展。

2. 规范和降低住房租赁的相关税收

在企业开发建设及运营住房租赁项目阶段，可适当减免相关税收，如企业开发建设住房租赁项目，可降低房产税税率、土地使用税税率，降低住房租赁企业的所得税税率，鼓励企业参与到住房租赁的建设开发及运营中来。另外，通过减免个税政策，减轻年轻人租房的负担，如尽快落实公积金提取和个人所得税专项抵扣等方面的政策。

3. 通过住房租赁市场金融化实现收益扩大

要培育和发展机构化、规模化的住房租赁市场，在租赁回报率不高的情况下，必须要有金融支持，可参考美国住房租赁市场的金融化案例，通过金融化实现收益扩大。银行可通过 CMBS（商业地产抵押贷款支持证券）的方式，为租赁项目提供低息贷款。金融市场与房地产市场的互动是很重要的，金融市场与住房租赁市场如果不打通的话，风险就只能集中在少数机构或开发商手里，无法快速扩大租赁市场规模。

十 2019年陕西房地产发展趋势展望

（一）从国家层面看

2019 年虽然外部仍存在不确定因素，经济形势"稳中有变"，经济下行压力有所加大，但中国经济韧性强、潜力大、回旋余地大，因此改革开放的门只会越开越大。由高速增长转向高质量发展将加速推进，供给侧结构性改革将不断深化，稳增长、促改革、调结构、惠民生、防风险的政策不会变，GDP 保持中高速增长的目标不会变。房地产调控仍将坚持"房住不炒"的定位，"多主体供应、多渠道保障、租购并举的住房制度"将坚定地继续贯彻落实；坚持分类指导、因城施策、防范房地产领域风险、严禁资金违规流入房地产领域不会松动；"稳地价、稳房价、稳预期"主基调不会改变；行政问责机制会更加严厉；满足首套刚性需求、支持改善性需求、遏制投机投资性需求将成为长效机制的重要组成部分。

（二）从陕西省层面看

2019年陕西正处在"追赶超越"的关键时期，经济上将会继续加大投资稳增长的力度，加快高技术和战略性新兴产业发展步伐，保持出口高速增长势头，不断提升消费短板，充分发挥西安中心城市的辐射引领作用。省委、省政府落实"追赶超越"的决心和信心将进一步增强，2019年陕西经济增速仍将保持在8%左右。房地产调控方面，虽然2019年陕西部分热点城市仍存在房价上涨预期，但全省将继续果断落实中央一系列调控政策措施，坚决遏制房价过快上涨，继续整顿房地产市场秩序。尤其对西安市的限购、限贷、限价、限售措施短期不会放松。将持续推进房地产供给侧结构性改革，加快住房体制改革和加速租赁市场发展。

（三）从市场层面看

供给层面，将坚持多主体供应，多渠道保障。保障房用地将应保尽保，商品房用地将适度供应。房价上涨压力大的城市会增加土地出让面积，但仍会配建公共服务项目，共有产权房用地将有所增加。房地产开发投资仍将保持10%以上增幅，土地购置面积减少，商品房施工面积持续增长，新开工面积略有下降，竣工面积和待售面积增加。

需求层面，人口净流入的城市，开发商对土地的需求将有所增加或与上年持平。刚性商品住房需求和改善型需求将推动房价略有上涨。人口净流出或增长不明显的城市开发商拿地比较谨慎，购房需求将下降。非限购的热点地区土地和商品住房需求仍将呈上升趋势。租赁市场需求将有所增加。

价格层面，受需求增加和成本上升影响，商品房均价总体呈稳中有升态势。

（四）从企业层面看

政府遏制房价上涨和融资难将使房企降低投资冲动。一是国家明确支持房企改变经营模式——从单一的开发销售向租购并举模式转变，支持房企兼并重组，提高集中度，房企将提前或扩大向租赁市场和域外行业布局。二是房价上涨压力较大的城市仍将有房企沿用规模化、高周转模式。三是随着品质住房时代到来以及新房的高端化和郊区化，房企对优质地块和重点项目的竞争将加剧，绿色建筑和精装修品质房占比趋高。

参考文献

国家统计局陕西调查总队：《2017 年以来西安商品房市场运行分析报告》，2018。

华商报：《90 后成为长租公寓主力》2019 年 1 月 25 日，c03 版。

华商报：《开发商违约调查》，2018 年 6 月 25 日。

华商报：《转型升级强内功，行稳致远创未来——专访金泰恒业房地产有限公司董事长、党委副书记马亚鹏》，2017 年 12 月 19 日。

澎湃新闻：《陕西榆林一保障房小区幼儿园建成 4 年却一直闲置》，2017 年 7 月 16 日。陕西省统计局：《2014 年房地产新政出台对我省市场的影响》。

陕西省统计局：《2015 年我省房地产开发投资和销售回落趋势》，2016。

陕西省统计局：《2017 年全省房地产市场调控中走势平稳》，2018。

陕西省统计局：《城乡居民居住条件改善 带动相关产业快速发展——改革开放 40 年陕西经济社会发展成就系列报告之七》，2018。

陕西省统计局：《楼市回暖去库存成效明显 分化加重供给侧持续优化》，2017。

陕西省统计局：《前三季度我省房地产销售稳中放缓》，2017。

陕西省统计局：《陕西省 2018 年前三季度房地产市场运行情况》，2018。

陕西省统计局：《陕西统计年鉴 2017》。

陕西省统计局：《陕西统计年鉴 2018》。

陕西省统计局：《陕西住房租赁市场现状研究》，2019。

陕西省统计局：《上半年我省房地产开发速度放缓》，2017。

陕西省自然资源厅官网：《2017 年 1～9 月全省国土资源主要统计指标简析》。

陕西省自然资源厅官网：《2018 年 1～9 月全省国土资源主要统计指标简析》。

中国房地产业协会：《2018 中国房地产年鉴》。

中央电视台：《一抓到底正风纪——秦岭违建始末》，2019 年 1 月 9 日。

专 题 篇

Special Topics

B.2
2017~2018年国家土地政策
对陕西房地产业的影响

向亚丽 宋洁敏 孟繁琦*

摘 要: 土地政策是宏观调控房地产行业发展的重要手段。分析土地政策影响房地产市场的作用原理,厘清各种土地政策对房地产市场可能产生的影响,合理制定土地政策,保障房地产业的长久发展,是当前乃至今后一段时间房地产行业调控的重点。

关键词: 土地政策 房地产市场 宏观调控

---

* 向亚丽,陕西金成大地不动产评估咨询有限公司中级工程师,房地产估价师,主要研究方向为土地评估、土地规划;宋洁敏,陕西金成大地不动产评估咨询有限公司初级工程师,主要研究方向为土地评估、土地规划;孟繁琦,陕西金成大地不动产评估咨询有限公司中级工程师,主要研究方向为土地评估、土地规划。

一 2017～2018年土地政策概述

（一）2017年土地政策概述

2017年是实施"十三五"规划的重要一年，也是推进供给侧结构性改革的深化之年。2017年土地管理工作围绕党和国家工作总体布局，以深化土地供给侧结构性改革为主线，以适度扩大总需求、加强预期引导为取向，创新性地制定实施了一系列有利于稳增长、促改革、调结构、惠民生、防风险的土地政策，推动了中国特色土地政策体系的丰富完善和改革创新，促进了经济平稳健康发展和社会和谐稳定。具体体现在以下几个方面。

1. 建立完善产权制度

2017年，国土资源部研究住宅建设用地等土地使用权到期后续期的法律安排，推动形成全社会对公民财产长久受保护的良好和稳定预期；深化农村土地制度改革，落实宅基地、集体经营性建设用地的用益物权；完善土地等财产征收征用法律制度，合理界定公共利益范围，给予被征收征用者公平合理补偿。

2. 促进土地要素高效利用，深化土地供给侧结构性改革

落实"放、管、服"的要求，改进和优化建设用地审批制度，加快形成促进经济发展的新动能。围绕"三去一降一补"五大任务，合理安排年度建设用地计划，继续深入推进土地供给侧结构性改革与相关领域改革有机结合。统筹协调新型城镇化建设用地，完善农村返乡创业、支持农村增收用地支持政策，推动差异化、多元化的产业用地政策创新，切实支持保障战略性新兴产业、现代服务业发展的用地需求。按照去产能要求，制定激励政策，引导钢铁、煤炭等产能过剩行业和"僵尸企业"土地退出、转产和兼并重组，全面推进城镇低效用地再开发。积极推进工业用地市场化配置试点，创新差别化的城市用地政策，有效降低实体经济用地成本，探索解决闲置土地制度性问题，促进土地持续利用。

3. 出台促进农村产业融合发展的土地政策，增强农业农村发展新动能

为落实 2017 年中央 1 号文件明确提出的"探索建立农业农村发展用地保障机制"的要求，国土资源部会同国家发展改革委联合印发了《关于深入推进农业供给侧结构性改革做好农村产业融合发展用地保障的通知》，保障农村产业融合发展的用地需求。在政策实施方面，国土资源管理部门实施的举措包括：加强土地利用规划和计划指标支持；因地制宜编制村土地利用规划；规范设施农用地类型；鼓励土地复合利用，拓展土地使用功能。

4. 制定超常规的土地政策，支持贫困地区发展

2017 年以来，国土资源部从扶贫之根本入手，为贫困地区"量身定做"超常规政策。出台了《关于进一步运用增减挂钩政策支持脱贫攻坚的通知》和《国土资源部关于支持深度贫困地区脱贫攻坚的支持意见》，重点在增减挂钩政策和光伏用地政策上支持贫困地区发展。

5. 建立不动产统一登记信息化管理平台

2015 年 2 月，国土资源部发布了《关于启用不动产登记簿证样式（试行）的通知》，对不动产登记簿证的样式内容、使用、管理，以及不动产权证书和登记证明的印制等工作提出了明确要求。2015 年 8 月，国土资源部发布了《关于做好不动产登记信息管理基础平台建设工作的通知》，要求到 2017 年底，基本建成全国统一的不动产登记信息管理基础平台，基本形成标准统一、内容全面、覆盖全国、相互关联、布局合理、实时更新、互通共享的不动产登记数据库体系。2016 年在其基础上，细化了不动产统一登记制度，进一步规范了不动产登记行为，落实了登记机构、登记簿册、登记依据和信息平台"四统一"的要求。

2017 国土资源部出台了新的《不动产单元设定与代码编制规则》，主要修订了五方面内容：一是完善了不动产单元代码体系；二是明确了国家层面不动产登记发证的编码要求；三是针对编码工作存在的普遍问题，提出了相应的解决方案；四是对试行规则相关内容进行了补充完善；五是增加了编码案例。新版《土地利用现状分类》国标发布实施，新版标准秉持满足生态用地保护需求、明确新兴产业用地类型、兼顾监管部门管理需求的思路，完

善了地类含义，细化了二级类划分，调整了地类名称，增加了湿地归类，并在第三次全国土地调查中全面应用。

6. 统筹推进土地制度改革与《土地管理法》修改

第一，中央政治局会议明确提出，稳中求进总基调是治国理政的重要原则，推进农村土地制度改革，依然要牢牢把握习近平总书记关于"深化农村改革仍然以处理好农村和土地关系为主线"的精辟论述，进一步统筹协调推进农村土地制度三项改革试点，加强农村土地制度改革试点的评估总结。2017年11月，经全国人大常委会授权，农村土地制度三项改革试点工作将延期至2018年12月31日。同时，中央深改组第一次会议决定将宅基地制度改革试点扩大到33个试点地区。

第二，按照立法与改革同步推进、相向而行的要求，及时开展《土地管理法》修订研究。《土地管理法（修正案）》向社会公开征求意见，主要涉及完善土地征收制度、建立农村集体经营性建设用地入市制度、改革完善农村宅基地制度和完善与农村土地制度改革相配套的重点制度。

第三，部署开展建设用地二级市场试点。2017年1月，国土资源部在全国选择转让、出租、抵押等交易量较大且不动产登记工作基础较好的34个市县，开展建设用地二级市场试点。其中，在6个已开展集体经营性建设用地入市试点的县（区）同时开展国有和集体土地二级市场试点。

7. 加强土地管理和调控，落实房地产调控的目标

2017年住房城乡建设部、国土资源部联合下发《关于加强近期住房及用地供应管理和调控有关工作的通知》，要求强化住宅用地供应"五类"调控目标管理，保证住宅用地供应平稳有序，坚决防止出现区域性总价、土地或楼面单价新高等情况，严防高价地扰乱市场预期。通知主要明确以下三点内容。一是强化住宅用地供应"五类"调控目标管理，编制并公布住宅用地供应3年滚动计划和中期规划，保证住宅用地供应平稳有序。二是为增加租赁住房供应，缓解住房供需矛盾，构建购租并举的住房体系。三是因城因地制宜，确定公租房、共有产权房、限价房、租赁房等保障性住房的用地比例和规模。允许符合条件的企事业单位，利用自有土地建设保障性住房。

（二）2018年土地政策概述

2018年是全面贯彻落实党的十九大精神的开局之年，也是决胜全面建成小康社会的关键之年。中国特色土地政策体系在2017年的基础上，围绕党和国家工作大局，进一步加大改革创新力度，在以下几个方面实现突破。

1. 实施乡村振兴战略，促进城乡融合的土地政策更加细化

在已经出台文件的基础上，继续探索鼓励和引导农村集体经济组织以有偿回购、集中改造、受托经营等形式，盘活利用空闲农房及宅基地。发挥农村集体经济组织在宅基地退出、使用中的主体作用。引导城乡资本利用空闲农房及宅基地发展乡村旅游等新产业新业态。完善资源开发收益分配机制，探索土地资产收益扶持制度。

2. 优化土地政策参与经济社会发展重点领域调控的政策组合

一是进一步探索实施产业用地政策的法律机制。在总结评估2017年《产业用地政策实施工作指引》实施效果的基础上，加强探索引入法律机制，将产业用地政策上升为行政法规、规章和规范性文件的实现途径。

二是优化房地产调控的政策工具组合体系。探索研究全面开征保有税性质的房地产税的方案，将房地产税纳入房地产调控的政策工具组合体系。

三是加快释放土地政策助推脱贫攻坚的新动能。

四是改革完善城乡建设用地增减挂钩政策。把增减挂钩政策用于扶贫攻坚的"非常之策"常态化、普适化，探索构建增减挂钩节余指标有偿调剂交易的规则体系。

3. 探索形成空间规划"多规合一"、国土空间用途管制的体制机制框架

着力探索建立起一套空间性规划"多规合一"的体制机制，为今后开展国家、省、市（县）三级空间规划技术创新奠定前提条件。着力探索"将分散在各部门的有关用途管制职责，逐步统一到一个部门，统一行使所有国土空间的用途管制职责"的体制机制保障措施，初步形成空间规划"多规合一"和国土空间用途管制职责统一的体制机制改革方案。

4. "房住不炒",坚决遏制房价上涨,稳地价、稳房价、稳预期

2018年调控政策由紧到松,中央定调三阶段变化如下。

第一,3月全国两会重申"房住不炒"政策主基调。两会政府政府工作报告对于房地产市场着墨颇多,调控政策主基调继续坚持"房住不炒"。一方面,支持居民自住购房需求,南京、西安等二线城市纷纷下调落户门槛,以便支持人才购房需求;另一方面,加强金融机构风险内控,着力抑制投资、投机性购房需求。个人住房贷款进一步规范化,居民加杠杆购房的局面将难以为继,三、四线城市居民购房热潮更快地向理性回归。其中,房地产税立法引发市场热议,而从实际进展情况来看,至少短期内房地产税全面落地无望。

第二,7月底中央政治局会议直指房价上涨,并且措辞也有所改变,从"遏制房价过快上涨"升级为"坚决遏制房价上涨"。具体调控手段还是坚持因城施策,促进供求平衡,合理引导预期,整治市场秩序等四个方面。

第三,8月住建部要求地方政府落实稳地价、稳房价、稳预期的主体责任。住建部座谈会明确提出两点要求:其一,加快制订住房发展规划,调整住房和用地供应结构,大力发展住房租赁市场等;其二,坚决遏制投机炒房,并引入问责机制,对工作不力、市场波动大、未能实现调控目标的城市坚决问责。

5. 西安推进"双20%"共有产权住房制度

为深入贯彻党的十九大精神,坚持"房子是用来住的、不是用来炒的"定位,加快建立多主体供给、多渠道保障、租购并举的住房制度,2018年9月13日,西安市政府办公厅发布了《西安市深化住房供给侧结构性改革实施方案》(市政办字〔2018〕85号),严格落实《西安市深化土地供给侧结构性改革实施方案》(以下简称《方案》),着力打造"双20%"住房保障"西安模式"。

《方案》提出的居住用地"双20%"优先保障原则,从住房供给侧结构性改革入手,调整土地供应结构,改进土地供应方式,采取新建、配建、单位自建等多种形式,加大公租房、共有产权住房保障力度,加快建立共有产权住房制度,培养"租购并举"住房消费理念,形成共有产权、住房保障、人才安居与房地产市场精准调控相结合的新型住房制度。按照政府和个人共同出资、共

有产权、共享增值收益的原则，降低中低收入住房困难家庭、各类人才购房门槛，解决中等以下收入住房困难家庭和无自有住房各类人才的居住问题。

自 2018 年起，在编制年度居住用地供应计划时，优先充分保障公租房、共有产权住房用地，供地比例原则上不低于 40%。2018～2021 年，全市计划建设和筹集公租房 20 万套、共有产权住房 15 万套，实现住房货币化补贴全覆盖，并根据住房需求变化，综合评估、科学调整、及时优化。

2017～2018 年，全国房地产市场经历了严厉而密集的政策调控，突出特点是地方纷纷以城市为单元进行区别化调控。陕西省级层面出台的政策主要包括《陕西省城镇土地使用税实施办法》《陕西省房产税实施细则》等。西安市更是出台了《西安市人民政府关于进一步促进房地产市场持续健康发展有关问题的通知》《关于进一步吸引人才放宽我市部分户籍准入条件的意见》《西安市深化土地供给侧结构性改革实施方案》等一系列政策措施，凸显了房地产政策坚持的"房子是用来住的，不是用来炒的"主基调。从以西安市为代表的各项政策对房地产市场调控的实际作用来看，主要对土地和商品房的价格及供求具有较强影响。

6. 土地市场更加规范和透明

西安于 2017 年开始执行严格的土地招拍挂政策，正式启动土地二级市场，浐灞、城东、经开、临潼等地均为主力成交区。据中国土地市场网数据统计，2017 年西安市本级招拍挂土地成交总面积为 1033.30 万平方米，其中住宅用地成交总面积为 588.18 万平方米，占土地成交总面积的 56.92%。2018 年 1 至 8 月，西安市本级招拍挂土地成交总面积为 498.93 万平方米，其中住宅用地成交总面积为 295.20 万平方米，占同期土地成交总面积的 59.17%。

7. 地价和房价及其涨幅相对平稳

2017 到 2018 年上半年，西安土地资源局交易数据显示仅有 9 块地出现溢价，溢价地块占交易总量的 4.5%。西安市适合刚需刚改置业群体的高层房源如海伦湾、太奥·青年家等的价格稳定在 8000～9000 元/平方米。

8. 十市一区房地产市场表现迥异

陕西省十市一区房地产市场表现出不同的特征。第一类供需均积极：西安、渭南、杨凌三市（区）房地产开发投资和商品房销售面积增长相对较高、待售面积负增长或增速较低，房地产市场供需双方热情较高。第二类供给高增长与库存高增长并存：宝鸡、汉中、榆林三市房地产开发投资与商品房待售面积增速均呈较快增长。说明房地产商投资热情比较高，但消化库存压力较大。第三类需求较旺盛：铜川、延安、咸阳三市房地产开发投资呈较慢增长，商品房待售面积增速均小于销售面积增速，表明商品房去库存压力小、销售情况较好。第四类供需均低迷：商洛商品房待售面积增速高达105%，但房地产开发投资仅增长5%，是全省最为典型的房地产市场整体疲弱的代表。

二　土地政策对房地产业的影响

城镇化进程的快速发展，虽然带来了社会的进步，但也产生了诸多问题。一方面大量农村人口涌入城市导致城市住房需求增加，房价涨幅过快；另一方面作为房地产开发企业生产原料的土地却出现利用效率低下、生态环境破坏严重等一系列问题，土地和房地产之间的矛盾严重凸显出来。如何正确看待土地政策参与市场经济的宏观调控，如何正确理解土地政策对房地产市场的影响，进而促进房地产市场的健康发展，是政策制订落地后需要考量和评估的课题。

我国政府对城市土地实行国家垄断，国家是城市土地的供应者和提供者，土地的供应情况、供应方式以及供应结果都由政府控制，政府宏观掌握我国的房地产市场。我国的土地供应政策存在自身的特殊部分，土地政策指的是城市政府通过调节土地在房地产开发和城市工业建设方面的供应结构和供应面积，合理调节城市中房地产市场的供给关系，进而促进国民经济的健康稳定发展。

（一）土地政策参与房地产市场宏观调控的特点

1. 长期与短期调控相结合

在短期宏观调控上，政府主要通过调控新增加的建设用地的供给结构、供给规模和供给节奏来调控房地产开发建设的规模和速度。在长期调控方面，调控的主要目标是促进房地产业的产业结构调整、经济发展方式的转变和区域经济的协调发展。

2. 土地调控主要从供应的角度入手

从陕西省关于房产调控的宏观政策来看，在限制投资过热情况下，一方面以限制土地供应量为主要手段，目的是发挥土地"釜底抽薪"的作用；另一方面，以调整供应节奏和供应结构为手段，严厉打击囤地、炒地、闲置土地的行为。同时，对普通商品房、廉租房和经济适用房等采取激励的方针政策，优化房地产住房结构，达到调控商品房销售市场、稳定商品房销售价格的目的。

（二）土地政策对陕西房地产业的影响

本报告以 2017 年、2018 年 1 ～ 8 月陕西省十市一区住宅用地的挂牌与成交数据来分析土地政策对土地供应和需求的影响。

1. 挂牌情况分析

从表 1 和图 1 中可以看出，2017 年陕西省推出的住宅用地共 481 宗，土地总面积为 1409.90 万平方米。从各区域供应面积来看，西安市供应量最大，为 535.73 万平方米，占 2017 年陕西省总供应量的 38.00%；其次是渭南和咸阳，供应量分别为 167.12 万平方米和 157.78 万平方米，占 11.85% 和 11.19%；商洛市和杨凌示范区供应量较少，分别为 23.64 万平方米和 22.93 万平方米，占比分别为 1.68% 和 1.63%；铜川市供应量最少，为 6.46 万平方米，占 2017 年陕西省总供应量的 0.46%。从供应宗数来看，2017 年西安市供应最多，为 102 宗；汉中市次之，为 67 宗；紧接着为咸阳和渭南市，分别供应 60 和 58 宗；铜川市和杨凌示范区最少，只供应了 3 宗地。

从供应宗数来看（见表 1），2018 年 1 ～ 8 月咸阳市供应最多，为 109 宗；其次是渭南和宝鸡市，分别供应 75 和 52 宗；铜川市供应了 4 宗，杨凌示范区最少，只供应了 2 宗地。

表1 2017和2018年1~8月陕西省各区域住宅用地挂牌情况

区域	2017年		2018年1~8月	
	面积(万平方米)	宗数(宗)	面积(万平方米)	宗数(宗)
陕西省	1409.90	481	1371.37	383
西安市	535.73	102	104.92	18
铜川市	6.46	3	22.69	4
宝鸡市	111.35	43	218.42	52
咸阳市	157.78	60	400.65	109
渭南市	167.12	58	266.50	75
延安市	87.43	35	95.09	19
汉中市	138.62	67	94.54	38
榆林市	55.02	35	64.78	28
安康市	103.82	42	59.76	24
商洛市	23.64	33	19.43	14
杨凌示范区	22.93	3	24.59	2

资料来源：中国土地市场网，http://www.landchina.com/。

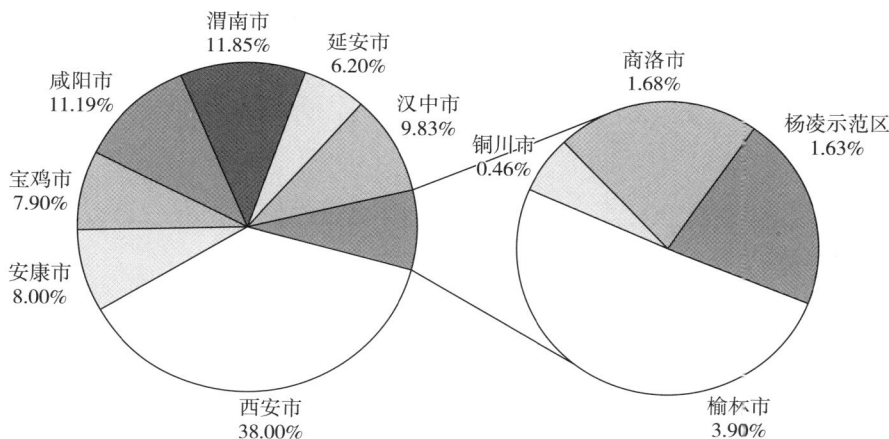

图1 2017年陕西省各区域住宅用地供应量占比

从表2和图2中可以看出，2018年1~8月，陕西省共挂牌383宗，总面积为1371.37万平方米，比2017年同期土地挂牌面积增加了390.93万平方米。从各区域供应面积来看，西安市土地供应面积为104.92万平方米，占2018年1~8月陕西省总供应量的7.65%，较2017年同期供应面积减少了363.16万平方米。除西安市外，其余各地区土地供应量均高于2017年同期土地供应量，其中：咸阳市土地供应量最大，为400.65万平方米，占2018年1~8月陕西省总供应量的29.22%，较2017年同期供应面积增加了258.02万平方米；其次是渭南和宝鸡市，供应量分别为266.50万平方米和218.42万平方米，占比分别为19.43%和15.93%，较2017年同期分别增加180.19万平方米和151.85万平方米；杨凌示范区和铜川市供应量较少，分别为24.59万平方米和22.69万平方米，占比分别为1.79%和1.65%，较2017年同期分别增加10.59平方米和16.23万平方米；商洛市供应量最少，为19.43万平方米，占2018年1~8月陕西省总供应量的1.42%，较2017年同期供应面积了12.06万平方米。

表2 2017和2018年1~8月陕西省各区域同期住宅用地挂牌面积变化

单位：万平方米

	陕西省	西安市	铜川市	宝鸡市	咸阳市	渭南市
2017(1~8月)	980.44	468.08	6.46	66.57	142.63	86.31
2018(1~8月)	1371.37	104.92	22.69	218.42	400.65	266.50
变化幅度	390.93	-363.16	16.23	151.85	258.02	180.19
	延安市	汉中市	榆林市	安康市	商洛市	杨凌示范区
2017(1~8月)	21.22	69.69	48.16	49.96	7.37	14.00
2018(1~8月)	95.09	94.54	64.78	59.76	19.43	24.59
变化幅度	73.87	24.85	16.62	9.80	12.06	10.59

资料来源：中国土地市场网，http://www.landchina.com/。

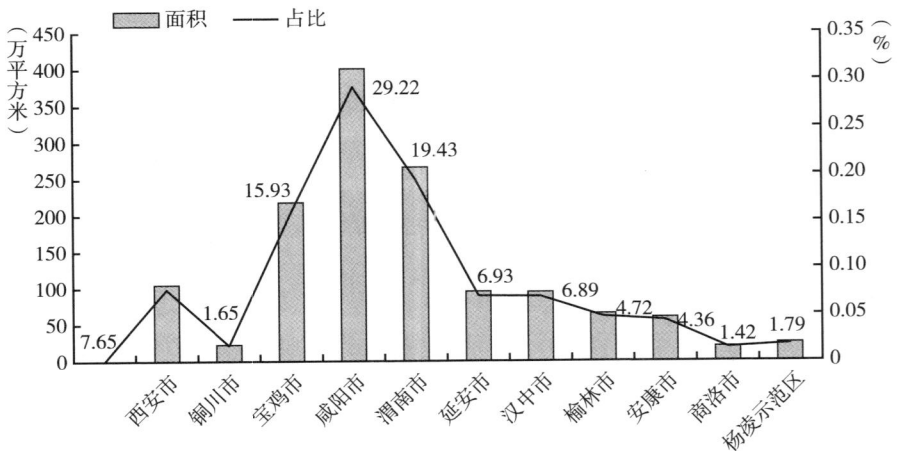

图2 2018年1~8月陕西省各区域住宅用地供应面积及占比

2. 成交情况分析

从成交情况来看（见表3和图3），2017年陕西省共成交1061宗地，总面积2064.29万平方米。从各区域成交面积来看，西安市成交面积最大，为768.24万平方米，占2017年陕西省总成交面积的37.22%；其次是延安、渭南和安康市，成交面积分别为233.36万平方米、224.02万平方米和218.95万平方米，占比分别为11.30%、10.85%和10.61%；杨凌示范区和商洛市成交面积较少，分别为32.04万平方米和29.09万平方米，占比分别为1.55%和1.41%；铜川市成交面积最少，为6.46万平方米，占2017年陕西省总成交面积的0.31%。从成交宗数来看，2017年安康市成交最多，为354宗；其次为西安和汉中市，分别成交151和134宗；杨凌示范区成交了4宗地，铜川市最少，成交了3宗。

表3　2017年和2018年1～8月陕西省各区域住宅用地成交情况

区域	2017年		2018年1～8月	
	面积（万平方米）	宗数（宗）	面积（万平方米）	宗数（宗）
陕西省	2064.29	1061	2003.24	781
西安市	768.24	151	355.25	62
铜川市	6.46	3	22.69	4
宝鸡市	111.35	43	218.42	52
咸阳市	166.64	64	407.91	126
渭南市	224.02	101	400.66	127
延安市	233.36	78	187.54	46
汉中市	153.55	134	120.70	99
榆林市	120.61	77	150.51	66
安康市	218.95	354	84.79	174
商洛市	29.09	52	29.82	22
杨凌示范区	32.04	4	24.96	3

资料来源：中国土地市场网，http://www.landchina.com/。

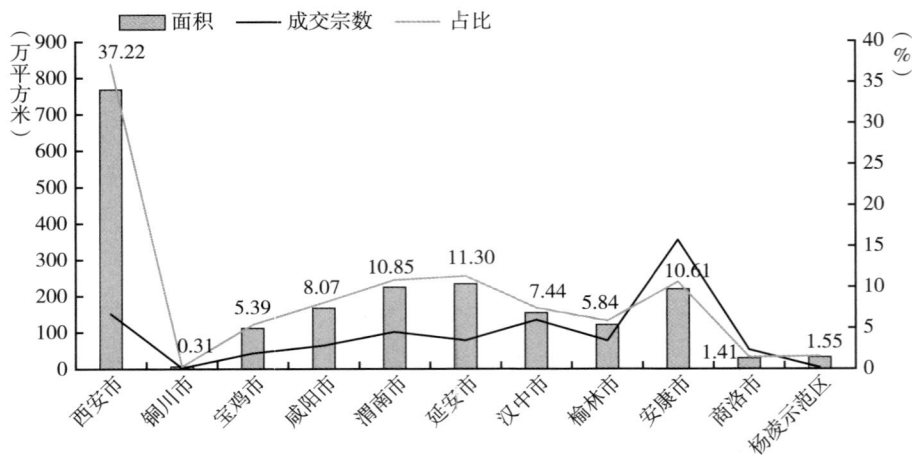

图 3 2017 年陕西省各区域住宅用地成交情况

从表 3 和图 4 中可以看出，2018 年 1～8 月陕西省共成交 781 宗地，总面积 2003.24 万平方米。从各区域成交面积来看，咸阳市成交面积最大，为 407.91 万平方米，占 2018 年 1～8 月陕西省总成交面积的 20.36%；渭南市次之，为 400.66 万平方米，占比为 20.00%；再次是西安市，成交面积为 355.25 万平方米，占比为 17.73%；商洛市和杨凌示范区成交面积较少，分别为 29.82 万平方米和 24.69 万平方米，占比为 1.49% 和 1.25%；铜川市成交面积最少，为 22.69 万平方米，占比为 1.13%。安康市成交宗数最多，为 174 宗；其次为渭南和咸阳市，分别成交 127 和 126 宗；铜川市成交了 4 宗地；杨凌示范区最少，成交了 3 宗。

对比 2017 年 1～8 月与 2018 年 1～8 月的成交数据（如表 4 与图 5 所示），我们可以看到，陕西省 2018 年 1～8 月土地成交总面积较 2017 年同期成交面积增加了 724.79 万平方米。值得注意的是，西安市 2018 年 1～8 月土地成交总面积较 2017 年同期成交面积减少了 241.38 万平方米。除此外，其余各地区土地成交面积均比 2017 年同期成交面积有所增加，但增加幅度有所不同。其中，渭南市土地成交面积增加幅度最大，为 284.17 万平方米；咸阳市次之，为 257.63 万平方米；再次是宝鸡和延安市，较 2017 年同期成

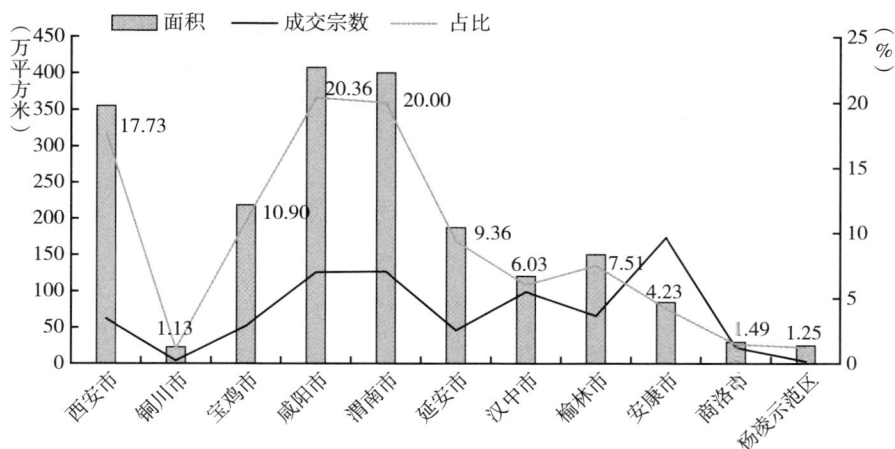

图4　2018年1～8月陕西省各区域住宅用地成交情况

交面积分别增加了151.85万平方米和111.09万平方米；安康市土地成交面积较2017年同期增加幅度最小，只增加了5.24万平方米。

表4　2017和2018年1～8月陕西省各区域同期住宅用地成交面积变化

单位：万平方米

区域	陕西省	西安市	铜川市	宝鸡市	咸阳市	渭南市
2017(1～8月)	1278.45	596.63	6.46	66.57	150.28	116.48
2018(1～8月)	2003.24	355.25	22.69	218.42	407.91	400.66
变化幅度	724.79	−241.38	16.23	151.85	257.63	284.17
区域	延安市	汉中市	榆林市	安康市	商洛市	杨凌示范区
2017(1～8月)	76.45	74.21	87.00	79.55	10.33	14.00
2018(1～8月)	187.54	120.70	150.51	84.79	29.32	24.96
变化幅度	111.09	46.49	63.51	5.24	18.99	10.96

资料来源：中国土地市场网，http://www.landchina.com/。

　　根据以上数据分析，土地政策在房产市场上发挥着一定的作用。清理闲置土地及闲置土地处置办法等相关政策、国家限购政策，以及经济适用房、廉租房和中低价位中小套型普通商品房用地占住宅用地的比例不得低于70%，开发商不能囤积土地等政策，加上2018年西安市政府办公厅发布的

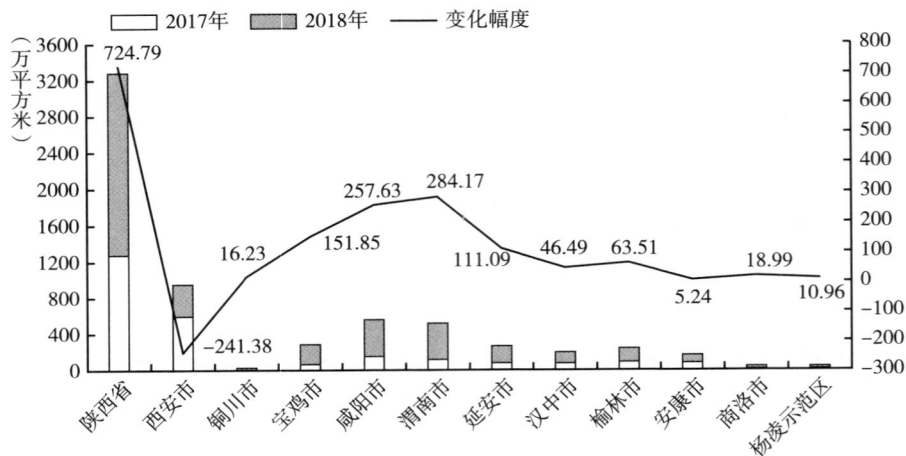

图5　2017和2018年1~8月陕西省各区域同期住宅用地成交变化如

《西安市深化住房供给侧结构性改革实施方案》（市政办字〔2018〕85号）等一系列政策措施的实施，导致地产商购买土地的积极性降低，所以2018年西安住房用地供应量和成交量锐减。

（三）土地政策参与房地产市场宏观调控的影响因素分析

土地供应量对房地产市场有三个方面的影响：首先是房地产产品的供应量，其次是生产和消费预期，最后则是房价。其中，对房地产产品供应量的影响主要受房地产开发周期的影响，并需要一定时间才能显现；对房地产投资和消费的影响却是迅速而又显著的；对房价控制的影响则主要来自对土地成本的控制。

1. 土地政策对房地产业影响的积极因素分析

根据陕西省现行的土地管理制度和国家土地政策，结合陕西省土地调控对房地产发展的影响，总结出土地调控政策对房地产业发展的一些积极作用。

（1）土地宏观调控有利于市场的公平竞争

陕西省招拍挂等土地出让政策的实施，使土地供应信息透明化，在一定程度上保证了房地产开发企业的平等竞争机会。

（2）有利于政府科学化管理

针对土地供应量，陕西省每年都在年初制订和公布土地供应计划。土地供应计划是土地市场供应的基础，有利于城市土地管理的科学化及合理化，提高土地管理的规范性。从目前来看，陕西省每年实施的土地供应计划，能够合理地调控房地产市场的土地供应结构和数量，满足市场的需求，有利于房地产市场的健康稳定发展。

（3）有利于提高土地开发效率，抑制房价过快上涨

从土地供应的开发程度来看，陕西省各级政府先对计划供应的土地进行初级开发，再按照招拍挂的出让方式进行土地使用权的出让。这一做法缩减了房地产开发企业的前期开发工程量，缩短了建设工期，使土地转化为新增商品房的时间缩短，可及时补充房地产的市场供给，抑制房价过快上涨。

2. 土地政策对房地产业影响的消极因素分析

（1）土地供应结构不合理

目前，陕西省保障性住房土地供应面积占供地总量的比例较低，特别是市场公开租赁房的土地供给量严重不足。随着陕西省开发建设力度的不断加大，以进城务工为主的外来人员不断涌入陕西省尤其是西安市，其对政府公租房需求量不断增加。但公租房的建设量不能满足市场需求，且准入门槛高，这对城市发展和陕西省民生保障十分不利，存在引发社会问题的潜在风险。

（2）土地政策作用的滞后性

由于土地政策生效具有滞后性，因此土地利用需要进行预见性、前瞻性的合理规划。从目前情况来看，由于此项工作匮乏，陕西省大多只能依靠临时出台的土地调控政策进行市场调控，无法上从根本上解决房价虚高问题。

（3）土地管理制度有待完善

近年来陕西省不断出台的土地政策，都强调对围地、炒地、闲置土地进行严厉打击，在实际执行中缺乏强制性和法制性，导致政策实施脱离预期，造成土地囤积和资源浪费。

三 结论与对策

（一）结论

2017～2018 年，国家及陕西省出台了一系列土地政策，意在宏观调控房地产市场、控制房价、保障民生。但从实际效果来看，这一系列政策虽然起到了一定作用，但对遏制房价上涨没有明显效果，地价与房价还在持续上涨。

从土地供应角度来看，政府对土地控制越严格，房地产商拿地成本也就越高，不利于房价降低。但从国家政策的实施来看，国家加大保障性安居工程用地供应，构建购租并举的住房体系，不断调整公租房、共有产权房、限价房、租赁房等保障性住房的用地比例和规模，优化房地产住房结构，有利于达到调控商品房销售市场、稳定商品房销售价格的目的。

总而言之，土地只是影响房地产价格的一个方面，稳定房价需要多方面努力。

（二）对策

房地产是国民经济命脉，也是与民生相连的基础产业。商品房从诞生之日起，就受到国家宏观调控的影响。土地政策作为房地产市场宏观调控的工具，不仅能够调控房地产市场的供给量和供给价格，更能满足国家经济可持续发展战略的要求。

本文提出以下几条优化土地政策、调控陕西省房地产业的建议。

1. 政府应从总体上把握土地市场的供给和需求，加强政策调控的力度

（1）改善房地产住房用地供给结构，把保障性安居工程的建设落到实处

保障性住房用地由政府部门主导供给，将商品房用地供给交由市场主导。土地政策的落脚点要从重视土地供给量转变为同时关注供给结构和供给量。

（2）土地市场作为市场经济的一部分，理论上不应受政府过度干预

从经济学的角度来看，土地市场作为市场经济的一部分，理论上不应受政府过度干预。但在我国，地方政府作为土地市场主导者的地位目前无法改变，因此陕西省各级政府在理论与实际、应然与实然的切换间，应承担的主要任务是根据市场运行状况预测房地产发展的需求，做好市场监测，控制土地供给量，解决供需矛盾，达到抑制房价上涨的预期。

2. 加强土地市场和房地产市场的法制建设

一方面，政策的执行力度往往弱于法律的执行力度；另一方面，政策出台所需的时间比较短，过于频繁地出台土地政策会使市场波动频繁。因此，规范土地市场，既要执行政策，也要强调法律。法律法规的完善，才是维护市场长期稳定的办法。

3. 进行土地和资金的优化配置

敦促房地产企业优化自身资源配置，特别是优化土地和资金链配置，建立房地产市场监管信息平台，及时掌握市场动态。加大对房地产开发企业资金链风险的排查力度，高度关注重点地区和重点企业，防范金融风险。同时监督加快现有项目开发建设进度，提高产品品质，树立口碑。

4. 加大金融、货币等宏观调控手段的支持力度

土地调控政策对房地产市场的调控作用相当，且具有滞后性。因此，房地产市场发展过热、土地政策未及时产生效用时，需要政府相关部门加强金融和货币政策的宏观调控手段支持，引导资金对项目的投入，刺激消费者的需求，从而促进房地产市场健康平稳的发展。

5. 执行节约、集约用地的管理政策，严格落实项目退出机制

一方面严打囤地、炒地、闲置土地行为，严格项目准入政策，强化土地节约、集约利用的评价。另一方面，继续严格实行农村宅基地管理政策，对房地产开发企业未及时开发的土地坚决依法收回，重新配置。

6. 多措并举，遏制房价上涨

商品房高库存的现状导致房产开发商资金被大量占用，无法进行下一次投资，严重影响房地产企业的经营与发展，对经济发展也有一定阻碍作用。

陕西省各地区政府应根据本地商品房库存数量，科学制定土地供应计划，合理确认土地供应结构和投放数量，明确去库存成本分担机制，结合现金流和资金链紧张的倒逼压力，促使房地产开发商主动降价销售。

加快清理税费等推高房价的各种不合理政策措施，并研究通过适当降低地价推动房价回落的政策措施。

严厉处罚恶意拖欠工程款和闲置行为，让开发商不能违约、不敢违约。加快推进农民工市民化，扩大住房需求。支持农民工进城落户，培育潜在购房需求。降低廉租房的申请条件，将积压房屋改造成廉租房供给低收入家庭。完善住房按揭贷款利息抵扣个人所得税政策，降低购房资金成本，激活购房投资需求。建立购租并举的住房制度，推动房屋租赁市场规模化、专业化发展。搭建住房租赁信息政府服务平台，提供高效、准确、便捷的信息服务。规范房屋租赁市场，保护房屋租赁当事人合法权益。积极培育以住房租赁为主营业务的专业化企业，提升租赁服务水平。鼓励自然人和各类机构投资购买库存商品房，成为租赁市场的房源提供者。支持房地产开发企业改变经营方式，将其持有的房源向社会出租，从单一的开发销售向租售并举模式转变。

四　2019年土地政策预测

第一，我国人多地少的基本国情，决定了节约土地、集约利用土地将是我国土地利用与管理的永恒主题。

第二，习近平总书记在党的十九大报告中指出："我国社会主要矛盾已经转化为人民日益增长的美好生活需要和不平衡不充分的发展之间的矛盾。"这个主要矛盾的变化，从深层次指出经济发展从重速度转移到重质量，从过去注重效率调整到强调公平，对弱势群体（中低收入人群）的住房保障成为未来发展的重点。随着城镇化进程的不断推进，城镇流动人口和低收入人群不断增加，关注民生，实现人民群众住有所居的梦想，是今后一段时间内继续奋斗的目标。故2019年国家政策可能从住房供给和住房保障方面进一步发力，比如加快推进集体土地入市、鼓励买房出租、盘活存量土地资源，保证保障性安居工程用地，为住房保障提供更多的财政支持等。

第三，因城施策、一城一策的政策主基调不变。一方面，商品住房库存不足、房价上涨压力较大的城市，调控政策难言实质性转向，有望贯穿更长的时间周期。另一方面，商品住房库存量较大的城市，调控政策或将有所松绑，甚至不排除刺激性政策再度登场的可能性，以期加快库存去化。由此，我们认为2019年政策走向并非全国一盘棋，而是将更多的政策自主权下放给地方政府，政策指挥权将由中央转给地方政府。根据各城市市场实际情况，地方政府可以及时调整政策走向，以便提高政策的针对性以及有效性。

参考文献

王圣学主编《陕西房地产蓝皮书：陕西房地产业发展报告（2012）》，社会科学文献出版社，2012。

王圣学主编《陕西房地产蓝皮书：陕西房地产业发展报告（2014）》，经济科学出版社，2014。

唐黎标：《土地政策在房地产调控中的作用》，《国土资源》2017年第1期。

陈艳：《试析国家土地政策对于房地产的影响》，《中国国际财经》2017年第20期。

韦瑶：《土地政策变化对市场的影响》，《农家参谋》2018年第3期。

田静莉：《陕西房地产市场2017年运行分析及2018年预判》，《时代金融》2018年第14期。

李海峰：《土地供应政策与房地产市场关系分析》，《全国商情》2016年第25期。

马乐柯：《陕西省房地产市场的问题及对策》，《全国商情》2016年第30期。

《2017年陕西省西安市房地产市场投资与面积情况》，http：//data. chinabaogao. com/fangchan/2018/04S2S022018. html。

《2018年房地产市场总结展望》，http：//www. cricchina. com/research/Details/8196。

B.3
2017~2018年国家金融调控政策对陕西房地产业的影响

李忠民[*]

摘　要：　本报告介绍了2017年和2018年中央政府为促进房地产业健康发展和抑制房地产价格过快增长而采取的金融调控政策，介绍了陕西省政府所采取的相应调控政策，并分析和研究了金融调控政策对陕西房地产业的实际影响状况。指出陕西省房地产业存在的问题并提出了解决问题的对策和建议。

关键词：　金融调控政策　限购限贷　降准降息　新建住宅　商品房

房地产方面的金融调控政策，是政府、中央银行、其他部门为实现在房地产方面的特定目标（去库存、抑制住房价格的过快增长、使得居者有其所等），而采用的各种控制和调节货币供应量的规定、政策和措施的总称。

由于不同年份国民经济（包括房地产业）的实际发展状况不同，政府为促进国民经济的健康、协调发展和宏观政治经济目标的实现也就采取了不同的金融政策。当期采用金融政策所产生的效果往往会出现在以后不同时期，即金融政策对国民经济（包括房地产业）产生的效果具有滞后性。

另外，有关学者在对我国实际情况进行实证分析时，发现金融政策与房

---

* 李忠民，西安财经大学经济学院副教授，主要研究方向为货币银行、房地产金融与投资。

地产市场之间具有弱相关性。金融政策的推出和实施对房地产的投资量、房地产商品销售量、地产价格、房屋价格的影响程度较低。

基于此种状况，在分析金融政策与房地产市场的关系时，应该把重点放在房地产业的实际发展状况这一方面。

一 2017年金融调控政策及其对陕西房地产业的影响

（一）2017年调控房地产业发展的金融政策

2017年之前（主要包括2014年、2015年），全国大部分城市房地产市场的主要问题是销售不畅、库存积压严重，给房地产企业提供贷款支持的金融机构的金融风险较大。因此，2016年中央政府关于房地产政策的目标是去库存、扩消费，促进房地产业平稳发展和金融风险的进一步降低。中央政府主要采取的调控政策是放松限购、限贷，降低首付，降息降准（部分城市继续实行限购、限贷，控制房价过快增长的政策）。

中央政府2016年调控房地产市场的政策，产生了良好的效果。截至2016年末，全国大部分城市房地产商品库存已经基本消化完毕，房地产价格又开始出现大幅回升上涨的状况。

为了实现"满足居民住房刚性需求和改善性需求，解决低收入家庭的住房需求"的政策目标，从2017年初开始，中央政府要求房价过快上涨的城市实施限购、限售等政策。

2017年中央政府对房地产市场的主要调控政策见表1。

表1　2017年中央调控房地产市场的政策

发布时间	发布部门	具体内容
1月16日	住建部	强调要加快棚改进度。同时，要求国务院有关部门尽早下达中央补助资金，各地还要加快落实国家开发银行、农业发展银行棚户区改造贷款，为加快棚改进度创造条件。要继续提高房地产库存量大的城市棚改货币化安置比例

续表

发布时间	发布部门	具体内容
2月2日	央行、银监会	《关于调整个人住房贷款政策有关问题的通知》指出,在不实施限购政策的城市,首套房的商业贷款的首付款下调5个百分点至20%,二套房的商贷首付比例下调至30%
2月21日	住建部、财政部	自2016年3月21日起,职工住房公积金账户存款利率上调至1.5%
3月1日	央行	金融机构人民币存款准备金率下调0.5个百分点(这样,银行后续资金将进一步宽裕,房贷将进一步宽松,房贷压力持续降低)
3月5日	国务院	《政府工作报告》指出:2017年要继续实施积极的财政政策和稳健的货币政策,财政政策要更加积极有效,货币政策要保持稳健中性
11月20日	住建部、央行、银监会	规范购房融资行为,加强房地产领域反洗钱工作。其中包括:严禁房地产开发企业、房地产中介机构违规提供购房首付融资,严禁互联网金融从业机构、小额贷款公司违规提供"首付贷"等购房融资产品或服务,严禁把违规提供房地产场外配资,严禁把个人综合消费贷款等资金挪用于购房

2017年,对房地产市场调控政策主基调是坚持住房的居住属性、分类调控、因城施策。

● 在坚持住房的居住属性方面

2017年1月,全国国土资源工作会议强调,根据供需形势因城因地施策,建立住宅用地供应分类管理制度。对房价上涨压力大的城市要合理增加土地供应,调整结构,提高住宅用地比例;对去库存压力大的三、四线城市要减少以至暂停住宅用地供应。

4月1日,住建部、国土资源部联合印发《关于加强近期住房及用地供应管理和调控有关工作的通知》,提出各地要根据商品住房库存消化周期确定住宅用地的供应政策。对消化周期在36个月以上的,应停止供地;对消化周期在36~18个月的,要减少供地;对消化周期在12~6个月的,要增加供地;对消化周期在6个月以下的,要显著地增加土地的供应。

10月18日,习近平总书记在中国共产党第十九次全国代表大会上,代表第十八届中央委员会向大会做报告。针对房地产市场平稳健康发展,报告中提出"房子是用来住的、不是用来炒"的基调，提出要坚持加快建立多主体供给、多渠道保障、租购并举的住房制度。

- 在分类调控、因城施策方面

2016 年（特别是 2016 年下半年）以来，一部分城市的去库存效果十分明显，不仅以前的住房库存全部消化，而且出现住房价格过快上涨的态势。面对住房价格过快上涨的状况，中央和地方先后出台了许多金融调控政策。

2017 年 12 月 18 日至 20 日，中央经济工作会议明确了房地产政策的重点为"加快建立多主体供应、多渠道保障、租购并举的住房制度"。其目的是增加住房供给，抑制住房价格过快上涨，满足居民（特别是中低收入居民）对住房的有效需求。

2017 年，地方调控密集出台，继限购、限贷后，部分城市开启"限售"模式，抑制短期投机需求，以便稳定市场预期。2017 年 4 月 18 日，西安市政府发布《西安市人民政府进一步加强管理保持房地产平稳健康发展的若干意见》，被业界称为"楼十条"的政策正式出台。

"楼十条"指出，将长安区及六大开发区①新划入限购范围。商业贷款首套住房首付款不低于 30%，二套房不低于 40%，三套房不能贷款。购买非普通住房的，首付款比例不低于 50%。对居民家庭购买第三套及以上住房的，暂停发放商业性个人住房贷款。公积金贷款购买首套普通住房的，最低首付款比例为 25%；购买首套非普通住房的，最低首付款比例为 30%。住房公积金贷款购买二套普通住房的，最低首付款比例为 30%；购买二套非普通住房的，最低首付款比例为 35%。

房地产开发企业销售商品住房时，应合理确定并申报销售价格，严格执行明码标价、一房一价制度。销售价格经申报备案后 3 个月内不得上调，实际销售价格不得高于备案价格。

严格落实住宅用地供应"五类"（显著增加、增加、持平、适当减少、减少直至暂停）调控目标管理。对商品住房库存消化周期 36 个月以上的区

---

① 高新区、经开区、曲江新区、浐灞生态区、航天基地、国际港务区。

域，停止供地；36~18 个月的，减少供地；12~6 个月的，增加供地；6 个月以下的，要显著增加供地，加快供地节奏。

大力推进棚户区改造的货币化安置进度，确保 50% 的货币化安置率。转变公租房保障方式，实行实物保障与租赁补贴并举的新型住房保障制度。

（二）2017 年陕西房地产市场发展状况

在中央政府和陕西省政府引导居民合理住房需求，严厉打击投资性和投机性购房行为，抑制房价过快上涨等一系列调控房价过快增长政策的作用下，2017 年，陕西省房地产市场得到健康平稳发展，调控效果十分明显。

2016 年、2017 年，陕西省房地产市场运行结果如下。

表 2 2016 年、2017 年陕西省房地产开发企业相关指标

	2016 年（万元）		2017 年（万元）		环比发展速度（%）	
	陕西省	#西安市	陕西省	#西安市	陕西省	#西安市
至本年底累计完成投资额	105000698	78892191	125689483	96056803	119.70	121.76
本年完成投资额	26802260	19558202	31019724	23333373	115.73	119.30
商品房销售额	17851694	13470804	26610776	21233383	149.02	125.63
其中：						
住宅	15857080	11944103	22151693	17434263	139.70	145.97
#别墅、高档公寓销售额	449317	391022	896486	795555	199.52	203.45
办公楼销售额	584145	549855	1610517	1562763	275.71	284.21
商业营业用房销售额	1157745	785463	2335919	1773789	201.76	225.83
其他房屋销售额	252724	191383	512647	462568	202.85	241.70

资料来源：《陕西统计年鉴》。

表 3 2016 年、2017 年陕西省商品房销售面积资料

	2016 年（平方米）		2017 年（平方米）		环比发展速度（%）	
	陕西省	#西安市	陕西省	#西安市	陕西省	#西安市
商品房销售面积	32627011	20476744	38903927	25097758	119.24	122.57
其中：						
住宅销售面积	30126149	18777848	34198386	21476743	113.52	114.37

续表

	2016年（平方米）		2017年（平方米）		环比发展速度（%）	
	陕西省	#西安市	陕西省	#西安市	陕西省	#西安市
#别墅、高档公寓销售面积	504564	375370	822697	604239	163.05	160.97
办公楼销售面积	707220	640426	1531058	1451883	216.49	226.71
商业营业用房销售面积	1323971	726181	2253111	1375392	170.18	189.40
其他房屋销售面积	469671	332289	921417	793740	196.18	238.87

资料来源：《陕西统计年鉴》。

从表2、表3来看，陕西省和西安市2017年与2016年相比较，房地产企业投资完成额、商品房销售额、商品房销售面积等指标的绝对数值和环比发展速度都有较大幅度的提升，说明陕西和西安房地产市场得到了快速发展。

办公楼销售面积和销售额、商业营业用房销售面积和销售额的环比增长速度较快，说明陕西和西安的城镇化率在不断提高。为了配合城镇化的发展，基础设施用房、旅游用房、体育健身用房、文化娱乐用房等其他房屋的销售面积和销售额也得到较大提高。

别墅、高档公寓销售面积和销售额的大幅度提高，说明经济体制改革成效显著，使得居民的收入大幅提高，居民的改善性需求呈现明显变化。

（三）2017年西安房地产市场发展状况

西安是陕西的省会城市，也是陕西省人口最多的城市，其房地产市场状况在陕西省具有代表性。因此，有必要介绍西安房地产市场的发展状况。

在金融调控政策和其他政策的共同作用下，2017年西安房地产市场总体运行效果良好，房地产市场平稳发展。

2016年、2017年西安房地产市场的年投资额、商品房销售额、商品房销售面积等指标的绝对数值和相对数值状况，可参见表2和3。

2016年、2017年西安房地产市场新建住宅的月度成交量和月度销售面积资料可参见表4。

表4 2016年、2017年西安新建住宅月度成交量和销售面积

	成交量(套)		销售面积(万平方米)	
	2016年	2017年	2016年	2017年
1月	12398	13550	132.3	149.2
2月	5750	8794	61.7	94.4
3月	12938	11239	138.7	121.4
4月	17424	20863	189.8	225.7
5月	16290	10572	173.8	115.9
6月	15071	10018	165.6	113.0
7月	12949	6063	139.2	66.3
8月	11632	4832	124.4	51.9
9月	14783	4922	161.0	53.5
10月	20675	5097	223.5	58.0
11月	18868	7159	205.6	75.9
12月	16346	7055	176.1	72.5
合计	175124	110164	1891.8	1197.7

下面对2017年西安房地产市场运行状况进行简单分析。

在金融调控政策和其他一系列调控政策(2017年西安主要采用限购、限售政策)的交互作用下,2017年西安房地产市场发展的特点如下。

1. 新建住宅环比价格涨幅高位回落,趋于稳定

2017年,西安房地产市场新建住宅销售价格环比指数大体经历了三个阶段。第一个阶段是1月至5月。这一阶段,受2016年房价的惯性上涨推动和购房者刚性需求、跟风购买的共同影响,房价连续5个月大幅上涨,平均涨幅达到1.1%。第二个阶段是6月至8月。这一阶段,西安市政府实施限购政策,在保证刚性购房需求的同时,适时严厉遏制投机行为,使得8月环比指数涨幅迅速收窄至0.3个百分点。第三个阶段是9月至12月。这一阶段,刚需购买者观望情绪有所波动,使得环比指数涨幅在0.5%左右徘徊,房价涨幅趋于稳定。

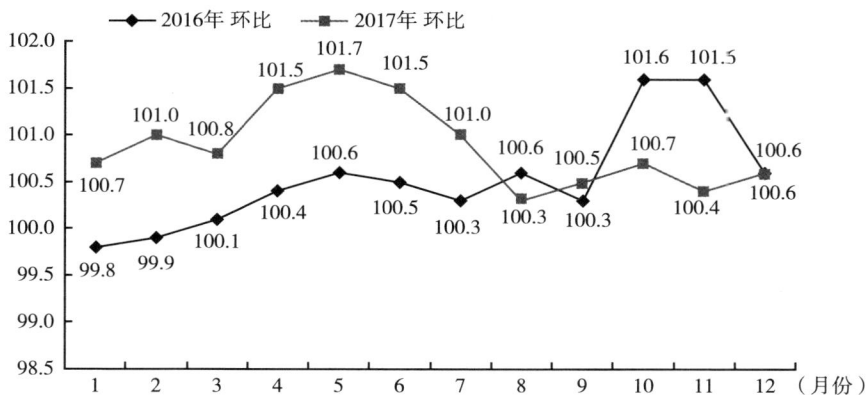

图1 西安新建住宅价格环比指数

2. 新建住宅同比价格涨幅高位回落

2017年，西安房地产市场受基期（2016年）价格较低，以及2015、2016年连续两年购房政策利好①的影响，新建住宅销售价格同比从1月起一路上扬，到8月后②，涨幅逐月回落，全年累计上涨11.5%。

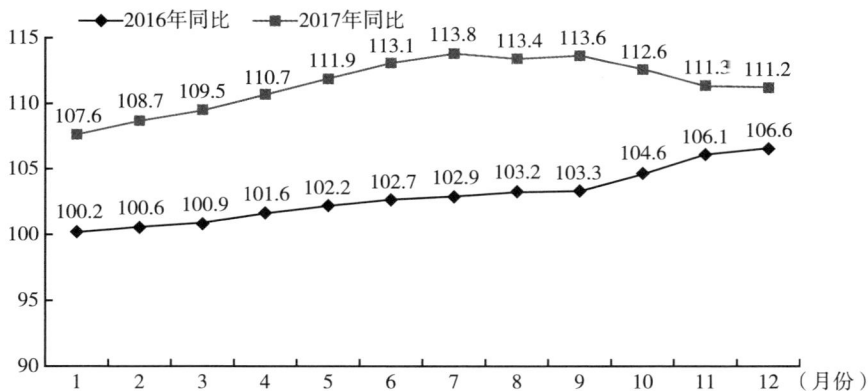

图2 2016年、2017年西安新建住宅价格同比指数

---

① 2015、2016年中央政府和西安市政府调控目标是消化房企库存、降低金融风险。因此，相应地调控政策是降低购房贷款利率、延长贷款期限。

② 2017年4月18日，西安市政府颁布了限制房价过快增长的"楼十条"。自此日后，西安房价上涨过猛的局势得到扭转。

3. 新建住宅销售市场大幅降温

西安市网签销售数据显示，在去库存主基调的影响下，2016 年，西安新建住宅成交量达 17.51 万套，销售面积 1891.8 万平方米（见表 4）。2017 年，西安房地产市场在最严厉的限购、限售的政策作用下，新建住宅的成交量大幅下降，仅为 11.02 万套（见表 4），较 2016 年的 17.51 万套减少37.1%；新建住宅销售面积为 1197.7 万平方米，较 2016 年的 1891.8 平方米减少 36.7%。

4. 二手住宅交易活跃，价格保持低位运行

二手住宅市场与新建住宅市场关系紧密，不仅有助于促进城市居民住房梯级消费格局的形成，补充和保障中低收入居民的住房需求，而且对市场反应较为敏锐，能够促进形成房地产增量市场和存量市场①的有效联动。

西安市网签数据显示，2017 年，西安二手住宅环比价格月度平均上涨0.7%，成交量累计 5 万套，较 2016 年增长 38.9%。

二　2018 年金融调控政策及其对陕西房地产业的影响

（一）2018 年调控房地产市场发展的金融政策

通过 2017 年限购、限售调控政策的实施，全国大部分城市房地产市场的主要问题仍未得到有效解决，住房销售价格增长过猛的状况仍然存在，居民的有效需求和中低收入家庭的需求仍难实现。同时，一部分城市仍存在库存过多、金融风险突出的问题。因此，2018 年中央政府关于房地产市场的调控政策是一部分城市继续去库存、扩消费，促进房地产业平稳发展和金融风险的进一步降低；另一步城市继续实行限购、限售，控制房价过快增长的政策。

---

① 存量市场，是指房地产二手房市场。

表5　2018年调控房地产市场的金融政策

发布时间	发布部门	具体内容
1月25日	银监会	防控金融风险。控制居民杠杆率的过快增长,打击挪用消费贷款、违规透支信用卡等行为,严格控制个人贷款违规流入股市和房市,继续遏制房地产泡沫
1月25日	央行	凡前一年上述(普惠金融)贷款余额或增量占比达到1.5%的商业银行,存款准备金率可在人民银行公布的基准档基础上下调0.5个百分点;前一年上述贷款余额或增量占比达到10%的商业银行,存款准备金率可按累进原则在第一档基础上再下调1个百分点(释放流动性4500亿元)
2月5日	央行	保持货币政策稳健中性,切实防范化解金融风险,稳妥推进重要领域和关键环节金融改革,持续推动金融市场平稳健康发展,持续加强内部管理
3月5日	两会	稳健货币政策要保持中性,要松紧适度 加强金融机构风险内控。强化金融监管统筹协调,健全对影子银行、互联网金融、金融控股公司的监管,进一步完善金融监管
4月17日	央行	从2018年4月25日起,下调大型商业银行、股份制商业银行、城市商业银行、非县域农村商业银行、外资银行人民币存款准备金率1个百分点;同日,上述银行将各自按照"先借先还"的顺序,使用降准释放的资金偿还其所借央行的中期借贷便利(MLF)
6月1日	央行	下调国有大型商业银行等人民币存款准备金率0.5个百分点 (这样,释放的资金大约为7000亿元,银行后续资金将进一步宽裕,房贷将进一步宽松,房贷压力持续降低)
6月19日	央行	开展逆回购操作1000亿元。同时开展MLF操作2000亿元,中标利率3.3%
6月24日	央行	从2018年7月5日起,下调国有大型商业银行、股份制商业银行、邮政储蓄银行、城市商业银行、非县域农村商业银行、外资银行人民币存款准备金率0.5个百分点 (这是央行2018年第三次定向降准。1月25日央行实施的面向普惠金融的定向降准,释放长期流动性约4500亿元。4月25日央行实施定向降准置换9000亿元MLF,释放增量资金约4000亿元)

　　2018年,中央政府更加注重深化基础性关键制度改革,加快住房租赁体系建设,抑制房价过快增长,保障居民合理自住需求;更加注重强化金融

监管，防范和化解金融风险。

2018 年 3 月，李克强总理在《政府工作报告》中提出要更好地解决群众住房问题，并进一步强调"房子是用来住的、不是用来炒的"定位；要落实地方主体责任，继续实行差别化调控，促进房地产市场平稳健康发展；要支持居民自住购房需求，培育住房租赁市场，发展共有产权住房；要加快建立多主体供给、多渠道保障、租购并举的住房制度。

在防范和化解金融风险方面，2018 年初中央多次表态，将防范和化解金融风险工作提到更高层次，延续金融去杠杆政策，货币政策保持稳健中性。3 月，提出将防范金融风险作为今后三年三大攻坚战之一，加强金融机构风险内控，进一步完善金融监管。对于金融领域一些违法、违规行为或者规避风险的行为，监管部门要主动出手、果断处理。

根据陕西省房地产市场的实际情况，陕西省政府（特别是西安市政府）出台了以下房地产政策措施：一是优化住房供应结构，加快租赁住房、政策性住房建设，以保障居民的合理自住需求；二是出台和实施限购、限售政策，以达到抑制非理性需求和抑制房价的过快增长。

2018 年 6 月 24 日，西安市人民政府下发《西安市人民政府办公厅关于进一步规范商品住房交易秩序有关问题的通知》，进一步提高限购门槛：在全市住房限购区域范围内，暂停向企事业单位及其他机构销售住房（含商品住房和二手住房）；二手房交易条件由此前的"满二满五"放开至"满二满三"。

（二）2018 年陕西房地产市场的发展状况

一系列政策措施的实施，产生了积极有效的结果，使陕西省（特别是西安市）房地产市场得以稳定健康发展。相较于 2017 年，陕西房地产价格（2018 年 6 月之后，房产价格增长较快）虽然有一定程度的增长，但是，房价的增长有其客观性和合理性。

2018 年 1 ~ 9 月，陕西房地产市场总体运行结果如下。

表6　2018年1～9月陕西省房地产市场主要指标

	1月	2月	3月	4月	5月	6月	7月	8月	9月
房地产开发投资完成额（亿元）	—	197.73	416.67	630.90	930.31	1513.87	1817.11	2160.24	2589.95
住宅（亿元）	—	141.41	295.98	444.41	654.73	1040.53	1259.29	1479.35	1772.04
商品房竣工面积（万平方米）	—	324.75	474.93	515.11	586.38	709.51	770.47	794.28	971.84
住宅（万平方米）	—	143.20	248.14	273.44	319.87	417.77	469.41	477.85	606.80
办公楼（万平方米）	—	34.22	36.35	38.39	46.24	47.50	51.02	54.07	55.01
商业营业用房（万平方米）	—	61.96	76.81	85.72	96.83	114.74	115.86	118.91	134.42
其他房屋（万平方米）	—	85.37	113.63	117.56	123.44	129.50	134.18	143.45	175.61

资料来源：国家统计局。

表7　2018年1～9月陕西省房地产市场销售情况主要指标

单位：万平方米

	1月	2月	3月	4月	5月	6月	7月	8月	9月
商品房销售面积	—	—	598.76	926.61	1281.20	1829.73	2134.86	2405.27	2819.46
#住宅	—	—	515.84	802.50	1119.58	1592.34	1852.68	2085.42	2428.48
#办公楼	—	—	29.35	43.52	55.15	79.00	96.07	110.85	146.01
#商业营业用房	—	—	39.26	60.81	77.40	108.70	128.24	143.69	167.24
#其他房屋	—	—	14.31	19.78	29.07	19.69	57.85	65.31	77.73

资料来源：国家统计局。

从表6和表7资料可以看出：2018年前三季度，陕西省房地产开发企业完成投资2589.95亿元，比上半年增长17.9%，增速提高6.8个百分点；比一季度提高15.4个百分点；比2017年同期增速提高7.9个百分点；比全国平均增速高 8 个百分点。说明 2018 年陕西房地产市场的发展速度较快，居民对住房的有效需求将得到充分满足。

陕西省房地产开发投资增速在 2018 年第一季度探底后，一路持续回升。受前期市场的支持和鼓舞，房地产企业开发热情高涨，新增项目明显多于 2017 年同期。前三季度新增房地产开发项目 410 个，比上年同期多 94 个，拉动房地产投资增长的作用十分明显。

（三）2018年1~9月西安市房地产市场的发展状况

2018 年 1~9 月，西安房地产开发投资额、房屋施工面积、房屋新开工面积、房屋竣工售面积、房屋销售面积等指标的绝对数值和相对数值状况，见表 8。

2018 年 1~9 月，西安房地产市场新建住宅价格指数、二手住宅价格指数资料见下表 9。

表 8 2018 年 1~9 月西安市房地产开发主要数据

指标	绝对量	同比增长（%）
房地产开发投资额（亿元）	1857.57	11.6
住宅	1240.46	9.9
办公楼	157.25	-5.6
商业营业用房	247.01	6.3
房屋施工面积（万平方米）	14989.36	-1.4
住宅	10418.27	-2.2
办公楼	1046.49	0.2
商业营业用房	1836.35	-4.9
房屋新开工面积（万平方米）	1946.79	3.6
住宅	1422.96	4.9
办公楼	107.06	26.6
商业营业用房	233.15	23.4
房屋竣工面积（万平方米）	628.38	-36.1
住宅	355.79	-53.6

续表

指标	绝对量	同比增长(%)
办公楼	46.94	－16.6
商业营业用房	78.2	－22.5
房屋销售面积(万平方米)	1877.68	11.2
住宅	1539.35	3.6
办公楼	140.99	70.4
商业营业用房	125.33	54.3
商品房待售面积(万平方米)	268.38	－30.1
住宅	67.32	－62.0
办公楼	33.39	18.3
商业营业用房	100.72	－10.9

资料来源：陕西省统计局。

表9　2018年1~9月西安市住房价格指数

	新建商品住宅价格指数		二手住宅价格指数	
	环比	同比	环比	同比
1 月	100.6	111.1	100.0	108.9
2 月	100.5	111.3	99.8	108.3
3 月	100.9	111.2	101.3	108.4
4 月	101.6	111.2	102.3	109.4
5 月	101.6	111.0	101.5	109.5
6 月	101.1	110.4	101.6	109.5
7 月	101.2	110.6	101.0	109.7
8 月	103.0	113.5	102.4	111.3
9 月	106.2	120.0	102.5	114.1

资料来源：国家统计局。

本报告对西安房地产市场发展状况进行简单的分析。

2018年前三季度，西安市商品房销售面积1877.68万平方米，增长11.2%，较上半年提高1.2个百分点，增速高于全国8.3个百分点，高于全省 1.5 个百分点。其中，住宅销售面积 1539.35 万平方米，增长 3.6%，增速较上半年提高 0.2 百分点。

1. 房地产开发投资各项指标稳步变化

2018 年 1～9 月，西安市房地产开发投资 1857.57 亿元，同比增长 11.6%（见图 3），较 1～8 月提高 1.1 个百分点。其中，住宅投资 1240.46 亿元，同比增长 9.9%，提高 1.1 个百分点。住宅投资占房地产开发投资的比重为 66.8%。

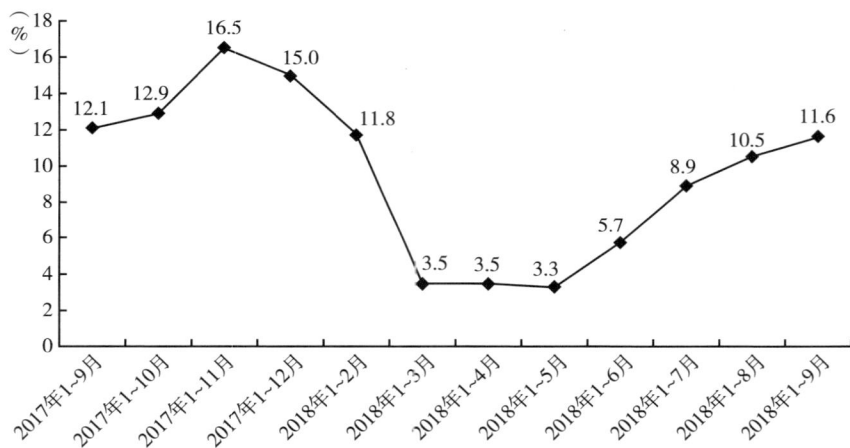

图 3　西安市房地产开发投资增长趋势

1～9 月，房地产开发企业房屋施工面积 14989.36 万平方米，同比下降 1.4%，降幅较 1～8 月收窄 0.5 个百分点。其中，住宅施工面积 10418.27 万平方米，同比下降 2.2%。

房屋新开工面积 1946.79 万平方米，增长 3.6%，较 1～8 月提高 3.4 个百分点。其中，住宅新开工面积 1422.96 万平方米，同比增长 4.9%。

房屋竣工面积 628.38 万平方米，同比下降 36.1%，降幅较 1～8 月收窄 12.1 个百分点。其中住宅竣工面积 355.79 万平方米，同比下降 53.6%。

2. 商品房销售面积逐月递增

1～9 月，商品房销售面积 1877.68 万平方米，同比增长 11.2%，增幅较 1～8 月回落 1.8 个百分点。其中，住宅销售面积增长 3.6%，办公楼销售面积增长 70.4%，商业营业用房销售面积增长 54.3%。

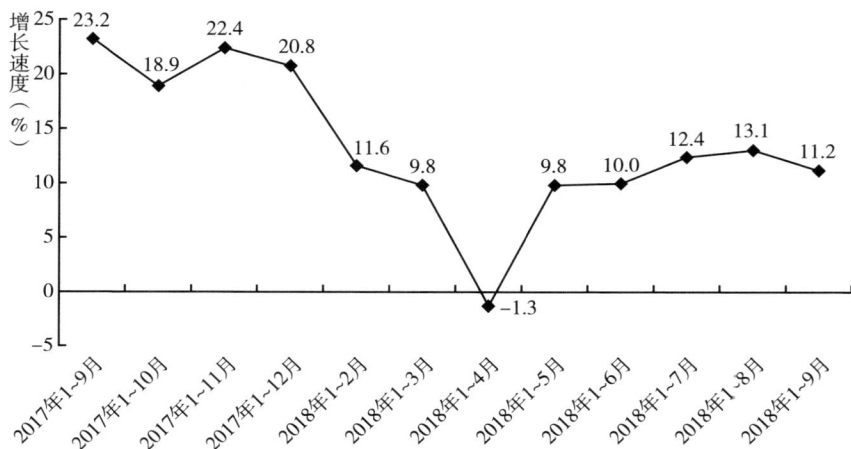

图 4　西安市商品房销售面积增长趋势

3. 商品房待售面积逐月减少，房地产企业库存压力减轻

2018 年 9 月末，商品房待售面积为 268.38 万平方米，较 8 月末减少 8.25 万平方米。其中，住宅待售面积减少 4.33 万平方米，办公楼待售面积减少 0.32 万平方米，商业营业用房待售面积减少 2.2 万平方米。

4. 房地产开发企业到位资金稳步提高

1～9 月，房地产开发企业到位资金 2526.20 亿元（见表 8），同比增长 17.5%，较 1～8 月提高 1.0 个百分点。其中，国内贷款 191.28 亿元，下降 16.9%；自筹资金 1104.00 万元，增长 25.3%；其他资金 1230.92 亿元，增长 18.4%。

5. 新建住宅价格逐月上涨，涨幅不大

1～9 月西安新建住宅价格虽然逐月递增，但涨幅不大。另外，价格上涨的主要原因是居民收入增长和房地产开发建设成本增加。随着新建住宅价格的上涨，一部分中低收入家庭转向二手房市场，从而使二手房价格也出现上涨。

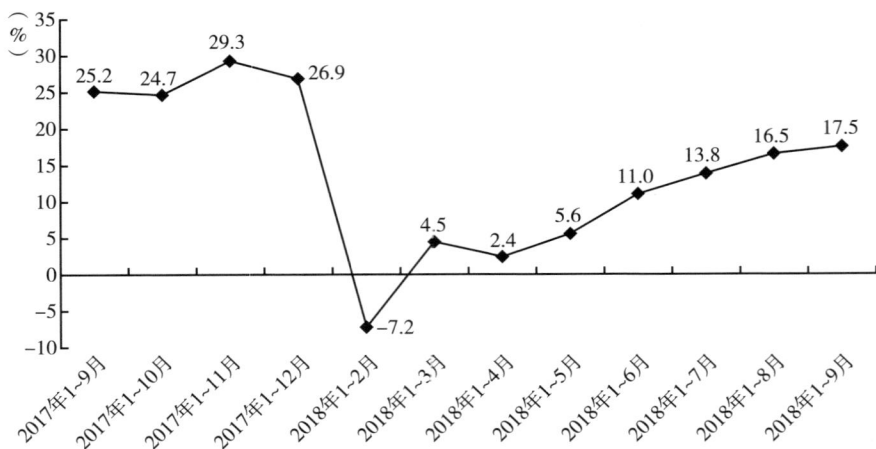

图5 西安市2018年房地产投资实际到位资金增长趋势

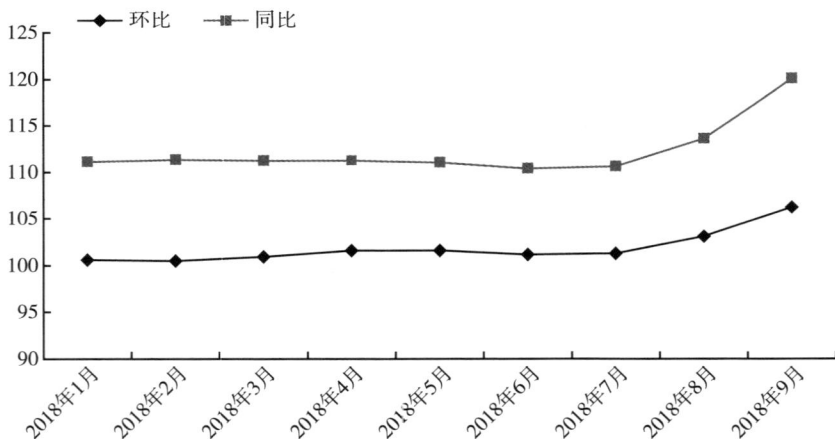

图6 西安市2018年新建住宅价格指数

三 金融调控政策对房地产市场几个主要指标的影响分析

从2016年中央房地产政策实施效果来看，截至2016年底，全国大部分城市房地产商品库存已经基本消化完毕（西安房地产市场2016年6月底的库存基本消化完毕），房地产价格又开始出现大幅回升上涨的状况。

为了实现满足居民住房刚性需求和改善性需求；解决低收入家庭的住房需求的政策目标，从2017年初开始，中央政府要求房价过快增长的城市实施限购、限售等政策。

金融调控政策（和其他政策）对陕西和西安房地产市场的影响，主要表现在以下几个方面。

（一）对商品房销售面积的影响

2016年，中央政府对房地产市场调控的目标是去库存、降低金融风险。基于此目标，中国人民银行先后多次采取降低金融机构存款准备金率、降低利率的金融政策；住房和城乡建设部制定降低公积金贷款首付款比率、降低公积金贷款比率、延长贷款期限等金融政策。这些金融政策的目的都是为了提高居民的购房能力、降低房地产企业的库存、减少金融风险。

这些政策在西安房地产市场实施的效果是商品房销售面积逐月增加，房地产企业的库存逐月减少。

表10　2016年西安新建住宅销售情况

	1月	2月	3月	4月	5月	6月	7月	8月	9月	10月	11月	12月
销售面积（万平方米）	132.3	61.7	138.7	189.8	173.8	165.6	139.2	124.4	161.0	223.5	205.6	176.6
成交量（套）	12398	5750	12938	17424	16290	15071	12949	11632	14783	20675	18868	16346

资料来源：陕西省统计局。

从表10可以看出，在2016年6月之前，西安房地产市场新建住宅销售面积和成交量增长的态势十分明显。西安房地产市场网的有关资料显示，截至2016年6月底，库存基本消化完毕（房地产商品价格从此也开始出现上扬）。

根据2016年（特别是2016年6月后）大部分城市住宅价格过快增长的实

际情况，中央政府在 2017 年主要采取了限购、限售政策。西安市政府在 2017
年 4 月 18 日发布《西安市人民政府进一步加强管理保持房地产平稳健康发展
的若干意见》，被业界称为"楼十条"。"楼十条"出台后，西安住宅的销售面
积和成交量才出现明显下降态势（见表 11）。

表 11　2017 年西安新建住宅销售情况资料

	1 月	2 月	3 月	4 月	5 月	6 月	7 月	8 月	9 月	10 月	11 月	12 月
销售面积（万平方米）	149.2	94.4	121.4	225.7	115.9	113.0	66.3	51.9	53.5	58.0	75.9	72.5
成交量（套）	13550	8794	11239	20863	10572	10018	6063	4832	4922	5097	7159	7055

资料来源：陕西省统计局。

（二）对商品房销售价格的影响

金融调控政策对房地产市场商品房的价格有着重要影响。一般理论是存
款准备金率和贷款利率下降，居民购买住房的能力提高，住房价格将会下
降；反之，住房价格将会上升。

2017 年、2018 年，根据大多数城市房价过快增长的实际情况，中央政
府和地方政府主要采取限购、限售等政策。这些政策的实施结果从理论上来
说，住房价格应该下降。但是，从陕西统计局和西安统计局的有关资料来
看，西安房地产市场住宅价格却出现上涨的状况。这种价格变动实际状况与
金融学理论并不矛盾。

造成西安住宅价格上涨的因素是多方面的。一是西安城市人口数量
（西安市从 2016 年开始大量引进人才）的增加；二是西安人均生产总值和
人均收入的不断增加；三是土地价格不断增加和住房建筑成本不断升高；四
是西安大都市地位的提升和城镇化率的不断提高。

概括说，促使西安房价增长的主要原因是居民收入的快速增长和人口数
量的增长。

（三）对房地产投资额的影响

金融调控政策也会对房地产投资金额产生影响。一般理论是存款准备金率和贷款利率下降，房地产开发企业通过金融机构融通资金的数量会增加、融通资金的成本会降低，进而对房地产的投资额也会随之增加。反之，对房地产的投资将会减少。

2017年、2018年，中央政府和地方政府虽然主要采取限购、限贷等政策，但是，由于西安市人口数量（引进人才）不断增加和居民收入增长，居民对住房的刚性需求和改善性需求进一步增加。根据需求反过来促进生产增加的理论，陕西和西安房地产企业的投资额出现快速增长的态势也正常。

四　2017~2018年陕西房地产市场存在的主要问题

2017~2018年在中央政府和陕西省政府一系列调控政策（包括金融政策、财政政策、土地政策、购销政策）的影响下，陕西房地产市场得到平稳健康发展。房地产企业的库存得到有效消化，金融风险得以有效控制；房产销售价格在个别月份虽然有较大增长但是处于合理范围之内；房产商品的销售金额、销售面积基本呈现合理增长趋势；房地产企业的投资额稳步增长；投机炒作需求得到有效遏制；居民对房产商品的有效需求和改善性需求得以满足；中低收入家庭的住房问题得到有效解决。但是，由于各种宏观和微观因素的影响，陕西房地产市场仍然存在一些亟待解决的问题。

（一）住宅销售价格增长还是有点过快

2016年6月之前，西安住宅价格随着时间的推移呈现出增长的状况，但是月环比增长速度不足0.5%。而在2016年之后，新建住宅的价格出现过快增长，有些月份环比增长速度超过1%（如2016年8月环比增长指数为6%、12月为6.6%；2017年2月为8.7%、6月为13.1%；2018年8月为 3.0% 、9 月为 6.2%)。

新建住宅价格的过快增长，必然会使一部分居民刚性住房需求无法得到满足，不利于社会经济的稳定发展。

（二）调控政策出台不及时

2016 年中央政府对房地产市场调控的主要目标是去库存、降金融风险、促进房地产业健康稳定发展。根据这一政策目标，西安市政府出台了一系列相应政策。政策实施后，西安房地产市场住宅销售面积和成交量呈现出"双上涨"的局面，房地产开发企业的库存显著降低。截至 2016 年 6 月底，库存基本消化完毕。这时，西安住宅价格开始出现上涨的状况。西安住宅价格从 6 月开始上涨，一直到 2017 年 3 月底。这段时间内，潜在购房者"盼星星、盼月亮、盼望价格不要疯长"，然而，却盼来的是"失望"和"无耐"。直到 2017 年 4 月 18 日，西安市政府才颁布了"限制房价过快增长"的《西安市人民政府进一步加强管理保持房地产平稳健康发展的若干意见》，被业界称为"楼十条"。

"楼十条"的实施，带来2017 年 6 到 8 月住宅价格环比指数增长速度的收窄上涨。但政策的延迟，影响了政府的形象。

（三）调控政策落实的严肃性较低

面对 2016 年下半年以来西安房地产市场商品性住宅价格的过快增长，西安市政府于 2017 年 4 月 18 日发布《西安市人民政府进一步加强管理保持房地产平稳健康发展的若干意见》（简称"楼十条"）。

"楼十条"指出：商业贷款首套住房首付款不低于30%，二套房不低于40%，三套房不能贷款；购买非普通住房的，首付款比例不低于50%；对居民家庭购买第三套及以上住房的，暂停发放商业性个人住房贷款。

然而，上述政策在执行过程中却出现偏离状况。具体表现为：一些房地产开发商为了使自己生产的商品房能够实现价值给购房者开具虚假的首付款凭证；另一些商业银行出于种种目的对首付款凭证审核不严，使得一些不符合贷款条件的购房人取得贷款，从而使金融调控政策的目的没有达到，政策的严肃性遭受"亵渎"，在一定程度上也导致房价的进一步上涨。

（四）个别房地产开发企业违规生产、违规销售

随着中央政府和西安市政府关于房地产市场的法规和制度的不断建立和完善，西安房地产市场正在健康稳定地发展。然而，由于种种因素的影响，房地产市场仍存在个别房地产企业违规、违法生产现象。

2017年6月，西安市房管局对西安房产市场进行调查发现：绿地集团浐灞实业有限公司开发的绿地国际生态城房产项目，在商品房销售活动中存在人为营造紧张气氛、捂盘惜售等违法违规行为。

曲江紫汀苑开发商在销售曲江紫汀苑房产项目时，声称已经与曲江教育局签订了协议，交了教育配套费。且协议明确说明曲江紫汀苑业主的子女有曲江一小和曲江一中的优先入学权。然而，2017年5月学区划分后，业主发现，距离小区500米的曲江一小上不了了，分配的却是在小区3公里外的南湖小学分校。就此事件，曲江紫汀苑的业主与曲江紫汀苑开发商之间产生了矛盾。

另外，还存在个别房地产开发企业不落实明码标价；部分楼盘在未取得《商品房预售许可证》的情况下，向买受人收取预订款性质费用；房屋销售价格与物价部门公示价格不符；捂盘惜售、囤积房源，捏造虚假信息哄抬房价；在购房人满足住房公积金贷款条件下，不支持或变相阻挠公积金贷款等违法、违规现象。

这些违规生产和违规销售的行为，损害了购房人的合法权益，扰乱了西安正常的房地产市场秩序，给西安房地产市场带来不良影响。

（五）对参与土地使用权竞买人的资格审查不严，使得土地价格过高

在西安土地招拍挂活动中，仍然存在对参与土地使用权的竞买人没有进

行严格规定和资格审查的问题，特别是存在房地产开发项目用地允许自然人参与竞价的情况。这样使得许多投机者借助参与竞价的机会与开发商协商退出竞价的条件，从中牟取暴利，造成地价增高，进而产生房价过快上涨的状况。

五　确保房地产市场健康发展的对策建议

（一）改善供给结构、加强监管、拟制房价过快增长

一是科学合理安排土地供给，增加对普通商品住宅建设的土地供给；二是加强对房地产开发企业住房建设设计方案的审查，按照市场对住房结构的需要，要求开发企业生产供给不同结构的住宅；三是大力推进棚户区改造的货币化安置进度，确保 50% 的货币化安置率；四是加强公租房的建设和供应，并转变公租房保障方式，实行实物保障与租赁补贴并举的新型住房保障制度。

另外，加强对房地产开发企业销售商品住房的监督和管理，要求开发企业合理确定并申报销售价，严格执行明码标价、"一房一价"制度；并要求申报备案后的销售价格不得随意上调，实际销售不得高于备案价格。

上述措施的实施，能在一定程度上拟制房价的过快增长，能够满足中低收入家庭的住房需求，满足居民的刚性需求和改善性需求。

（二）根据房地产市场实际情况，及时出台相应调控政策

一是政府房地产管理人员要定期深入不同地区进行房价、供给量、供给房屋结构、居民收入、住房需求结构等房地产信息的调查。二是在不同地区选聘一定数量的居民作为房地产市场信息的调查员，及时搜集房地产信息。三是对调查的房地产信息及时进行加工整理和分析。

上述措施的实施，能够解决信息不及时、不准确的问题，并能够帮助政

府部门及时制定出切实可行的调控政策，进而为促进房地产市场的健康发展提供保障。

（三）加强监督，提高政策的权威性和严肃性

为保障金融调控政策的切实贯彻执行，必须做好如下几个方面工作：一是政府相关金融管理部门要定期和不定期对房地产企业和贷款金融机构的各种票据进行检查，发现问题进行严肃处理；二是贷款金融机构要加强内部检查，督促贷款工作人员严格审查票据，切实执行贷款政策。

（四）严格执法检查，对违规违法行为进行严肃处理

加强对房地产开发企业的商品住房项目施工进度的检查和管理，监督开发企业按照合同约定按时开工、施工和竣工。对取得土地使用权1年内未使用开工建设，超出竣工时间1年以上的房企，规定其不得参与新土地的竞买。

严禁开发企业、中介机构以内部认购、排号、排队等方式营造紧张气氛、制造虚假热销场面、趁机哄抬房价的现象。一经发现，立即暂停开发企业进行网签，并严格按照《价格法》的有关规定对开发企业进行顶格处罚。

国土、规划、建设、房管、城管、工商、物价、公安等部门要及时采取措施，严厉打击违法占地、违法建设、无证售房、捂盘惜售、囤地囤房、虚假宣传、哄抬房价、造谣生事等扰乱市场秩序的违法违规行为。

（五）对招拍挂土地转让方式进行改革

要想改变土地招拍挂方式中存在的投机者（竞买者）牟取暴利造成地价增高的现象，就必须改革招拍挂这种方式的一些做法。

具体来说，就是要对竞买人的资格做出规定，并对竞买人资格予以审核。应明确规定，具有房地产开发资格并具有拟开发项目的企业法人才具有竞买土地使用权的资格。不具有开发资格的自然人和具有开发资格但没有拟

开发项目的人不能参加土地使用权的竞买。

另外，在实际进行土地使用权转让前，政府土地管理人员必须对每一位竞买人的资格进行认真而仔细的审查，防止鱼目混珠。

还需要说明的一点是，在居民购房热情较高情况下，采用招拍挂方式转让土地使用权时，有可能出现竞买者竞相加价进而造成土地价格偏高状况。因此，政府在拍卖之前，应该事先确定出合理的最高限价。

六　2019年陕西房地产市场展望

相关资料表明，2017年陕西省城镇化率为56.8%。据《陕西省人口发展规划（2016～2030年）》预计，2020年全省常住人口城镇化率将达到60%。由于居民对住房的需求量与城镇化率存在密切的正相关，所以，预计2019年住房需求量还会增加；住宅的销售价格也会增加；房地产开发企业的投资也会随之相应提高，将达到3800亿元左右。

总的来看，2019年中央、省、市等各级政府对于房地产市场仍将采取以下措施。一是加大公租房、廉租房等保障房的建设和供给力度，以满足中低收入居民和新市民对住房的需求；二是扩大棚户区的改造力度；三是继续采取限购、限售等方式，抑制房产价格的过快增长；四是在库存较大的城市继续采用促消费、降低金融风险的对策措施。

陕西省政府相关部门将继续采取强有力的政策措施，严厉打击房地产市场的各种违法违规行为，抑制对房产商品的投机和投资性需求。预计2019年陕西省房地产市场不会出现大起大落。

另外，随着二孩政策的实施、居民收入的提高、新市民①数量的不断增加、城市化水平的进一步提高，对住房具有刚性需求或改善性需求的居民家庭将进一步增加，2019年陕西房地产市场仍将保持较快发展。

---

① 新市民是指原籍不在当地，因工作或上学等各种原因来到一个城市的各种群体的集合统称，包括农民、大学毕业生、部队转业人员、引进的人才等。

参考文献

国国家统计局：《（2018）国家数据》，国家统计局官网。

陕西省统计局：《2017、2018年陕西统计年鉴》，陕西统计局官网。

国家统计局陕西调查总队：《2017年西安市房地产市场运行趋势分析》，陕西省信息中心官网。

西安市统计局综合处：《2018年1～9月西安市房地产开发投资和销售情况》，陕西省统计局官网。

西安市人民政府：《西安市人民政府办公厅关于进一步规范商品住房交易秩序有关问题的通知》，陕西省统计局官网。

陕西省统计局：《（2018年）前三季度我省房地产总体运行平稳》，陕西省统计局官网。

中国指数研究院：《2018年上半年中国房地产政策盘点》，中国指数研究院官网。

B.4
2017~2018年国家财税政策
对陕西房地产业的影响

娄爱花　贾雁岭*

摘　要： 房地产"去库存"政策有效地化解了库存积压所带来的风险，但同时出现了商品房销售面积增速高于房地产投资增速的趋势。为促进房地产业平稳发展，应不断完善财税管理体制，健全地方政府财政收入来源，适时推进房地产业相关税收政策改革，降低地方财政对房地产财税收入的依赖。同时，应加强房地产市场的供给侧改革，增加土地供应和保障房建设，推动住房租赁市场发展，有效实现"房子是用来住的、不是用来炒的"的政策定位，促进陕西房地产业平稳发展。

关键词： 房地产业　去库存　税收政策　财政政策

一　陕西省经济财税与房地产业发展情况

（一）陕西省经济财税总体增长情况

2013~2017年陕西省经济、财政收入和税收收入保持中高速增长，其间也经历了较大的波动，在一系列利好政策的推动下，经济和财税迅速恢复

---

* 娄爱花，经济学硕士，西安财经学院经济学院教授，研究方向财税理论与政策；贾雁岭，经济学博士，西藏民族大学财经学院讲师，研究方向税收理论与政策。

稳定增长的态势，呈现"V"字形结构。从表1的统计数据可以看出，2012～2017年陕西省地区生产总值平均增速为8.74%，财政收入平均增速为4.95%，税收收入平均增速为6.13%，财政和税收收入增速均低于经济增长速度。在2015年，地区生产总值和税收收入增速经历了较大幅度的回落，其中，地区生产总值的增速仅为1.88%，税收收入更是出现了负增长为-3.40%，只是由于非税收入的快速增长，财政收入增速并未出现下滑。在经历了2015年的低谷后，经济增速出现了较快的反弹，增长速度较快，但受税收收入持续负增长的影响，财政收入也出现较大幅度下降，下降了10.97%。税收收入和财政收入的下降和我国2016年实施的"营改增"政策有关。直到2017年，经济、财政收入和税收收入才恢复较快增长的态势，增速分别为12.88%、9.42%和23.35%。2018年上半年，经济、财政和税收仍保持快速增长，地区生产总值为10702.55亿元，增长8.6%，增速高于全国1.8个百分点；地方财政收入1229.98亿元，增长12.3%。其中，各项税收977.07亿元，增长26.1%①。

表1　2012～2017年陕西省财税收入情况

单位：亿元，%

	地区生产总值		财政收入		税收收入	
	金额	增长率	金额	增长率	金额	增长率
2012 年	14453.68	——	1600.69	——	1131.55	——
2013 年	16205.45	12.12	1748.33	9.22	1256.24	11.02
2014 年	17689.94	9.16	1890.4	8.13	1335.68	6.32
2015 年	18021.86	1.88	2059.95	8.97	1290.33	-3.40
2016 年	19399.59	7.64	1833.99	-10.97	1204.39	-6.66
2017 年	21898.81	12.88	2006.694	9.42	1485.583	23.35
平均	——	8.74	——	4.95	——	6.13

资料来源：2013～2017年《陕西省国民经济和社会发展统计公报》。

---

① 陕西省统计局：《2018年上半年全省国民经济运行情况》，http：//tjj.shaanxi.gov.cn/126/111/18168.html。

（二）陕西省房地产业发展状况

1. 房地产投资情况

2013～2017 年，陕西省房地产投资增速也和经济增速一样呈现"V"字形结构，在经历 2013 年的高速增长后，2014 年开始出现下滑，2015 年跌入低谷后开始出现缓慢增长，但仍未回到 2013 年的增长水平。

如表 2 所示，2013 年全社会固定资产投资为 15934.21 亿元，增速较快，为 24.10%；房地产开发投资 2240.17 亿元，房地产投资增长率也维持在较高的水平，为 22.02%，房地产开发投资额占全社会固定资产投资的比重为 14.06%。2014 年房地产投资增长出现较大幅度的下降，当年全社会固定资产投资 18709.49 亿元，增速为 17.42%；房地产投资 2426.49 亿元，增长速度下降到 8.32%，房地产投资额占全社会固定资产投资额的比重也下降为 12.97%。2015 年房地产投资跌入低谷，当年全社会固定资产投资 20177.86 亿元，增速为 7.85%；房地产开发投资 2494.29 亿元，增长速度下降到 2.79%，房地产开发投资额占全社会固定资产投资的比重持续下降为 12.36%。

2016 年，尽管全社会固定资产投资增长较缓慢，但房地产投资开始出现较快的增长，当年全社会固定资产投资 20825.25 亿元，增速为 3.21%；房地产投资 2736.75 亿元，增长速度上升到 9.72%，房地产投资占全社会固定资产投资的比重也出现了上升为 13.14%。

2017 年，全社会固定资产投资和房地产投资均呈现出较快的增长，当年全社会固定资产投资 23819.38 亿元，增速为 14.38%；房地产投资 2736.75 亿元，增长速度上升到 13.35%，房地产投资额占全社会固定资产投资的比重维持在 13.02% 的水平。2018 年上半年，房地产开发企业完成投资 1513.87 亿元，增长 11.1%，但较上年同期回落 5.3 个百分点①。

---

① 陕西省统计局：《2018 年上半年全省国民经济运行情况》，http：//tjj. shaanxi. gov. cn/126/111/18168. html。

表2　2013~2017年陕西省房地产投资变化情况

单位：亿元，%

	全社会固定资产投资		房地产投资		
	金额	增长率	金额	增长率	比重
2012	12840.15	—	1835.93	—	14.30
2013	15934.21	24.10	2240.17	22.02	14.06
2014	18709.49	17.42	2426.49	8.32	12.97
2015	20177.86	7.85	2494.29	2.79	12.36
2016	20825.25	3.21	2736.75	9.72	13.14
2017	23819.38	14.38	3101.97	13.35	13.02
平均	—	13.39	—	11.24	13.11

资料来源：2013~2017年《陕西省国民经济和社会发展统计公报》。

2. 房地产施工面积及销售情况

房屋施工面积、商品房销售面积和待售面积呈现出不同的变化趋势。其中，房屋施工面积增长率呈现波动性下降的趋势，商品房销售面积增长趋势呈"V"字形，商品房待售面积一直在维持较高水平，但在2017年出现了大幅度的下降（见表3）。

表3　2012~2017年陕西省房地产销售情况

单位：万平方米，%

	房屋施工面积		商品房销售面积		商品房待售面积	
	数量	增长率	数量	增长率	数量	增长率
2012	15410.57	—	2755.59	—	258.67	—
2013	17240.86	11.88	3045.70	10.53	355.53	37.45
2014	19466.10	12.91	3093.64	1.57	539.44	51.73
2015	20752.16	6.61	2978.94	−3.71	687.92	27.52
2016	22297.53	7.45	3262.70	9.53	892.39	29.72
2017	23630.10	5.98	3890.40	19.24	936.86	4.98
平均	—	8.96	—	7.43	—	30.28

资料来源：2013~2017年《陕西省国民经济和社会发展统计公报》。

第一，房屋施工面积增长率呈现波动性下降的趋势，房地产业的供给增长较缓慢。2013年，房地产开发企业房屋施工面积为17240.36万平方米，增长 11.88%；2014 年，房地产开发企业房屋施工面积为 19466.10 万平方米，增长 12.91%；2015 年，房地产开发企业房屋施工面积 20752.16 万平方米，增长 6.61%；2016 年，房地产开发企业房屋施工面积为 22297.53 万平方米，增长 7.45%；2017 年，房地产开发企业房屋施工面积为 23630.10 万平方米，增长 5.98%。2018 年上半年，施工面积 21232.23 万平方米，同比下降 0.3%①。

第二，商品房销售面积呈"V"字形增长。2013 年，商品房销售面积为 3045.7 万平方米，增长 10.53%；2014 年，商品房销售面积为 3093.64 万平方米，增长 1.57%；2015 年，商品房销售面为积 2978.94 万平方米，下降 3.71%；2016 年，商品房销售面积为 3262.70 万平方米，增长 9.53%；2017 年，商品房销售面积为 3890.40 万平方米，增长 19.24%。自 2016 年以来，房地产销售面积增速出现较快上升，这与陕西省"去库存"政策密切相关。2016 年 5 月 10 日陕西省人民政府发布《关于房地产去库存优结构的若干意见》，从夯实地方政府主体责任、提高棚户区改造货币化安置率、支持农民进城购房、落实信贷支持政策、发挥住房公积金作用、落实税收优惠政策、培育发展住房租赁市场、严格房地产用地管控、优化房地产规划布局、提高商品住房品质、优化房地产发展环境等 11 个方面着手破解房地产结构性供求失衡问题。2018 年上半年，商品房销售面积 1829.73 万平方米，同比增长 11%，较上年同期回落 17 个百分点。

第三，商品房待售面积一直在维持较高水平，但在 2017 年出现了大幅度的下降。2013 年，商品房待售面积 355.53 万平方米，增长 37.45%。2014 年，商品房待售面积 539.44 万平方米，增长 51.73%，比上年提高 14.3%。2015 年，商品房待售面积 687.92 万平方米，增长 27.52%。2016 年，商品房待售面积 892.39 万平方米，增长 29.72%。2017 年，商品房待售面积 936.86 万平方米，增长 4.98%。2018 年 6 月末陕西省待售面积

---

① 陕西省统计局：《新开工项目拉动我省房地产开发速度加快》，http：//www.shaanxitj.gov.cn/site/1/html/126/111/18265.htm。

779.8万平方米，降至2016年10月以来的低点，同比下降18.4%，其中，住宅待售面积364.55万平方米，同比下降34.4%①。

第四，房地产投资增速逐渐落后于商品房销售面积增速。房地产投资的变化和商品房销售面积存在密切的关系，两者表现出同步的变化趋势（见图1）。但值得注意的是，2016年之前，房地产投资的增长速度一直高于商品房销售面积的增长速度，由此造成房地产供给大于需求的局面，商品房待售面积增长率较高，但在2017年出现了较大的反转，商品房销售面积增长速度开始高于房地产投资的增长速度，市场需求出现了井喷式增长，导致商品房待售面积出现很大的下降，商品房供给略显不足，这无疑会对房价造成很大的影响。2018年上半年，房地产开发企业投资和商品房销售面积同比增长速度均为11%。

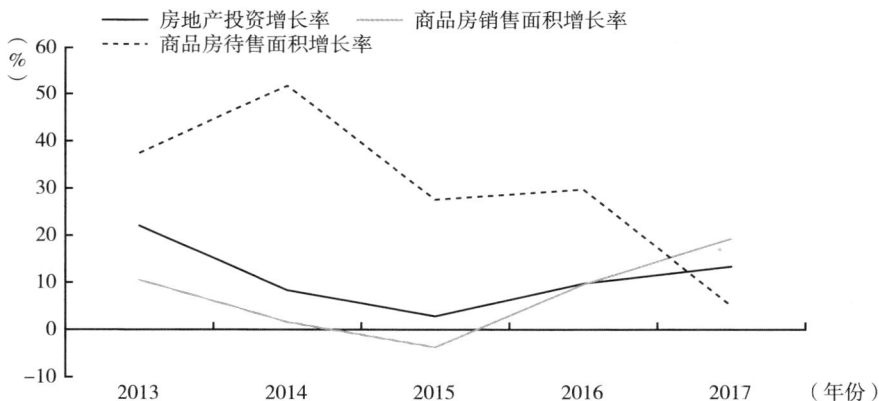

图1　房地产投资、商品房销售和待售面积增长率

资料来源：2013～2017年《陕西省国民经济和社会发展统计公报》。

3. 房价走势

陕西省房地产去库存政策的有效实施，使商品房待售面积持续减少，即

---

① 陕西省统计局，2018年上半年全省国民经济运行情况，http：//tjj. shaanxi. gov. cn/126/111/18168. html。

商品房库存减少。在化解房地产积压的同时，由于需求仍较旺，也出现了房价快速上升的趋势（见表4、表5），西安市的住宅价格上涨表现得尤为明显。2017年西安市住宅均价为每平方米8117.74元，较2016年上升了27.62%。这种上涨的趋势在2018年仍然继续，国家统计局公布的2018年6月70个大中城市新建商品住宅销售价格指数显示，西安市新建商品住宅销售价格较上年同期上升10.4%，较2015年上升了29.1%①，在70个大中城市里排第9位，同比涨幅连续15个月超过10%，环比保持28个月持续上涨。西安市房价较快的上涨和本身的价格相对较低有关，也和陕西省出台的一系列政策相关，特别是人才引进政策的有效实施。2018年1~5月，西安全市共迁入401938人，其中，博士及以上781人，硕士研究生11218人，本科126054人，占全部引进人口的34%。

表4　2012~2017年陕西省各市住宅平均价格

单位：元/平方米

	2012 年	2013 年	2014 年	2015 年	2016 年	2017 年
西安市	6203.85	6411.77	6036.33	6220.32	6360.74	8117.74
商洛市	3077.38	2912.40	3062.06	2787.30	3019.76	3174.26
安康市	3091.52	3410.88	3304.48	3600.66	3487.15	3796.02
榆林市	3761.29	4088.69	4181.58	4262.05	4030.20	4178.90
汉中市	2896.98	2998.54	2951.69	2961.17	2979.15	3291.61
延安市	3235.95	3015.46	2937.93	3709.26	3203.01	3587.42
渭南市	2791.52	3072.78	2966.68	3031.00	3120.31	3344.14
咸阳市	3557.43	4020.33	4552.50	4622.01	5181.26	5204.19
宝鸡市	3097.12	3310.03	3192.55	3250.21	3246.80	3713.94
铜川市	2865.48	2751.46	2617.31	2817.52	2929.80	3005.52

资料来源：CEIC 中国经济数据库。

---

① 国家统计局：《2018 年 6 月份 70 个大中城市商品住宅销售价格变动情况》，http：//www.stats. gov. cn/tjsj/zxfb/201807/t20180717_ 1610168. html。

表5　2013～2017年陕西省各市住宅价格增长率

单位：%

	2013年	2014年	2015年	2016年	2017年
西安市	3.35	-5.08	2.20	2.26	27.62
商洛市	-5.36	5.14	-8.97	8.34	5.12
安康市	10.33	-3.12	8.96	-3.15	8.86
榆林市	8.70	2.27	1.92	-5.44	3.69
汉中市	3.51	-1.56	0.32	0.61	10.49
延安市	-6.81	-2.57	26.25	-13.65	12.00
渭南市	10.08	-3.45	2.17	2.95	7.17
咸阳市	13.01	13.24	1.53	12.10	0.44
宝鸡市	6.87	-3.55	1.81	-0.10	14.39
铜川市	-3.98	-4.88	7.65	3.99	2.58

资料来源：CEIC中国经济数据库。

4. 土地供应及地价变化情况

表6反映了陕西省2012～2017年以出让和划拨方式供应的住宅土地，总的土地供应面积在不断下降，而用于保障房建设的土地下降得更快。总的土地供应面积由2012年的3937.63公顷下降到2016年的1786.42公顷，直到2017年才出现略微的上升，增加到1796.63公顷。其中，普通商品住房的土地供应降到2016年的最低点1202.52公顷后，2017年略有上升，而经济适用住房、廉租住房、棚户区改造、公共租赁房、限价商品房等保障房的土地供应在不断下降，且下降的速度较快。由此导致普通商品住房和保障房土地供应面积的比例发生了较大的变化。2012年商品房和保障房土地供应比重大概持平，但在2013～2017年商品房土地供应的比重不断上升而保障房不断降低，2017年保障房土地供应比重仅为18.53%。

为平抑房价过快上升，政府土地供应政策也发生了较大变化。2018年上半年总的住宅土地供应面积较2017年上半年出现了较快增长，由567.00

表6　2012~2017年陕西省住宅供给情况

单位：公顷，%

	普通商品住房	保障房	住宅用地合计	商品房比重	保障房比重
2012	1932.20	2005.43	3937.63	49.07	50.93
2013	2171.44	1202.82	3374.26	64.35	35.65
2014	1667.09	1589.15	3256.24	51.20	48.80
2015	1276.69	645.65	1922.34	66.41	33.59
2016	1202.52	583.90	1786.42	67.31	32.69
2017	1463.70	332.93	1796.63	81.47	18.53
2017上半年	513.29	53.57	567.00	90.53	9.45
2018上半年	1092.03	157.95	1249.94	87.37	12.64

资料来源：陕西省国土资源综合统计报告（2012~2018）。

公顷增加到1249.94公顷，增加一倍多。其中，普通商品住房土地供应面积由513.29公顷增加到1092.03公顷；保障房土地供应面积由53.57公顷增加到157.95，使得保障房土地供应比重小幅上升。但保障房土地供应比重仍较低，约占全部住宅土地供应面积的12.64%左右。此外，普通商品住房中低价位和中小套型土地供应所占的比重也较低，约占全部土地供应的7%左右。受住房价格快速增长以及土地供应下降的影响，土地价格也在不断升高，特别是自2017年以来，商业和居住地价均出现较快稳定的增长。以西安市为例，如表7所示，截至2018年6月，西安市商业地价上升到9005元/平方米，居住地价上升到8029元/平方米。

表7　2013~2018年西安市商业和居住地价变化情况

单位：元/平方米，%

	商业地价	居住地价	商业地价增长率	居住地价增长率
2013年3月	4700.00	3826.00	1.49	1.30
2014年3月	5235.00	4208.00	2.11	1.52
2015年3月	6998.00	5456.00	0.94	0.46
2016年3月	7094.00	5492.00	-0.14	0.18
2017年3月	7355.00	5891.00	1.10	3.26

	商业地价	居住地价	商业地价增长率	居住地价增长率
2017 年 6 月	7433.00	6105.00	1.06	3.63
2017 年 9 月	7869.00	6563.00	5.87	7.50
2017 年 12 月	8251.00	7027.00	4.85	7.07
2018 年 3 月	8711.00	7594.00	5.58	8.07
2018 年 6 月	9005.00	8029.00	3.38	5.73

资料来源：CEIC 中国经济数据库。

（二）陕西省房地产业税收收入状况

现行税制中与房地产业相关的税种包括在开发和流转环节征收的耕地占用税、城镇土地使用税、增值税（营业税）、城市维护建设税、教育费附加、企业所得税、个人所得税、土地增值税、契税、印花税、房产税等；在保有环节征收的城镇土地使用税和房产税。受获取数据的限制，在分析中很难将增值税（营业税）、城建税、教育费附加、企业所得税、个人所得税、印花税中与房地产相关的税收区分出来。根据作者从陕西省税务局获得的数据，2017 年陕西省房地产业相关税收收入为 260.152 亿元，其中来自增值税、城市维护建设税、教育费附加、企业所得税、个人所得税、印花税等与房地产相关的税收仅为 9.697 亿元，占 3.7%；而来自耕地占用税、城镇土地使用税、土地增值税、契税、房产税等与房地产相关的税收为 250.455 亿元，所占比重高达 96.3%。因此，在本研究的分析中，房地产业相关税收只包括耕地占用税、城镇土地使用税、土地增值税、契税、房产税等 5 个税种。

1. 陕西省房地产业相关税收总体情况

如表 8 所示，2013～2017 年陕西省房地产业相关税收收入呈现较大波动，在 2013～2014 年保持高速增长后，于 2015 年、2016 年出现了负增长，2016 年增长速度为 -15.90%，直到 2017 年才恢复增长趋势。由此导致房地产业相关税收的收入在经济中的比重以及房地产税对整个税收收入增长的贡献率①也呈现出"V"字形。不过值得关注的是，房地产业相关税收对整体税收收入增长的贡献率呈不断下降趋势，2013～2016 年税收的增加额有一半来自房地产业相关税收，而在 2017 年仅为 13.86%，这也从另一个侧面表明税收增长的质量更高了。2018 年上半年，陕西省房地产业相关税收为 156.57 亿元②，较 2017 年上半年的 123.7 亿元增加了 32.87 亿元，保持较快增长，增速为 26.57%。

表 8　2013～2017 陕西省房地产业相关税收总体情况

单位：亿元，%

	2012	2013	2014	2015	2016	2017
房地产税总额	173.37	225.19	274.74	250.87	210.98	249.95
房地产税增长率	—	29.89	22.00	-8.69	-15.90	18.48
税收总额	1131.55	1256.24	1335.68	1290.33	1204.39	1485.58
房地产税比重	15.32	17.93	20.57	19.44	17.52	16.83
房地产税贡献率	—	41.56%	62.37	52.64	46.42	13.86

资料来源：2013～2018 年《中国统计年鉴》。

2. 陕西省房地产业相关税收分税种分析

如表 9 所示，2013～2017 年，保有环节的房产税和城镇土地使用税占比较低，平均为 30%，而耕地占用税、土地增值税和契税占比高达 70%。在税制未发生重大变化时，即对个人自用的住房免征房产税和城镇土地使用税，房地产业相关税收仍呈现重流转轻持有的特征。

2013～2017 年，房地产业相关税收各税种的变化，如表 10 所示。其中，房产税增长的波动性较小，增加额始终保持为正，增长率也始终大于 0，增长率在 2014 年达到峰值后呈逐步降低趋势。城镇土地使用税呈一定的波动，即使出现负增长但降低的幅度较低较小。耕地占用税、土地增值税和

---

① 房产税业相关税收的增加额除以税收收入的增加额。

② 陕西省税务局：《陕西税务 2018 年上半年税收收入情况》，http://www.sn-n-tax.gov.cn/portal/site/site/portal/snsw/nry.portal?contentId=ΞSCQ5ON0YAICBUC1HMSP5O2MU04U31DM&categoryId=6GN4QF22JQRGTERW9UHBZ77HP0Q5V8J。

契税呈现除大幅度的波动，特别是在2015、2016年出现了较大幅度负增长，尤其是在2016年三者的增长率依次为-23.48%、-14.61%和-25.86%，而且这三者所占比重较高，导致整个房地产业相关税收出现大幅度的下降。当2015和2016年房地产业相关税收出现增长率为负时，主要是由于土地增值税、耕地占用税、契税出现了负增长。若不是房产税的稳定增长，房地产业相关税收会出现更大幅度的下降，税收的波动性较大。

表9   2013～2017年陕西省房地产业相关税收比重的变化

单位：%

	2013 年	2014 年	2015 年	2016 年	2017 年	平均
房产税	13.69	16.58	20.31	17.89	16.39	16.97
城镇土地使用税	10.22	11.30	13.12	14.69	11.87	12.24
持有环节合计	23.91	27.87	33.43	32.58	28.26	29.21
土地增值税	18.22	16.29	16.54	17.93	17.88	17.37
耕地占用税	28.65	28.5	25.95	20.46	26.36	25.99
契税	29.22	27.32	24.08	29.03	27.50	27.43
流转环节合计	76.09	72.13	66.57	67.42	71.74	70.79

资料来源：2013～2018年《中国统计年鉴》。

由于土地增值税和契税与商品房销售金额相关，两者较大幅度的下降反映出商品房销售面积和销售单价的下降，反之则反映了商品房销售面积和销售单价的上升。在"去库存"政策的推动下，2017年土地增值税和契税出现了较快的增长，增速分别为28.45%和42.81%，且对房地产业相关税收增长的贡献也较大，分别为25.46%和55.80%。耕地占用税仍呈现下降趋势但下降速度有所放缓，下降速度为6.58%。耕地占用税和房地产的开发建设相关，2017年在房地产市场繁荣的时候耕地占用税没有出现增加，也反映出房地产开发速度的放慢，这也可以从施工投资额的降低得到反映。

表10　2013～2017年陕西省房地产业相关税收增加额、增长率和贡献率的变化

单位：亿元，%

房地产业相关税收		2013	2014	2015	2016	2017	平均
房产税	增加额	3.34	7.27	3.98	1.25	1.88	3.54
城镇土地使用税		-0.11	5.52	0.27	-0.65	9.02	2.81
土地增值税		8.98	4.06	-9.21	-5.97	9.93	1.56
耕地占用税		19.33	15.14	-7.17	-16.8	-3.60	1.38
契税		20.28	17.56	-11.74	-17.72	21.75	6.03
房产税	增长率	12.37	23.96	10.58	3.01	4.39	10.86
城镇土地使用税		-0.49	24.48	0.96	-2.29	32.59	11.05
土地增值税		24.25	8.82	-18.39	-14.61	28.45	5.70
耕地占用税		43.68	23.31	-9.11	-23.48	-6.58	5.67
契税		47.80	28.00	-14.63	-25.86	42.81	15.63
房产税	贡献率	6.45	14.57	16.67	3.13	4.82	1.23
城镇土地使用税		-0.21	11.14	1.13	-1.63	23.15	6.92
土地增值税		17.33	8.19	-38.58	-14.97	25.46	20.91
耕地占用税		37.30	30.55	-30.04	-42.12	-9.24	26.15
契税		39.14	35.44	-49.18	-44.42	55.80	44.80

资料来源：2013～2018年《中国统计年鉴》。

2018年上半年继续维持2017年的态势，如表11所示。房地产业相关税收的增长主要得益于土地增值税和契税的快速增加，其中，土地增值税从20.8亿元增加到42.66亿元，增加了21.86亿元，增速为105.10%，对房地产业相关税收增长的贡献率为66.50%；契税从33.5亿元增加到43.39亿元，增加了9.89亿元，增速为29.52%，对房地产业相关税收增长的贡献率为30.09%。房产税、城镇土地使用税保持相对稳定。耕地占用税继续保持下降的趋势，增长率下降19.10%，是造成房地产业相关税收增速下降的主要原因，这和陕西省新增供地计划的变化有关。《陕西省国土资源综合统计报告》（2018年上半年）统计显示，2018年上半年陕西省计划新增建设用地7573公顷，较2017年上半年的9546公顷下降了20.67%。

表11　2017上半年和2018上半年陕西省各房地产业相关税收的变化

单位：亿元，%

	2017上半年	2018上半年	增加额	增长率	贡献率
房产税	26.2	29.55	3.35	12.79	10.19
土地使用税	17.6	20.26	2.66	15.11	8.09
土地增值税	20.8	42.66	21.86	105.10	66.50
耕地占用税	25.6	20.71	-4.89	-19.10	-14.88
契税	33.5	43.39	9.89	29.52	30.09
总额	123.7	156.57	32.87		

资料来源：国家税务总局陕西省税务局。

二　房地产业财税政策存在的问题

（一）房地产业税收政策存在的问题

1. 税制结构不合理，财产税所占比重较低

目前，我国是以流转税、所得税为主，资源税、财产税和行为税为辅的税制结构。2017年全国增值税、消费税和关税等流转税占税收收入的比重为50%，企业所得税和个人所得税等所得税的比重为30%，资源税的比重为7%，行为税的比重为7%，而财产税的比重最低为6%[①]。陕西省地方税制结构以增值税、企业所得税和个人所得税为主，其他税种为辅，这种税制结构聚财功能强，但调节力度有限。统计资料显示，2017年陕西省地方税收收入为1485亿元，其中增值税、企业所得税和个人所得税所占比重为70%，而具有财产税性质的税收为136.3亿元，只占全省税收收入总额的9.17%。较低的财产税比重不利于贫富差距的调节，对人们购房行为的调节作用有限。

2. 房地产业税种布局重流转环节而轻保有环节

我国现行房地产业税收制度设置的税种较多，在开发和流转环节征收的

---

① 根据《中国统计年鉴-2018》计算而得。

税种包括增值税、城市维护建设税、教育费附加、企业所得税、个人所得税、耕地占用税、土地增值税、契税、印花税等；而在保有环节征收的税种仅有城镇土地使用税和房产税，保有环节开征的税种少。据统计 2017 年陕西省城镇土地使用税和房产税的税收收入为 885 亿元，占全省税收收入的 5.48%，而且目前对个人所有非营业用的房产免征房产税，对抑制房地产业的投机行为作用有限。

3. 房地产税收征管存在问题

目前，我国面临着房地产的财产不明晰税源不清、房地产评估价格体系不完善和缺失房地产争议的救济法律等问题。第一，目前，我国房地产市场的管理不够规范和成熟，税务部门、房地产管理部门、国土管理部门之间的配合不够协调，彼此不能充分交流和共享信息，这样税务部门难以掌握纳税人转让房地产的相关情况，不能进行有效的税源管理。第二，由于我国房地产估价制度不完善，缺乏连续性和稳定性，使得房地产估价工作相当困难，这些都给房地产税收的征管造成了很大的障碍。第三，我国缺少一部专门针对房地产评估价格争议救济的法律，需要相关部门加快研究制定，以利于房地产税收的顺利征收。

（二）房地产业财政政策存在的问题

1. 分税制财政管理体制改革不彻底影响地方财力

20 世纪 90 年代前期，中央政府为解决财政收入占国民生产总值的比重和中央财政收入占全国财政收入的比重即"两个比重"过低的问题，进行了分税制改革。改革后，中央财政收入占整个财政收入的比重占主导地位，达到 75%～80%；地方政府虽地方税种多，但税收收入较少，造成地方财政收入不足，地方政府收入直线下降。

2. 土地财政问题

地方政府在财政收入急剧减少的同时，仍承担着较多公共服务产品供给的责任。在短期经济增长无法提供充足的税源，中央转移支付又难以满足的情况下，当地方财政出现巨大亏空时，非税收入便成为地方财政的重要来源，而出售土地使用权便成为其中最有效、最便捷的手段。因此，地方政府便把自己的利益牢牢地拴在了土地财政上，财政收入中来源于土地出让收入达到相当高的比例。根据财政部公布的数据测算，土地出让金占地方政府财政收入比重在 2013 年达到顶点，为 59.8%，之后出现了回落，但仍维持在较高水平。2016 年陕西省土地出让金收入为 459.51 亿元，占地方财政收入的比重为 25%，2017 年陕西省土地出让金收入为 630 亿元，与当年财政收入的比重为 31%。

3. 保障性住房建设问题

自房地产市场化改革以来，通过市场方式由房地产商提供的商品房较多，但价格高，中低收入家庭很难买得起，而政府提供的保障房相对较少。特别是自 2012 年以来陕西省保障房和中低价位、中小套型普通商品住房的土地供应比重持续降低，2017 年两者所占比重合计仅为 16.45%。此外，住房保障支出的比重也在不断地下降，2017 年陕西省住房保障支出约为 199.36 亿元，占陕西省 2017 年财政支出 4833.19 亿元的 4.12%，较 2016 年的 215.98 亿元略有下降。西方国家如美国，政府提供的廉租房数量占全部住房供给的 85%，新加坡是 95%，陕西省政府应加大对保障房的财政支出力度。

三 完善财税政策促进房地产业健康发展

（一）完善房地产业税收政策的思路

1. 建立以财产税为主的新地方税制结构

现行地方税制以增值税、企业所得税和个人所得税为主，其他税为辅，应逐步建立以财产税为主，其他税为辅的地方税制结构。西方国家的地方政府中主流税种一般是财产税，所以，我国地方税制结构的设计既要符合本省的实际，也要符合国际惯例。特别是"营改增"以后，作为地方主体税种的营业税消失了，之后尽管调整了增值税的共享比例，一定程度上保障了地方的财力，但从长远角度考虑应逐步建立以财产税为主的新地方税制结构。

2. 完善房地产业税收体系

第一，在房地产开发阶段，分步进行税费改革，规范政府收费行为，大力减少开发环节的收费项目，并适时取消耕地占用税。第二，减轻流转环节税收，如对个人购买属于基本生活需求的首套普通住宅，给予契税减税优惠；对于购买改善型住宅的给予一定的减免优惠。"营改增"后对销售住房征收增值税，可根据持有时间和住房类型采取差别化的征收方式，并取消土地增值税。第三，对个人持有的住房采取差别化的房产税和城镇土地使用税政策，建立健全房地产保有环节的税收制度。第四，为促进住房租赁市场的发展，应降低房屋租赁业税负，对商业性租赁房地产按其评估价格从低征收房产税。

3. 进一步完善房地产税收征管体系

完善与财税体制改革相配套的房地产信息化管理，建立房地产的实名制度、评估价格体系以及争议的救济法律。建立地籍制度和房籍制度，对公有住房和私有住房均进行登记，实现税务部门、房地产管理部门和国土管理部门之间的信息共享。为保证房地产业计税价格的客观公正，应建立由社会中介组织负责的房地产评估价格体系。为有效解决房地产业税收征管中征纳双方发生的争执，应在原有税务行政复议、税务行政诉讼、税务行政赔偿的基础上专门颁布针对房地产税收争议救济的法律。

（二）完善房地产业财政政策的思路

1. 进一步完善分税制财政管理体制

一是适度的下放权力，给予地方适度的立法权，财产税改革的立法权最好交由地方政府行使，以体现地方政府提供公共品的偏好，造福一方百姓。二是要进一步完善省以下的财政分税制改革，适度地分权、分利、分管，省和市进一步财政分税，实行省管县和市管县试点，一旦试点成功，地方财政将由省、市和县三级构成，取消乡财政。三是营业税改征增值税以后，将中央和地方的分享比例改革为50%和50%，在一定程度上缓解了地方财政的压力，但介于地方财政的困境，仍需提高地方分享的比例，或完善中央对地方的财政转移支付制度，把数额从中央返还给地方，既不影响国家的整体税制改革，又照顾了地方财政利益，还优化了整体税制，实现了中央和地方政府的双赢。

2. 进一步解决土地财政问题

解决土地财政的根本途径，一是建立完善的地方税制，这样地方财政就有了稳定的税收收入和财政收入，有利于地方经济的发展；二是把地方政府的土地出让金由一次交改为一年一交，防止房地产价格过高和土地的难以为继。

3. 加大保障房支出改善住房的供给结构

近几年我国财政收入有大幅度的增长，2017年财政收入高达172592.77亿元，所以，国家有财力也有可能让中低层收入者分享改革的成果。第一，应不断加大保障房的支出，保障房的支出占财政收入的比重要逐年提高。第二，增加保障房的土地供应，保障住房占整个住房供给的比重要逐年提高，以此来改善住房的供给结构，以满足中低阶层收入居民的住房需求。第三，应建立健全房地产租赁市场。

四　2019年房地产业发展的展望

2015年中央经济工作会议强调化解房地产库存以来，历经2016、2017、2018年的有效实施，极大地化解了房地产市场存在的风险，促进房地产市场平稳健康发展。2018年上半年陕西省住宅均价达7785元/平方米，同比上涨24.1%。全省除了商洛市，其他地市住宅价格均比2017年有所上涨，其中，延安市价格上涨幅度最大，其次是西安市。在去库存后，待售房地产的数量在减少，若没有房地产投资量的增加则会造成住房供给的减少，造成供需缺口。2017年陕西省的城镇化率为56.79%，低于全国平均水平的58.52%，可见陕西省城镇化率仍有提升的空间，大量人口涌入城镇，势必会增加对住房的需求，引起住房价格的波动。因此，在2019年仍要坚持"房子是用来住的、不是用来炒的"的政策定位，运用财税手段，完善促进房地产市场平稳健康发展的长效机制，保持房地产市场调控政策连续性和稳定性。在财政方面，继续增加土地的供给，同时增加保障房的建设力度，以满足不同人群对住房的需求；在税收方面，继续落实差别化的税收优惠政策，减轻低收入人群的税收负担，适时推进房产税试点改革，以缓解住房空置率的问题，增加二手房的供应。

总之，经过上述房地产财税政策改革，建立完善的地方财产税制和税收管理体制，使地方财政有稳定的财源，理顺、规范财税分配关系，陕西省房地产业一定会健康平稳地发展，陕西省税收收入和财政收入也会有大幅度的增长，为陕西省经济腾飞奠定坚实的基础。

参考文献

陈平、李建英、庄海玲：《房地产税改革对地方财政收入的影响预测——基于广州市数据的模拟测算》，《税务研究》2018 年 09 期。

杜剑、王肇、杨杨：《房地产业"营改增"对企业财务效率影响研究——基于 DEA 模型的实证检验》，《贵州财经大学学报》2018 年 06 期。

雷根强、钱日帆：《土地财政对房地产开发投资与商品房销售价格的影响分析——来自中国地级市面板数据的经验证据》，《财贸经济》2014 年 10 期。

李成刚、潘康：《土地财政、城镇化与房地产发展——基于面板数据联立方程模型的实证》，《经济问题探索》2018 年 06 期。

李文：《我国房地产税收入数量测算及其充当地方税主体税种的可行性分析》，《财贸经济》2014 年 09 期。

刘斌、孙九伦、姚瑶：《推进城镇化、降低房价与房地产去库存——对我国 35 个大中城市的经验分析》，《西部论坛》2017 年 03 期。

庞凤喜、牛力：《论积极稳妥推进房地产税改革的关键点设计》，《税务与经济》2018 年 06 期。

汪湘：《优化我国房地产业税收政策研究——以陕西省为例》，《特区经济》2012 年 08 期。许宪春、贾海、李皎、李俊波：《房地产经济对中国国民经济增长的作用研究》，《中国社会科学》2015 年 01 期。

张平、邓郁松：《中国房地产税改革的定位与地方治理转型》，《经济社会体制比较》2018 年 02 期。

B.5
2017~2018年陕西省保障性住房建设状况及发展对策

王婉玲 唐 侠*

摘 要： 2017~2018年陕西省保障性住房建设超额完成目标任务，保障性住房政策体系进一步完善，公租房、棚改房受到重视，共有产权房成为探索的新指向。保障房建设在'惠民生、控房价、稳增长"中发挥重大作用，但是保障性住房建设的价值取向、政策法规及其制度尚须明确和完善。

关键词： 保障性住房 公共租赁住房 共有产权住房 棚户区改造房

保障性住房是我国城镇住宅建设中一种特殊类型的住宅，它以国家政策以及相关法律法规为依据，列入各级政府住房保障规划和年度计划，由政府统一规划、组织实施建设或筹集住房。政府对该类住房的建造标准、建筑面积、销售价格或租金标准给予限定，提供给中低收入住房困难家庭使用，起社会保障作用。住房保障是我国社会保障体系的重要组成部分，按照保障基本、公平公正、全程管理的原则，在保障范围上，将符合条件的城镇家庭和在城镇稳定就业的外来务工人员纳入保障范围；在保障方式上，实行实物保障与货币补贴相结合，配租与配售并举；在保障力量上，坚持政府主导、社会参与，通过实施投资补助、税收减免、财政贴息等支持政策鼓励社会力量

---

* 王婉玲，西安工程大学教授，主要研究方向为房地产经济；唐侠，西安工程大学副教授，主要研究方向为收入分配理论。

参与；在保障责任上，明确政府的保障责任，强化保障性安居工程质量责任，严格要求有关部门及其工作人员不履行职责以及承租人、承购人的法律责任。满足广大人民群众最基本的居住需求，改善城市低收入群体的居住条件，是重要的民生问题。加快住房保障体系建设，对于改善民生、促进社会和谐稳定具有重要意义。

一 保障性住房制度的历史变迁

（一）我国住房保障制度的发展历程

社会发展阶段与经济实力是住房保障体系依存的宏观环境，从根本上决定着住房保障的标准、对象、保障程度和保障方式的选择。住房保障政策既随着社会政治、经济、科技、文化以及历史条件的变化而不断变化，也受到外部经济环境的影响，不同历史时期其政策具有不同的特点。自我国1994年城镇住房制度改革以来，住房保障的定位及其供应体系经历了一系列重大变化。

1. 住房保障体系初步形成阶段：1994~2008年

这一时期，伴随着城镇住房制度的商品化、市场化改革，住房保障的供应和制度逐步构建。1994年7月，为建立与社会主义市场经济体制相适应的新的城镇住房制度，实现住房商品化、社会化，国务院颁布了《关于深化城镇住房制度改革的决定》（国发〔1994〕43号），首次提出逐步把住房实物福利分配的方式改变为以按劳分配为主的货币工资分配方式，建立以中低收入家庭为对象、具有社会保障性质的经济适用住房供应体系和以高收入家庭为对象的商品房供应体系。同年12月，建设部、国务院住房制度改革领导小组、财政部联合发布《城镇经济适用住房建设管理办法》（建房〔1994〕761号），将经济适用住房定义为"以中低收入家庭住房困难户为供应对象，并按国家住宅建设标准建设的普通住宅"。1995年，国家开始在全国部分城市进行以"安居工程"为核心的经济适用房建设试点。由此，我国经济适用房制度正式产生。

1998 年，为缓解 1997 年东南亚金融危机引发的经济增长的下滑，房地产业成为刺激内需和带动相关产业发展的新增长点。同年 7 月，国务院颁布了《关于进一步深化城镇住房制度改革，加快住房建设的通知》（国发〔1998〕23 号，以下简称《通知》），决定停止住房实物分配，逐步实行住房分配货币化，标志着福利分房的结束及新的住房制度的建立。《通知》提出建立和完善以经济适用住房为主的多层次城镇住房供应体系，首次提出另一保障性质的住房制度——廉租住房制度，明确最低收入家庭租赁由政府或单位提供的廉租住房；中低收入家庭购买经济适用住房；其他收入高的家庭购买、租赁市场价商品住房。1999 年，建设部颁布《城镇廉租住房管理办法》（建住房〔1999〕70 号），我国城镇廉租住房供应体系的政策框架得以确立。随即国家在上海、北京、天津、广州、重庆、成都、杭州、长春、深圳、厦门等城市开展建立廉租住房制度的试点工作，廉租住房制度和经济适用房建设在全国全面铺开。

1998~2003 年的五年，随着房地产市场的开放，此前积压的住房需求集中爆发，房地产业迅猛发展，居民住房条件有了较大改善。然而，伴随市场的蓬勃发展，房地产价格持续上涨，住房供求矛盾显现，住房的经济属性日益凸显，而民生保障属性淡化。由于以房地产开发为主的土地出让金成为地方政府的重要收入来源，房地产对 GDP 和绩效考核的影响日益明显，导致地方政府建设经济适用住房的积极性逐年下降，保障房开工面积占新建住宅开工面积的比例由 2000 年的 18% 下降到 2003 年的 11%。与此同时，在保障性住房的准入和退出机制方面，由于家庭和个人住房、收入以及金融资产等情况基础信息不足，核定有一定难度，一些地方出现了骗租、骗购情况。加之保障房退出渠道不畅，导致一些不符合政策的居住者持续占用社会资源，本该享受保障房政策的群众失去保障权利。2003 年 8 月，国务院发布《关于促进房地产市场持续健康发展的通知》（国发〔2003〕18 号），强调"经济适用住房是具有保障性质的政策性商品住房"，要求加强经济适用住房的建设和管理，强化政府住房保障职能，建立和完善廉租住房制度，加快建立和完善适合我国国情的住房保障制度。

2004年建设部、财政部、民政部、国土资源部、国家税务总局五部委联合下发《城镇最低收入家庭廉租住房管理办法》（建设部令第120号），进一步完善廉租住房制度，对廉租住房的保障方式、资金来源、准入退出等做了较为详细的规定。

2005年和2006年，国务院办公厅相继转发了《建设部等部门关于做好稳定住房价格工作意见的通知》（国办发〔2005〕26号）和《建设部等部门关于调整住房供应结构稳定住房价格意见的通知》（国办发〔2006〕37号），进一步规范发展经济适用住房和完善廉租住房制度并初步提出了限价房（限制套型90/70）政策，对套型面积、小户型比例、新房首付比例等方面做出量化规定。2006年，《城镇廉租住房工作规范化管理实施办法》建立了廉租住房工作的管理及服务、实施程序、动态管理和组织考核等机制。

2007年8月，国务院出台《关于解决城市低收入家庭住房困难的若干意见》（国发〔2007〕24号），提出以城市低收入家庭为对象，进一步建立健全城市廉租住房制度，改进和规范经济适用住房制度，逐步改善其他住房困难群体的居住条件。在该意见中，城市低收入住房困难家庭被明确规定为经济适用房的供应对象，并与廉租住房保障对象相衔接，棚户区、旧住宅区整治以及农民工等其他住房困难群体纳入政策考虑范围。同年11月19日，建设部、国家发展和改革委员会、国土资源部、中国人民银行共同发布了《经济适用住房管理办法》（建住房〔2007〕258号），对经济适用房的优惠政策、开发建设、价格确定、交易管理、集资和合作建房、监督管理等做出了规定。2008年3月，建设部70/90政策适用范围扩大到经济适用住房。

2005～2007年，针对廉租房与经济适用房的保障人群之间、经济适用房保障人群与普通商品房购买人群之间的"夹心层"人群，全国各省市出台了包括双限（商品）房和公共租赁房的住房保障政策。2007年广州市推出全国首个双限房项目，此后双限房开始由点到面、逐步在全国房地产价格上涨过快的城市中推广。至此，廉租房、经济适用住房、限价商品住房等保障性住房供应体系初步形成。

2. 保障性安居工程大力推进阶段：2008～2013年

2008年，受金融危机的影响，为实现经济增长的目标，保障性住房建设被视为扩大投资和保障民生的双重举措，国务院办公厅颁布了《关于促进房地产市场健康发展的若干意见》（国办发〔2008〕131号），将"加大保障性住房建设力度"作为促进房地产市场健康发展的首要举措，提出主要以实物方式结合租赁补贴等形式解决城市低收入住房困难家庭的住房问题，包括加大廉租住房建设力度和实施城市棚户区（危旧房、筒子楼）改造等方式，解决城市低收入住房困难家庭的住房问题；加快实施国有林区、垦区、中西部地区中央下放地方煤矿的棚户区和采煤沉陷区民房搬迁维修改造工程，解决棚户区住房困难家庭的住房问题等。保障性住房建设的地位上升到前所未有的高度，保障性安居工程得以大力推进。

2010年1月7日，国务院办公厅《关于促进房地产市场平稳健康发展的通知》（国办发〔2010〕4号）中，提出"保障性安居工程"一词，重申将加大对保障性安居工程建设的支持力度，加快棚户区和农村危房改造，大力发展公共租赁住房，通过加大保障性住房供应来缓解住房矛盾。政府的补贴方式也从实物分配逐渐过渡到实物配租和货币补贴相结合。保障性住房被提升到一个更高的地位。随后，住建部要求各地确保完成2010年建设保障性住房580万套，2011年实现开工建设1000万套保障性住房的目标。

2010年5月26日，国务院出台《关于坚决遏制部分城市房价过快上涨的通知》（国发〔2010〕10号），针对房价过高、上涨过快的地区提出要大幅度增加公共租赁住房、经济适用住房和限价商品住房的供应。保障性住房数量快速增加，极大地抑制了房价过快上涨和改善了供需矛盾。

随着城镇化快速推进，新职工的阶段性住房支付能力不足的矛盾日益显现，外来务工人员居住条件也亟须改善。2009年国务院《政府工作报告》中首次提出大力发展公共租赁住房的建议。2010年6月，七部委联合出台了《关于加快发展公共租赁住房的指导意见》（建保〔2010〕87号），要求各地区制订公共租赁住房发展规划和年度计划，并纳入2010～2012年保障性住房建设规划和"十二五"住房保障规划。2012年5月28日住建部发布了《公共租赁住房管理办法》（住建部令〔2012〕第11号），对公共租赁住房的管理、分配、运营与退出机制进行了详细的规定，使公共租赁住房的建设和管理逐渐步入了规范化的轨道。

2011年十一届全国人大四次会议审议通过的"十二五"规划纲要，将全国建设3600万套的保障性安居工程作为"十二五"时期经济和社会发展的约束性指标，拉开了保障性住房大规模建设的序幕。至此，国家住房保障体系形成廉租住房、公共租赁住房、经济适用住房、限价房、棚户区安置住房等多种类型、多元并举的格局。

3. 保障性住房制度转型发展阶段：2013～2018年

这个时期，在国民经济进入新常态，"保增长"和"去库存"的政策诉求下，国务院、住房和城乡建设部等政府部门颁布了一系列住房保障政策，对原有住房保障政策体系进行了调整和完善，构建了包括公共租赁住房、共有产权住房、棚户区改造、农村危旧房改造、住房公积金等内容的住房保障体系。

2013年中共十八届三中全会提出使市场在资源配置中起决定性作用和更好地发挥政府作用的新导向，住房制度整体进入转型升级新时期，住房发展导向开始重视差异化指导，并强调稳定住房消费，积极消化库存。2013年国务院《关于加快棚户区改造工作的意见》（国发〔2013〕25号）中将棚户区改造定义为重大的民生工程和发展工程，纳入住房保障政策支持范围，提出2013年至2017年继续改造各类棚户区1000万户，棚户区改造成为解决群众住房困难的重要渠道和住房保障的重要形式之一。

2013年中华人民共和国住房和城乡建设部发布《关于公共租赁住房和廉租住房并轨运行的通知》（建保〔2013〕178号），全面启动了公共租赁住房和廉租住房并轨工作，要求2014年底前，各地区要把廉租住房全部纳入公共租赁住房，实现统一规划建设、统一资金使用、统一申请受理、统一运营管理。

2014年《城镇住房保障条例（送审稿）》从规划与建设、保障性住房的申请使用与退出、租赁补贴、社会力量参与、监督管理和法律责任等方面对城镇住房保障工作进行了规范，明确了住房保障的范围、方式，保障性住房的类型和建设管理办法。

2014年3月16日中共中央、国务院印发《国家新型城镇化规划（2014~2020年）》，针对我国产业工人主体是农民工，受城乡分割的户籍制度影响，未能在教育、就业、医疗、养老、保障性住房等方面享受城镇居民的基本公共服务，城镇内部出现新的二元矛盾的现状，提出按照保障基本、循序渐进的原则，积极推进城镇基本公共服务由主要对本地户籍人口提供向对常住人口提供转变，逐步解决在城镇就业居住但未落户的农业转移人口享有城镇基本公共服务问题，把进城落户农民完全纳入城镇住房保障体系。

2015年，国土资源部、住房和城乡建设部发布《关于优化2015年住房及用地供应结构促进房地产市场平稳健康发展的通知》，提出进一步加大住房保障货币化工作力度，将符合条件的商品住房作为棚改安置房和公共租赁住房房源，打通商品房市场和保障性住房的转换通道，实现房源统筹供应。这对住房保障方式提出了重大的转变导向，促使货币补贴和利用存量房源成为住房保障下一步发展的重点。

把棚户区改造纳入住房保障政策支持范围，有力地推进了我国住房保障体系的完善。2015年6月25日国务院发布《关于进一步做好城镇棚户区和城乡危房改造及配套基础设施建设有关工作的意见》（国发〔2015〕37号），强调新型城镇化道路就是以人为核心，稳增长、惠民生。提出制订三年计划，即2015年至2017年计划改造1800万户，积极推进棚改货币化安置，加快回购普通商品房用于棚户区改造安置住房，或者组织棚户区改造项目区居民自主选购商品住房。因此，棚户区改造步伐提速，加快了商品房去库存，盘活积压在房地产市场的资产，此后一些地方停建经适房、限价房。

（二）陕西省住房保障制度的演变

1978年以前，陕西主要实行实物福利分房制度，城镇居民住房水平较低，人均住房使用面积仅为5.3平方米。1980年至1988年，陕西省提出推进城市住宅商品化试点、开展房地产经营业务；1988年至1998年，陕西省从改革公房低租金制度入手，将完全由国家和单位实物分配住房逐步改变为国家、集体、个人共同负担住房费用。

1998 年 7 月 3 日，国务院《关于进一步深化城镇住房制度改革加快住房建设的通知》，提出加快经济适用住房建设，逐步推动住房商品化、社会化，极大地调动了市场主体投资建设商品房的积极性，也加快了陕西省房地产业的发展步伐。

1998 年城镇住房制度改革以来，陕西省先后开展了经济适用住房、廉租住房、公共租赁住房、限价商品房建设工作，实现了对城镇中等以下收入家庭、低收入家庭、新就业职工、外来务工人员和城中村、棚户区居民的全覆盖。

保障性住房工作的良好有序推进，离不开相关法律和制度的保驾护航。为了使保障性住房切实成为人民受益的福祉，陕西省政府审时度势，不断制定和完善相关政策，推进保障性住房建设工作。2008 年以来，陕西省创新性地利用模块化理论，从保障房建设的政策、土地、资金、质量、分配、管理等六大关键环节入手，创造了保障性住房建设和管理的陕西模式，有效改善了城镇中低收入家庭的住房条件。

2013 年陕西省住建厅与省发改委、省财政厅、省国土资源厅和省政府纠风办等五部门联合出台《关于廉租住房和公共租赁住房并轨运行管理的指导意见（试行）》（陕建发〔2013〕336 号），率先在全国开展廉租、公共租赁住房"两房"并轨试点，按照"统筹房源、梯度保障、租补分离、市场定价"原则，明确保障性租赁住房供应对象为城镇中等以下收入住房困难家庭和新就业职工、外来务工人员中的住房困难者。

2014 年陕西省人民政府发布《关于加快棚户区改造工作的实施意见》（陕政发〔2014〕3 号），指出棚户区改造是重大的民生工程和发展工程，提出 2013～2017 年完成各类棚户区改造 55 万户以上的目标任务，加大对棚户区改造的政策支持力度。

2014 年，陕西省创新性地提出将廉租房与公租房并轨为租赁型保障房，面向城市居民、新就业职工、外来务工人员等中等以下收入住房困难家庭和各类人才或新毕业大学生出租；将经济适用住房和限价商品住房并轨为共有产权住房，整合为购置型保障房，实行政府与购房人按份额共有产权，面向在城市无自有住房的中低收入的户籍居民以及取得城市居住证的非户籍居民和各类人才供应；把棚户区改造纳入住房保障政策支持范围。由此构建了包括公共租赁住房、共有产权住房、棚户区改造房等三大类内容的住房保障体系。

为贯彻落实国务院办公厅《关于加快培育和发展住房租赁市场的若干意见》（国办发〔2016〕39号），陕西省人民政府办公厅于2016年12月23日制定下发《关于加快培育和发展住房租赁市场的若干意见》，鼓励住房租赁消费，培育市场供应主体，完善公共租赁住房，加大政策支持力度，加强住房租赁市场监管。

2017年以来，西安市为加快实施人才强市战略，优化人口结构和创新创业环境，提高城市竞争力，将人才安居保障纳入住房保障政策体系，适应各类人才多样化住房需求，以货币化补贴为主、实物配租为辅，分层级、多渠道实施人才安居保障。今后的5年里，西安还将进一步加大包括新毕业大学生在内的人才安居保障力度，住宅用地的20%将用于公租房和人才租赁房建设；20%将用于共有产权房建设；商品住房项目中，将按照5%的比例实物配建公租房和人才租赁房；5年内新建人才租赁房不少于10万套，配建人才租赁房不少于7万套。

2018年8月10日，针对棚改工作中仍存在棚户区标准和范围界定不明确、部分商品住房库存低的市县货币化安置率高、改造成本控制不严等问题，陕西省住房和城乡建设厅出台《关于进一步做好棚户区改造有关工作的通知》（陕建发〔2018〕239号），进一步规范棚户区改造工作。

2018年9月13日西安市人民政府办公厅印发《西安市深化住房供给侧结构性改革实施方案》，规定不再新立项经济适用住房、限价商品住房项目，加快共有产权房建设。

2018年10月15日，陕西省住房和城乡建设厅、财政厅出台《关于进一步加强公租房分配管理工作的通知》（陕建发〔2018〕326号），完善公租房分配管理工作，加大公租房保障力度，解决目前公租房分配管理中不平衡不充分的问题。

二　2017～2018年陕西省保障性住房建设情况及特点

（一）建设情况

1. 保障性安居工程成效显著，各项指标保持全国前列

2017～2018年，陕西省通过实物建设与货币补贴等多种形式增加保障性安居工程住房的有效供给，在棚改开工、公租房分配管理、租赁补贴发放、保障房后续管理等方面稳步推进，向困难群众提供基本住房保障的能力增强，主要考核指标继续保持全国前列，为建立多主体供给、多渠道保障、租购并举的住房制度提供了有力支持。

2017年，坚持"房子是用来住的，不是用来炒的"定位，完善住房保障体系，稳步推进保障性安居工程建设，公租房基本建成6904套，完成任务的177%；公租房分配入住11.8195万套，公租房分配率达83.4%，完成任务的104.5%；新增租赁补贴家庭2854套，完成任务的142%；棚户区改造开工22.79万套，棚改货币化安置17.47万套，安置率达76.7%。全省累计获得国开行、农发行棚改贷款授信3265.7亿元，全年完成投资873.66亿元，圆满完成了2017年度全省保障性安居工程建设目标任务。

2018年陕西省棚户区计划改造20.2万套，2018年1月至9月，全省列入计划的公租房累计分配78.24万套，分配率91.75%；其中政府投资公租房累计分配70.32万套，分配率97.09%；发放租赁补贴7.42万户，占目标任务的96.78%；棚户区改造新开工20.2062万套，占年度任务的100.01%；棚户区改造基本建成8.52万套，占目标任务的135.33%；全省保障性安居工程完成投资486.48亿元，各项工作进展顺利。

2. 棚户区改造情况

2008年以来，陕西省委、省政府认真贯彻落实党中央、国务院决策部

署，将棚户区改造纳入保障性安居工程，大规模推进实施。2C08 年至 2012 年，全省改造各类棚户区 27.2 万户，有效改善了困难群众的住房条件，缓解了城市内部二元矛盾，提升了城市综合承载能力，促进了经济增长和社会和谐。2013 年陕西省人民政府发布《关于加快棚户区改造工作的实施意见》，提出棚户区改造的目标任务：2014～2017 年完成城市棚户区改造 40 万户左右，国有工矿棚户区改造 1.743 万户，国有林区棚户区改造 0.0234 万户，国有垦区危房改造 0.06 万户。2016 年 1 月 9 日陕西省人民政府下发《关于进一步做好城镇棚户区和城乡危房改造及配套基础设施建设工作的通知》（陕政函〔2016〕15 号），继续实施以棚户区改造为重点的保障性安居工程，逐步扩大棚户区改造范围，将城中村、城边村、城郊村，以及城市危房改造、旧住宅小区综合整治纳入棚改计划。从 2016 年开始，棚改融资工作全部采用政府购买服务方式进行。2018～2020 年计划改造棚户区 64.58 万套，2018 年开工 20.2 万套。在城市棚户区改造中配建占总建筑面积 10%～30% 的保障性租赁住房，将保障房建设与棚户区改造相结合。棚户区改造使城市棚户区居住条件得到提升，林区、垦区、国有工矿等棚户区面貌得到改观；棚户区改造还推动了城市基础设施建设和新型城镇化建设，对于拉动投资和消费，促进经济平稳较快发展起到了积极的作用。

3. 公租房建设情况

首先，积极探索廉租房、公共租赁住房两房并轨方案，建立健全公共租赁住房的各项制度。完善公租房配套基础设施和准入退出机制，加快公租房竣工分配入住，推进公租房货币化，引导公租房保障对象通过市场租房，对符合条件的家庭给予租赁补贴；推行政府购买公租房运营管理服务的试点，吸引企业和其他机构参与公租房运营管理，不断提高公租房运营管理专业化、规范化水平，进一步完善公租房运营管理机制，提升管理和服务能力；组织规模以上公共租赁租房小区开展"和谐社区·幸福家园"创建工作，发挥保障性住房小区在构建和谐社会中的重要作用，提高居民的满意率和幸福感；在全省推广物业管理新模式，鼓励选择服务质量好、有实力的社会物业企业管理保障房小区，改变以往政府统包统揽、大包大揽的管理模式，提升保障对象的满意度和获得感。

其次，进一步扩大公租房适用范围，将公租房保障对象扩大到非户籍人口。公租房除主要面向城镇中等以下收入住房困难家庭外，还面向新就业无房职工包含各类人才如新就业大学生、青年教师、青年医生等及稳定就业外来务工人员。将公租房向基层一线职工倾斜，提出优先保障环卫、公交等行业困难群体，努力实现精准保障，让公共服务行业职工能够安居乐业，从而稳定了职工队伍，促进了公共服务行业发展。

再次，扩大公共租赁住房供应。2018 年 12 月 18 日，西安市人民政府办公厅发布《西安市商品住房项目配建公共租赁住房实施细则》（市政办发〔2018〕118 号），要求新出让土地的商品住房项目配建 15% 的公租房。其中，5% 无偿移交政府并无偿配置车位，10% 政府回购。配建公租房产权归市政府所有，由西安市安居建设管理集团（下称安居集团）代为持有，并负责配建公租房的回购、接收和运营管理等工作。

4. 共有产权住房建设情况

开展共有产权保障性住房探索，完善产权分配和上市交易收益调节机制，消除牟利和寻租空间，是保障房建设的主要方向。2014 年 9 月，陕西省住建厅下发《关于开展共有产权住房工作的通知》（陕建发〔2014〕306号），正式启动在保障性安居工程中开展共有产权住房的供应工作。2018 年 9 月 14 日西安市房管局发布《西安市深化住房供给侧结构性改革实施方案》（市字〔2018〕19 号），积极探索共有产权住房制度。《通知》提出：自 2018 年起，全市 20% 的居住用地用于公共租赁住房建设，重点解决城市中低收入住房困难家庭、各类人才、院校毕业生、农民工住房问题和相应的子女入学、就医等配套问题；20% 的居住用地用于限地价、限售价的"双限房"建设，以共有产权的形式，解决中等以下收入住房困难家庭和无自有住房各类人才的居住问题，西安将在 3 年内建 15 万套共有产权住房。共有产权住房为保障对象提供了更多选择，中低收入的住房困难家庭可以根据自身的实际支付能力，选择更加适合自己的保障性住房，解决很多地方存在的个人工作空间和生活空间割裂，进入保障房轮候序列却迟迟等不到房源等问题。鼓励棚户区改造中，保障对象的安置住房包括"城中村"改造还建住房，超出原有住房面积部分，也可实行共有产权。

（二）保障房建设特点

1. 保障方式进一步优化

保障方式是按照被保障对象的特征和不同需求，有针对性地对不同人群提供的住房保障形式。城镇住房制度改革初期，保障房类型只有廉租住房（租住）和经济适用房（出售）两大类，保障对象主要为城市户籍低收入住房困难家庭，其准入审核主要以家庭收入为标准，保障力度十分有限。2011年开始，陕西省开始陆续新增公共租赁房、限价房、共有产权房、棚户区改造房等不同类型。由于双限房和经济适用房既具有消费的特征又具有投资的特征，往往难以实现公平分配，从而产生很多社会问题。

经济适用住房政策实施以来，在推进住房制度改革、改善住房供应结构、解决低收入家庭住房困难方面发挥了重要作用。但在政策实际运行过程中，经济适用住房成为投资工具，在准入审核机制、补贴方式、退出机制等方面暴露出种种问题，分配中出现偏私、滥权、诈取和霸占等不公正的现象，滋生寻租腐败，导致住房保障资源流失。

限价房是限房价、限套型的普通商品住房。2011年，陕西省政府将限价房纳入保障性住房类型，成为保障房不可或缺的组成部分。限价房实行政府定价，定价原则按照比周边同类商品住房低20% ~ 25%确定。限价房为有限产权，自购房合同备案5年后可上市交易，从而直接转为普通商品住房，这为限价房留下一定的获利空间。限价房本质上并不完全属于保障房，尤其是在房价持续上涨的背景下，其投资属性凸显。因此，将限价房纳入住房保障范围会导致不公。

为贯彻落实中央"房住不炒"的定位，更加突出保障房"居住"的属性，最大限度抑制"投资"属性，2014年陕西省优化保障房市场，推行公廉租并轨，推出新型共有产权房，保障对象可分次购买共有产权保障房产权份额，衔接了住房保障供应与市场供应，同时逐步弱化经济适用房，取消限价房，形成以公共租赁房棚改房和共有产权房为主的保障房供应体系。

公共租赁住房有助于引导"先租后买"的住房消费，克服限价房与经济适用住房的弊端，弥补个人出租住房的不足。公租房将保障性住房覆盖范围从保户籍人口逐步扩大到常住人口，把住房保障引入一个新的领域，其覆盖人群正是中国社会中最需要住房的群体。人民群众在住房这一最关心、最直接、最现实的利益问题上，获得感、幸福感、安全感明显增强，共享改革发展成果，促进了社会公平，维护了社会和谐稳定。

共有产权房是地方政府让渡部分土地出让收益，低价配售给符合条件的保障对象所建的房屋。共有产权房用地性质由划拨改为出让，按照商品房进行开发、销售，确认并维护市场价格。共有产权住房产权明晰，购买 5 年后，虽能上市交易，但政府拥有优先购买权。政府放弃优先购买权的，按产权份额比例分割销售收益，既压缩了获利空间，又体现了产权的公平性；既有利于防止住房投机和炒作，也可以通过产权占有比例实现政策性保障对象的全覆盖，包括困难家庭、低收入者、中低收入群体、人才群体甚至持有居住证达一定年限的群体等都可纳入其中，成为重要的保障方式。陕西省自 2014 年正式启动共有产权住房供应工作以来，共有产权制度建设正在不断完善。

2. 不断加大新市民住房保障力度，助推新型城镇化和农业转移人口市民化

2018 年 10 月，陕西省住建厅、财政厅联合印发《关于进一步加强公租房分配管理工作的通知》（陕建发〔2018〕326 号），明确提出公租房主要面向城镇中等以下收入住房困难家庭、新就业无房职工（含新就业大学生、青年教师、青年医生）、稳定就业外来务工人员等三类群体提供基本住房保障。通过公租房保障加快解决新就业无房职工和稳定就业外来务工人员等新市民群体的住房问题，让他们享受到与当地户籍家庭同等的住房保障，对有序推进新型城镇化和农业转移人口市民化发挥了积极作用。同时，集中支持建档立卡贫困户等四类重点对象开展农村危房改造、城中村改造，促进了农民就地转化为市民，有效解决人口城镇化率滞后和城市内部二元矛盾问题，推动了以人为核心的新型城镇化进程。

逐步扩大棚户区改造范围，将城中村、城边村、城郊村，以及城市危房改造、旧住宅小区综合整治纳入棚改计划，重点实施城市建成区内群众反映强烈、严重制约城市发展的棚户区改造，改善了老城区人居环境，优化了城市功能，实现了人口疏解和人居环境提升，促进了新老城区的协调发展。

在保障性住房项目选址时，科学规划、合理布局。将保障房建设与城市新区建设、县城建设、重点镇建设、移民搬迁相结合，促进人口集聚，使城市新区、住房、基础设施等城镇化发展要素相互促进，既保障了居民生活，也有效带动了新区拓展，从而有力提升了城镇化发展水平。

3. 进一步保障农村居民住房安全，促进了精准脱贫攻坚

农村危房改造是一项重大民生工程，也是让广大农民群众分享改革发展成果的重要举措。陕西省住建系统将农村危房改造作为助力脱贫攻坚的重要任务、第一民生工程和头等大事，紧紧围绕建档立卡贫困户"住房安全有保障"目标和年度减贫任务，建立省包市、市包县、县包镇村户的分级包抓机制。2017年，陕西完成4.31万农村贫困户的危房改造，有1.6万户年度脱贫对象入住。2018年，陕西省计划实施农村危房改造8万余户。截至9月底，建档立卡贫困户危房改造开工7.8万户、竣工7.74万户。其中，3.2万户年度脱贫对象和23个年度摘帽县的1.5万户危房改造对象已全部入住。让更多农村居民住上安全住房，为完成稳步实现农村贫困人口"住房安全有保障"的目标任务奠定了基础。

4. 保障性住房分配使用和管理进一步加强，住房保障政策效果显著提升

保障性安居工程，建设是基础，分配是关键，管理是考验。为进一步规范保障性住房管理工作，陕西省研究制定了保障性住房的规划、建设、土地、资金、质量、分配、税费减免、退出、运营和监督、后期管理等一系列政策措施。健全完善了建设体系，优先土地供应，各部门联动加快手续办理，完善分配管理体制，落实各项税费减免政策等，不断加强目标责任管理，推动加快公共租赁住房和棚户区改造住房交付使用。落实深化"放管服"改革要求，优化完善安居工程住房申请和分配流程，健全准入和退出机制，促进保障性安居工程政策效果提升。为进一步提升保障房后期管理和

服务水平,更好地发挥保障房在构建和谐社会中的重要基础作用,2014 年以来,坚持开展保障性住房"和谐社区·幸福家园"创建活动,不仅让保障性安居工程项目成为城镇的一道靓丽风景线,更使入住群众感受到和住商品房小区同等的尊严和舒心。

5. 保障性住房有效缓解了住房供需矛盾,维护了房地产市场的稳定

保障住房在去库存和控房价双重目标上均取得了一定成效。面对 2013 ~ 2014 年房地产的供给规模总体上超过需求规模,特别是二、三线城市房地产去库存压力较大的现状,各地通过棚改货币化安置化解库存,打通棚改和消化存量库存房源的通道。棚改货币化政策起到短期内迅速扩大住房需求及缩减供给的作用,对三、四线城市住房市场具有较强的刺激效应。经历了 2017 年的快速上涨,住房去库存进程已经大体完成,棚改货币化政策淡出,对快速上涨的三、四线城市房价起到了釜底抽薪的功效。因地制宜的棚改货币化安置政策,对稳定地价、房价和市场预期,促进房地产市场平稳健康发展起到了积极作用。

三 住房保障制度存在的问题

习近平总书记指出,加快推进住房保障和供应体系建设,是满足群众基本住房需求、实现全体人民住有所居目标的重要任务,是促进社会公平正义、保证人民群众共享改革发展成果的必然要求。具有中国特色的保障性住房制度体系虽已具雏形,在保障民生、扶助社会弱者、构建和谐社会中发挥了重要的制度功能,但应看到,我国保障性住房制度建设还存在着一些不足和缺陷,有待总结、梳理和谋求克服。

1. 保障性住房制度建设的价值取向不够清晰,实践应对性强,顶层设计不够

住房保障作为一项重要的社会保障制度安排,在顶层设计方面,无论是保障性住房类型的确立,还是保障模式的选择,包括政策、机制、保障范围、保障方式等,都缺乏成熟的制度设计,还未能够真正成熟、定型。自 1994 年城镇住房制度改革以来,我国保障性住房建设和管理总体上带有探

索性质。针对保障性住房，国务院、住建部及各级地方政府，下发了众多意见、通知和办法等，更多地体现了每一个历史时期国家对于保障性住房乃至整个住房保障的方针和政策，其政策性极强，灵活善变，多为应急被动之策，宏观性的、整体性的谋划和设计尚不清晰。在公平和效率关系的处理上，公平尚未被树立为保障性住房制度建设的核心价值取向，其应有的不可撼动的主导地位和贯彻始终的理念及灵活的机制取向极易被淡化甚至被抹杀。缺少顶层设计的保障性住房制度建设的目标和价值取向难以贯彻始终，难免出现摇摆和对商品房市场的妥协与让步。建造保障性住房涉及土地征收、财政资金拨付、住房生产程序、保障性住房分配及住房服务体系确立等问题，迫切需要政府厘清保障性住房的意义，研究制定保障性住房运作过程中的制度措施，以解决保障性住房建设过程中存在的困难与问题，建立起适合中国国情的分层住房保障体系。

2. 保障性住房法律制度缺失，无法为管理机制的建立提供支撑与保证

住房保障体系的目的和目标是根据需要解决的住房问题而设定的，涉及城镇基本住房保障的标准、范围、方式，保障性住房的规划、建设和管理，住房租赁补贴，土地、财政、税收与金融支持，基本住房保障的组织落实，农村住房保障制度等诸多内容，通常以法律法规的形式表现出来，具有权威性和强制性。2008 年"住房保障法"曾被列入十一届全国人大常委会五年立法规划和国务院 2010 年立法计划，2017 年再度被列入国务院立法计划，但是我国至今未制定"住房法"或"住房保障法"这样专门性的法律法规，而"住房保障条例"仍处于征求意见稿的状态。这就导致一方面，住房权并未作为公民的基本人权而为宪法明确宣誓和保障；另一方面国务院及其各部委所制定的法规和部门规章立法层次较低，效力权威欠缺。以往发布的关于住房保障的政策和措施多以政府文件的形式出现，存在数量众多、层次低下、反复更迭、前后不一等不可避免的问题，导致我国保障性住房建设出现时断时续、停滞甚至倒退的现象。况且，一些面向全国的通知、意见和办法由于缺失针对性和权威性，各地执行状况不一，导致保障性住房事业地区发展不平衡。加之存在前后政策的衔接问题，比如经济适用住房，早期的供应

范围比较宽，套型面积标准、上市交易规则等与后来调整的政策不完全一致，也造成了一些社会误解。

3. 保障性住房建设的各种相关的宏观政策联动不到位

保障性住房建设是一个系统工程，只有土地、财政、金融、税收等相关政策的配合才能让保障性住房这个系统工程健康地运转起来。首先，针对城市中低收入者的住房建设，需要有一个联动的协调机制，在规划、土地整治开发、住宅建设、金融长期贷款、配套服务等建设中，每一个政策都需要配套协同的措施，各种政策要相向而行，不能背道而驰。其次，与保障房相关的各种数据的调查分析只有多部门联动，加强信息沟通，才能获得翔实的个人收入、家庭居住状况、个人就业情况等信息。这就需要住建、民政、工商、税务、公安等行政执法部门之间打破门户界限，在不涉及泄密的情况下，建立一个关于个人自然信息共享的动态平台。这样，在审核身份时有了更全面的信息支持，确保录入保障房享用信息的公正和准确。再次，保障性住房后续运营涉及房屋维修、租金收取、物业管理等多方面工作，具有较强的政策性、动态性、连贯性以及专业性，需要专门的运营机构保障运营。然而，目前我国大多数城市均未设立明确而专门的保障性住房运营管理机构，相关办事机构往往挂靠在房管局，也没有专门的从业人员，导致该项运营管理工作无法顺利开展。

4. 保障性住房的准入、轮候和退出等相关制度尚待完善

目前保障性住房的需求者在准入、轮候和退出等方面存在着制度滞后的问题。

首先，保障性住房是针对无力进入住房市场购房或租房的住房困难家庭设计的，其"准入"一般都与家庭收入相挂钩，但是我国目前的就业用工制度、收入分配制度、税收制度、家庭理财体系等很难核定一个家庭的收入水平或财产价值，容易出现"应保的未保、不应保的却被保了"的保障错位现象，如初期经济适用房保障人群错位，多数经适房落入有较高购买能力的群体手中，受到人们的诟病和质疑。其次，除了严格的资格准入制度外，还要有科学合理的轮候制度。在保障性住房资源严重不足的情况下，采取排

队、先到先得，或大规模抽签的做法存在着很多弊端。

再次，保障性住房的退出方面，尚未建立严格的审查制度和处罚措施，退出环节缺少法律保障和政策扶持，致使一些已经进入廉租房和经济适用房等保障体系，但目前收入水平和家庭财产规模已经超过准入标准的居民家庭，仍然不合理地享受着政府提供的保障性住房，而不能够有效退出或退出时政府的相关权益难以得到有效保障。

最后，保障性住房管理机制缺陷，影响制度建设目标的实现，如监督错位与缺位导致我国保障性住房制度实施低效。长期以来，在保障性住房分配中出现偏私、滥权、诈取和霸占等不公正的现象，既当"裁判员"又当"运动员"的保障性住房行政监督机制，不仅无法对保障住房建设进行有效管理，也缺少对公共权力的有效制约，导致公共权力监督缺位。

5. 棚户区标准和范围不明，造成诸多乱象

棚户区改造的重点是老城区内脏乱差的棚户区和国有工矿、林区、垦区棚户区。但是，棚改中有关棚户区的标准界定不清，项目批复、操作流程细则缺位，主管部门督查监管不力，棚改工作中出现"挑肥嫌瘦"倾向以及造假、强拆，将不符合棚改范围和标准、突破总体规划确定的用地性质、范围、建设强度的项目纳入年度棚改计划，打着棚户区改造旗号的"大拆大建"等现象时有发生。与此同时，困难户密集区即城市棚户区之外的工矿棚户区、林区、垦区危房占城市棚户区的比例偏低，本该进行改造的国有工矿棚户区因所处位置偏僻、地段不具备商业价值而无法得到改造。

棚户区改造持续推进以来，棚改的范围逐步扩大。而作为参与社会收入再分配的手段之一，棚户区改造所需资金的主要来源是中央财政和地方财政两级政府专项资金拨款。因此国家一方面不断要求各地尽快制定清晰、明确的棚户区改造界定标准与改造流程，另一方面也不断发文严禁各地区通过虚报城市棚户区改造任务或将城市道路拓展、重大工程建设等涉及的房屋拆迁纳入城市棚户区改造范围等方式，骗取套取城市棚户区改造专项资金，禁止在棚户区改造实际执行中，将出于市政建设、工业园区开发、房地产开发、土地征收、楼堂馆所修建、工业厂房搬迁、城市道路拓展、重大工程项目建

设等目的拆迁的房屋作为棚户区改造项目，因为这都有悖于进行城市棚户区改造的初衷。近年来，一些省份出台相应文件，提出清晰明确的界定标准与操作流程，避免将不符合棚户区界定标准和改造范围的项目纳入棚户区改造范围，从而违规享受优惠政策，而真正需要改造的棚户区却因被挤占了改造资金而无法享受优惠政策。2018年8月10日，针对棚改工作中仍存在的棚户区标准和范围界定不明确、部分商品住房库存低的市县货币化安置率高、改造成本控制不严等问题，陕西省住房和城乡建设厅出台《关于进一步做好棚户区改造有关工作的通知》（陕建发〔2018〕239号），制订完善棚户区标准和范围，调整完善棚改货币化安置政策，依法依规控制棚改成本，改变了棚户区界定标准含混、细则缺位的局面，促进年度棚改目标任务的完成。

四 保障性住房的发展方向及政策建议

1. 立足现实，明确保障性住房的战略定位，正确处理需要和可能的关系

习近平总书记提出加快推进住房保障和供应体系建设，要处理好四个关系，即处理好政府提供公共服务和市场化的关系、住房保障和防止福利陷阱的关系、住房发展的经济功能和社会功能的关系、需要和可能的关系。十八届三中全会提出要"健全符合国情的住房保障和供应体系"。在实现"住有所居"目标的过程中，"因地制宜、量力而行"，为那些由于劳动技能不适应、就业不充分、收入低等原因而面临住房困难的群众，提供能够满足基本需要的住房保障公共服务，是我国住房保障政策构架进一步完善的方向。

综观世界各国的保障房发展历程，随着社会的进步，保障房将经历"有居、宜居和善居"三个阶段，即从保障每人都有住房，到保障每个家庭有适宜居住的住房，再到保证每个家庭的住房水平达到较高水平。陕西省属于西部欠发达地区，当前还处于经济发展和城镇化加速推进过程中，一方面低收入群体还占有很大比重，另一方面财政对于住房保障的支持能力有限，

决定了陕西省正处于由"有居"向"宜居"转变的时期，住房保障制度只能以低水平、广覆盖为目标，住房保障制度的覆盖范围要量力而行，要和政府的财政能力和行政能力相匹配，循序渐进。保障对象范围应是中低收入特别是低收入城镇家庭和新就业大学生、外来务工人员等住房困难者，对社会上最低收入者或无收入者，通过政府租赁房来保证他们的住房问题。保障性住房范围不可过度扩展，保障标准的设定也应量力而行。在保障房类型上，逐步简化和归并保障性住房类别，并实现实物保障向货币保障转化。城镇最低收入家庭廉租住房保障水平，应当以满足基本住房需求为原则。其保障方式，应当以发放租赁住房补贴为主，实物配租、租金核减为辅。

当前迫切需要加快公共租赁住房建设，以公租房来解决夹心层群体暂时性的住房问题。推动租赁市场的健康发展，应大力探索公租房租赁政策：一是多途径增加租赁用地供给及公共租赁住房供应；二是鼓励租赁消费，保护承租人合法权益，加强市场监管，给予城市新居民较多的租房安全感，引导消费者转变住房消费观念，先租后买，梯度消费；三是为专业租赁主体提供税收优惠；四是实现租赁资产证券化，为公租住房发展提供金融支持。

2. 健全法律法规体系，实现立法保障

住房法律制度为住房保障明确保障目标、保障模式、保障计划、保障实施策略，为解决城市边缘化群体的住房困难问题提供必要的法律依据。我国保障性住房立法层级低，有些规定不够明晰，住房保障的法律支持还不够有力。从国际经验看，发达国家重视保障性住房的立法，形成了比较完整的保障性住房法律体系。实现多渠道保障，首先应当补上我国住房保障法律体系的短板，提高住房保障立法等级，明确住房保障制度的指导思想、保障目标、保障原则等，为建立住房保障制度以及制定相关政策措施提供法律依据和立法保障。当前，政府应着手汇总现有本级政府出台的各项保障性住房的通知、文件，进行保障性安居工程的"地方立法"，构建一套长远的、系统的、可持续的保障房制度体系和法规体系。从立法层面对住房保障的实施计划、惠及对象、供应标准、资金运作方式、运作机构、保障措施进行法律界定。

近期，国家加快推进建立租购并举的住房供应与保障体系，迫切需要建立完善租房市场相关制度，包括：推进住房租赁立法，保障租购房同权，保护租户权益；完善市场规则，探索建立租房押金第三方存管制度、租金上涨幅度限额制度、强制性合同文本条款制度、出租性住房环保安全标准等规则制度；规范市场秩序，重点治理设置合同陷阱和霸王条款行为、变相克扣押金行为、违规隔断出租行为、诱导哄骗租客将租金转为贷款分期的行为、暴力驱赶租客行为、垄断区域房源或租房信息操控租金行为等。

3. 积极引导和鼓励社会资源参与保障性住房供给

创新方式，多方筹集房源，进一步引导和鼓励全社会支持参与住房保障工作，不断拓宽保障房筹集渠道，多主体供给，形成广泛合力。比如，鼓励国有企业利用自有用地建设保障房，企业自持租赁房；利用集体土地建设租赁住房，探索除市场和政府以外的第三方力量参与住房供给的可能性，从法律上和制度上率先破除限制和障碍，并给予有意愿、有能力、有条件的社会组织适当的优惠政策，以鼓励其成为住房市场新的供给主体。

引导社会资源进入住房租赁市场，鼓励各类社会组织同市场上现有的供给主体合作，创新住房供给形式。具体而言，支持社会组织和住房租赁企业合作，从事中小户型、中低价位的住房租赁经营服务，满足大城市日益增长的租赁需求；支持社会组织联合房地产开发企业共同拓展住房租赁业务，利用已建成住房或者新建住房，由社会组织成立合作型租赁平台，以先租后售、租售结合等方式，发展租赁地产，增加有效供给；支持社会组织整合个人出租房源，协助政府规范个人住房租赁市场，或将整合后的个人出租房源整体向政府设立的住房租赁平台供应，以提高政府效率，扩大住房供给来源。

4. 努力破解难题，加快建立保障房长效管理机制

现在保障房体系已经越来越清晰，房源数量在加大、建设速度在加快，这样一个新的发展阶段迫切需要制度创新，从保障性住房的整个过程、各个环节加强机制建设，做好顶层设计。要从管理上、分配上、进入退出以及质量保障各方面进行完善，形成一整套科学的制度和标准，实现住房保障动态

化管理、滚动式发展。

现阶段应加快完善准入和退出机制，做到应保尽保，应退尽退；探索研究保障房的建设机制、供应机制、分配机制、服务管理机制等，尽快将一些短期性、应急性的政策措施转化为长期性、系统性的工作机制，提高住房保障工作的制度化、规范化、法制化水平。具体而言，一是修订完善现行的保障性住房规范化管理方面的制度，使保障性住房建设、申请、审核、销售、分配以及后续管理等工作更加规范、更加公正、更加得力。二是配合相关部门出台地方住房保障法规，以打击骗购、出具虚假证明、违规出租等违法违规行为。三是尽快出台公共租赁住房管理办法或实施方案，规范其建设、管理行为。四是完善信息化管理平台，进一步拓宽其管理作用，实现工作和数据的连通与共享，优化管理流程，提高管理效率，进而开发平台数据分析功能，在保障房规划初期就将各类保障对象的需求特征纳入考虑，科学地调整住房种类，有针对性地分配住房，力求消除供需不平衡，减少社会资源的浪费；同时，利用信息化平台推动与国土、民政等相关部门间的协调与联动，构建全方位信息化管理平台。

五 2019年保障性住房建设展望

1. 由"配售主导"向"租购并举"转变，住房保障制度将进一步完善

十九大报告提出"房子是用来住的，不是用来炒的"定位，加快建立多主体供给、多渠道保障、租购并举的住房制度，完善住房供给和保障体系。保障房建设思路将进一步从"人人有房子"向"人人有房住"转变，从"以售为主"向"租购并举"转变，从"一步到位"到阶梯状住房消费转变。租购并举的政策为中国未来保障性住房建设指明了方向，大力发展住房租赁市场特别是长期租赁，建立完善住房租赁市场相关制度，多渠道扩大重点城市租赁房源，支持专业化、机构化住房租赁企业发展，发挥好租赁房对于一般阶层的托底保障作用将成为构建住房保障体系的重要举措。

2. 由"保障户籍"向"覆盖常住"转变，保障范围持续扩大

保障房的保障对象已呈现由城市户籍低收入人群向部分城市常住低收入、新就业人群扩大的趋势。打破户籍制度的限制，放宽住房保障的准入门槛，将更多的新就业大学生、各类人才与进城务工人员纳入保障范围，保障对象从户籍人口适当扩大到常住人口，继续实现市民化取向，将保障房政策惠及更多的住房困难群体。

3. 租赁房源将多渠道扩大，租赁市场将明显活跃

随着租赁市场政策红利的逐渐落地，租赁房源将多渠道扩大，包括公租房的建设与配租加快；对集体土地建设租赁住房试点的推广；对利用工商业闲置建筑改造为长租公寓，给予更多的规划、土地利用、税收政策支持；出台可行性细则，支持企业单位利用闲置土地建设租赁型职工宿舍等。目前，租赁市场处于起步阶段，政府对公共租赁住房的支持力度将逐步加大，租赁市场将受到前所未有的关注，并且高速发展。

参考文献

王圣学等：《陕西房地产业发展报告（2012）》，社会科学文献出版社，2012。
王圣学等：《陕西房地产业发展报告（2014）》，经济科学出版社，2014。

B.6
2017~2018年陕西省住房租赁市场分析

赵惠英*

摘　要：　为推动住房租赁市场健康快速发展，本报告运用市场调查、
　　　　　数据分析等方法，研究认为陕西省所属的 10 个城市在住房租
　　　　　赁规模、价格等方面存在明显差异。而西安作为省会城市，
　　　　　住房租赁市场有需求不足、供给有限等问题，租赁市场低水
　　　　　平运行。因此，政府需要加强规制。

关键词：　住房租赁　长租公寓　专业机构　政府规制

　　"坚持房子是用来住的、不是用来炒的"定位，让全体人民住有所居，
这是党的十九大提出的保障和改善民生的重要目标，是全体人民实现小康梦
想的基本保障。解决好城镇居民住房问题，需要房地产市场和租赁市场协同
发展。租赁住房是促进梯度住房消费、满足阶段性住房需求的重要方式。政
府在调控楼市的同时，也在加快推进住房租赁领域的改革和创新。在市场需
求和政策的双重推动下，全国多地住房租赁市场正在逐步完善。2017 年，
北京土地市场的住宅用地，总规划面积超过 800 万平方米，其中占主体七成
多的是持有型租赁用地、共有产权房、限价商品房三大类。深圳依据计划到
2035 年，将筹集建设各类住房 170 万套，其中人才住房、安居型商品房和
公共租赁住房总量不少于 100 万套，将住房分为市场商品住房、政策性支持
住房、公共租赁住房三大类。上海开始供应租赁住房用地，成为全国首批供

---

* 赵惠英，西安财经大学副教授，主要研究方向为产业经济、人口经济等。

应租赁住房用地的城市之一，将新增供应 70 万套各类租赁住房。在一年多的时间里，京沪深三个中国一线城市已经按照十九大报告所说的"多主体供给、多渠道保障、租购并举的住房制度"来做了。近两年来，西安相继出台了多项吸引人才政策，截至 2018 年 12 月，"新西安人"已经突破百万，迫切需要加快西安住房租赁市场发展，解决新人安居问题。

一　住房租赁市场迎来发展机遇

（一）市场需求前景广阔

住房租赁市场是房地产市场的重要组成部分，是解决住房问题的重要渠道，不少欧美国家居民家庭租房的比例超过 30%，美国约有 1/3 的居民家庭租房住，德国居民家庭租房比例超过 50%。因此，与发达国家相比，我国的租房率和租金回报率还有很大提升空间，意味着租赁市场有着极大潜力。随着房地产市场进入存量时代，二手房交易和房屋租赁市场的发展驱动着房地产业发展，楼市的下半场将成为住房租赁市场的上半场。而在楼市租购并举的大背景下，未来的住房市场将朝着三元化方向发展，即商品住房、共有产权住房和租赁住房。

从需求层面看，居民消费观念也开始从购买为主转向购租并举。同时，由于房价高企、户籍限制、户型需求、政策维护承租人利益等方面原因，人们的租房意愿、租房比例将不断上升。目前，我国租房人群中的主力流动人口规模大且总量稳定，且高校毕业生数量在持续增长。有机构预测，2017年我国住房租赁市场交易总量约为 1.5 万亿元，租房人口为 1.94 亿人，占全部人口的 13.9%。我爱我家集团董事长谢勇认为，预计到 2025 年租金总量将首次超过 3 万亿元，租赁人口增至 2.52 亿人；到 2030 年，租金总量将达到 4.6 万亿元，有接近 3 亿人通过租房实现"住有所居"。同时，在与国际成熟住房市场的比较中发现，我国租房市场有着极大的发展空间，住房租赁市场发展潜力巨大。

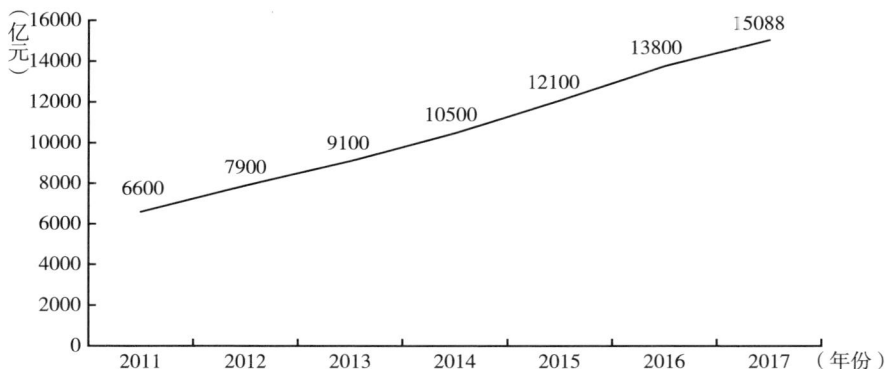

图1　中国住房租赁市场规模变化趋势

资料来源：根据公开资料整理。

但目前我国住房租赁市场发育不充分，城市住房租赁比例总体上不高，部分群体的住房租赁需求没有很好地得到满足。虽然为了化解高房价带来的低收入群体住房困难，政府大力加强公租房、廉租房建设，却因种种原因只关注建设数量而忽视使用率和满意率，与市场需求不相匹配，无法更好地满足需求。

（二）政府政策支持

从2015年1月住建部发布《住房城乡建设部关于加快培育和发展住房租赁市场的指导意见》，到两会上提出"购租并举"的供给方式，政府大力发展租赁市场的态度十分明朗。2016年5月4日召开的国务院常务会议关注的重大问题之一就是住房问题。会议指出，实行购租并举，发展住房租赁市场，是深化住房制度改革的重要内容，有利于加快改善居民尤其是新市民住房条件，推动新型城镇化进程。会议为鼓励发展住房租赁市场，还提出了"支持利用已建成住房或新建住房开展租赁业务""鼓励个人依法出租自有住房""允许将商业用房等按规定改建为租赁住房""推进公租房货币化"等政策。在城镇稳定就业的外来务工人员、新就业大学生和青年医生、教师等专业技术人员，凡符合条件的可纳入公租房保障范围，政府对保障对象通过市场租房给予补贴。2017年中央经济工作会议指出,要发展住房租赁市场特别是长期租赁,保护租赁利益相关方合法权益,支持专业化、机构化住房租赁企业发展。党的十九大报告提出加快建立"租购并举"的住房制度,强调"房子是用来住的"。近年来,国家有关住房租赁政策更是密集出台(见表1)。

表1 国家相关部门发布的住房租赁新政

时间	机构	文件名称	内容
2016年6月3日	国务院办公厅	《关于加快培育和发展住房租赁市场的若干意见》	给予税收优惠;提供金融支持;完善供地方式;支持租赁住房建设;保护承租人的合法权益,鼓励住房租赁消费;强化地方政府责任;加强住房租赁监管
2017年5月19日	住建部	《住房租赁和销售管理条例(征求意见稿)》	在租金、租期、承租人居住权利保障等方面做了规定,并明确提出直辖市、市、县人民政府要建立住房租金发布制度,定期公布分区域的市场租金水平等信息,以引导当事人合理确定租金价格
2017年7月	住建部等八部门	《关于在人口净流入的大中城市加快发展住房租赁市场的通知》	选取广州、深圳、南京、杭州、厦门、武汉、成都、沈阳、合肥、郑州、佛山、肇庆等12个城市作为首批开展住房租赁试点的单位,要求在人口净流入的大中城市,加快发展住房租赁市场,并做出相关规定
2017年8月底	国土部和住建部	《利用集体建设用地建设租赁住房试点方案》	确定北京、上海等13个城市进行集体建设用地建设租赁住房试点。宣布村镇集体经济组织可以自行开发,也可以通过联营、入股等方式建设运营集体租赁住房,而不必经过土地征收再招拍挂出让的过程
2018年4月25日	中国证监会和住建部	《关于推进住房租赁资产证券化相关工作的通知》	提出了租赁资产证券化的准入门槛,专业化、机构化住房租赁企业将更受政策倾斜,体现了对发展住房租赁市场的金融支持
2018年9月14日	住建部、财政部	《推行政府购买公租房运营管理服务试点方案的通知》	确定在浙江、安徽、山东、湖北、广西、四川、云南、陕西等8个省(区)开展政府购买公租房运营管理服务试点工作,形成一批可复制、可推广的试点成果,为提升公租房运营管理能力提供支撑
2018年10月11日	国务院办公厅	《完善促进消费体制机制实施方案(2018~2020年)》	大力发展住房租赁市场,加快出台城镇住房保障条例、住房租赁条例和住房销售管理条例
2018年10月20日	财政部、国家税务总局等部门	《个人所得税专项附加扣除暂行办法(征求意见稿)》	根据新修订的个税法,个税应纳税所得额在5000元基本减除费用扣除住房贷款利息或住房租金等,无房者租房按每年9600元到1.44万元标准定额扣除

地方政府也纷纷出台相应的制度规定，全国发布租赁新政策的城市已超50个。当前租赁政策主要集中在这几个方面。一是多途径增加租赁用地供给。上海、广州、深圳、杭州、郑州等城市陆续开启"只租不售"卖地模式，绝大部分地块由国有企业"零溢价率"拍得。二是金融支持，租赁资产证券化，银行等机构进入。三是鼓励租赁消费，保护承租人合法权益，加强市场监管。四是对专业租赁主体提供税收优惠。

此外，官方版租赁平台纷纷上线。继2017年9月杭州市与阿里巴巴合作建立的住房租赁监管服务平台上线后，广州、北京、武汉等政府住房租赁交易服务平台于近期相继面世。2017年10月20日，北京市住建委网站发布"北京住房租赁监管平台技术合作项目的比选结果公告"显示，京东将成为北京住房租赁市场的支持平台，拿到了进军住宅租赁市场的入场券。

中央及地方政府关于鼓励发展住房租赁市场的一系列政策密集出台，从租赁金融起步，到增加租赁用地供给，再到推出官方租赁平台，在租赁市场补短板的政策力度空前。

（三）专业机构入局

发达国家在租赁市场发展初期通常会由政府建设公租房，后期市场上逐渐涌现大量的专业机构管理和提供租赁住房。机构渗透率是租赁市场成熟度的参考指标之一。美国机构渗透率在30%左右，日本的机构渗透率80%以上，北京作为一线城市中机构渗透率最高的城市，还不到5%，全国层面只有2%。

传统的住房租赁方式，一方面，租客面临租期长短及稳定性、户型偏好、服务体验的不对称，房东面临住宅被损坏的风险且管理耗时耗力；另一方面，政府房价调控压力大、住房管理困难。对中高端需求客户而言，住房租赁专业机构主要特点为房源信息真实、租金价格透明，不仅可以享有严格的安保系统、专职管家、保洁、家居维护、代收快递等服务，还有定期的休闲娱乐文化活动等。如今，在"租购并举"等政策的引导下，长租公寓迎来发展机遇，房地产企业和金融机构加速涌入。房企布局长租公寓优势显而易见：细分客户群体，将产品进行各个年龄段的战略性全覆盖；资金实力、融资能力强；品牌效应好，更容易为市场所接受。

国内长租公寓主要有四个派别，一是以万科旗下的泊寓、凯德旗下的雅诗阁等为代表的开发商系列的品牌，二是以自如、红璞公寓等为代表的中介服务系品牌，三是魔方公寓、新派公寓等创业类的长租公寓品牌，四是以城家公寓、窝趣公寓等为代表的酒店系长租公寓品牌。此外，2017 年 10 月 12 日，万科杭州与网易严选宣布达成战略合作，双方决定在新经济、新零售、新体验等领域共同建立"互联网＋"背景下的体验式场景。10 月 25 日，网易旗下自营电商品牌网易严选在杭州宣布，牵手长租公寓品牌群岛，推出了名为"严选 HOME"的房间。2018 年 9 月 29 日，京东宣布房产频道上线"京东直租"业务。京东表示，京东租房将大力拓展与品牌公寓合作，包括碧桂园 BIG＋碧家国际社区、万科泊寓、龙湖冠寓、远洋邦舍、魔方集团等品牌公寓。目前，熊猫公寓、优客逸家、己美公寓三家优质品牌公寓已加入京东直租，并在北京上线了近 2000 间房源，而租房业务还将覆盖全部一、二线城市。

（四）租赁金融"补短板"

1.租赁资产证券化

投资住房租赁市场具有占用资金大、回本期限长的特征，一般企业不愿意投资，所以需要有长期融资工具的支持，资本证券化就是用来提供长期稳定资金支持的。中国证监会、住房和城乡建设部发布的《关于推进住房租赁资产证券化相关工作的通知》，鼓励符合要求的企业发行权益类资产证券化产品和试点发行房地产投资信托基金进行融资。此次通知正式提出了租赁资产证券化的准入门槛。专业化、机构化住房租赁企业将更受政策倾斜。

截至 2018 年 5 月 11 日，我国市场上已成功发行或已获交易所审批通过的住房租赁资产证券化产品共 14 单，涉及融资规模达 786.4 亿元。10 月 19 日，三六五网发布公告称，拟以 1.25 亿元参股江苏贝客邦投资管理有限公司（贝客公寓）。10 月 23 日，保利地产联合中联基金推出总规模为 50 亿元的 REITs（房地产信托投资基金），预示着住房租赁市场进一步与金融市场衔接。

2.多家银行参与其中

从 2017 年开始，中国银行、建设银行等多家金融企业就开始进驻房屋租赁市场。12 月 15 日，在中国银行主办的 2017 中国住房租赁行业创新发展高峰论坛上，北京、上海、山东、河南、杭州、武汉、广州、深圳、成都、西安、合肥、郑州、厦门等 13 个省市参与的住房租赁行业协会联席会正式成立。中国银行已经在厦门、广东、上海、合肥、武汉等地举办中国银行住房租赁金融服务推介会暨合作签约仪式，将在与住房租赁市场相关的土地供应、试点租赁住房建设、租赁管理平台建设、住房租赁金融创新等领域开展合作。建设银行与房企首批签署了 5481 套住房租赁权转让协议，房源均为精装修新房，租户可通过建行"CCB 建融家园"APP 在线租房。11 月 3 日，建设银行深圳分行与招商、华润、万科、恒大、中海等 11 家房地产公司签署房屋租赁战略合作协议，宣布正式开发深圳市长租房市场。

此外，中信银行与碧桂园集团签署合作协议，未来 3 年中信银行将提供 300 亿元保障性基金，满足碧桂园在长租住宅领域金融需求。双方将在长租住宅开发建设、投资孵化、持有运营、后期退出等全产业链进行整体业务合作。

二 陕西省住房租赁市场环境改善

据房天下搜房网提供的信息，西安有租房人口上百万。另外，《西安城市总体规划（2008～2020 年）》预计西安市 2020 年市区人口要达到 1000 万人以上，西安市房屋租赁需求在一定时期内将会持续增长。这样巨大的市场需求要得到释放，在市场调节的同时，政府助力必不可少。

（一）市场监管不断加强

针对住房租赁市场发育迟缓、积弊重重的问题，政府通过多项政策措施不断推进。为贯彻落实《国务院办公厅关于加快培育和发展住房租赁市场的若干意见》（国办发〔2016〕39 号），陕西省人民政府办公厅于 2016 年 12 月 23 日制定下发《关于加快培育和发展住房租赁市场的若干意见》，鼓励住房租赁消费，培育市场供应主体，完善公共租赁住房，加大政策支持力度，加强住房租赁市场监管。2018 年 3 月 28 日，西安市房管局下发《关于进一步规范西安市住房租赁市场的通知》，要求在西安市从事住房租赁业务的企业或个人必须严格遵守住房租赁相关法律法规。签订的住房租赁合同中不得涉及住房租赁租金贷款相关内容。

2018 年 9 月 14 日，住建部、财政部联合印发《推行政府购买公租房运营管理服务试点方案的通知》（建保〔2018〕92 号）。根据地方自愿原则以及公租房发展情况，确定在浙江、安徽、山东、湖北、广西、四川、云南、陕西等 8 个省（区）开展政府购买公租房运营管理服务试点工作，在试点地区建立健全公租房运营管理机制，完善政府购买公租房运营管理服务的管理制度与流程，形成一批可复制、可推广的试点成果，为提升公租房运营管理能力提供支撑。随之，陕西省住房和城乡建设厅于 10 月 18 日发布《关于申报开展政府购买公租房运营管理服务试点工作的通知》，为发展住房租赁市场提供了一种有效的选择。

（二）金融机构支持力度加大

2018 年 1 月 3 日，西安市房管局与建设银行陕西分行签署《住房租赁战略合作协议》，搭建住房租赁综合服务平台，将政府、租赁企业、租户、房东、中介、金融机构等市场主体整合，提供房源发布、房源验真、找房、看房、签约、管理信用、融通资金、支付费用等全流程线上服务。租户通过该平台就可以享受找房、看房、签约、支付一站式服务。建行陕西省分行已经与 180 余家房屋租赁企业签约，上线房源 5500 多套，储备房源 5900 多套，所有房源均可实现"拎包入住"。并计划将信贷资源向陕西住房租赁市场倾斜，为"百万大学生留西安就业创业 5 年行动计划"等全省多项人才政策提供住房保障支持。为了切实解决高校毕业住房租赁问题，建行陕西分行在全国首开先河推出毕业生租房专属贷款"居梦贷",这也是"2018年高校毕业生安居方案"中重要的一项福利措施。

2018年1月17日,建设银行陕西省分行与西安住房公积金管理中心举行《全面深化战略合作框架协议》签署仪式,推出了三项惠民便民措施:一是双方将创新住房租赁金融产品和服务,简化租房人员公积金提取的材料和流程,多渠道支持住房租赁消费;二是加强公积金归集扩面,逐步将灵活就业人员、新市民等群体纳入住房公积金制度覆盖,让更多市民尤其是新引进人才享受公积金贷款的优惠政策;三是建设银行将依托新一代技术优势和渠道资源,协助西安住房公积金管理中心建设信息互联互通平台和自主缴存公积金业务平台,实现公积金账户开立和资金归集、线上统一信息验证、缴存信息查询维护、公积金主动缴存、公积金缴存委托收款等服务功能。

(三)长租房提供多元选择

传统房屋租赁过程信息不对称,租房者在房屋租赁过程中常常处于弱势,租房的不稳定性也使老百姓买房安居的愿望更加强烈,巨大的市场需求也推动了多种专业房屋租赁机构进入住房租赁市场。

长租公寓这一新兴模式在西安市场逐渐受到认可。长租公寓相对于传统租赁方式而言,租金水平略高,但由于其年轻化的装修风格、完善的物业管理,为租客提供了一种更为方便舒心的租房方式,成为时下许多年轻租客的选择。万科泊寓、龙湖冠寓、金辉E客公寓、世联红璞公寓、核桃公寓等长租型公寓相继入市,针对青年客群的租赁型市场开启了新的发展方向。冠寓、魔方公寓、香槟公寓、橡果公寓等长租公寓也均以不同的市场定位入驻西安,吸引了大批租户,既有小户型出租又有高档型住房出租,月租金从几百元到近万元不等,且合租、整租方式并存。

除了专业房屋租赁机构外,还有多家金融机构和互联网企业也进入了住房租赁市场,给租户带来更透明、更便捷的租房体验。2017年10月,支付宝正式上线租房平台,在上海、北京、深圳、西安等8个城市率先推广信用租房,芝麻信用分达到650分以上的用户,在租房时免押金。

三　陕西省住房租赁市场发展分析

（一）市场运行水平差异较大

陕西省下辖西安、宝鸡、渭南、咸阳、铜川、延安、榆林、汉中、安康、商洛等 10 个地市。其中，西安市作为省会城市、西部地区交通枢纽，处于城市化增长阶段，要素集聚力强，发展速度快，因而城市首位度较高，成为关中城市群的核心城市。在 2015 年的时候，西安市总租房人数就有 46 万人，年租金市场规模达到 37.6 亿元。特别是被定位为亚欧合作交流的国际化大都市、国家西部中心城市，又被环球网评为 "2017 最受国际关注中国投资城市" 之后，城市更加开放文明，对人才的吸引力大大增强，西安住房平均租价在 22~29 元·月/平方米，比省内其他城市高出不少。商洛、铜川两地住房租赁均价仅仅是在 10 元·月/平方米上下波动（见表 2）。

表 2　2017~2018 年陕西省各城市住房租赁平均价格（元·月/平方米）

	2017 年 1 月	2017 年 4 月	2017 年 11 月	2018 年 1 月	2018 年 4 月	2018 年 11 月
西安	22.66	23.67	22.34	24.24	26.52	28.69
安康	16.39	16.63	13.30	15.44	17.40	17.53
延安	15.66	16.06	13.58	12.52	18.84	19.32
咸阳	14.61	14.67	13.26	13.64	15.26	15.85
榆林	13.71	14.28	12.03	11.23	13.21	19.16
宝鸡	13.72	13.81	12.09	12.70	14.17	14.37
渭南	12.22	13.36	11.53	11.89	14.09	14.60
汉中	10.73	12.16	11.33	10.51	12.07	13.63
商洛	10.51	11.42	10.68	10.01	12.04	12.94
铜川	10.70	11.38	10.63	9.68	11.67	11.77

资料来源：根据中国房价行情网相关数据整理。①

---

① 数据选取时段说明：1 月份正值春节，许多外地人返乡，租房率变化较大；选取 4 月，是由于春节后返城人数增多、中小学学区房需求、毕业季即将来临，租赁市场开始活跃；每年到 10 月以后，房屋租赁市场趋于平稳，利用 11 月的数据反映这种趋势。

从关中、陕南、陕北三大区域来看，区域经济发展状况、地理区位等因素不同造成住房租赁价格水平差异明显。关中的宝鸡、铜川等地虽然经济发展水平较高，但由于与西安的交通通达性好、人员流动频繁，住房租价低于预期水平；陕北能源、红色旅游等产业有长足发展，吸引了不少人才，榆林、延安租价相对来说增长较快；在陕南，西成高铁的开通使得汉中人才要素流动分散，而安康由于区位原因，交通的通达性较弱，房租水平也比较高（见图2）。

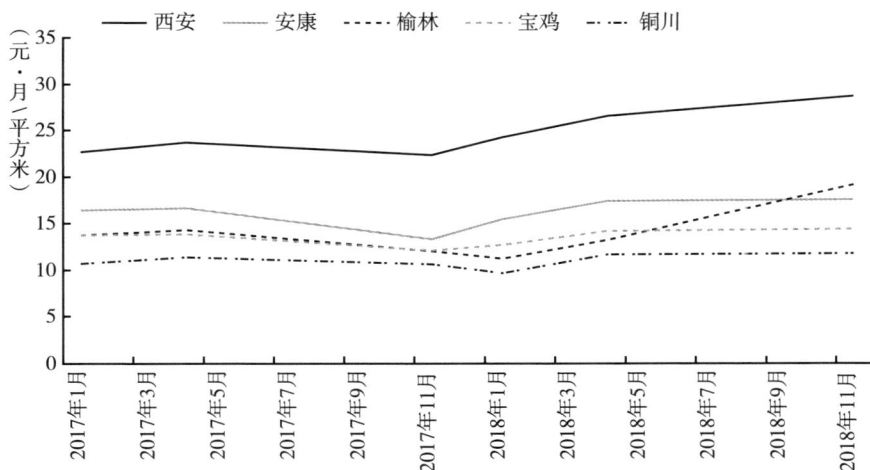

图2　陕西省部分城市住房租赁价格比较

资料来源：根据中国房价行情网相关数据整理。

因为陕西省各个城市的经济发展、城市化水平差异较大，所以住房租赁市场规模、价格水平等存在明显差距，以下主要以西安市为代表性城市进行相关研究分析。

（二）西安市住房租赁市场处在发育期

1. 住房租赁价格上涨

从2017年1月到2018年10月，西安市住房租赁价格水平有小幅上涨。除通货膨胀因素外，主要有以下两点原因。第一，从2017年3月至今，西安市委、市政府不断加快城市建设，加大招商引资力度，营造良好的营商环境和氛围。同时，随着一系列改善民生、引进人才、放宽落户等政策的出台，西安人口在短期内急剧增长，促使住宅需求明显增加。特别是年轻人迫切需要解决住房问题，一定程度上推高了房屋租赁价格。第二，2017年以来，西安新建商品住宅市场销售火爆，虽然限购、限贷、限售、限价等调控措施不断出台，但价格仍持续攀升。调查显示，2018年，在15个副省级城市中，西安新建商品住宅销售价格各月同比涨幅均排在前三位，环比价格涨幅除5月份回落居第6位外，其余各月涨幅也居前三位。一些购房者"买转租"，一定程度上推高了房屋出租价格。同时，各种维修费、人工费不断提高，推高住房出租价格上扬（见图3）。而进入8月以后，房屋租赁价格明显下滑。

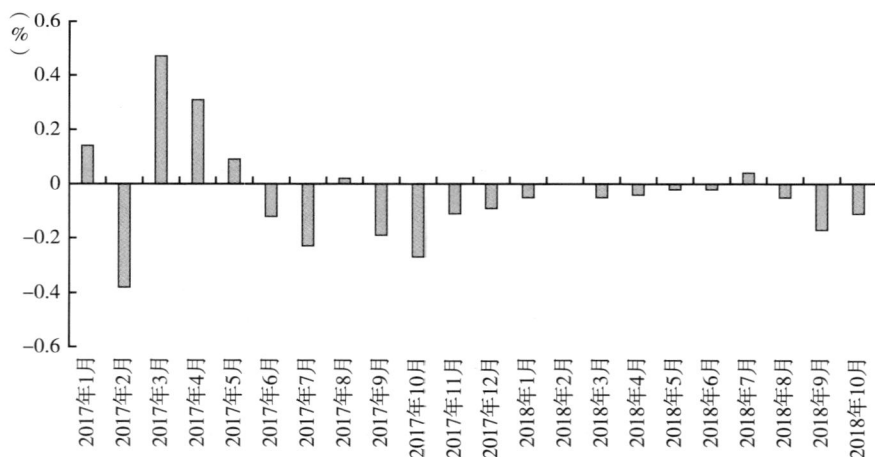

图3　西安住房租赁价格环比指数

资料来源：根据中房网相关数据整理而成。

　　然而，与高企的住宅销售价格相比，房屋租赁价格涨幅相对偏低。2018年1~5月，西安新建商品住宅销售价格累计同比上涨11.2%，房屋租赁价格累计上涨0.9%，涨幅低于新建商品住宅销售价格10.3个百分点。

另外，以一年为时间单位观察西安市住房租赁市场，即使受季节性影响较大，价格变动依然表现出一定的规律性。2017年1月到2018年10月，出现每到春节期间需求减少、价格下降，春节过后、临近毕业季时租赁人数增加、价格随之上升的态势（见图4）。

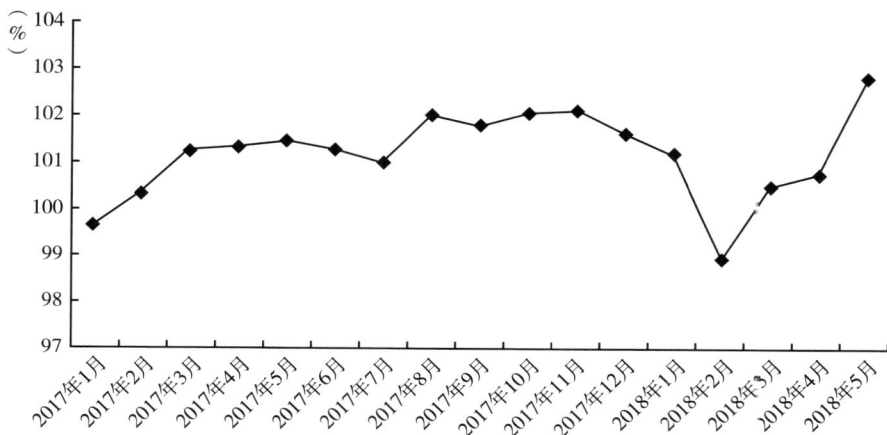

图4　2017.1～2018.5月房屋租赁价格同比走势

资料来源：国家统计局西安调查队。

2. 住房租赁市场处在发展阶段

房租收入比①是反映区域住房租赁价格与消费者收入水平间关系的重要指标。如果一个人租房的开销占收入比例太大，生活的幸福感就变差，所以这一指标堪称"房格尔系数"。租金收入比国际通行的警戒线是30%，租金收入比超过30%，说明租金水平已经超出租客的可支付能力。上海易居房地产研究院把房租收入比在25%及以下的城市定义为租金相对合理城市，大于25%的城市定义为租金相对过高城市，大于45%定义为租金严重过高城市。

----

① 房租收入比＝人均住房租金/城镇居民可支配收入。根据城市房价网公布的各城市2017年6月住宅租金数据与国家统计局公布的城镇居民人均住房建筑面积36.6平方米，计算得到各城市人均月度住房租金费用。

房租收入比高，说明住房租赁市场存在较大量需求，相反则说明供大于求。西安市房租收入比在全国省会城市中属于中等偏下水平，接近相对合理的范畴（见表3），表明供求关系相对均衡、住房租赁价格适中、租客经济压力不大。但是，如果进行横向比较分析，就会发现西安市住房租赁市场的这种状况恰好与其经济发展水平相对照。杭州、广州、南京、重庆、成都等城市的房租收入比都高于西安，它们的 GDP 也同样是西安的数倍。58 同城数据研究院发布的《2012～2016 年 5 年租房趋势报告》中显示，2016 年较 2012 年，成都、杭州、武汉、长沙、郑州等新一线城市全面崛起，租房需求增长超 150%。这里没有提及西安，也从另一个侧面印证了这一点。

表3　全国部分城市 2018 年 6 月房租收入比

单位：%

城市	房租收入比	城市	房租收入比	城市	房租收入比	城市	房租收入比
海口	41	兰州	40	哈尔滨	38	郑州	38
广州	38	杭州	37	福州	36	天津	35
南宁	35	重庆	34	太原	33	南京	32
西宁	32	武汉	32	长春	31	贵阳	31
成都	29	西安	28	昆明	28	乌鲁木齐	27
合肥	27	石家庄	27	南昌	27	济南	26
长沙	25	沈阳	23	银川	23	呼和浩特	21

资料来源：根据中房网相关数据整理而成。

同时，如果将西安与同为国家中心城市的武汉的住房租赁价格指数①走势比较，同样会得出这一结论（见图5）：价格指数偏低，说明未来发展空间大。

---

① 指数的基期时间是 2016 年 1 月，基点值为 1000 点。

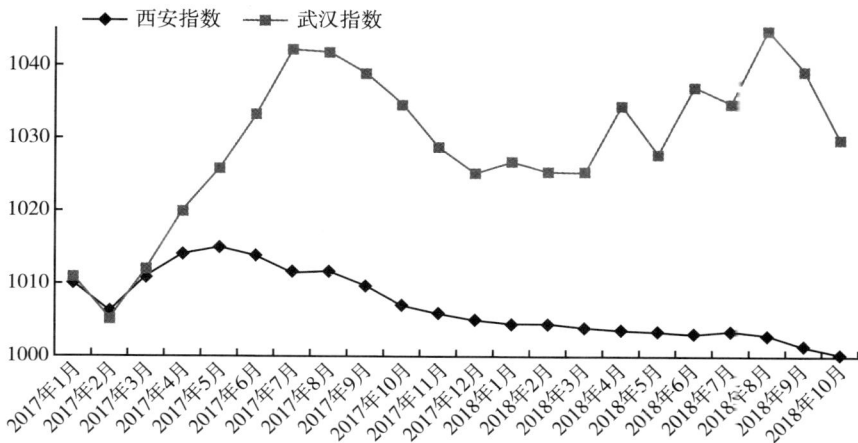

图5　西安与武汉房屋租赁价格指数比较

资料来源：根据中房网相关数据整理而成。

（三）对西安市住房租赁市场的思考

1. 住房租赁市场有效需求不足

一般而言，售租比①小于15，则买房比较合适；售租比大于15，则租房比较合适。根据2017年6月的最新数据，中国住房售租比则已达到了57.81。但是长久以来，"重售轻租"带来了"能买房不租房"的社会心态，人们对于租赁住房认知存在错配。相关资料表明，中国城镇居民住房自有率为89.9%，远高于发达国家。

从市场需求角度看，住房租赁价格的涨跌，主要取决于城市流动人口的需求量。通常情况下，住房承租者主要有三种来源：进城务工人员、还没有购房的外来人口、每年毕业后留在城市的大学生。近年来，受制于陕西经济发展环境、就业机会等因素，人口净流入量有限。此外，因建筑行业用工量逐年下降，电商、微商的兴起，商业批发零售市场低迷，以进城务工人员为

---

① 房屋租售比，是指每平方米使用面积的月租金与每平方米建筑面积房价之间的比值，也称"租金回报率"。

主流的城市流动人口锐减，租赁房屋的人员数量出现下降。而留在城市就业的大学毕业生，虽是房屋租赁的刚需人群，但因收入有限，大多选择合租或租简易房，还有一部分人申请办理了政府提供的公租房，从而形成住房租赁有价无市的局面。

2017年1月到2018年上半年，西安新建商品住宅销售价格涨幅较快，住宅市场供应偏紧，调控政策的不断出台也间接助长购房热潮，导致租赁需求不足。

2. 房租回报率偏低导致供给有限

一般发达国家的房屋租售比可以达到4%，好一点的可以达到7%，但是中国的租售比仅为1%～2%。2018年，西安市房屋租赁价格涨幅低于新建商品住宅销售价格10.3个百分点，买房投资主要在于房价的上涨，而很少有人在意租金回报率。房价上涨带来的资产增值的财富效应，使得市场存量房空置率长期处于较高水平，大量房龄在10年以下的高品质房屋处于闲置状态。这种情形，在西安也普遍存在。

四 陕西省住房租赁市场需要强化政府调控

要让住房租赁成为一种生活方式，必须满足以下条件：充足的租赁房源供给、租赁双方的权益得到有效保障、交易过程的便捷与安全、专业机构提升服务不断改善租住体验。由于住房具有准公共品的性质，在租赁市场发育不充分的情形下，如完全依赖市场自主调节必然发生"市场失灵"的现象，必须加强政府规制。

（一）加快住房租赁制度体系建设

住房租赁市场所呈现的难以理解的经济数据与社会现实相背离的根本原因，其实是民众内心的安全感。与房屋销售市场相对规范发展不同，房屋租赁市场则因主体分散、信息不对称、监管不足、租客权益不明等弊端为人诟病，进而形成对租赁住房消费的歧视。没有建立对租赁各方系统性的保护体系，单凭行业自律和舆论制约，出现问题相关部门只能以约谈、发文等软性限制为主，这样的制度环境要达成资源合理有效配置，无论如何都是不现实的。因而，必须设立专业的房地产租赁管理机构，对租赁市场上承租人与出租人的责任与义务、租赁合同的签订及履行、房屋的维修等一系列可能存在的纠纷隐患进行全程监管，以提高整个房地产租赁市场的规范性。

由此看来，完善租购并举的住房管理制度，鼓励企业规模化租赁，才是推动住房租赁市场稳定发展的关键。因此，应该以中央政府相关的法律法规为基础，针对西安市房屋租赁市场现状，科学制定房屋租赁管理发展规划，陆续出台"西安市房屋租赁管理办法""西安市房屋中介管理办法"等相关法规及管理细则。

（二）制定市场发展目标战略

市场发展战略指引发展方向，应明确发展目标，确定发展能力，解决发展问题。目前，许多城市就住房租赁市场的发展问题已经有了明确的战略规划。比如，成都市2017年11月发布的《成都市住房租赁市场发展五年规划（2017～2021年）》，对住房租赁问题做出了详细的规定：到2021年成都市租赁住房保有量将达到151万套、13627万平方米，较2017年分别增长25%、22%；市场化租赁住房140万套、13038万平方米，其中，人才公寓14万套、1019万平方米，产业园区租赁住房6万套、437万平方米，保障性租赁住房（公共租赁住房）11万套、589万平方米。这一关于房地产业发展、住房保障的五年规划，最大的作用就在于稳定市场预期，表明未来五年内的商品房供应量是非常充足的、困难家庭的住房需求是充分满足的。

西安市目前正处在全面建设体现新发展理念的国家中心城市的关键阶段，急需大量人才流入为城市发展贡献力量，而住房情况则是影响人才流动的关键因素。租赁住宅体系的建立完善将有助于打破这种阻碍，使发展空间、生活环境、城市活力成为吸引人才的重要拉力。因此，政府应尽快出台相应的发展谋略与具体做法，使得从购（租）房者到开发商的各个市场参与方能够对楼市发展的顶层设计有着正确的认识，避免误判。

（三）租赁市场细分延长产业链

一直以来，市场将租客简单地分为城镇低收入人群、外来人员、青年学生这三部分，然而，这种情况正在发生变化。外来人员由白领、蓝领两部分组成，白领包括技术专家、管理层人员，蓝领包括务工、服务业人员；青年学生也可分为本土与海归等。文化背景、收入水平等不同的人群的住房租赁需求存在差异。随着消费升级，尤其是"90后"租房人群的崛起，租赁运营企业应当针对不同的需求，开发出更多个性化产品，发展出不同的产品细分市场。

在西安，长租房这个短板应该尽快补充。为配合西安着力打造"创新之城"的构想，政府应在区位条件相对较好的地区，特别是高校及科研院所、科创园区、产业集聚区、商业集聚区及交通枢纽周边，提供租赁建设用地，鼓励品牌企业入局，提供一种全新的、体面的、舒适的生活方式，让各类人才特别是青年人才在城市安居，服务城市高质量发展。

参考文献

刘荣虎：《长租公寓乱象之"因"》，《资源与人居环境》2018年第9期。王莉、王雪艳等：《基于SWOT分析的西安市房屋租赁市场发展研究》，《建筑经济》2017年第5期。

王昕：《西安房屋租赁市场需求升温 "买转租"推高房租价格》，《西安日报》2018年7月16日，第2版。

赵丽莉：《房价下滑 另类广告折射西安房屋租赁市场"遇冷"》，《三秦都市报》2018年10月12日，第5版。

B.7

2017~2018年陕西省房价研究

唐侠 王婉玲 戚斌*

摘　要： 2017~2018年，陕西省房价出现快速上涨的运行态势。宏观经济环境、政府的调控政策、房地产需求的增强以及建造成本的提高等是造成房价上扬的主要原因。为使陕西省房地产市场健康发展，建议完善住房供给体系，加强对房地产市场的监测，为房产税的开征做好准备。

关键词： 房地产价格　房地产政策　住房供给体系

一　2014~2018年陕西省房价走势分析

2014~2018年陕西省房价的总体走势可以分为两个阶段：第一阶段2014至2016年下半年，陕西省房价稳定中略有波动；第二阶段为2016年下半年至今，陕西省房价呈现出快速上涨的态势。具体来讲，陕西省十市一区的房地产市场表现出不同的特征。首先，以西安为代表的房地产市场在经历了2014年、2015年的低迷局面后，于2016年下半年开始呈现出一派欣欣向荣的繁荣景象，无论是商品房的销售面积、销售价格还是房地产开发投资的增长速度均较快增长。渭南和杨凌与西安类似；宝鸡、汉中、榆林则表现出供给高增长与库存高增长并存的特点；铜川、延安、咸阳则突出表现为

---

* 唐侠，西安工程大学管理学院副教授，主要研究方向为收入分配理论；王婉玲，西安工程大学马克思主义学院教授，主要研究方向为房地产经济；戚斌，西安工程大学管理学院副教授，主要研究方向为国际金融。

需求旺盛；商洛的房地产市场表现低迷。

鉴于西安市房地产业在陕西省房地产业中占比高达70%以上，是陕西省房地产业最为重要的组成部分，西安市房地产市场的情况直接影响和左右着陕西省房地产市场，再加上受数据资料限制，本文主要以西安市为例进行分析。

（一）新建商品住宅价格

西安市新建商品住宅销售价格指数，2014～2016年分别为104.1、95.8和103.2（上年价格=100），呈现出稳定中略有波动的趋势。2014年和2016两年上涨缓慢，2015年则出现下降。而自2016年下半年以来，西安市新建商品住宅销售价格指数却一路攀升。

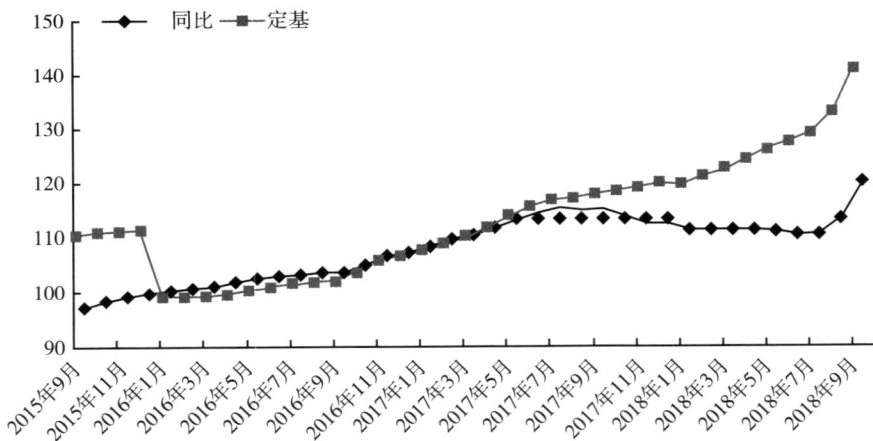

图1　西安市新建商品住宅销售价格指数

说明：同比是以上年同月价格为100，定基是以2015年价格为100。
资料来源：国家统计局官网。

由图1可见，自2016年7月起至2018年9月，西安市新建商品住宅销售价格指数一路上升，呈单调递增的态势，特别是自2017年5月以来更是呈快速增长的态势。

（二）二手住宅价格

西安市二手住宅价格指数，2014~2016年分别为99.8、93.3和97.0（上年价格=100），呈现出总体下降的态势，特别是2015年下降的幅度较大。但自2016年下半年以来，西安市二手住宅价格指数也呈现快速增长的态势。

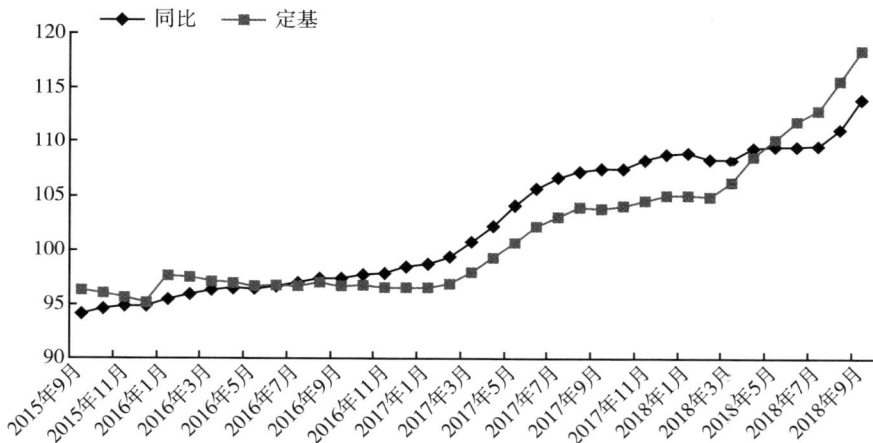

图2　西安市二手住宅销售价格指数

资料来源：国家统计局官网。

由图2可见，自2016年9月以来，西安市二手住宅价格指数一路攀升，呈现出单调递增的态势，并且增速越来越快，2018年9月同比已达114.1，为近几年最高。

（三）新建商品住宅销售价格分类指数（同比）

新建商品住宅销售价格分类指数，增速最快的户型，2014年为144平方米以上的房型，其价格指数达到105.1；2015年为90~144平方米，其价格指数达到96.5；2016年为90平方米以下的房型，其价格指数达到104.2。2018年以来，144平方米以上的户型增速较快。

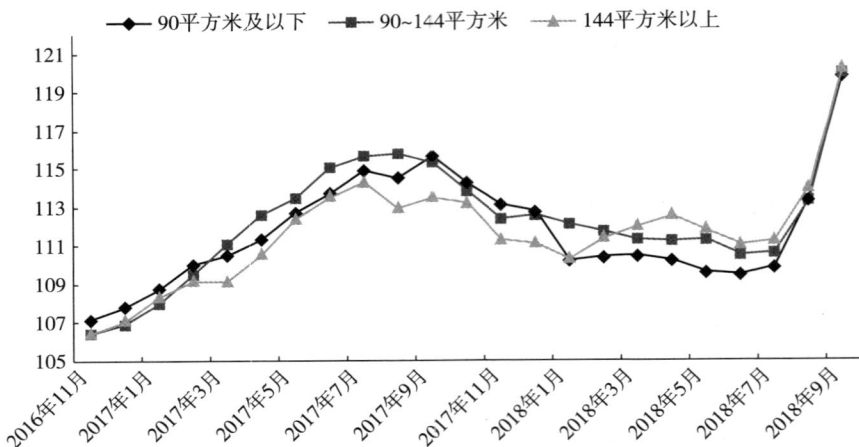

图3　西安市新建商品住宅销售价格分类指数（同比）

资料来源：国家统计局官网。

（四）二手住宅销售价格分类指数（同比）

二手住宅销售价格分类指数，相对增速较快的户型，2014年为144平方米以上的户型，其价格指数达到100.1；2015年和2016年均为90平方米以下的户型，其价格指数分别为94.0和97.1。2018年以来，90平方米及以下的户型增速较快。

二　2014~2018年陕西省房价走势的原因分析

2014~2016年，陕西房价总体呈平稳态势。而自2017年3月以来，不管是新建商品住宅销售价格指数，还是二手住宅销售价格指数均呈现出快速上涨的趋势，究其原因主要包括以下几个方面。

（一）"一带一路"倡议的提出为陕西房地产市场注入了活力

2015年3月28日，国家发展改革委、外交部、商务部联合发布了《推

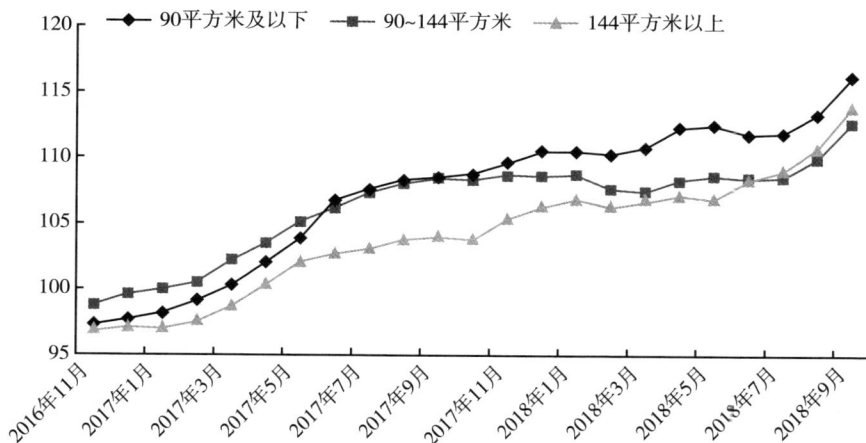

图4 西安市二手住宅销售价格分类指数（同比）

资料来源：国家统计局官网。

动共建丝绸之路经济带和21世纪海上丝绸之路的愿景与行动》。2017年5月14～15日，"一带一路"国际合作高峰论坛在北京举行，习近平主席出席高峰论坛开幕式，并主持领导人圆桌峰会。"一带一路"倡议是保证和支撑中华民族实现伟大复兴中国梦的重要组成部分，是保证和支撑两个百年目标实现的重要组成部分。陕西是"一带一路"的核心区，西安是核心区的核心。西安是"一带一路"的重要结点城市，是"一带一路"创新中心，构建"三中心两高地一枢纽"：西部经济中心、丝绸科创中心、对外交往中心、丝绸文化高地、内陆开发高地、国家综合交通枢纽。国家领导人也在2017年两会期间表示，支持西安建设国家中心城市，把西安作为西北的龙头扬起来。所以，"一带一路"政策的出台使得西安市成为令世人瞩目的焦点，社会各界人士均对西安市的未来发展持乐观的态度，越来越多的人愿意投资西安、落户西安，从而增加了对西安房地产市场的需求。

（二）全国最优惠人才落户政策增加了房地产市场的需求

2017年年初，西安市通过《关于进一步吸引人才放宽我市部分户籍准入条件的意见》，对市区户籍准入政策做出调整，3月1日起正式施行。户籍新政可概括为"三放四降一兼顾"：放开普通大中专院校毕业生的落户限制、放宽设立单位集体户口条件、放宽对"用人单位"的概念界定；降低技能人才落户条件、降低投资纳税落户条件、降低买房入户条件等。西安市出台的此项政策是全国同等城市中推出流程最简、门槛最低、条件最少的落户政策，可以称为"史上最宽松户籍政策"。2017年5月份，西安市又出台《西安市深化人才发展体制机制改革　打造"一带一路"人才高地若干政策措施》，按照人才量级将其分为不同类别，公布23条人才引进新措施。6月中旬，又进一步放宽部分户籍准入条件，将本科以上学历落户年龄放宽至45岁，硕士研究生及以上学历人员不设年龄限制。这样一来，与杭州、武汉、成都的同类落户政策相比，西安的户籍新政，无论是学历、年龄等办理条件方面，还是所需材料、办理流程方面，均实现了"建立全国最优惠人才落户政策"的目标。到2017年8月份，西安市人才净流入量全国排名第四。在2017年的一份海外留学生回国就业创业城市排行榜中，西安吸引力居全国第八位。西安吸引人才的步伐并没有停下。2017年11月24日，西安市成立"招才引智委员会"，发布《优化高层次人才服务工作的十三条措施》，宣布升级版人才引进政策，将策划开展系列招才引智推介活动，量身定制招才项目。在住房保障、子女入学、配偶就业、项目配套奖，甚至在提供旅游服务方面，都给出了优惠待遇。2017年12月11日，市政府办公厅又发布《关于进一步鼓励吸引高校毕业生在西安就业创业的意见》，多渠道促进高校毕业生就业，全方位支持高校毕业生自主创业，争取5年留下（吸引）百万高校毕业生在西安就业创业，打造创新创业人才高地。

优惠的人才落户政策取得了明显的成效。2017年12月初，西安市公安局治安管理局户政与基层基础工作处公布最新统计数据，截至2017年11月30日，西安户籍新政落地9个月，西安市共迁入18.6万人，同比增长408.9%。截至2018年年底，西安市落户人口破百万。此项政策无疑刺激了西安市房地产市场的需求。

（三）去库存优惠政策刺激了房地产市场

2014 年西安市房价上涨缓慢，2015 年则出现了负增长。政府为了去库存，出台了放宽限购限贷、公积金异地贷款、买房落户、税收减免、降低首付、利率打折等诸多优惠政策。多项优惠政策的效果在 2016 年下半年开始显现，这也是造成西安市房价上涨的原因之一。

（四）房屋的建造成本上升

由表 1 可见，2017 年陕西省固定资产投资价格指数中的建筑安装工程的价格指数为 107.4，其中材料费的价格指数上升速度最快，为 112.0；人工费和机械使用费的价格指数也有所上升。房屋建造成本的上升也是房地产价格上升的原因之一。

表 1　2017 年陕西省固定资产投资价格指数

项目	价格指数
建筑安装工程	107.4
材料费	112.0
人工费	103.7
机械使用费	102.4

资料来源：陕西统计年鉴 2018。

注：上年价格 = 100。

（五）居民收入逐年提高

居民收入是影响房地产需求的一个重要的因素，近年来陕西省人均可支配收入快速增长，越来越多的居民具备了买房的能力，对房屋的需求有所增加。

由图 5 可见，自 2014 年至今陕西省居民人均可支配收入逐年快速提高，2014 年第二季度陕西省居民人均可支配收入为 7860 元，2018 年第二季度上升为 11201 元，上升了 42.5%，平均每年上升约 11%。收入的快速提高增强了居民的购房能力，刺激了房地产市场的需求，抬高了房价。

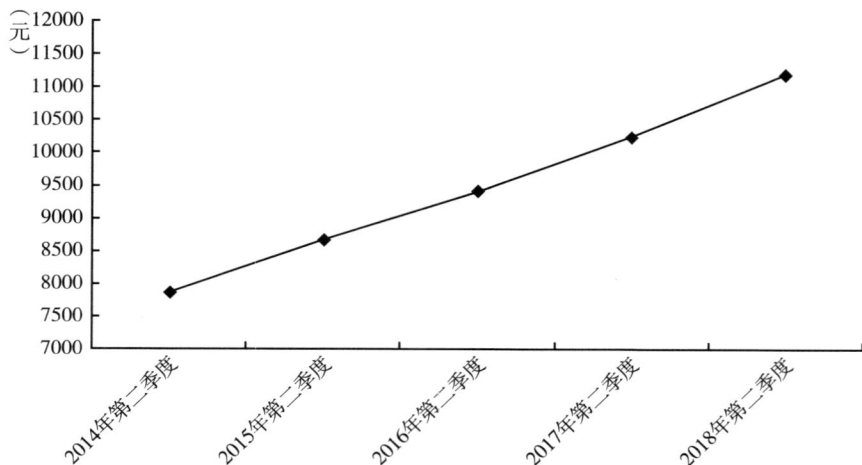

图5　陕西省居民人均可支配收入（累计值）

资料来源：陕西省统计局官网。

（六）城镇化速度加快

人口流动和城镇化水平对房地产市场需求有显著影响。按照城市化理论，城市化率低于50%，人口流动以从农村进入城市为主；超过50%，以从小城市进入大城市为主；超过70%，形成大都市圈。房地产市场的表现与人口流动主导方向的每个阶段紧密相关。在第一阶段，全国城市的房价涨幅总体应该比较接近；在第二阶段，大城市的房价将明显提高；在第三阶段，都市圈以及大城市郊区的房价将会提高。

2017年3月3日，北京师范大学中国社会管理研究院与社会科学文献出版社共同发布的《社会体制蓝皮书：中国社会体制改革报告》显示，2016年，西安市户籍人口城镇化率紧随珠海、南京之后，位列全国第三。报告指出在排名前十的城市中，城市户籍人口城镇化率最高的达到68.8%，最低的也超过56%，比全国平均水平高出10个百分点以上。数据显示西安市的城镇化率已接近70%，人口流动处于由小城市向大城市快速流动时期。

城镇人口比例的提高，意味着这部分人口必须拥有或租赁住房，从而增加了对房地产市场的需求，抬高了房价。

（七）消费者普遍乐观的预期

西安市城市地位的提升、宽松的落户政策、不断提高的收入水平及西安市快速增长的经济，均使得消费者对西安市的房价普遍持乐观预期。一些非刚性的需求者也纷纷加入购房大军中，越来越多的人把买房作为一个投资的渠道，更是提高了房地产市场上对房屋的需求，抬高了房价。

不过，虽然推动陕西省房价上涨的因素很多，但是陕西房价的总体趋势是平稳中上升。平稳的原因主要是一系列抑制房价的政策。自2016年下半年以来，西安市房价快速上升，为稳定市场预期、防范市场风险、抑制房价过快的上涨，西安市政府于2016年12月，2017年4月、6月及9月先后出台从严从紧的房市调控措施，调控的力度层层加码。四次调控的政策主要涉及：（1）调整土地供应节奏，控制土地价格；（2）加快项目建设进度，加大房屋价格备案管控；（3）收紧购房信贷政策；（4）扩大限购区域和范围。

2016年12月31日，西安市决定自2017年1月1日起，本市及非本市户籍居民家庭，在本市城六区范围内只能新购一套住房（含新建商品住宅和二手住房）。2017年4月18日，西安市发布房地产市场新政策：除城六区外，将限购范围增大到长安区等区域；在限购区域内购房，需取得《不动产权证书》后满2年方可上市交易；商品房首套商业贷款首付比例不低于30%；二套房首付不低于40%，三套及以上购房暂停商业贷款发放。购买非普通住房的，首付比例不得低于50%；使用公积金购买首套普通住房，最低首付比例为25%；购买非普通住房的，首付比例最低为30%；取得土地使用权1年内未开工建设，超出竣工时间1年以上的房企，不得参与新的土地竞买。2017年6月25日，在限购区域内，自购房之日起满5年方可上市交易。购买的二手住房，房屋产权人取得《不动产权证书》后满2年方可上市交易；外地人在限购区域购房需提供2年以上社保或纳税证明。2017年9月13日，暂停向拥有2套以上住房（含新建商品住房和二手住房）的本地户口居民家庭，拥有 1 套以上住房的非本市户籍居民家庭售房；公积金购房贷款最高额度由 75 万元调整为 65 万元。

政府出台的相关政策起到了稳定房价的作用。为防止房价再次走高，限购、限贷等政策或将长期化。

三 对策建议

为了保持未来陕西房地产市场健康稳定的发展，一方面要充分发挥市场在资源配置中的决定性作用；另一方面还需要更好发挥政府作用，为市场发展营造良好适宜的政策环境和外部条件。并且要加强舆论导向，使消费者对房地产市场能够理性预测、理性消费。

1. 完善住房供给体系

要形成多层次商品房供给体系，满足不同收入人群的多样化需求。政府要加快保障房、棚改房、廉租房等政府补贴型普通住房建设，为低收入群体提供安居之所。要逐步细化承租人管理等制度，使"租购同权"落到实地；加大教育、医疗等公共服务资源的有效供给，缩小区域间的差距；保障充足、优质的租赁房源，防止房租过快上涨。

2. 树立正确的发展观，破解地方政府对土地财政的依赖

切实转变地方政府职能，合理定位地方政府角色，从行政型政府向服务型政府转变；深化财税体制改革，降低地方对于土地财政的依赖；建立健全土地流转机制，截断"地价"推高"房价"的传导链条。地方政府应当合理确定土地出让价格，降低房地产企业开发成本，防止成本转嫁型的房价上涨。同时，应当适当降低当前房地产业过高的税负，让利于企业和居民。

3. 加强对房地产市场的监测

加强对房地产市场的监测，建立完善的风险预警机制。准确预判市场供求状况，提高政策调控的前瞻性、针对性和及时性，适时预调微调，防止大起大落，促进房地产市场长期稳定发展。

目前，房价涨幅过快和投机氛围浓厚依然是房地产市场面临的主要问

题，未来一旦政策放开，房价可能又会迎来新一轮上涨。为保持房地产市场的平稳运行，需借鉴他国房地产发展的经验教训，将房地产市场纳入审慎监管框架，进一步完善风险预警体系，并综合采取多种措施和手段促进房地产市场的平稳发展。对此，首先应构建精准的居民住房可支付性指数。从各国和各地区对房地产市场预警的实践看，各主要国家和地区都构建了居民住房可支付性指数以检测系统风险。住房可支付性指数（简称 HAI）是国外非常成熟的房地产市场分析指标，用来评价居民住房支付能力。该指数根据对住房消费比例（住房消费支出占收入的比例）的上限要求考察住房市场处于中位数收入水平的家庭，如果中位数收入的家庭正好能够承受中位数房价的住房，则此时的 HAI 为 100；如果该家庭只能承受更低价格的住房，则 HAI 小于 100；大于 100 的指数说明该家庭能够承受价格更高的住房。其次，继续完善房地产宏观监测。要从贷款集中度、借款人偿信能力、差别化信贷政策等多个方面加强对房地产金融活动的全方位监测与管理。金融机构要进一步加强风险的主动管理能力，分析在经济增长速度下降、利率上升、信贷收紧等情况下，房地产业可能引发的系统风险。

4. 采取不同的信贷政策

房产既是投资品也是生活必需品，因此，金融部门应该针对不同需求群体实行不同的信贷政策，对首次贷款购房者予以一定的优惠，对于投资投机者提高其成本，具体体现在购房的首付比例、贷款利率及还款期限等方面。对首次贷款购房者可降低首付比例，降低贷款利率，延长还款期限。对于保障性住房、经济适用房的开发商，金融机构应提供贷款便利。因为保障性住房和经济适用房有利于房地产市场的稳定、健康发展。

5. 为房产税的开征做好准备工作

国际经验表明，房产税是促进社会财富公平分配、降低投资炒作空间的主要工具。我国房产税征税试点工作于 2011 年在上海、重庆两市展开。房产税在两市的试点既取得了一些成绩，也暴露出了一些问题。房产税的征收可在一定程度上改变地方政府的行为，可以提高地方的财力，缓解地方财力不足的问题，使之更重视长期可持续发展。房产税的开征还可以降低"炒房"收益,使投资房地产行业的部分资金流回商业市场,进而降低房价,使购房者的目的单纯化,买房的目的主要是为了居住。世界各国已普遍开征了房产税,房产税成为地方政府的一项主要收入来源。从我国的试点来看,目前房产税占总税收的比例相对较低。

为全面开征房产税,应做好以下准备工作:各地应建立健全房产登记制度,完善房产信息的电子化管理,在购房环节完善房产相关信息的录入内容;全国房产登记信息共享,多地联动控制房产信息,并且要与公安系统建立联动机制,保证信息采集的准确性,为房产税的顺利开征打下良好的基础。

6. 加强舆论引导,合理消费者预期

面对不断上涨的房价,消费者难免会对房地产市场持有乐观的预期,再加上民众投资渠道相对狭窄,投资住房便成为不少人的选择,而这极易造成房地产市场的虚假繁荣,进一步抬高房价。对此,政府一定要通过各种有效途径向民众宣传理性消费的理念,让"房是用来住的,不是用来炒的"的理念深入人心。

参考文献

刘蔚:《房地产调控政策影响分析——以西安市为例》,《甘肃金融》2017 年第 11 期。

田静莉:《陕西房地产市场 2017 年运行分析及 2018 年预判》,《时代金融》2018 年第 05 期中旬刊。

B.8
2017~2018年陕西物业管理发展
现状、存在问题及对策

刘世荣 *

摘　要：　陕西物业管理行业在市场化运行逐步规范的同时还存在物业
公司和小区业主矛盾纠纷频发、物业服务费收缴困难、物业
公司管理和经营能力有待提高等问题。本报告对以上问题产
生的原因进行了深刻的剖析，并探讨了解决问题的对策和建
议：强化对物业管理行业的监督管理，加快转型升级、提高
经营服务能力；借鉴和应用其他行业的发展经验和新技术，
促进物业管理行业又快又好发展。

关键词：　物业管理　转型升级　智能化　兼并重组

一　陕西物业管理的发展现状

改革开放 40 年以来，在我国住房制度改革、房地产市场迅猛发展、城
镇化进程等宏观因素的促进和制约下，陕西物业管理处于边发展、边探索、
边规范的快速市场化阶段。经过 20 多年的发展和历练，2017~2018 年，陕
西物业管理发展的现状和主要特征如下。

---

* 刘世荣，陕西省行政学院讲师，主要研究方向为物业管理、经济管理。

（一）物业管理法规制度逐步健全

近年来，陕西省各地市积极贯彻落实国家颁布的物业管理法规，制订和完善物业管理相关法规制度文件，物业管理法规政策体系基本建立并逐步完善，为依法促进物业管理行业规范发展提供了法制保障，也促使开发商更加注重物业的建设质量。物业管理企业在市场竞争的基础上提高物业管理服务质量，维护业主的合法权益，大大减少了物业服务企业和业主之间的矛盾。2014~2018 年陕西省各地市制定的物业管理相关法规如表 1 所示。

表 1　2014~2018 年陕西省各地市制定的物业管理相关法规

法规	试行日期
《铜川市物业管理办法》	2014 年 10 月 1 日
《西安市物业管理条例》	2017 年 1 月 1 日
《安康市物业管理实施办法》	2017 年 1 月 1 日
《安康市物业投诉受理处理暂行办法》	2017 年 1 月 1 日
《西安市住宅专项维修资金管理办法》	2018 年 3 月 30 日
《榆林市物业市场监管办法》	2017 年 2 月

（二）物业管理规模增长迅速，职业队伍已经形成

随着房地产行业的持续高速发展和业主不断增长的物业管理专业化服务需求，物业管理行业进入跟进式发展的快车道，物业管理企业数量和规模快速膨胀。

截至 2018 年，全省共有取得资质物业服务企业 2864 家，其中国家一级资质 21 家、二级资质 182 家、三级及暂定资质 2310 家，物业行业从业人员达 21 万余人，现管理物业项目 6950 个，管理面积 47977.16 万平方米，物业管理覆盖率约为 59%。

（三）物业管理领域和服务内容日益宽阔

随着社会经济水平的提高和业主不断增长的多元化服务需求，物业管理已由单纯的物业小区公共设施设备维修管理、保洁、秩序维护等，转向综合性、全方位、多元化的物业服务，涉及家政服务、入户维修、房屋租赁代理咨询、物流快递中转收发等专项特约服务，物业服务也逐步拓展到办公、商场、医院、学校、工业区等非住宅领域。此外，陕西省的物业服务队伍已经成为社会建设的生力军，在西安世园会等重大活动和抢险救灾中成为一支可以动用的有生力量。

（四）物业管理服务水平不断提升

近年来，全省物业管理服务水平不断提高，市场逐步规范。全省各地积极开展国家级、省级物业管理示范项目和省级文明小区的创建工作，通过创建示范项目，培养和扶持了一批先进典型项目和企业，通过先进企业的示范带动作用，推动了区域物业服务水平的较大提升。

全省共创建国家级物业管理示范项目 71 个、省级示范项目 268 个。物业管理示范项目达标考评一方面给企业带来了规范管理的压力，另一方面也带来了荣誉，增强了企业的市场竞争力。据了解，近几年申报创建物业管理示范项目的企业逐年大幅增加。

二　当前陕西物业管理存在的主要问题

随着"一带一路"建设的推进和"关中—天水经济区"战略的建设发展，陕西城市化进程加快。作为西部开发排头兵的陕西各城市人口越来越多，小区以及物业公司也越来越多，而物业公司和小区业主矛盾纠纷频发，已成为影响城市化发展质量、城市文明程度和社会稳定的重要因素。迫切需要加强小区物业管理，提高物业服务质量，探索建立政府引导、社会调解、业主自治、和谐有序、城乡一体的物业服务新机制，切实维护业主和企业的合法权益，从而使物业管理走上标准化、规范化、法治化、品质化的良性轨道。现阶段，陕西物业管理存在的主要问题如下。

（一）公开、公平、公正的市场竞争机制尚未成熟，存在部分开发商、物业公司强迫业主接受物业服务合同的现象

建立社会化、专业化、市场化的物业服务市场竞争机制是培育和规范物业管理市场的必然要求，也是物业管理市场发展的基本条件。目前存在的建设单位自行组织前期物业服务企业选聘，难以形成统一开放、竞争有序、公平公正的物业服务市场竞争机制，难以实现物业服务资源的优化配置，难以在房地产产业链条中发挥代表业主利益、为业主服务的独立功能，甚至还会直接侵犯到业主利益。

目前通行的做法是开发商在预售楼盘的过程中自主成立或委托一家物业公司，与之签订《物业管理委托合同》。在实际销售中，则以每个小区都必须有物业管理为由，要求购房者除与开发商签订《商品房买卖合同》外，必须同时签订由开发商和物业公司制订的《业主大会公约》《物业管理合同》，并接受其法律约束力。开发商主动承揽物业管理虽然有促进商品房销售的考虑，但更主要则是为了获取商品房销售后的物业经营管理利益。当业主对物业公司的服务不满意，要求解除合同时，物业公司往往以合同未到期或业主、业主委员会不是合同的签署人为由，拒绝解除合同。

（二）房地产开发建设的不规范和质量问题给物业公司留下诸多先天性的纠纷隐患

从客观上来讲，物业管理处于房地产开发产业链条的末端，受房地产设计规划和开发的影响较大。一些项目前期规划指标落实不到位，设计开发存在漏洞，具体表现为机动车停车场、自行车停车场、公厕、垃圾转运设施、管网分户控制、邮政信箱、社区服务用房等设施设备配建不足，致使业主将不满情绪转嫁到物业服务企业，导致后期管理服务难、物业服务收费难。

从主观上来讲，陕西省新建小区多数的物业公司是由房地产开发公司自

已组建或委托的物业公司，这从一开始就剥夺了业主和业主委员会对物业公司的选择权利和契约自由。物业公司本应在接受委托前，对将要负责的房屋、公共设施等进行全面而细致的验收，理清关系、分清职责。但是，物业公司为了既得利益，不敢和开发商谈条件，更不敢和开发商划清界限，对建设工程质量缺陷等问题难以要求开发商及时解决，从一开始就成了开发商的"冤大头"。

（三）业主委员会成立难，法律主体地位不明确，运行机制欠缺，难以发挥作用

造成业主大会成立难的主要原因有以下几个方面。

1. 缺乏牵头人

首先，业主大会、业主委员会是业主自己管理自己资产的群众组织。《业主大会规程》明确规定：该组织由业主自发组织，在房地产行政主管部门和街道办事处的指导下，由业主代表、建设单位组成业主大会筹备组，负责业主大会的筹备工作。这就是说，业主是成立业主大会、业主委员会的责任主体和牵头人，然而，多数业主并没有承担起这方面责任，原因如下。首先，多数业主对物业管理法规缺乏了解，不知道业主大会、业主委员会在物业管理活动中的职责、地位和作用，从而对成立业主大会、业主委员会工作缺乏专业性和主动性。其次，部分业主的从众心理使得他们在成立业主大会的问题上瞻前顾后、却步不前，生怕"枪打出头鸟"。最后，部分业主的行为准则是"见益行事"，对于此项有关全体业主利益的大事抱漠不关心的态度。因此，很难有业主自发牵头来筹备这项工作。

此外，在小区入住率达到一定比例时，开发商作为法定的业主大会筹备组成员，也可牵头推选业主代表组成业主大会筹备组来开展这项工作，但由于利益关系，多数开发商不愿主动牵头。

物业管理企业不是法定筹备组成员，加之更多地担心成立业主委员会组织后会给自己带来很多麻烦。因此，多数物业管理企业更不可能主动地组织和配合这项工作。

2. 筹备过程烦琐

按照《业主大会规程》及民主选举办法的有关规定和做法，成立业主大会，选举产生业主委员会是一项工作量很大、专业性很强、政策理论要求很高的工作。由于目前国家和多数城市没有规范的指导性文件，筹备人员在筹备工作初期往往一头雾水，无从下手。筹备过程的烦琐给此项工作的进展带来了一定的难度。

3. 筹备费用难以解决

业主大会由少数业主自发筹备，由于缺少经济实体组织的参与，筹备工作中发生的交通费、印务费、组织活动费等难以解决，只好由筹备组成员自行承担，这既侵犯了热心小区建设和公益事业业主（筹备组成员）的利益，也打击了他们工作的积极性。从主管部门掌握的情况看，部分筹备工作就是在筹备费用无法解决的情况下被迫搁浅的。

4. 业主委员会运行难

由于业主委员会人员素质参差不齐、代表多元，由其制定的《管理规约》等文书资料往往不具有可操作性，不符合法律法规，且在工作上难以形成一致意见。

在司法实践中，业主委员会只是一个无法人地位的自治性组织，主体地位不明确，难以独立承担民事责任，业主自律机制不完善。业主自律机制的建立，主要是为协调和维护业主共同利益，但其实际约束力极为有限，当个别业主拒缴物业管理费时，物业管理企业难以利用业主自律机制来追讨应得利益。

（四）物管公司工作不力导致业主拒缴物管费

一是服务质量不高。小区内安全排查不到位、卫生清洁不到位、设施设备维护不到位、绿化亮化不到位。二是纠纷解决不力。小区内业主车辆受损、财物丢失、公用设施伤人、个别业主乱搭乱建等问题难以得到解决。三是收费不合理。物管公司收费透明度较低、收费标准高低不等，且大部分物管公司没有相关收费依据。

（五）业主的消费和责任意识淡薄

部分业主缺乏物业管理消费意识，还未树立"谁受益、谁付费"、"付多少费，享受与付费水平质价相符的服务"及"根据自己消费水平，选择确定相应的物业服务"的消费意识，随意拖欠或拒交物业服务费。还有业主缺乏公约意识，随意违反业主公约的规定，将个人利益凌驾于整体利益之上，扰乱了物业管理活动秩序。此外，一些业主维护自己权益时法律意识淡薄，往往采取不理智的做法，导致矛盾纠纷时有发生。

（六）物业管理服务经营方式粗放缺乏创新

物业服务企业属劳动密集型企业，人员成本支出占物业管理总支出的60%～70%，在社会消费价格普遍上涨、企业劳动用工成本逐年增大的情况下，物业服务盈利模式单一，仅依靠物业缴费以及少量广告位等方式盈利，盈利能力整体处于较低的水平。部分物业服务企业接管的老旧小区，基础设施差、收费标准低，物业服务企业处于亏损经营状态，管理服务积极性不高，业主满意度低。从物业服务行业税负看，营业税为5.575%，高于交通运输、建筑业、邮电通信等行业3%的税率，且存在重复计算税基等情况，企业税负重，发展困难。电力、电梯检测费用多，供水、供电等终端服务不到位，线损、变损、维修养护、代收代缴等额外成本，增加了企业的负担，最终损害了业主的合法权益。

三　加强物业管理的对策建议

（一）强化政府管理监督职能，建立健全长效物业管理机制

按照"制度健全、权责清晰、管理规范、竞争有序"的管理理念，坚持业主自治与专业服务、属地管理与条块联动、政府引导与分类管理、依法监管和规范管理相结合的原则，加快体制创新，转变政府职能，完善市场机

制，规范企业行为，拓展基层治理，促进联动共治，着力完善物业管理体系，提升物业管理效能。

1. 健全领导组织机构和工作联动机制

按照"统一领导部署，统筹协调推进"的工作思路，建议成立以区、县政府分管领导任组长，区县职能部门和有关街道办、乡镇政府负责人为成员的物业管理工作领导小组，负责全区、县物业管理工作。

领导小组坚持定期不定期召开联席会议，统筹、协调、研究物业管理工作出现的问题和矛盾，督促有关部门按期妥善处理涉及物业管理的各类案件。按照"源头管控、分级负责、联动调处"的要求，建立业主委员会、社区、乡镇人民政府三级物业矛盾纠纷化解调解联动机制。

2. 加强考核监督

一方面，将职能部门实施物业管理联动配合、老旧小区改造与物业管理、物业管理示范小区建设等内容纳入政府年度目标绩效考核体系。另一方面，建立由领导小组统筹协调、街道组织部署、社区具体实施、业主参与评分的物管企业监督考核制度，将违反《物业管理企业资质管理办法》相关规定的企业列入诚信考核黑名单，限时整改不到位的坚决予以清退。与此同时，出台相关奖励制度，扶持一批运营规范、服务优质、信誉良好的物业企业，充分发挥行业的引领带头作用。

3. 健全自治组织

有条件成立业委会的小区，应在街道办的指导下尽快成立；没有条件成立的，应由居委会代为行使权利。业委会应形成定期会议制度，对小区物业情况进行监督，在小区业主利益受到侵害时，代表其维护合法权益。

4. 用活维修基金

积极开辟使用房屋维修基金的绿色通道，简化申请程序；扩大维修基金应急使用范围，提高基金使用率。由原先征求全体业主2/3同意，变为征求不同意率，不同意率低于1/3即可视为获得其他业主的支持。

5. 加大宣传力度

要充分利用电视、报纸、网络等新闻媒体及小区宣传栏、电子显示屏等媒介载体，加强物业管理相关政策法规和物业知识的宣传，引导广大业主既正确维护自己的权利，又自觉履行好应尽义务。机关事业单位党员干部和公职人员要带头遵守社会公德和小区公约，自觉缴纳物管费用，争做文明业主，争当合格公民。新闻媒体要以争创全国文明城市为契机，加强对小区物业管理的舆论引导和监督，营造良好的舆论氛围和环境。

（二）物业管理企业要多管齐下，加快企业转型升级，提高物业服务经营能力

1. 不断提升物业服务品质

物业公司要充分尊重业主，建立透明的物业管理收费制度，公开服务内容、等级和收费标准，定期公布财务收支状况，接受业主和政府部门的监督。建立畅通的联络渠道，实行定期回访制度，不断提高物业服务工作的质量和水平。

2. 要创新实现多元化和立体化的物业盈利模式

物业服务企业积累了规模巨大的物业资源、业主和住户资源，具备发展创新业务和拓展多种经营服务的基础。根据行业百强企业经营研究报告，行业百强企业在 2016 年的多种经营均值为 1.09 亿元，同比增长 19.98%，占行业百强企业 2016 年营业收入的 17.28%，同比增加 0.55 个百分点。

行业百强企业开展多种经营服务，涵盖社区服务、顾问咨询服务及企业整合自身优势资源开设的其他多元特色服务。2016 年，行业百强企业的社区服务均值为 5191.56 万元，占多种经营服务收入的比例为 47.84%。其中，房屋经纪服务和社区电商服务是大部分行业百强企业开展多元业务的重要方向，两者对应的收入在多种经营收入中的占比分别为 8.25% 和 6.82%。同时，基于自身技术优势和丰富的管理、运营经验，2016 年行业百强企业顾问咨询服务收入均值为 2209.45 万元，占多种经营服务收入的 20.36%。

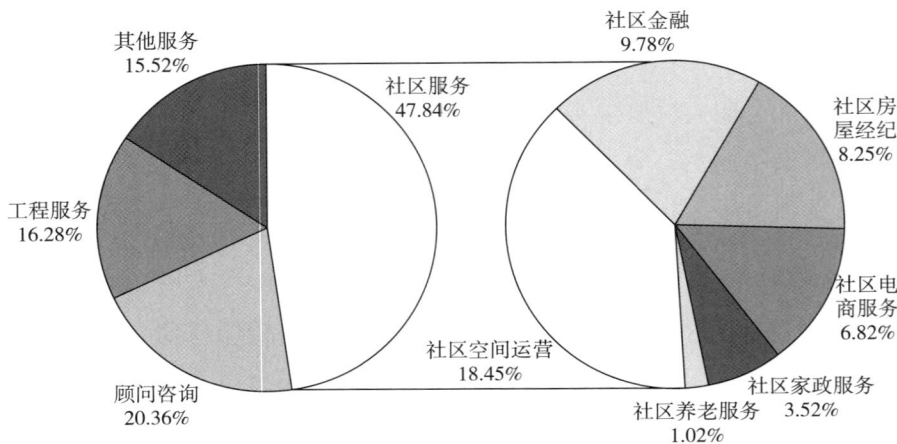

图1 中国物业管理行业百强企业多种经营服务收入情况

资料来源：公开资料整理。

随着社区商业和社区 O2O 模式的兴起，物业服务越来越体现出立体化模式。目前社区商业在我国还处于发展阶段，占商业总体规模比例有限。在未来商业服务将逐步向终端消费者靠拢的趋势下，社区商业在整体商业发展中的占比将继续提升，带动社区 O2O 市场规模扩张。根据研究，社区 O2O 是指在社区场景发生并完成消费的 O2O 市场。此处社区场景指以社区及以之为核心周边距离 3~5 公里范围内，满足社区居住人群生活需求的商家构成的场景。社区 O2O 提供的服务以满足居住人群生活需求为主，消费形式包括到店服务及上门服务，涵盖餐饮、社区零售、洗衣、家政清洁、美容美发、社区观影及沐浴等在内的休闲服务行业。研究数据显示，2015 年我国社区 O2O 市场规模达 304 亿元，并将在未来保持增长，到 2020 年将达到 2234 亿元，年复合增长率达 49%。

在社区 O2O 的市场机遇下，物业服务企业纷纷建设或投资社区 O2O 方面的服务平台，为业主和住户提供更立体化的服务，丰富自身为业主和住户提供的业务类型。

3. 快速增加新技术应用

陕西物业服务企业盈利主要依赖物业服务费收入，在近年来人工成本

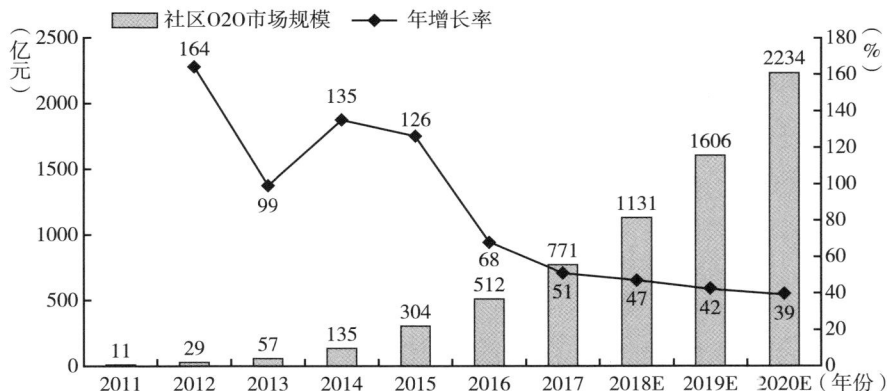

图2 2011~2020年我国社区O2O市场情况

不断上升的情况下，面临盈利困境。随着机械化、信息化、智能化等新技术应用的推广和普及，物业服务企业一方面通过新技术应用对传统物业服务在软硬件方面进行机械化、信息化、智能化升级，对设备设施进行实时全远程监控、自动维护及节能改造，大幅降低企业管理、运作、能耗及物耗方面的成本，实现物业管理成本的有效降低；另一方面通过高科技手段的引入，使复杂业务和重复性作业变得扁平化、智能化和标准化，减少企业人员数量、降低劳动强度和企业的人工成本，从而在有效控制成本费用等情况下扩大有效管理半径，提升企业的品牌输出和管理能力，提高经营绩效和盈利水平。

4. 持续提升专业化分工和服务治理水平

物业服务企业通过将基础业务外包，利用专业服务公司提供的优质低价服务，实现专业化、集约化管理，在降低企业经营成本的同时，提升专业服务水平。根据报告，2018年，七成以上百强企业将部分基础业务交由专业外包服务公司管理。对比企业员工与外包人员数量来看，行业百强企业在2016年外包员工数为39.74万人，占一线员工数的38.33%，同比增长5.85%。行业百强企业充分利用外包公司的专业化优势，把人员需求较多且技术含量低的业务外包，集中精力提升核心业务水平。同时，专业化分工实现了服务实施和监督的分开，物业服务企业基于自身专业判断，对外包公司的服务质量做出客观评价，以良性互动和评价机制促进服务治理水平持续提升。

（三）物业管理行业应该借鉴和应用其他行业的发展经验，运用"互联网＋"、人工智能、大数据等新技术来推动物业管理行业又快又好发展

1. 加快兼并收购，优化行业资源配置

2018 年，随着我国经济下行压力增大、供给侧结构改革和房地产市场调控，房地产行业增速趋缓，新增物业资源增速也逐渐减慢，物业服务行业的竞争重点从新增物业资源转向已有的存量物业资源。近年来，在借鉴其他行业发展历程和经验的基础上，物业管理行业兼并收购节奏不断加快。根据报告，行业百强企业通过兼并收购有效扩大管理规模，在 2018 年共收购 91 家物业服务企业，收购物业管理面积总计 2.34 亿平方米，占百强企业管理面积的 4.29%。物业管理行业进行企业之间的兼并收购，将减少行业的无序竞争和恶性循环，提升行业的服务水平和质量，优化行业资源配置。

2. 进行技术创新和应用，加速行业转型升级

物业服务行业将互联网络和高端设备管理技术融合，探索和创新服务和管理模式，改造和提升企业组织管理架构，积极发现新兴服务领域和业态，通过跨领域资源整合，向智慧型的现代服务业转型升级。我国物业管理行业已有超过 30 年的发展历史，至今积累了规模巨大的物业资源、业主和住户资源。优秀的物业服务企业整合社区各类资源，通过"互联网＋"等手段构建社区生态圈，具备发展成为现代社区综合服务商的巨大空间和基础。

3. 借助资本市场助推物业管理行业、企业良性发展

物业服务行业所拥有的社区客户资源和规范的运作模式是其他行业所不具备的独特优势，越来越受到资本市场的关注和认可。以彩生活在 2014 年于香港上市为标志，我国物业服务企业开始登陆资本市场。目前，已有彩生活、中海物业、中奥到家、绿城服务等物业服务企业在香港上市，已有超过 50 家物业服务企业在全国中小企业股份转让系统挂牌。资本市场促进了优

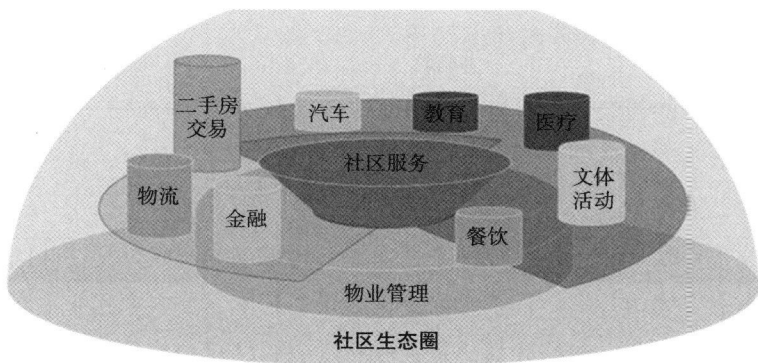

图3　物业管理行业构建社区生态圈

秀的物业服务企业快速发展，使得物业管理行业加快优胜劣汰，减少无序竞争，优化资源配置，实现良性快速发展。

4. 要大力转变业主观念

要开展形式多样的物业管理行业宣传活动，普及物业管理行业相关法律知识，把物业服务理念通过潜移默化的方式灌输到业主的思想中，使广大业主充分认识到物业管理的重要性，引导整个社会和业主树立"花钱买服务""有偿消费"的观念，增强业主的物业管理消费意识、管理意识、契约意识和法制意识。

四　陕西物业管理发展未来的展望

（一）从满足需求到创造需求

传统物业管理理论认为，我们只要识别并满足客户需求，就能实现客户满意的目标。供给侧结构性改革理论启发我们，作为物业服务产品的供给者，我们不应当停止在满足客户需求这样一个被动服务的层面上，还应当通过提供能够解决客户痛点、改善客户体验的全新的优质服务，来主动引导和创造客户需求。

（二）从竞争经济到共享经济

市场经济的初级阶段是竞争经济，高级阶段是共享经济。共享是五大发展理念中最重要的理念，共享不是不竞争，而是不排斥竞争，是一种以激励为手段的良性竞争。

物业管理共享经济，要求物业管理的不同市场主体成为利益共同体，是企业和业主之间的共享，是企业和员工之间的共享，是业主和业主之间的共享，是企业和企业之间的共享，是企业和供应商之间的共享，是行业和行业之间的共享。

（三）从契约关系到信赖关系

物业管理服务是业主和物业管理公司之间的契约关系，但契约不可能尽善尽美，契约永不完善。在当今社会，从来存在的契约永远伴随着从未停止的争议。缺乏信任基础的契约没有生命力，无异于一纸空文，只有将冷冰冰的合同契约与温情脉脉的职业道德结合起来，才能建立起和谐互信的物业管理关系。从契约到信用，从信用到信任，从信任到信赖，从信赖到信服，是物业管理客户关系战略不懈追求的目标。

B.9
2017~2018年陕西房地产企业
发展现状及趋势研究

张 茜 尚宇梅*

摘 要： 从房地产开发企业投资的主要指标及构成来看，陕西省房地产开
发企业数量不断增加，投资规模平稳扩大，但企业实力较弱，具
有二级以上资质的企业占总企业的21%。从各个区域来看，超过
50%的企业分布在西安市（包含西咸新区），区域集中度不断提
升。企业经营主要依靠商品房销售收入，土地转让收入、房屋出
租收入和其他经营收入所占的比例很低。一线品牌房企表现强
劲，市场集中度回升，行业集中度增加，市场需求以改善性为
主，房地产开发企业与其他行业融合发展的趋势将进一步增强。

关键词： 房地产开发企业 企业资质 平均资产 投资规模

随着西部大开发、"一带一路"倡议的深入实施，陕西从过去改革开放
的边缘成为国家向西开放的前沿，给陕西省房地产的发展带来了新的契机。
近年来，陕西省房地产市场稳健发展，取得了丰硕的成果，房地产业成为支
撑陕西经济的支柱产业。近些年，陕西房地产开发企业数量持续增加，企业
平均资产不断增长，投资规模持续扩大。

---

* 张茜，西安财经学院管理学院工程管理研究所讲师，研究方向为房地产开发与经营；尚宇梅，教
授，西安财经学院管理学院工程管理研究所所长、工程管理专业带头人，陕西省房地产研究会常务
理事，陕西省城市经济文化研究会研究员，研究方向为房地产开发与经营、工程项目管理。

一 房地产开发企业投资主要指标及构成

自 2011 年至 2017 年，陕西省房地产企业发展迅速，房地产开发企业投资主要指标及构成如表 1 所示。房地产开发企业从 2011 年的 1430 家发展到 2017 年的 2326 家，增长近一倍；且 98% 为内资投资企业，大部分为非国有、集体性质的开发企业；房地产开发投资由 2011 年的 14109037 万元增加到 2017 年的 31019724 万元，增长一倍多，发展迅猛；其中住宅开发占绝大多数，但比例逐年下降。

表 1 房地产开发投资主要指标及构成

| | 房地产开发企业（单位）个数（个） | | | | | | 本年完成投资 | | |
| | 合计 | 内资投资 | | | | 外资投资 | | 合计 | 住宅 | 住宅比例 |
		小计	国有	集体	其他	港澳台	外商	（万元）	（万元）	（%）
2011 年	1430	1399	101	33	1265	14	17	14109037	11769311	83.42
2012 年	1646	1612	118	34	1460	14	20	18359321	14775700	80.48
2013 年	1690	1657	129	26	1502	16	17	22401692	17689545	78.97
2014 年	1941	1903	120	14	1769	20	18	24264914	18696850	77.05
2015 年	2070	2030	122	15	1893	22	18	24942850	18278046	73.28
2016 年	2177	2136	131	17	1988	24	17	27367546	19161261	70.01
2017 年	2326	2293	135	11	2147	20	13	31019724	21455576	69.17

资料来源：2012~2018 年陕西统计年鉴。

2011 年的 1430 家房地产开发企业平均投资规模为 9866.46 万元，2017 年的 2326 家房地产开发企业平均投资规模为 13336.08 万元，企业规模有所扩大。企业的平均资产从 2011 年的 26286 万元增加到 2017 年的 54497 万元，增长约一倍，企业实力不断增强，增长幅度明显超过企业个数的增长幅度。

但是，陕西省房地产开发企业整体实力一般，从表 2 的陕西省房地产开发企业人员情况来看，2011 年的 1430 家房地产开发企业年平均从业人数为 41 人，2017 年的 2326 家房地产开发企业年平均从业人数为 35 人（见表 2）。

表2　陕西省房地产开发企业资产、人员情况

	开发公司个数	年平均从业人数(个)	资产总计(万元)	企业平均资产(万元)
2011年	1430	41	37589366	26286
2012年	1646	44	52149805.9	31683
2013年	1690	42	65831177.2	38953
2014年	1941	42	85493456	44046
2015年	2070	41	97034157	46876
2016年	2177	39	109939896	50501
2017年	2326	35	126760676	54497

资料来源：2012~2018年《陕西统计年鉴》。

根据中华人民共和国住房和城乡建设部2016~2018年核准的房地产开发一级资质企业名单，到2018年10月陕西省有25家一级资质的房地产开发企业。根据陕西住房和城乡建设厅2018年9月公示的具有有效资质的房地产企业，2018年陕西省各城市其余资质房地产开发企业数量如表3所示。其中一级资质房地产开发企业占总企业的0.8%，二级资质占21.1%，三级资质占34.0%，四级资质占30.5%，暂定级占13.6%，如图1所示，高等级资质占比较低，说明陕西省房地产企业的整体实力有待进一步提高。从陕西省各个区域来看，陕西省52%的房地产开发企业分布在西安市，如图2、图3所示，说明西安是陕西省房企主要聚集的城市。

表3　2018年陕西省房地产开发企业资质情况

	开发公司个数	一级资质	二级资质	三级资质	四级资质	暂定级
全省	3010	25	634	1025	917	409
西安市	1563	16	358	506	450	233
铜川市	26	0	9	17	0	0
宝鸡市	302	1	28	66	158	49
咸阳市	306	3	41	92	94	76
渭南市	190	0	40	80	65	5
延安市	95	1	43	51	0	0
汉中市	155	1	30	54	38	32
榆林市	221	1	55	112	47	6
安康市	100	2	15	30	53	0
商洛市	25	0	11	14	0	0
杨凌示范区	27	0	4	3	12	8

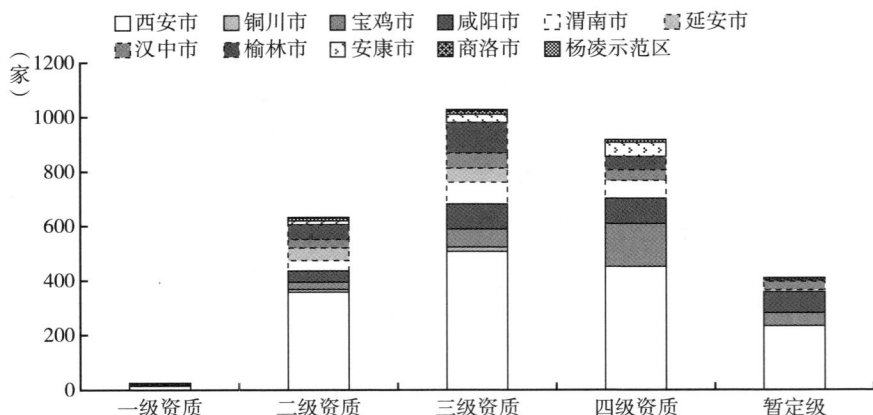

图1　2018年陕西省各城市各级资质房地产开发企业数量对比

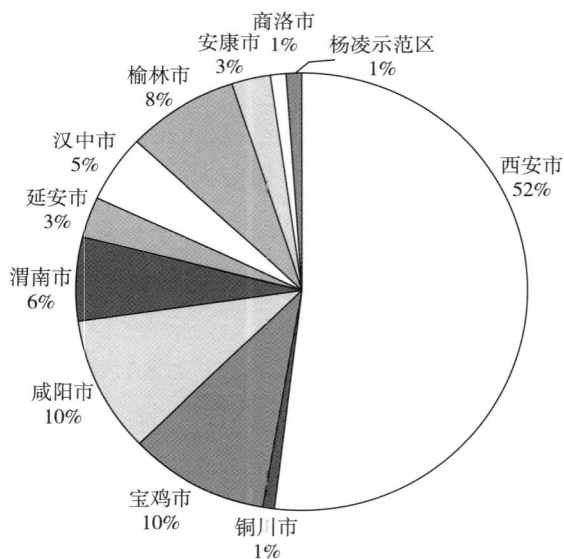

图2　2018年陕西省各城市房地产开发企业数量占比

2017年，西安市房地产开发企业资产占全省的70%以上，如图4所示；汉中、商洛、铜川、榆林等市房地产开发企业平均资产水平远远低于全省平均值，如表4所示，说明陕西省房地产开发企业规模和实力有待提高。

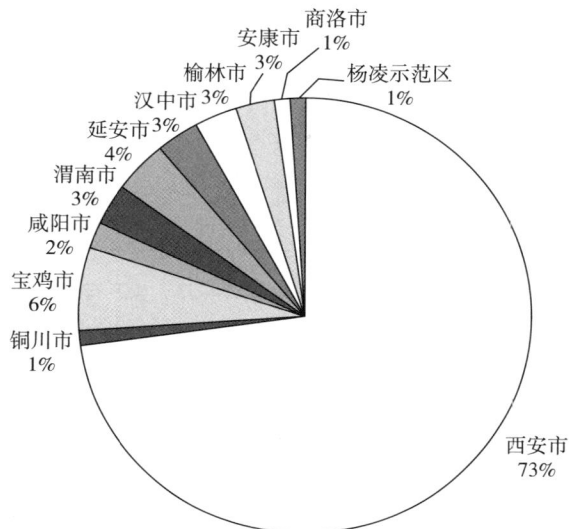

图3　2017年陕西省各城市房地产开发企业总资产占比

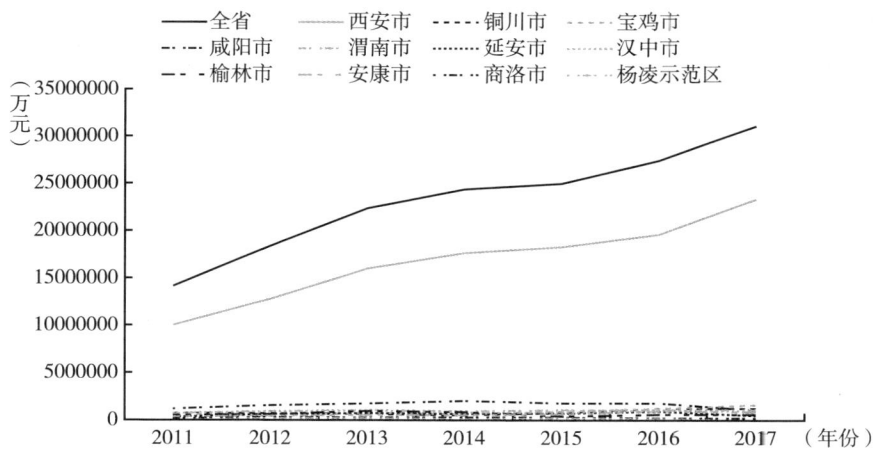

图4　2011～2017年陕西省房地产开发企业各地市完成投资

表 4　陕西省房地产开发企业分区域资产状况

单位：家、万元

	2011 年			2012 年			2013 年		
	开发公司数量	资产总计	企业平均资产	开发公司数量	资产总计	企业平均资产	开发公司数量	资产总计	企业平均资产
全省	1430	37589366	26286	1646	52149805.9	31683	1690	65831177	38953
西安市	579	28782284	49710	672	39575557.9	58892	662	49279347	74440
铜川市	48	319173.9	6649	52	593812.3	11419	51	712038.1	13962
宝鸡市	135	1636044.6	12119	157	2080622.3	13252	165	2760438	16730
咸阳市	92	1254307.3	13634	110	2018006.5	18346	127	2563018.5	20181
渭南市	107	950581.8	8884	117	1297115.5	11086	119	1644146	13816
延安市	54	674184.3	12485	63	858057	13620	70	1157061.8	16529
汉中市	176	1477419.2	8394	196	2126477.7	10849	195	2454909.4	12589
榆林市	112	1107646.4	9890	132	1670573	12656	140	2523060.4	18022
安康市	81	940612	11612	95	1210077.9	12738	106	1852096.5	17473
商洛市	29	196931.2	6791	33	305398	9254	36	365263.9	10146
杨凌示范区	17	250181.7	14717	19	414107.8	21795	19	519798	27358

资料来源：2012～2018 年陕西统计年鉴。

续表

	2014 年			2015 年			2016 年			2017 年		
	开发公司数量	资产总计	企业平均资产	开发公司数量	资产总计	企业平均资产	开发公司数量	资产总计	企业平均资产	开发公司数量	资产总计	企业平均资产
全省	1941	85493456	44046	2070	97034157	44876	2177	109939896	50501	2326	126760676	54497
西安市	784	61563303	78525	859	69018051	80347	923	78137823	84656	1044	92085175	88204
铜川市	66	1102617	16706	72	1186820.4	16484	73	1347640.2	18461	73	1566517.3	21459
宝鸡市	187	5377957	28759	202	6161392.5	30502	222	5885830.8	26513	243	8002073.3	32930
咸阳市	151	3635113	24074	156	4416651.9	28312	160	5631459.5	35197	120	3062858.7	25524
渭南市	128	2294277	17924	135	2829415.2	20959	136	3236703.7	23799	153	3987529.7	26062
延安市	82	2174792	26522	90	2518946.3	27988	100	4125728.3	41257	114	4910430.9	43074
汉中市	207	2703829	13062	211	3286025.7	15574	210	3104061.3	14781	219	3521921.8	16082
榆林市	151	3031430	20076	155	3096159.3	19975	157	3242441.2	20652	158	3535283.7	22375
安康市	116	2369604	20428	123	3203234.4	26043	126	3472733.6	27561	142	4184884.1	29471
商洛市	48	511480	10656	45	549445.8	12210	49	669624.7	13666	40	755490.9	18887
杨凌示范区	21	729055	34717	22	768015.3	34910	21	1085850.1	51707	20	1148511.3	57426

资料来源：2012～2018年《陕西统计年鉴》。

二 陕西省房地产开发企业完成投资情况

陕西省房地产开发投资由 2011 年的 14109037 万元增长到 2017 年的 31019724 万元，增长 2 倍（如表 5 所示），其中七成左右属于西安市，显示了陕西省的房地产开发主战场是西安市。从 2017 年房地产开发投资来看，西安之后依次为宝鸡市、咸阳市、渭南市。2002 年西咸一体化战略实施后，咸阳市的房地产业发展很快，2011 年至 2016 年间占陕西省房地产开发总量的 10% 左右，2017 年 1 月 22 日，西咸新区划归西安管理，造成该年咸阳的房地产开发投资额大幅下降。2011 年至 2017 年咸阳、渭南、铜川、汉中市的房地产开发完成投资占全省比例呈下降趋势，表明房地产开发企业资源集中到西安等市场活跃地区，以追逐更大的开发利润。2011～2017 年陕西省房地产开发企业各地市完成投资如图 5 所示。

表 5 陕西省房地产开发完成投资

单位：万元

年份	2011	2012	2013	2014	2015	2016	2017
全省	14109037	18359321	22401692	24264914	24942850	27367546	31019724
西安市	9968097	12819013	15956418	17618818	18316688	19558202	23333373
占全省比例	70.65%	69.82%	71.23%	72.61%	73.43%	71.46%	75.22%
铜川市	203634	225182	224863	316585	283040	427444	247356
占全省比例	1.44%	1.23%	1.00%	1.30%	1.13%	1.56%	0.80%
宝鸡市	727104	758757	812723	931447	947798	1324102	1655956
占全省比例	5.15%	4.13%	3.63%	3.84%	3.80%	4.84%	5.34%
咸阳市	1184821	1517638	1748254	1959505	1818166	1788639	1045027
占全省比例	11.89%	11.84%	10.96%	11.12%	9.93%	9.15%	4.48%
渭南市	682149	851093	1013325	813537	973288	969542	1138089
占全省比例	4.83%	4.64%	4.52%	3.35%	3.90%	3.54%	3.67%
延安市	80781	203089	184045	266572	509824	778380	639393
占全省比例	0.57%	1.11%	0.82%	1.10%	2.04%	2.84%	2.06%
汉中市	572137	734147	690905	820995	681975	854003	976134
占全省比例	4.06%	4.00%	3.08%	3.38%	2.73%	3.12%	3.15%
榆林市	291247	524925	896547	739283	469903	405454	632462
占全省比例	2.06%	2.86%	4.00%	3.05%	1.88%	1.48%	2.04%

续表

年份	2011	2012	2013	2014	2015	2016	2017
安康市	223246	364015	505314	534816	655020	951187	938749
占全省比例	1.58%	1.98%	2.26%	2.20%	2.63%	3.48%	3.03%
商洛市	109796	141989	171627	183463	193487	200568	210689
占全省比例	0.78%	0.77%	0.77%	0.76%	0.78%	0.73%	0.68%
杨凌区	66025	219473	197671	79893	93661	110025	202496
占全省比例	0.47%	1.20%	0.88%	0.33%	0.38%	0.40%	0.65%

资料来源：2012~2018年《陕西统计年鉴》。

三 陕西省房地产开发企业经营情况分析

房地产开发企业的主营业务收入包括土地转让收入、商品房屋销售收入、房屋出租收入和其他经营收入。分析2011年至2017年陕西省房地产开发企业经营情况（如表6所示），可以看出以西安市房地产开发企业为代表的陕西省房地产开发企业主要依靠开发、销售商品房这种经营模式，土地转让收入、商品房屋销售收入、房屋出租收入和其他经营收入所占的比例很低（见表6）。如图5所示，从西安市房地产开发企业商品房屋销售收入与经营收入对比情况可以看出，西安市房地产开发企业经营收入基本上依赖商品房屋销售收入。全省商品房屋销售收入占经营总收入的比例在94%以上，基本上全部是商品房屋销售收入。

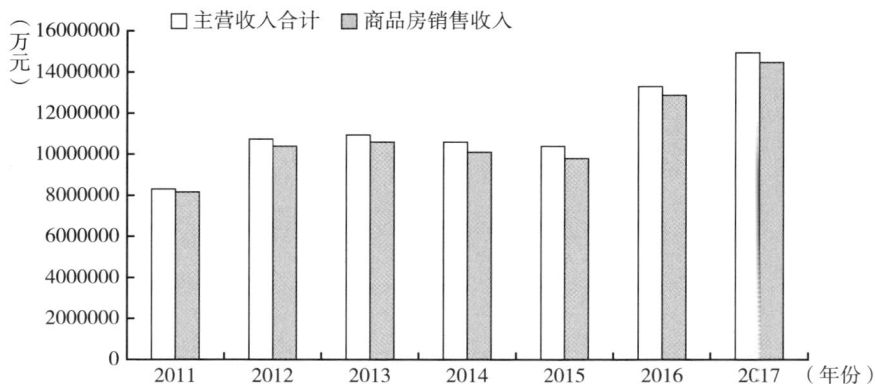

图5 西安市房地产开发企业商品房屋销售收入与经营收入对比

表6 陕西省房地产开发企业经营情况

单位：万元

	2011 年			2012 年			2013 年			2014 年		
	经营收入合计	商品房屋销售收入	占经营收入的比例（%）	经营收入合计	商品房屋销售收入	占经营收入的比例（%）	经营收入合计	商品房屋销售收入	占经营收入的比例（%）	经营收入合计	商品房屋销售收入	占经营收入的比例（%）
全 省	10551944	10342590	98.02	13434504	12868813	95.79	14341545	13882715	96.80	13838977	13326922	96.30
西安市	8353923	8218332	98.38	10785961	10400430	96.43	10966488	10632486	96.95	10609512	10169702	95.85
铜川市	66376	65784	99.11	58907	57753	98.04	81561	80021	98.11	61800	58755	95.07
宝鸡市	395375	386743	97.82	413817	374030	90.39	545287	508370	93.23	537919	526882	97.95
咸阳市	356997	341863	95.76	472495	465473	98.51	654201	638405	97.59	770968	759605	98.53
渭南市	275965	268481	97.29	371842	359924	96.79	423048	414537	97.99	299814	298220	99.47
延安市	85700	85495	99.76	153655	145816	94.90	192089	183947	95.76	156479	146955	93.91
汉中市	370101	358267	96.80	384095	374244	97.44	470285	447313	95.12	383248	380772	99.35
榆林市	304956	288873	94.73	340968	285424	83.71	479309	472260	98.53	460278	449824	97.73
安康市	240112	236550	98.52	301205	268160	89.03	345008	325534	94.36	338254	320364	94.71
商洛市	68911	66264	96.16	88733	85325	96.16	126931	124029	97.71	100168	97736	97.57
杨凌示范区	33528	25937	77.36	62826	52234	83.14	57338	55814	97.34	120538	118107	97.98

续表

	2015 年			2016 年			2017 年		
	经营收入合计	商品房屋销售收入	占经营收入的比例(%)	经营收入合计	商品房屋销售收入	占经营收入的比例(%)	经营收入合计	商品房屋销售收入	占经营收入的比例(%)
全 省	13595851	12884511	94.77	17585226	16920841	96.22	19252889	18680894	97.03
西安市	10423832	9852725	94.52	13382411	12979896	96.99	15001437	14533051	96.88
铜川市	50397	47531	94.31	161784	145004	89.63	104621	102346	97.83
宝鸡市	618712	591001	95.52	640126	624919	97.62	744347	731591	98.29
咸阳市	720492	701865	97.41	824877	775538	94.02	617187	594158	96.27
渭南市	397181	393073	98.97	578749	561701	97.05	607309	602834	99.26
延安市	236249	208032	88.06	227706	192362	84.48	378886	360176	95.06
汉中市	385714	377086	97.76	548171	512847	93.56	480974	467619	97.22
榆林市	205562	186752	90.85	394520	387536	98.23	621344	611395	98.40
安康市	313369	290841	92.81	576193	497221	86.29	433803	417637	96.27
商洛市	121554	118482	97.47	131711	129055	97.98	148412	147772	99.57
杨凌示范区	122789	117124	95.39	118977	114763	96.46	114570	112314	98.03

资料来源：2012～2018 年《陕西统计年鉴》。

四 陕西省开发企业面临的新形势

（一）城镇人口和城镇化水平增速趋缓

近年来，全省围绕让农村人口进入城市安居乐业的目标，坚持以人的城镇化为核心，以关中平原城市群建设为重点，以移民（扶贫）搬迁、重点示范镇建设、旅游文化名镇建设、人才吸引政策、新型城镇化综合试点等为抓手，着力提升城镇化发展的质量和水平，全省城镇化进程明显加快，人口聚集效应逐渐增强。2017年全省城镇人口增长至2178万人，与2011年相比，城镇人口增加了408万人，年均增加68万人。2018年西安推出落户新政，截至2018年12月3日，全市新增人口突破73万人。如表7所示，2017年全省常住人口城镇化率达到56.79%，较2016年提高了1.45个百分点，高于同期全国1.17个百分点的增幅；与全国城镇化的差距由2011年的4.00个百分点缩小到2017年的1.73个百分点。2011年以来，全省城镇化率提高了9.49个百分点，提升速度位居西部地区前列。2011年至2017年，全省城镇化率年均提高1.58个百分点。城镇人口总量的持续增长，城镇化水平的持续提升，都推动着房地产业的发展。

根据《陕西省人口发展规划（2016～2030年）》的预期发展目标，到2020年，全省常住人口城镇化率要达到60%，户籍人口城镇化率要达到45%，到2030年，常住人口城镇化率要达到70%。在"十三五"时期的后三年，全省城镇化率年均提高1.07个百分点，即可达到2020年常住人口城镇化率60%的规划目标；从2018年至2030年，全省城镇化率年均提高1.01个百分点，即可达到2030年常住人口城镇化率70%的规划目标。从全国看，由于启动实施全面两孩政策，"十三五"时期出生人口将有所增多，"十四五"以后人口总规模增长惯性减弱，预计总人口将在2030年前后达到峰值，此后持续下降。从陕西省看，人口发展既符合普遍性规律，又具有自身特点，人口变动主要趋势是人口增长将逐渐减缓。城镇人口数量的增长和城镇化是拉动经济增长的最大动力，人口总量增速趋缓，城镇化速度的降低，表明未来城镇化推动房地产业发展的动力作用将有所减缓。

表7　陕西省常住人口及城镇化率

年份	2011	2012	2013	2014	2015	2016	2017
年底常住人口（万人）	3743	3753	3764	3775	3793	3813	3835
城镇人口比重（%）	47.30	50.02	51.31	52.57	53.93	55.34	56.79

资料来源：2012～2018年陕西统计年鉴。

（二）陕西省房地产业将进入平稳发展期

如表8所示，"十二五"期间，陕西省经济增长的速度降低，进入"十三五"之后，经济发展进入更为平稳的新常态，经济增长推动房地产业快速发展的动力有所减弱。再从人均GDP与房地产发展关系来看，根据世界银行研究报告，人均GDP到8000美元左右，房地产业将进入平稳发展期，以改善需求为主，而陕西省2017年的人均GDP为8482美元。

表8　陕西省生产总值及其增长速度

年份	2011	2012	2013	2014	2015	2016	2017
生产总值（亿元）	12512.30	14453.68	16205.45	17689.94	18021.86	19399.59	21898.81
生产总值增长速度（%）	13.9	12.9	11	9.8	7.9	7.6	8
人均生产总值（元）	33464	38564	43117	46929	47626	51015	57266

资料来源：2012～2018年《陕西统计年鉴》。

（三）居民住房条件明显改善，房地产市场饱和度不断提升

从住宅品质看，新建住宅种类丰富多彩，既有普通住宅、公寓式住宅，也有高档住宅、TOWNHOUSE、别墅等；既有低层、多层、小高层，也有高层、超高层等；既有框架结构、剪刀墙结构，也有框架剪刀墙结构、钢结构等，满足了人民日益增长的多样化居住需求，人民居住条件得到极大改善。如表9所示，2017年陕西省城镇居民人均住房建筑面积为32.71平方米，虽低于全国水平，但较2011年增加了10.71平方米，居民住房条件明显改善。陕西省住房面积已与发达国家相接近，房地产市场饱和度不断提升，加之宏观调控对房地产投资投机行为的抑制，使得房地产开发企业面临着市场需求减少的压力，表明房地产市场在由数量驱动向品质驱动转变。

表9　陕西省城镇居民人均住房建筑面积

年份	2011	2012	2013	2014	2015	2016	2017
城镇居民人均住房建筑面积（平方米）	22.00	22.06	29.95	30.58	31.30	32.60	32.71

资料来源：2012~2018年《陕西统计年鉴》。

（四）房屋造价上涨对房地产开发企业成本控制的要求日益凸显

在房地产业发展推动力减弱、市场饱和度提升、新建房屋份额下降等缩减房地产市场需求的形势下，房地产开发企业的成本也在持续上涨。如表10所示，2011年至2016年陕西省房地产开发企业房屋竣工造价浮动不大，2017年上涨到3101元/平方米，对房地产开发企业成本控制的要求日益凸显，要求房地产开发企业采取有效的成本控制措施，增强企业在行业中的竞争力，提高经济效益。

表 10　陕西省竣工房屋造价

年份	2011	2012	2013	2014	2015	2016	2017
竣工房屋造价（元/平方米）	2623	2673	2849	2722	2757	2667	3101

资料来源：2012～2018年《陕西统计年鉴》。

五　陕西省房地产开发企业发展趋势分析

从全省的房地产开发投资和房地产企业资产来看，西安市均占到了全省的七成以上，因此可以西安市房地产企业为代表，来分析陕西省房地产开发企业的发展趋势。

（一）品牌竞争将成为房地产开发企业的立足之本

在 2005 年左右，西安还是陕西本土企业的天下；2011～2016 年，外来企业表现日趋强势，本土房企如天朗、海荣、紫薇、天地源等还能占据一席之地；2017 年西安房企销售排名，本土房企无一上榜。如表 11 所示，一线房企表现强劲，西安进入大牌房企时代，品牌市场集中度进一步提高，外来企业已夺取了陕西省房地产市场的话语权，引领陕西房地产市场的发展，说明品牌竞争将成为房地产开发企业的立足之本。培育和造就房地产开发企业的企业品牌，建立以企业文化为核心的企业品牌形象，将成为房地产行业领军企业的经营战略首选。

（二）2017年入榜门槛大幅度提高

从西安市 2011 年至 2017 年房地产企业销售金额 TOP10 榜单看出，房企规模基本呈增长态势，其中 2017 年增长迅猛，万科、融创销售金额已过百亿，入榜门槛大幅度提高，如表 11、图 6 所示。

表11 西安市 2011 年至 2017 年房地产企业销售金额 TOP10

排名	2011 年			2012 年			2013 年		
	企业名称	总成交金额（亿元）	商品房金额市场占有率（%）	企业名称	总成交金额（亿元）	商品房金额市场占有率（%）	企业名称	总成交金额（亿元）	商品房金额市场占有率（%）
1	中海	34.6	4.33	中海	48.9	5.51	中海	48.8	4.47
2	绿地	33.1	4.14	绿地	41.3	4.65	万科	46.6	4.25
3	万科	31.8	3.98	天朗	38.7	4.36	天朗	37.0	3.39
4	金地	31.4	3.92	万科	38.6	4.35	龙湖	33.6	3.08
5	天朗	30.5	3.82	海荣	31.2	3.52	绿地	31.8	2.92
6	海荣	29.9	3.74	金辉	28.0	3.16	华南城	28.2	2.59
7	紫薇	24.7	3.09	龙湖	19.5	2.20	金地	27.3	2.50
8	恒大	20.7	2.59	和记黄埔	18.6	2.09	金辉	25.4	2.33
9	大连万达	17.5	2.19	金地	17.5	1.97	海荣	23.3	2.13
10	金辉	14.1	1.76	华远	17.2	1.94	紫薇	22.8	2.09

续表

排名	2014年			2015年			2016年			2017年		
	企业名称	总成交金额（亿元）	商品房金额市场占有率（%）	企业名称	总成交金额（亿元）	商品房金额市场占有率（%）	企业名称	总成交金额（亿元）	商品房金额市场占有率（%）	企业名称	总成交金额（亿元）	商品房金额市场占有率（%）
1	万科	54.6	5.16	万科	61.0	3.53	万科	74.9	5.56	万科	134.3	6.32
2	中海	46.3	4.37	金地	44.5	2.57	金地	40.1	2.98	融创	108.2	5.10
3	天朗	33.1	3.13	绿地	44.0	2.54	中海	35.4	2.63	恒大	71.4	3.36
4	绿地	32.2	3.04	中海	42.0	2.42	绿地	25.6	1.90	金地	66.0	3.11
5	金地	29.9	2.82	金辉	29.7	1.71	海荣	25.0	1.86	绿地	56.5	2.66
6	金辉	28.1	2.65	天朗	26.2	1.51	金辉	24.7	1.83	碧桂园	56.4	2.66
7	海荣	20.5	1.94	恒大	23.0	1.33	天地源	24.3	1.80	龙湖	45.8	2.16
8	龙湖	20.4	1.93	曲文投	22.9	1.32	龙湖	24.1	1.79	华远	45.8	2.16
9	保利	18.0	1.70	天地源	21.5	1.24	恒大	22.2	1.65	保利	45.4	2.14
10	泰华	16.9	1.60	保利	20.9	1.21	中国铁建	17.3	1.28	金辉	38.9	1.83

资料来源：CRIC。

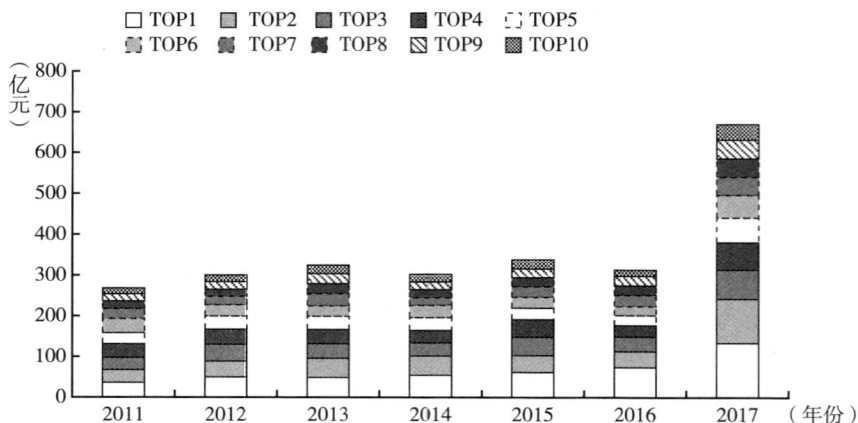

图6　西安市2011年至2017年房地产企业销售金额TOP10

（三）市场集中度回升，行业集中度增加

西安市2011年至2017年房地产企业销售金额TOP10的市场集中度，呈先降后升的态势，2017年已回升至30%以上。2017年前三名占比将近15%，TOP10房企销售金额集中度继续上升，行业集中度将进一步提高，如图7所示。

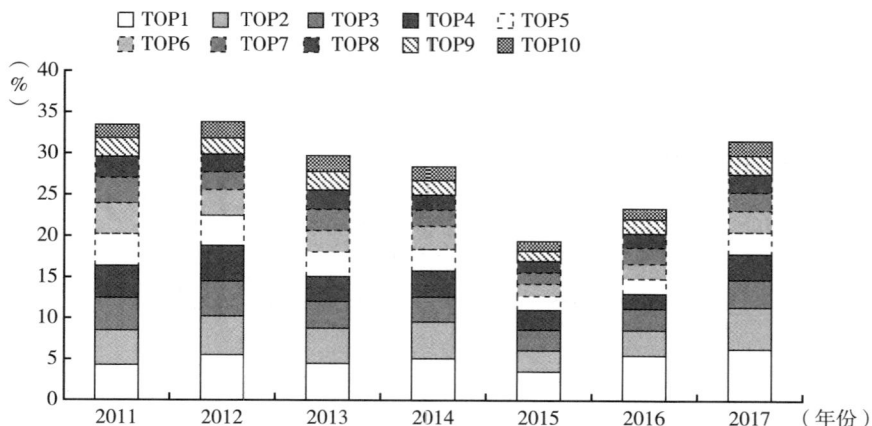

图7　西安市2011年至2017年房地产企业销售金额TOP10市场占有率

（四）房地产开发企业的业务范围向非居住物业发展

表12　陕西省按工程用途分的房地产开发投资

单位：万元

年份	住宅	别墅、高档公寓	办公楼	商业营业用房	其他
2011	11769311	393676	367589	1196979	775158
2012	14775700	339606	438731	1554941	1589949
2013	17689545	387283	798458	2240840	1672849
2014	18696850	479339	1051474	2857338	1659252
2015	18278046	288493	1609470	3467013	1588321
2016	19161261	581723	1906231	4159472	2140582
2017	21455576	683594	2420870	4394200	2749078

资料来源：2012～2018年陕西统计年鉴。

从表12可以看出，从2011年至2017年，陕西省不同工程用途房地产开发投资，均有较大幅度的增长，但增长速度不同，住宅增长了0.8倍，办公楼和商业营业用房增长较快，分别增长了5.6倍和2.7倍。从图8可以看出，2011年至2017年，住宅占比逐年下降，从2011年的83.42%下降到2017年的69.17%。而办公楼、商业营业用房和其他用途的房地产开发投资占比不断增长，表明房地产开发企业的业务范围向非居住物业发展。因此，在城镇化速度有所降低、人口老龄化程度提升的背景下，住房需求量总体将有所下降，房地产市场结构中住房所占比例也将有所下降，非居住物业所占比例将有所上升。

从图9可以看出，2011年至2017年，陕西省别墅、高档公寓占住宅开发投资比例，呈先降后升的态势。近两年，陕西省别墅、高档公寓占住宅开发投资占比已超过3%，说明人们对高档住宅的需求量有所增加，对产品品质的要求越来越高。

（五）房地产开发企业与其他行业融合发展的趋势将进一步增强

粗放型、单一化的房地产开发模式已经不适应当前经济社会发展的现实

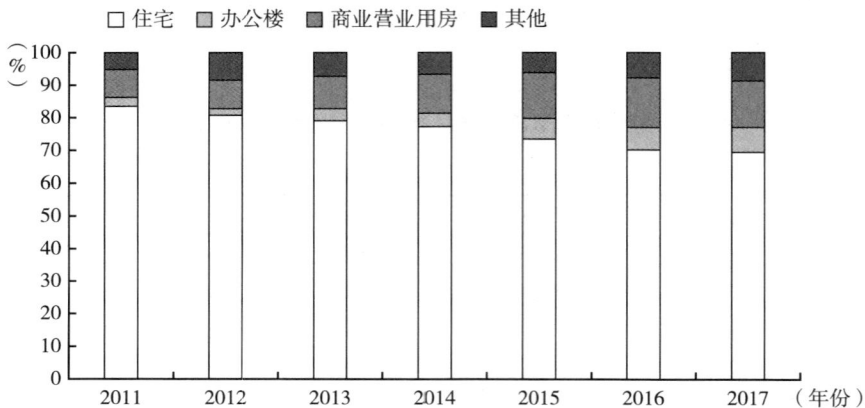

图 8　2011 年至 2017 年陕西省不同工程用途房地产开发投资占比

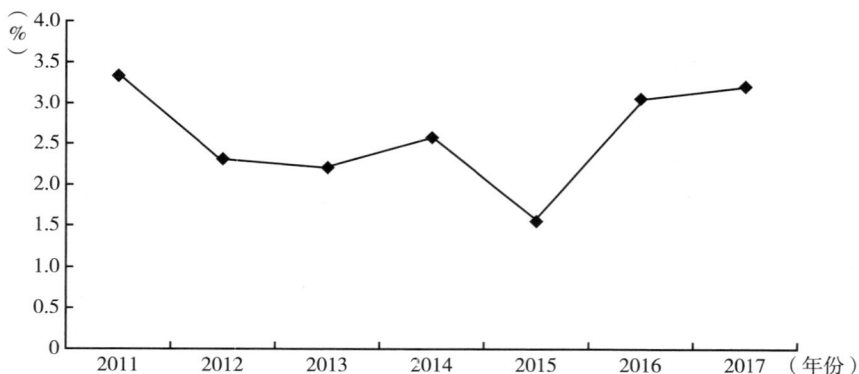

图 9　2011 年至 2017 年陕西省别墅、高档公寓占住宅开发投资比例

需求，更不能破解房地产开发企业面临的诸多问题。为了应对新的经济社会形势和供需双方面的问题，相当一部分房地产开发企业审时度势，通过经营模式转变、开发内容拓展等方式来寻求新的企业业务增长点。如特色小镇、养老地产、文旅地产等，都是房地产开发企业顺应政策导向、人口发展趋势、生活追求方向等做出的战略选择。

如恒大养生谷是恒大集团在 2016 年推出的健康养生产业，西安恒大养生谷是目前西北唯一特色养生小镇，开启了全方位全龄化健康养生养老的地产开发模式。2017年11月7日，西咸新区管委会与恒大集团在西安签署战略合作框架协议，西咸新区秦汉新城管委会与恒大旅游集团签署西安恒大童世界项目合作开发协议，西咸新区和恒大集团将在现代农业、大健康、文化影视、旅游度假等领域开展战略合作。位于陕西省西咸新区泾河新城的乐华城·国际欢乐度假区集文化旅游、休闲度假、娱乐购物、高端居住四大板块功能于一体，是中国首个欢乐主题生态度假区。2018年12月13日，延安市与万达集团签约，双方将共同打造延安万运城，该项目占地约1900亩，总投资120亿元，其中文旅投资约40亿元。

这些项目的开发，说明房地产业与其他产业的交叉点越来越多，未来房地产开发企业与其他产业的融合发展趋势也将进一步增强。

（六）房地产开发企业的精细化管理水平将进一步提升

随着城镇化速度的降低、市场饱和度的提升、经营成本的上涨，房地产开发企业之间的竞争日趋激烈，利润空间不断缩减，对成本控制提出更高的要求。房地产业具有高投资、高风险的特点，而且项目开发建设周期较长，产品异质性较大，因此房地产开发企业的成本控制难度较大，成本控制成为房地产开发企业精细化管理的核心。提高管理的精细化水平、采取有效措施加强成本控制，将是房地产开发企业发展的必然选择。

参考文献

董昕：《中国房地产开发企业面临的新形势与发展方向》，《中国房地产》2017年28期。

王凯红：《十三五期间房地产开发企业转型发展的若干思考》，《上海房地》2015年11期。

杨树坪：《国民经济安全视角下房地产泡沫治理研究》，《管理观察》2015年29期。

B.10
陕西绿色建筑及其评价与标识的发展

刘启波　张瑞瑞*

摘　要： 随着我国经济的快速发展和全球变暖等生态问题加剧，我国
对绿色建筑建设提出了更多的要求，而目前我国绿色建筑的
建设水平有待提高，绿色建筑技术在陕西省的应用还不够完
善。本文从绿色建筑及其发展出发，系统阐述了绿色建筑评
价体系，并总结了绿色建筑技术在陕西省房地产开发中的
应用。

关键词： 绿色建筑　居住建筑　建筑技术

一　绿色建筑及其发展概况

（一）绿色建筑的源起及定义

绿色建筑源于 20 世纪 60 年代的能源危机，欧美建筑设计师首先意识
到可以通过建筑设计大大降低建筑业能源损耗和污染的程度。关于绿色建
筑评价标识，其建筑类型可分为公共建筑、居住建筑、住宅建筑、工业建
筑和综合建筑，星级分为一星级、二星级、三星级，标识类型分为设计标
识和运行标识。绿色建筑认证，是指依据《绿色建筑评价标准》（GB/T

---

* 刘启波，工学博士，副教授，硕士生导师，长安大学建筑学院副院长，主要研究方向为人居
环境与绿色建筑、地域文化与地域建筑；张瑞瑞，长安大学建筑学硕士在读。

50378－2014）和《绿色建筑评价技术细则（试行）》建科（〔2007〕205号）进行项目的绿色设计，然后按照《绿色建筑评价标识管理办法（试行）》（建科〔2007〕206号）确认绿色建筑的等级并进行信息性标识的一种评价活动。

（二）绿色建筑在国际上的发展

绿色建筑在德国、美国等发达国家起步较早，经过几十年的探究，各国已陆续制定有关绿色建筑、生态建筑的相关设计原则及规定制度，并且趋于成熟。随着绿色建筑在全球的盛行，国际业界对其设计思路及方法竞相讨论，诸多建筑类杂志均设有生态建筑专项板块，如日本的著名建筑类专业杂志《建筑与都市》、英国的《建筑评论》、德国的《细节》、沄国的《技术与建筑》等。

2015 年 6 月，美国在加利福尼亚州旧金山市举办第 83 届 MAM（Mayor Annual Meeting，即全美市长年度会议），确定了"绿色建筑的美国概念"，以敦促国会推行美国绿色建筑产业，并且指出建筑物是美国最大的能源消耗体。近 300 位市长在《"美国概念" 2025 协议》上签名，承诺其所任职的城市在未来五年内将温室气体排放总量降低 5%～8%，2020 年后把温室气体减排的速度提高一倍。

在相关实践中，英国制定了政策和制度来促进低碳排量建筑、日光照明技术等方面的科学研究。德国是目前欧洲太阳能利用最好的国家之一，且注重关注低污染和低环境影响性的基础设施利用。瑞典制定了 14 项可持续发展的目标，其有关太阳能的应用项目最大的创新是将生物沼气和太阳能相结合。

（三）绿色建筑在国内的发展

自 20 世纪 90 年代起，绿色建筑概念被引入了我国，为了推进绿色建筑的发展，相关部门出台了一系列规范和相关文件，《绿色建筑评价标准》（GB/T 50378－2014）、《绿色建筑评价技术细则（试行）》建科（〔2007〕

205 号）、《绿色建筑评价标识管理办法（试行）》（建科〔2007〕206 号）标志着我国的绿色建筑发展步入正轨。各个省份也依据各自的特点，制定了相应的绿色建筑评估细则和推动绿色建筑发展的措施。"十三五"规划就明确了绿色建筑发展的目标：到 2020 年，所有的民用建筑都符合节能标准，绿色建筑的比例达到一半。

同时，为了保护环境和资源，创造健康的生活环境和实现可持续发展，我国参考了美国 LEED 的相关研究编制了《中国生态住宅技术评估手册》。在 2006 年 6 月，我国正式建立了自己的体系——"中国绿色建筑三星认证"。据住房和城乡建设部统计，中国是世界第二大获得 LEED 认证的国家，每年申请项目的增长率为 20%。相比之下，"中国绿色建筑三星认证"才刚刚开始，现在有许多政府示范项目。截至 2017 年底，共有 10927 个项目获得绿色建筑标志。目前我国的绿色建筑主要分布在沿海发达城市，并没有规模化推广开来，我国距离真正的绿色建筑全覆盖还有很长的路要走。

（四）绿色建筑评价体系及其发展

1. 国际上的绿色建筑评价

绿色建筑评价是绿色生态建筑健康发展的重要保障。世界上许多国家和地区积极研究和实践国际绿色生态建筑评价体系。

美国的 LEED 采用第三方评价体系，提高了系统的可靠性和权威性，评价范围得到了扩展，形成了完善的评价链。它是全球建立绿色建筑及可持续发展标准和评价体系的典范。英国的 BREAM 评估系统在检查建筑物的整个生命周期方面具有最显著的优势，其基于条款的评估系统简单、易懂、易于理解，考虑到了各种设计方法对环境的影响，建设了一个庞大的数据库。建筑设计提供了环境影响因素，设计师可以在早期执行项目影响评估。加拿大的 GBTOOL 评价体系在许多国家参与评价体系的设计中做出了最为开放和显著的变化。评价体系充分尊重地方特色，评价基准灵活、适应性强。各国家和地区可以根据实际情况增减评价制度的具体规定，制定评价绩效标准和权重因素，突出了不同地域、不同技术、不同建筑体系、不同文化的价值政策。日本的 CasBee 评价体系清楚地描述了建筑环境效率评价的边界，并将建筑边界与最高点之间的虚拟生活空间作为建筑环境效率评价的封闭体系。该评价体系的最大创新是提出了将环境效率（environmental efficiency）作为评价体系定量评价指标的概念。

2. 国内的绿色建筑评价

我国的绿色标识体系主要是以《绿色建筑评价技术细则（试行）》（建科〔2007〕205 号）为基础的。《绿色建筑评价标识管理办法（试行）》（建科〔2007〕206 号）将"绿色建筑评价标识"分为一、二、三星级。香港建筑环境评价标准主要是在香港进行的，该评估系统于 1996 由香港理工学院开发，此系统旨在评估建筑物的整体环境绩效。建筑环境绩效评价可分为六个方面：场地、材料、能源、水资源、室内环境质量、创新和绩效改进。

随着我国节能事业的发展，节能条例和标准显示系统逐渐建立起来。2007 年 10 月 28 日，《中华人民共和国节约能源法》公布，2008 年 4 月 1 日正式生效。2008 年 7 月 23 日，制定了《民用建筑节能条例》，随后，《公共机构节能条例》正式颁布。

2006 年，根据绿色建筑近年来的实践经验和国际绿色建筑评价体系的经验，中国颁布了第一个《绿色建筑评价标准》（GB/T 50378 - 2006）。此标准为多用途建筑综合评价体系，从建筑、材料、节能、节水、运行管理等方面对建筑进行了综合评价，其特点是在设计过程中注重节能控制。为支持现行的评价体系和设计标准，国家有关部门负责制定和评价公共建筑节能标准，《节能建筑评价标准》《公共建筑节能改造技术规程》为我国新建筑和既有建筑节能改造的规范管理和实施奠定了良好的基础。

二　陕西省绿色建筑发展概况

早在 2007 年，《陕西省建筑节能条例》便颁布实施，同时启动《陕西省建设领域节能减排工作实施方案》，自此陕西省掀起绿色建筑发展大潮。《陕西省绿色建筑行动实施方案》要求，从 2014 年 1 月 1 日起，各级政府建设工程、新建安保房屋和大型公共建筑，全面实施绿色建筑标准。在一系列政策和措施激励下，"十二五"期间，陕西省绿色建筑面积达到 2854.82 万平方米，居住建筑供热计量改造 957 万平方米，230 个项目取得国家绿色建筑标识。西安浐灞生态区、西咸沣西新城、榆林市空港新城被住建部列为生态试点示范城市。

2017 年 1 月发布的《陕西省城镇住房发展"十三五"规划》，提出了更高目标，要求到"十三五"时期末，陕西全省绿色建筑占新建建筑的比重达到 50% 以上，推进绿色小区建设，创建省级绿色生态小区 50 个以上。同时要求推进成品住房建设工作，鼓励和倡导已供地及在建商品住房项目提高成品住房建设占比，新供地项目中成品住房占比逐步达到 100%，并推进住宅产业化发展，要求装配式建筑占新建建筑比重达到 15% 以上。

2017 年 3 月，第三次修订的《陕西省建筑节能条例》正式实施，其中将绿色建筑标准的执行范围明确为城镇新区、绿色生态城区的新建居住建筑和公共建筑，大型公共建筑，国家机关办公建筑和政府投资的学校、医院等公益性建筑，以及建筑面积在 10 万平方米以上的居住小区，同时鼓励其他房地产开发项目执行绿色建筑标准，建设绿色生态居住小区。

资料显示，2017 年，陕西省新增绿色建筑规划项目 270 个，设计项目及建筑面积 3249.73 万平方米。在西安市的主城区，20 万平方米以上的新住宅区开始建设二星级绿色建筑。新组装建设项目年开工 113.38 万平方米，确定并公布了省级组装式建设试点示范城市。

陕西省住房与城乡建设厅官方网站公布的数据显示，截至 2018 年 1~6 月，绿色建筑项目按设计标识星级划分，一星级项目 83 个、建筑面积 960.48 万平方米，二星级项目 59 个、建筑面积 522.13 万平方米，三星级项目 1 个、建筑面积 27.15 万平方米；按项目类别划分，公共建筑 63 个、居住建筑78个、工业建筑2个；按城市划分，西安市104个项目、西咸新区18个项目、咸阳市7个项目，宝鸡市、榆林市各3个项目，安康市、渭南市、延安市、汉中市各2个项目。

与全国绿色建筑的发展概况相比，陕西省的绿色建筑占比过小，发展潜力巨大。

三 绿色建筑技术在陕西省房地产开发中的应用及问题

（一）陕西省房地产开发中绿色建筑技术应用实例

位于陕西省汉中市滨江新区核心位置的汉中恒大帝景项目，是滨江新区独一无二的大型景观生态居住区，经过绿色建筑设计标识申报评估，最终被评为二星级（见图1）。

图1 恒大帝景项目效果

资料来源：《恒大帝景自评估报告》，中国建筑科学研究院，2015年8月。

表 1　恒大帝景设计阶段评分情况

| | 评分项 | | | | | 加分项 |
| | 节地与室外环境 | 节能与能源利用 | 节水与水资源利用 | 节材与材料资源利用 | 室内环境质量 | |
	共 100 分	共 100 分	共 100 分	共 100 分	共 100 分	共 10 分
实际得分	80	44	68	33	53	
不参与评分	3	16	29	20	3	
最低得分	40	40	40	40	40	
折算后得分	82.47	52.38	79.07	41.25	54.64	
居住建筑权重	0.21	0.24	0.20	0.17	0.18	
公共建筑权重	0.16	0.28	0.18	0.19	0.19	
平均权重	0.185	0.26	0.19	0.18	0.185	
加权后得分	15.26	13.62	15.02	7.43	10.11	
总得分	61.43					
本项目星级	二星级					

资料来源:《恒大帝景自评估报告》,中国建筑科学研究院,2015 年 8 月。

1. 节地与室外环境

该项目在建设场地内合理种植绿化林木,种植乔木、灌木、草本等以防止水土流失和泥石流,并且进行部分屋顶绿化,绿化方式为卷铺草皮。卷铺草皮选用佛甲草,其耐干旱、抗高温、节水、冬季耐寒、宿根轮生、养护管理粗放。

与此同时,该项目所在地属于夏热冬冷地区,冬季及夏季的主导风向均为东北风,次主导风向为东风。项目结合场地地形进行总平面设计,从而使建筑在冬季避开主导风向,通过增加外窗可开启面积,在夏季可获得较好的自然通风效果,并且采用分体空调形式,可随时开窗通风,降低过渡季节供暖、通风与空调系统能耗。

夏季、冬季主导风向(东北风)下,建筑周边人行区域风速小于 2.92 米/秒,项目建筑周边人行区域风速放大系数在 1.1 以内,符合行人舒适要求。

2. 节能与能源利用

该项目所在区域气候分区属夏热冬冷的地区,屋面的保温层采用了

90mm 厚 EPS 板，并且采用外保温、加气混凝土砌块填充墙，外侧贴 30mm 厚硬质岩棉保温板。玻璃采用了断桥铝合金框料，遮阳型 Low－E 中空玻璃（在线），空气间层 9mm 厚。

在暖通方面，该项目 C 区地上商业采用分体空调，可随时开窗通风，以降低过渡季节供暖、通风与空调系统能耗。

在照明系统中，主要灯具选用节能光源，荧光灯灯管为三基色节能型 T5 灯管，光通量为 2800Lm 以上，荧光灯、金卤灯配用电子镇流器或节能型电感镇流器，加配套电容补偿，功率因数不低于 0.9；设备机房、库房、办公用房、卫生间及各种竖井等处的照明采用就地设置照明开关控制；楼梯间、前室、走道选用声光控型开关，采用以上措施以达到灯具控制节能的效果。

3. 节水与水资源利用

在给排水系统竖向分区设计中，根据用水压力及用水性质要求，公建与住宅分开设置生活给水泵房。商业部分由市政供水管直接供水，充分利用市政供水压力。室外绿地浇灌、道路冲洗使用自来水，室外绿化灌溉采用微喷灌、滴灌，并且通过雨水入渗与节水措施达到节水的目的，选用了场地人行道透水铺装和树池雨水入渗措施，增加雨水入渗量。同时，商场卫生间的坐便器采用容积不大于 5L 的节能型（带水流档位二档按钮）冲洗低水箱。除此之外，水池、水箱溢流水位均设报警装置，防止进水管阀门故障时长时间溢流排水。

4. 节材与材料资源

该项目基础采用梁板式和平板式两种基础方案进行比较，最终采用梁板式，经计算比较，用钢量节约 3%、混凝土用量节约 8%。

5. 室内环境质量

该项目主要设备噪声源为空调、水泵、风机等配套系统。针对上述主要噪声源，采取了一系列的降噪措施，对室内不会产生明显的噪声干扰。居住建筑中，排水管远离客厅、卧室布置。单立管采用带有加强型涡流器的 UPVC 排水管，具有明显的降噪作用。

外窗采用中空玻璃断桥铝合金窗，外立面没有采用镜面玻璃，玻璃幕墙用玻璃反射率不大于0.2。项目住宅室外光环境较好,室内灯具选择能降低表面亮度的材料制作的灯具,室内装修合理控制灯具安装高度和灯具布置方式,合理搭配窗结构内表面和窗周围的内墙面颜色,以减少眩光。

项目户型通过设置外窗开启扇以实现被动式通风节能,各户型外窗均设有可开启扇,且主要房间外窗可开启面积与地板面积比例均大于5%,且外窗可开启面积比例大于30%,可有效改善自然通风。

(二)绿色建筑技术在陕西省房地产开发中的问题

我国住宅类绿色建筑技术水平与发达国家相比仍存在较大差距。现阶段,全国的总能耗当中有25%为建筑业能耗,而建筑材料能耗则是主要的建筑能耗。与发达国家相比,我国建材生产工业化水平较低,导致建材能耗较高。现阶段建筑以混凝土结构为主,但大多数建筑都不能做到采用预拌砂浆、预拌混凝土,使用预制装配结构的建筑更少。现阶段,我国建筑使用能耗约是发达国家的3倍多,在围护结构的保温性能、外窗的保温隔热性能、水资源节约等方面仍落后于发达国家,在建筑节能性能设计上需要提高标准,降低建筑使用能耗。

推进住房产业化,可实现节能减排,促进绿色安全建设,提高住房经营质量,改善居住环境,促进产业改造。通过工业化生产,墙体可与轴承、外壳、蓄热、装饰等多种功能融为一体。复合成型可节约能源和材料,混凝土制品在车间制造,节约水资源和循环水资源。采用工厂预制和现场拼装,实现了干法施工,施工过程中减少了垃圾的产生,整个实施过程都体现了绿色建筑安装的理念。在装饰与结构一体化、设计与施工同步的情况下,业主节省了时间和精力,避免了建筑垃圾和建筑材料二次装修产生的浪费。通过产业化生产模式,有效地控制了住宅建筑质量,保护了消费者在住宅使用过程中维修成本方面的利益,提高产品的尺寸精度和内部质量。

然而一些常见绿色建筑技术的应用在陕西省中还不够完善,适宜性与系统性、地域性未全面体现。

首先是陕西绿色住宅产业化(主要是预制构件)总体成本相对较高。

绿色建筑的建设成本与发展成本之间存在着尖锐的矛盾，同时，在陕西房地产行业，合理利用能源是绿色节能技术的重要组成部分。目前，提高陕西省房地产企业的能源科学利用水平势在必行。煤炭仍然是我国的主要能源消耗，天然气、太阳能、风能和地热能在城市能源消费构成中的利用相对较低。在建筑工程的具体能耗中，建筑材料的绝热保温性能普遍较差，绝热保温技术不够先进，在传热过程中浪费了大量的能量，不利于绿色建筑节能技术的实现。

其次，陕西省绿色住宅产业化的标准设计水平、装配技术等均未有成熟技术，被动式节能技术尚未引起重视。绿色建筑节能技术分为被动式技术和主动式技术，被动式节能技术取决于建筑的布局和节能材料的使用。目前，在绿色建筑技术的应用中，被动式技术应用较少。这种现象不仅是建筑设计单位本身对被动技术的忽视，而且是开发商应用主动技术，以满足人们的消费需求。

最后，陕西省绿色住宅产业化的市场环境还没形成，若要使建筑开发企业愿意主动推进绿色住宅产业化，还需要社会各方的齐力合作，以及政府相关政策的鼎力支持。这些问题能否得到解决，是陕西省发展绿色住宅产业化的关键。

推进绿色建筑技术在陕西省房地产项目的应用，应注意以下三方面：一是陕西省应统一设计模数和参数，以降低建筑安装成本，使装配式住宅的设计标准化；二是政府加快政策性优惠措施的推出与落实，可制定实行减免税收、财政补贴等措施，来助推低碳经济的发展；三是陕西省需完善相关标准体系，推广先进技术，加强工作技术培训，建立指导和激励机制，执行区域激励政策，建立专门机构，建立协调促进体系。

四 展望

2018 年年中，《建筑节能工作三年专项行动方案》正式印发，到 2020 年，陕西省建设模式将有效转变，全省绿色建筑占比达 50%，重点地区绿色建筑占比达 20% ；建筑能源利用效率得到有效提高，清洁可再生能源应用增长 15% 以上。

我们需要借鉴发达国家的绿色技术和成功经验，在增强国内绿色技术研发能力的同时，适当地引进国外先进的绿色技术，建立起自己完整的绿色建筑产业链条，盘活绿色建筑产业市场，以绿色建筑产业市场引领绿色建筑革命，实现在技术上由引进到研发再到弯道超车的目的。

陕西省能否真正推动绿色建筑的发展，房地产企业的绿色变革能否成功，取决于人们对绿色理念的认知和正确理解。应让绿色理念逐渐深入人的内心，提高人的生命价值，改变人的生命观念和行为，为绿色建筑的实践和推广创造良好的市场氛围。

在今后的发展中，应着重以下方面。

（一）提高绿色建筑技术在前期规划和设计方面的应用

在绿色建筑设计和规划阶段，就要加强对相关内容的把控，需要基于绿色建筑设计理念，明确绿色建筑设计的要点。在设计建筑结构时，要注意建筑的能耗，从而控制建筑的形状系数。当形状系数较小时，建筑运行所需的能量就减少了，对降低建筑能耗起到了很大的作用。

同时，良好的设计规划非常重要，规划居住区应当从总体上进行规划。居住区总建筑面积不变时，密度低、容积率高，有利于节能环保。应注意居住区的通风条件，在建筑选型中，对地形、风向等进行分析，以保证建筑选型的效果。

表 2 住宅建筑日照标准

建筑气候区划	I、II、III、VII气候区		IV气候区		V、VI气候区
	大城市	中小城市	大城市	中小城市	
日照标准日	大寒日				冬至日
日照时数（h）	≥2		≥3		≥1
有效日照时间带（h）	8～16				9～15
日照时间计算起点	底层窗台面				

资料来源：《城市居住区规划设计规范》（GB50180－93），2002。

绿色建筑技术的运用必须遵循地方特色。在房地产开发中、在应用绿化技术时，要充分利用建筑物的照明条件、风、地形等当地自然环境，从区域实际出发，选择最佳的绿化技术。

还需合理选择建筑材料，注重物质对人体的危害，选择经济性强、低污染的材料。在施工过程中，做好施工材料的管理工作，大力处置建筑垃圾，降低环境污染程度。

（二）加大可再生资源和绿色建筑节能技术的使用力度

在房地产开发中增加可再生能源的使用是绿色建筑技术的重要内容。最广泛使用的是可再生能源包括太阳能、风能和地热能。太阳能具有热水供应、室内保温和发电的作用。

绿色建筑节能技术中的保温隔热技术广泛应用于房地产开发，适用于墙体保温结构。应根据材料的能耗系数和燃烧系数选择合理的保温材料。在选择室内保温材料时，应充分考虑材料中甲醛的含量，做好建筑材料的质量检验工作。

室内通风系统的设计首先要明确建筑的方向和布局，合理利用自然风，提高室内亮度，降低能耗，实现节能减排。为实现自然通风，可设置呼吸门窗，合理设计室内结构，利用门窗实现自然通风。外窗不能太大，不然无法设计门和窗分区格式。同时，应根据建筑物的方向设计窗墙比，并根据实际需要设置传热系数。多层建筑多采用平板窗，选用塑钢门窗。

地源热泵技术是房地产项目利用最多的节能方式。地源热泵技术适用于地热资源丰富的地区。地源热泵系统与智能化系统相结合，可实现节能减排，提高绿色建筑的能效。地源热泵系统的低温控制在温差大、室外温度变化剧烈的地方更加稳定。

（三）注重适宜技术及技术的综合利用

我国的绿色建筑技术无法复制欧美的经验和技术。欧美建筑有其独有的地理及环境的特点，其技术形式也与其需求相关。适宜技术不是指某一特定的技术形式，而是一种技术选用的思想，在不同地区、不同时期有着不同内容的单一技术或组合技术。主要包括：围护结构保温与隔热技术、室内环境控制技术、自然能源利用技术。技术的选用不仅要根据所在区域的接受能力，而且要与当地自然生态、社会经济、文化风俗等地域情况相适应。在具体的工程实践中应从项目实际出发，遵循以下原则。

（1）以被动式设计为主、主动设计为辅。充分利用建筑物的朝向、方向、布局等场地条件；利用自然热源和冷源建设建筑物，实现建筑物的采暖和制冷；通过被动式设计方法，结合居住区规划，布置建筑室外绿化和水体，进一步改善室内外的声、光、热等物理环境。

（2）绿色住宅设计中尽量使用本地建筑材料，减少由于材料加工、运输而造成的能耗及环境污染。建筑材料应尽可能采用可降解、可再生的资源，同时严格做到建材的无污染、无辐射。

（3）充分利用雨水、太阳能、地热能等自然资源。积极开发太阳能、水能、风能等无污染的可再生能源。

（4）积极利用现代科学技术，利用先进的计算软件模拟日照、室外风环境、室内光环境、周边噪声等，为设计提供科学依据，优化建筑设计，提高建筑的物理性能。

参考文献

《城市居住区规划设计规范》（GB50180 - 93），2002。

刘鹏：《关于绿色建筑评价标识的学习与节能新技术应用的思考》，中国中西部地区土木建筑学术年会，2015。

陕西省政府：《陕西省绿色建筑行动实施方案》，陕政办发〔2013〕68号。

陕西省住房和城乡建设厅：《关于2018年1～6月绿色建筑项目建设情况的通报》。

王玉麟、黄巧玲、成杜松：《国内外绿色建筑发展经验探讨》，《建筑科技与管理》2016年3月。

中国建筑科学研究院：《恒大帝景自评估报告》，2015。

住房和城乡建设部：《绿色建筑评价标准》（GB/T50378 - 2014），2014。

大西安楼宇经济发展研究

王蔚然　张　馨　高云艳　方雪*

摘　要： 本文阐述了楼宇经济发展的理论，剖析了国内外楼宇经济发展的典型模式及经验，基于对大西安楼宇经济发展现状的调查，分析存在的问题，提出大西安楼宇经济的发展思路以及构建楼宇经济的评价指标体系，为楼宇经济发展水平的量化提供了初步探索。最后，从产业政策、财政政策、金融政策、组织保障措施四个方面提出大西安楼宇经济发展的对策建议。

关键词： 大西安　楼宇经济　房地产

一　大西安和楼宇经济概述

（一）关于大西安的概念和范围

大西安是一个区域的概念，犹如大巴黎、大伦敦地区一样，和行政区划不完全一致。2009 年《关中—天水经济区发展规划》公布后，陕西省委、省政府先后出台过两个大西安概念的版本。一是 2010 年由省规划院编制，

---

* 王蔚然，陕西省房地产研究会副秘书长，主要研究方向为工程项目管理和房地产开发经营管理；张馨，陕西省社会科学院经济研究所副研究员，主要研究方向为区域经济与可持续发展；高云艳，陕西省社会科学院经济研究所副研究员，主要研究方向为区域金融；方雪，西安天盛城市发展研究院助理研究员。

经省政府批准同意的大西安概念规划。这个规划明确了大西安的范围：西安市12个区县（周至除外），加上咸阳市2区（秦都、渭城）2县（三原、泾阳）。二是省委、省政府2012年出台的《关于省市共建大西安 加快推进创新型区域建设的若干意见》（陕发〔2012〕6号），在这个文件中确定的大西安范围包括西安市行政区域、咸阳城区和西咸新区。此外，西安市也拿出过一张大西安规划图，这个图的范围东到渭南（临渭区、富平县），西到杨凌，包括西安市13个区县、咸阳市3区（含杨凌）1市（兴平）5县（三原、泾阳、礼泉、乾县、武功）和渭南市的临渭区、富平县，共24个区（县、市），1.7万多平方公里。从西安市目前的经济实力、产业结构和区域合作需要以及各方面能接受的程度来看，把大西安地区（或叫西安都市区）明确为西安市所提出的这24个区（县、市），1.7万多平方公里范围是合适的。

本研究由于资料获取限制，研究范围主要为西安市区和咸阳市区。

（二）楼宇经济的概念

楼宇经济是随着经济全球化、大城市竞争加剧以及现代服务业崛起而逐渐兴起的一种新兴都市特色经济。在我国，楼宇经济首先出现在深圳、上海，随后向大连、广州、福州、天津、南京、杭州、宁波等沿海、沿江经济发达城市渗透。关于楼宇经济的概念，目前尚无权威性的定义。有专家认为楼宇经济是一种"隐藏"在商用楼宇中的高级经济形态，是以商务楼为要素，通过开发、出租楼宇引进各种公司，实现招商引资，从而引进税源，增加收入，带动区域经济发展的一种经济形态。

其实，最早于20世纪90年代，我国经济学研究者就提出了楼宇经济的概念，随后经历了二十年左右的实践探索。目前，楼宇经济已成为我国城市化推进过程中的一种新型经济形态，是我国城市经济体系的重要组成部分，是继总部经济、网络经济等之后的又一新型经济形态。在我国城市经济发展中，凡是利用城区新开发楼盘和闲置用房，通过出租、售卖、合作等形式，引进现代服务企业和都市型工业，从而培植新税源和新的经济增长点，促进城市经济发展的经济活动，通称为楼宇经济。

（三）楼宇经济发展的理论综述

1. 中央商务区（CBD）理论

CBD 是（Central Business District）的缩写。中央商务区的概念起源于 20 世纪 20 年代的美国。美国城市社会学中的芝加哥学派的主要代表人物——伯吉斯（E. W. Beg ess）和派克（R. E. Park）在其理论研究成果中首次提出了 CBD 概念，同时将 CBD 定义为位于城市布局的中心，交通发达，土地价值最高，有大型商店、办公楼、剧院、旅馆、银行等设施，是城市社交、文化活动的中心。此后，许多国内外学者和机构纷纷从自身研究的角度出发，对 CBD 做了不同的定义。虽然定义的内容不一，但是学者们对 CBD 的看法有许多共同点。一，用地特征：位于地价峰值区，土地开发和使用强度高。二，建筑特征：容积率、建筑密度高，建筑形态呈垂直发展。三，职能：以商务办公为主，如公司总部、金融服务、银行、保险、信息咨询、房地产等，兼具高档零售业。四，交通特征：交通峰值区，可达性高。

世界较为闻名的大城市中央商务区有纽约曼哈顿、伦敦金融城、香港中环、东京银座、巴黎拉德芳斯、首尔江南等。目前中国已形成三个国家级的特大城市中央商务区：北京朝阳 CBD、上海陆家嘴 CBD、广州天河 CBD，分别主要服务于我国环渤海、长三角、珠三角三大经济圈。CBD 建设进程与楼宇经济发展进程具有很高的关联性。

2. 楼宇经济与其他新经济的关系分析

当前，新经济是在经济全球化和信息技术革命背景下产生的新型经济形态，实际是指由创新型知识占主导、创意产业为龙头产业的智慧经济形态，是创新经济、科技经济、知识经济、服务经济的综合体现。目前，中国经济体系由传统经济占主导向新经济占主导的发展趋势日益明显。

楼宇经济是新经济中的一类。它并不是单一的产业经济形态，而是由多元素、多产业组成的复合经济形态，楼宇经济与其他新经济如总部经济、地铁经济、特色街区经济、会展经济等具有互为依存、相辅相成的密切关系。

二 国内外楼宇经济发展现状

（一）国外发达国家城市楼宇经济发展的典型模式

国外楼宇经济的发展模式，一般遵循城市本身的地理优势来规划定位与建设，体现了城市空间的特点。从国外城市楼宇经济的发展经验来看，有四种比较具有代表性的楼宇经济发展模式，即以美国纽约曼哈顿为代表的核心高强度发展模式、以法国巴黎拉德芳斯为代表的轴线扩展模式、以伦敦道克兰为代表的自由企业区模式和以日本东京新宿为代表的多核心城市结构模式。

（二）国内发达城市楼宇经济发展状况

随着改革开放的深入，长三角、珠三角、京津冀（环渤海）三大都市圈成为中国经济最有实力、最具活力、最富潜力的地区，同时这三大都市经济圈中的许多城市也成为楼宇经济发展的先导区域。目前，国内明确提出发展楼宇经济的主要有北京、上海、深圳、杭州、广州、厦门、武汉、宁波、青岛、成都等大城市。

1. 北京西城区金融街。它是基于政府主导、市场辅助的，集决策监管、资产管理、支付结算、信息交流、标准制定于一体的金融中心区，也是北京最早发展楼宇经济的重点区域。金融街作为北京市第一个大规模整体定向开发的金融产业功能区，具有十分明显的总部特征。

2. 上海静安区。发展楼宇经济是上海产业转型以及集约利用土地资源的必然选择。静安区是上海楼宇经济发展最早、最成功的区域之一，是上海楼宇经济发展的缩影。静安区面积仅 7.65 平方公里，却矗立起 250 余幢商务商贸楼，其中高档商业、办公、宾馆楼宇约 110 幢，建筑面积约 430 万平方米。高产出、低能耗是楼宇经济的典型特征，承载现代服务业的静安楼宇，不仅数量多，贡献也大。

3. 深圳罗湖区。罗湖区作为深圳最早开发的区域，也是楼宇经济高度发展集中区。目前，区域内有 70 多家星级酒店，18 层以上的高层楼宇近 500 栋，写字楼面积达 700 万平方米以上。地王大厦、国贸大厦、世界金融中心、罗湖商务中心等摩天大厦均坐落于此。

4. 成都春熙路商务中心区。春熙路 CBD 是成都市最早形成的商业商务中心区，以红星路、东城根街、南河沿线、新华大道为界的约 7.05 平方公里的区域将发展为城市商业的核心。随着以成都国际金融中心（IFS）、远洋太古里为首的一批新型商业项目的兴起，春熙路正成为成都公认的 CBD 中心区。目前区域内聚集了数十栋国际甲级写字楼、多家星级酒店以及约 22 万平方米的商业群。

（三）国内大城市楼宇经济发展模式及路径

1. 发展模式

与国外以市场为主导形成的 CBD 发展相比，国内的楼宇经济发展更多依靠政府的引导和行政力的推动。从发展模式看，国内的楼宇经济从开发参与主体、空间分布、业态集聚的角度来探索不同的发展模式。

（1）从楼宇开发参与主体角度来看，楼宇经济可以分为政府主导型、市场主导型、政府－中介组织－多元市场联动协同型等三种模式。

（2）从空间布局的角度看，楼宇经济发展模式可分为单核高强度发展模式、多核多中心发展模式、轴线扩展发展模式以及网络辐射状发展模式等四种。

（3）依据楼宇经济的业态发展及产业集聚特点，可把国内楼宇经济的发展模式分为综合型发展模式、主题型发展模式、都市工业型发展模式和科技园区型发展模式等四种。

2. 发展路径

与国外楼宇经济发展相比，国内城市楼宇经济发展时间较短。政府主导功能非常明显，更加注重具有中国特色的可持续发展道路。

结合国内城市楼宇经济的发展实际，目前已形成的现实可行的发展路径大致有筑巢引凤、产业主导、主题驱动、优势带动、都市工业、盘活存量、腾笼换鸟等七种发展路径。

（1）筑巢引凤：新建一批容纳力强、设施先进、功能齐全、配套完善的现代商务楼宇，通过委托招商、代理招商、联合招商等方式，帮助楼宇开发、销售企业加快商务楼宇的租售进度，增强招商引资实效，如宁波鄞州区。

（2）产业主导：通过二次开发提高可持续发展能力，形成产业和行业聚集效应。如北京中关村的"楼宇孵化器"模式、北京亦庄的"以业兴城"模式、深圳罗湖的"产业升级助推器"模式等。

（3）主题驱动：在市场配置的基础上，通过政府引导、专业招商、特色招商等，有意识地促进相同或相关业态在一栋或几栋楼宇内集聚，完善楼宇经济产业链，以产生规模效应、品牌效应。

（4）优势带动：城市集中发展CBD，通过现有的地理优势与高端楼宇，吸引大公司、大集团进驻，并带动周边商务楼宇的发展，如上海陆家嘴金融贸易区。

（5）都市工业：以城市独特的信息流、人才流、现代物流、资金流等社会资源为依托，以产品设计、技术开发和加工制造为主体，以都市型工业园区（楼宇）为基本载体，能够在市中心区域生存、发展并与城市、生态环境相协调的有就业、有税收、有环保、有形象的现代绿色工业。

（6）存量盘活：通过产业置换、改造扩容、出售转让等方式，对产权明晰、资金运转困难的半拉子楼宇，产权复杂、长期闲置的商务楼宇，定位不明、功能不清的商务楼宇，以及单产不高、效益低下的商务楼宇进行盘活，以提高楼宇存量的利月效率，如福州鼓楼区的盘活闲置资源模式。

（7）腾笼换鸟：通过对楼宇的准确定位、整体包装、经营策划，对产出低、效益低的楼宇进行功能置换、经营转向和重新招商。

三　大西安楼宇经济发展现状

（一）总体发展概况

与全国主要大城市相比，目前西安楼宇经济发展较为滞后，存在租金较低、高品质楼宇缺乏、空置率高等问题，但同时也具备发展空间大、租售投资前景好的发展潜质。总体来看，老城区传统商贸、服务业等功能定位日趋雷同，整体缺乏高品质楼宇。各开发区楼宇总量较大，应鼓励建设高品质楼宇，并对租金施行不同程度的补贴。随着"一带一路"倡议的推进，以及关中平原城市群、大西安建设和西安国家中心城市等规划的逐步落地，西安将迎来重大发展机遇，楼宇经济既是西安经济发展的重要助力，也是必然路径。

促进楼宇经济的发展离不开金融支持，但是西安市楼宇经济的金融服务能力比较薄弱。目前，西安楼宇经济的金融支持主要体现在以下几方面。

1. 政府奖励扶持

西安市政府出台与楼宇经济有关的奖励政策。2018 年 4 月《西安市人民政府关于进一步加快发展服务业的若干意见》中的十大重点领域奖励措施包括支持楼宇经济发展，强调以整栋商务楼宇为核算单位，楼宇内企业年度合计实缴增值税、企业所得税市与区县留成部分（建安、房地产企业除外）首次突破 5000 万元、2000 万元的，分别给予楼宇经营管理机构 60 万元、30 万元奖励，加快大西安楼宇经济的发展。西安市所属的区政府也在奖励扶持方面有所作为。比如，碑林区政府早在 2008 年就发布了《碑林区发展楼宇经济扶持奖励办法（试行）》，2018 年的"钻石二十条"包括楼宇提升改造奖、楼宇评优奖、企业财税贡献奖、亿元楼宇奖、特色楼宇奖和总部企业奖。

2. PPP 模式发展楼宇经济

通过 PPP 模式发展楼宇经济，有利于社会资本的引进。比如西安创业咖啡特色街区改造建设项目。西安创业咖啡特色街区位于西安高新区，2017年开业，项目采取政府和社会资本合作模式中的 BOT 运作方式，由社会资本方和西安高新技术产业开发区创业园发展中心共同组建项目公司负责该项目的投资、设计、建设、运营维护、移交。

3. 设立楼宇经济受惠的产业基金

充分发挥基金所起到引领和示范作用，撬动更多的社会资本投入楼宇经济领域。比如西安丝路文化产业发展基金、服务贸易基金为促进相关产业集群的楼宇经济发展提供了一定的金融支持；2018 年设立的大西安产业基金也会使楼宇经济获得更多的资金帮助。

4. 其他利好政策

当前，西安正处于大发展的追赶超越期，新战略和优惠政策层层叠加，楼宇经济的金融支持得到强化。比如，2018 年《西安市支持总部企业发展若干政策》对总部落户西安的金融类企业，最高可以给 6000 万元资金的奖励；总部落户西安的非金融企业最高可以给 3500 万元奖励，这无疑是利好政策。另外，还有大企业进军高品质酒店行业的额外优惠、楼宇经济租金补助，等等。

（二）西安各区域楼宇经济（写字楼）发展情况

西安市目前有 13 个区县和包括西咸新区各新城在内的十多个开发区，但楼宇经济主要集中在雁塔、碑林、莲湖、新城、未央五个城区和高新、经开、曲江、沣东四个开发区内。

1. 五个行政区的楼宇经济（写字楼）发展情况

（1）雁塔区：重点商务楼宇 96 栋，总建筑面积 500 多万平方米。公寓式写字间很多，而正规的写字楼很少，只有 10 多栋，入驻率在 85% 以上。发展楼宇经济的物业载体建成的有老三届、世纪星大厦、凯德广场、银泰城和赛格广场等为数不多的写字楼或购物中心。低端客户较多，高品质物业供给不足。

（2）新城区：区内纯写字楼宇平均租金为 40～120 元/平方米·月。剩余闲置招商商务楼宇共 27 栋，招商面积 31 万平方米。楼宇招商面临大量招入企业退租的情况，且高附加值企业引入不够。由于拆迁成本过高，好地没引不来大型投资运营商，导致区域高品质楼宇供应量不足，难以吸引优质企业聚集。

（3）莲湖区：现有写字楼 29 栋，建筑面积 130.85 万平方米，在建或拟建 9 栋，大部分写字楼的入驻率高于 70%，租金为 35~100 元/平方米·月。有商业综合体 11 个，建筑面积约 97.32 万平方米，在建或拟建 3 个，已建成的商业综合体知名品牌少。

（4）碑林区：现有已建成商务商业楼宇 103 栋，总建筑面积 438.1 万平方米，入驻企业 5372 家，入驻率为 84.6%；重点楼宇 50 栋，平均商务面积达到 3 万平方米。全区楼宇普遍老旧，租金相对偏低。

（5）未央区：非住宅商业总建筑面积 500 万平方米，区域 60 多个城中村的回迁商业用房空置率很高，底商规模过大，约有 300 万平方米，且整体楼宇品质不高，租金低。

2. 四个开发区的楼宇经济（写字楼）发展情况：

（1）经开区：区内高端品质楼宇 9 栋，面积 200.96 万平方米，空置率在 60% 以上；低品质楼宇约 125 万方，空置率为 50%。楼宇经济发展存在一些不足：以本土开发商为主，外来品牌企业开发商少；高品质楼宇供应量不足，价格虚高。老旧楼宇空置率高，亟待更新改造。

（2）沣东新城：区内多为产业园区，租金为 20~60 元/平方米·月，空置率在 60% 以上。写字楼和商业楼宇主要集中在三桥区域，规划建设写字楼 12 栋，规划面积 44.5 万平方米，计划总投资 133 亿元。区域整体办公物业较少，产业园区的空置率较大，租金较低。在引进总部经济中，存在居住、商业配套不完善等问题。

（3）高新区：区内有写字楼宇 270 万平方米，约 100 栋；商业楼宇面积 500 万平方米，约 130 栋；总计商务办公面积约 770 万平方米，商业用房逐年增加。其中高新一期写字楼约 30 栋，租金为 50~70 元/平方米·月；唐延路约 100 栋写字楼，高品质楼宇的租金为 85 元/平方米·月；锦业路新建成的超高层写字楼租金均价为 110~140 元/平方米·月。该区域存在楼宇同质化严重、恶性压价竞争现象，2018～2019 年将有约 10 栋写字楼进入全面招商期，空置率上升明显，竞争将进入白热化状态。

（4）曲江新区：区内现有建成及在建的商务楼宇近 50 栋，总面积 305 万平方米，约 13 栋自持物业，其余全部为散售型物业。纯写字楼物业在建及拟建 12 栋，在建 7 个、拟建 5 个，总投资 170 亿元。该区域存在整体办公氛围不足、老旧商圈亟待改造与提升、辖区特色楼宇缺乏、招商引资扶持政策不完善等问题。

四　大西安楼宇经济发展中存在的问题

通过调研了解，大西安楼宇经济金融支持方面存在三大问题。

（一）金融服务的主动意识薄弱

西安楼宇经济的金融服务缺乏主动性。在国内，楼宇经济发展较好的地区，金融服务意识和水平都比较高。比如，天津针对楼宇企业融资难问题，组织金融机构主动深入楼宇开展对接服务活动，现场解决融资难题；金融机构针对楼宇经济融资的主动服务意识较强，天津银行开展亿元楼宇专项营销，为中心市区 6 个亿元楼宇项目及楼宇入驻企业授信 30 余亿元，而西安在金融服务的主动性方面发展较弱。

（二）缺乏具有国际影响力的高端金融中心

从国际楼宇发展来看，美国纽约曼哈顿 CBD、伦敦金融城、卢森堡金融区等有名的楼宇都以金融业为依托，拉动服务业飞速发展。从国内看，上海是国内楼宇经济发展水平最高的代表性城市之一，截至 2017 年 6 月，上海陆家嘴金融贸易区集聚银行证保持牌类机构 800 多家、功能性要素市场 13 个、总部型企业 300 多家，成为国内高端金融机构和总部经济重要聚集中心，其中，让人震撼的是诞生 93 栋税收"亿元楼"。而西安作为国家中心城市、西部经济中心、丝绸之路经济带重要节点城市缺乏国际一流的高端金融中心。

（三）楼宇资产证券化有待发展，资本市场融资能力有待强化

资产证券化是楼宇经济发展破解融资难题的有效途径。比如，保利地产首单 CMBS "中信·保利地产商业一号资产支持专项计划" 在上海证券交易所设立，发行规模为 35.30 亿元，基础资产为广州保利国际广场和保利中心，现金流稳定，出租率及租金价格指标均表现出色，这个项目的成功预示着资产证券化的发展，将会为商业房地产健康持续发展保驾护航。而西安楼宇经济的资产证券化有待进一步发展。

除了金融支持方面，目前西安楼宇经济还存在以下十个方面的突出问题：

（1）区域发展不均衡，存在恶性竞争，缺乏总体管控与规划引导；

（2）总量不少，但缺少像成都春熙路、远洋太古里那样的商务、商业、金融集中的大街区、大商圈；

（3）全市楼宇数据不准确、家底不清楚；

（4）老旧楼宇利用不充分，亟待更新改造；

（5）目前西安市场主体数量已过百万，绝大部分为中小、小微企业，这些企业的办公场所亟待解决规范；

（6）商业业态结构不合理、同质化竞争比较严重；

（7）楼宇的开发建设全生命周期中缺乏整体策划和监管；

（8）小寨商圈、西稍门十字、长乐路轻工市场等商业用房大面积关闭，影响了市场繁荣，造成了市民生活的不方便及政府税收的减少；

（9）闲置老旧商业楼宇改造成公寓存在政策限制；

（10）楼宇物业散售后使得楼宇品质下降，影响区域楼宇经济发展。

五　大西安商业综合体发展状况

商业综合体是指以城区为中心、以购物中心为主导，融合了商业零售、餐饮、休闲养生、娱乐、文化、教育等多项城市主要功能活动，面向各类消费人群，提供综合性服务的大型楼宇经济综合体，是楼宇经济的重要组成部

分。商业综合体需要同时满足三个条件：（1）由企业有计划地管理运营，有统一的名称，如万达广场、大悦城等；（2）要求具备超市、百货店、专业店、专卖店等三种以上商品零售业态，具备餐饮服务功能，具备文化、娱乐、健身、游艺、培训等两项以上的服务功能；（3）营业面积一般不少于1万平方米，独立开展经营活动的商户不少于50户。

（一）西安商业综合体发展状况

据了解，截至2017年底，西安市统计局重点调查的63家城市商业综合体，全年总客流量为4.11亿人次，拥有商户6819家，商户销售额（营业额）为234.68亿元；车位数达4.13万个，从业人员期末人数为6.00万人，营业面积达211.29万平方米。

1. 全市城市商业综合体经营特点

①从管理模式看，租赁为主，自营、联营为辅，相辅相成、互补经营

全市城市63家城市商业综合体拥有商户6819家，其中，自营、联营商户1025家，占15.0%；租赁商户5794家，占85.0%。

2017年，城市商业综合体中自营、联营商户销售额为131.25亿元，占总销售额的55.9%，增长45.5%；租赁商户销售额为103.43亿元，占总销售额的44.1%，增长17.7%。自营、联营商户销售规模大、增速高。

②从经营业态来看，行业融合经营，多业态发展，经济效益提升显著

从入驻商户行业分布来看，零售业4313家、餐饮业1804家、其他服务业702家，分别占总商户数的63.2%、26.5%、10.3%，零售业约占六成。

城市商业综合体以零售业为主，多业态发展，不仅拥有百货店、超市、专卖店等商品销售业态，还包含餐饮及影院、游乐游艺、KTV、教育培训、健身养生等文化娱乐业态，业态间互相带动，经济效益明显提升。2017年重点调查的63家综合体，零售业实现销售额174.33亿元，增长24.5%；餐饮业实现营业额39.84亿元，增长61.5%；其他服务业实现营业收入20.51亿元，增长73.6%。

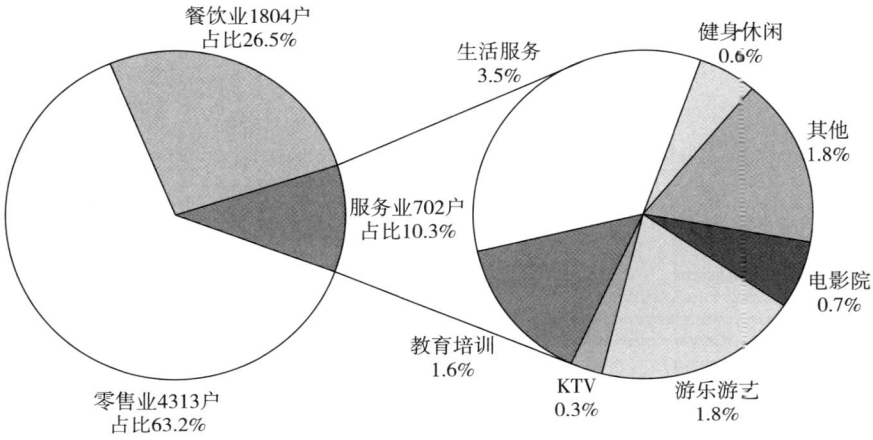

图1　2017 年西安市城市商业综合体分行业占比

表1　2017 年西安市城市商业综合体分行业基本情况

	商户数 （户）	从业人员数 （人）	商户销售额 （亿元）	营业面积 （万平方米）
合计	6819	60032	234.68	211.29
零售业	4313	31903	174.33	118.43
百货店	375	11105	91.05	39.55
超市	60	3540	23.65	29.05
专业、专卖店	3549	15694	56.99	44.53
其他	329	1564	2.64	5.3
餐饮业	1804	19074	39.84	41.07
服务业	702	9055	20.51	51.79
电影院	45	1413	6.04	18.20
游乐游艺	122	1537	5.28	9.21
KTV	20	703	1.13	5.57
教育培训	109	1478	2.57	5.90
健身休闲	43	766	1.55	4.80
生活服务	238	1408	2.05	3.75
其他	125	1750	1.89	4.36

③从区域分布来看，规划布局、区域发展集聚效应明显

重点调查的63家城市商业综合体的分布情况如下：碑林区8个，莲湖、长安均有9个，雁塔区7个，高新区和曲江新区均有6个，其他区县在5个以下。在区域分布上，西安的城市商业综合体主要集中在城区和开发区，聚集效应明显。

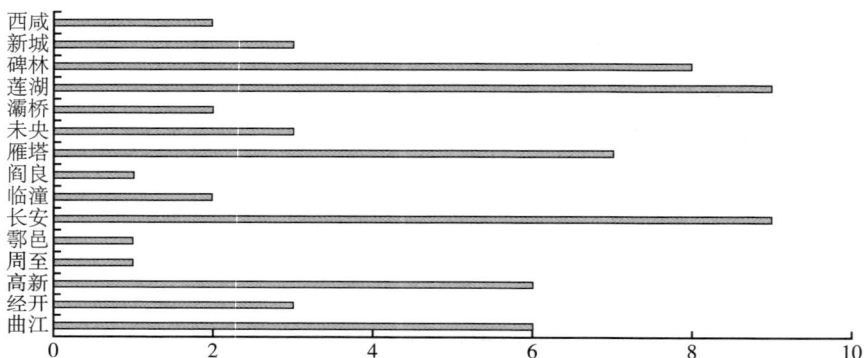

图2　2017年西安市城市商业综合体按区域分布

2. 商业综合体对城市发展的作用

①完善商业布局，优化城市功能

城市商业综合体是为了满足人们对购物、餐饮、娱乐、运动等一站式要求而逐渐形成的一种综合性、全客层、全业态的一站式商业综合体系。

城市商业综合体在西安各区域遍地开花，这在一定程度上填补了区域商业空白。以拥有强大消费力的高新区为例，2017年有多个大型综合体集中开业，除了高新万达西安One外，还有T11Block、中铁立丰国际广场，引人瞩目。万达170万平方米综合体落户，为高新区提供新形态商业，将重构整个高新区的商业版图。4月开业的华润万象城，仅三天就有60万人客流，营业额破2400万元，火爆程度可见一斑，既满足市民的消费需求，又进一步完善和优化城市功能。

②满足消费需求，促进转型升级

随着购物环境的改善，城市商业综合体的发展让人们有了更好的一站式

体验，这在很大程度上满足了人们日渐提高的消费需求，提高了商贸经济自身的发展，也促进了商业的转型升级。西安 SKP、金辉·环球广场、西安悦荟广场等一批大型商业综合体的陆续开业，给消费者带来多元化的消费体验，也给传统零售注入了新的活力。2017 年，实体店加快线上线下融合，便利店、专卖店、购物中心、厂家直销中心零售额实现 10% 以上的增长，百货店、大型超市增幅较上年提高 2.5 个和 6.4 个百分点。

③拉动区域经济，提升发展水平

城市商业综合体的出现不仅为城市的价值提升和功能完善注入了更大活力，也为城市改造项目和商业地产经营项目带来了全新的经营价值，更是代表着城市形象的"地标""名片"。2017 年西安 63 个综合体共解决就业 6 万人，实现销售额 234.68 亿元。大力发展一批城市商业综合体，对提高城市发展水平、拉动区域经济发展，以及扩大就业规模有十分重要的作用。

3. 西安城市商业综合体发展有利因素

①综合实力的提升为城市商业综合体发展夯实了基础

城市综合体的发展，不仅得益于政策优势，更得益于西安营商环境的提升，全市经济的平稳较快发展也为城市商业综合体的发展提供了良好的基础。2017 年，西安市地区生产总值达到 7469.85 亿元，增长 7.7%，分别高于全国、全省 0.8 个和 0.1 个百分点。其中，第三产业实现增加值 4592.65 亿元，增长 9.2%；城镇常住居民人均可支配收入 38536 元，比上年增长 8.2%；农村常住居民人均可支配收入 16522 元，比上年增长 3.8%。城市规模的扩大和城市改造步伐的加快，以及经济总量的增加、居民收入的提高、营商环境的提升，为城市综合体的发展提供了广阔的发展空间。

②城镇人口增加为城市商业综合体的建设提供了契机

2017 年西安出台引进人才政策及一系列强有力的户籍改革政策，吸纳各类人才到西安落户创业，2017 年末常住人口为 961.67 万人，较上年增加 78.46 万人；全市城镇化率为 73.42%，比 2010 年提升 4.42 个百分点。城镇化率的提升会不断放大城市能级和辐射效应，在此形势下，城市商业综合

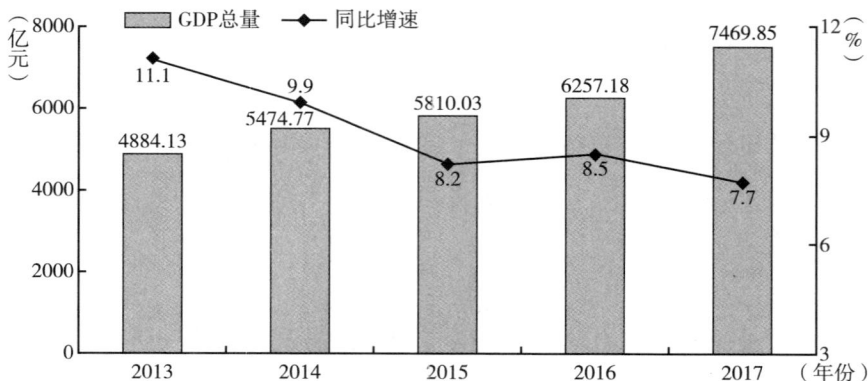

图3 2013~2017年西安市GDP总量及增速情况

体的迅速发展已经成为一种必然的趋势，会让西安产生与之相匹配的商业格局和体量，让西安这一具有历史文化特色的古城向国际化大都市和国家中心城市目标迈进。

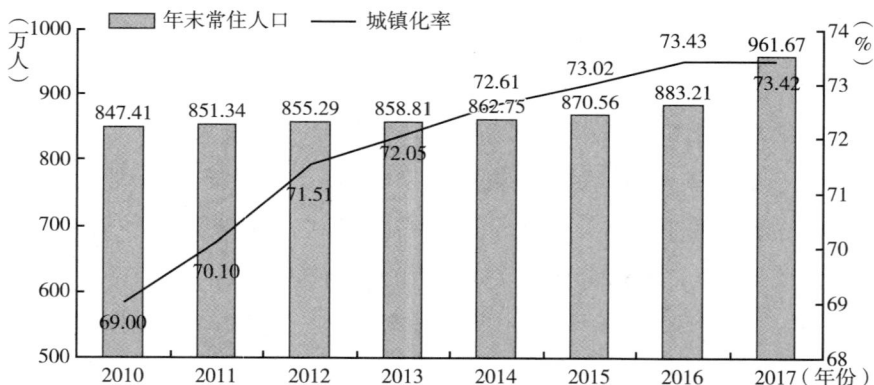

图4 2010~2017年西安市年末常住人口及城镇化率

③消费需求多样化推动城市商业综合体的创新发展

随着经济的迅速发展、居民收入水平的不断提高，消费方式和生活方式也发生了变革，消费需求逐渐多样化。消费者不再仅仅购买商品以满足物质生活的需要，其对休闲、娱乐、社交等精神消费的需求也有所增强。因此，集购物、娱乐、休闲、社交、餐饮等功能于一体，满足多种需要的特色化城市商业综合体的出现和发展成为一种必然。

4. 西安城市商业综合体发展存在的问题

①区域规划不太科学

西安城市商业综合体在城区发展较快，在其他区域规模较小、功能组合落后，还有部分区县商业综合体扎堆上马，出现"消化不良"的情况。部分综合体虽坐拥黄金地段和优质的硬件设施，反遭遇"门庭冷落鞍马稀"的尴尬。长安区常住人口有100.97万人，城镇化率达60.59%，而商业综合体有9个，为全市最多，致使竞争激烈，大部分经营困难。如中央广场、澳堡时代广场定位过高，与周边消费水平不匹配，加上GOGC街区（因有永辉超市带动）及小寨的赛格等综合体的竞争分流，一部分商铺面临生存危机。其他区县、开发区商业综合体布局少、规模小，以传统服饰零售、餐饮为主，休闲娱乐服务功能相对较弱。

②配套设施不够完善

一方面，城市商业综合体的开发应与城市产业发展水平、居民消费能力以及基础设施建设相匹配。调查发现，部分综合体内停车位不足，遇到节假日和周末车位总是一位难求。例如，雁塔区的赛格，年客流量达4649万人，车位仅有1000个，而周边也没有大型公共停车场，造成小寨十字道路拥堵；灞桥的中泰广场，年客流量上千万，车位仅有144个。另一方面，软环境方面存在很多欠缺，如文化内涵不够、管理运营以及品牌塑造能力不足、商家与综合体管理机构的配合不充分、缺少与周边区域的互动等，从而降低了城市商业综合体应该具有的综合价值，制约了升值空间，导致经济资源难以聚集甚至有所流失。

③经营特色不够鲜明

从调查结果看，全市城市商业综合体整体存在开发模式单一、经营特色不够鲜明、经营方式大同小异、内容设置和有品牌引进差异性不够明显、经营风格不够鲜明等问题。在经营业态、布局方式等方面同质化明显，缺乏竞争力，无法形成品牌效应。在定位上，绝大多数定位在中高端或是中端消费，业态相近、经营雷同，这是一些商业项目建成后人气不足的主要原因。

④核心竞争力不够强

2017 年，全市限额以上商品网上零售额达到 240.30 亿元，同比增长 54.9%，占全市限额以上消费品零售额的 8.3%，高于限上消费品零售增速 45.3 个百分点，保持高速增长。电商行业的迅猛发展、新型产业及消费模式的出现，使得部分零售行业实体店成了"试衣间"，不断冲击着实体销售市场，使得实体市场销售额大幅下降，而城市商业综合体以服饰零售、百货零售等业态为主，更是遭遇很大的冲击。

⑤服务管理水平不够高

部分城市商业综合体建成后，普遍存在重招商、轻管理的现象，招商缺少统一规划，综合体内业态布局不清晰。调查结果显示，全市 63 家城市商业综合体内自营、联营部分仅占经营单位总数的 15.0%，有的商业综合体全部对外出租，管理方只收取租金，市场安全、商品质量、人员管理服务不到位。

（二）咸阳城市商业综合体发展状况

咸阳全市有商业综合体 3 个，2017 年底，调查的 3 个城市商业综合体，可出租使用面积 10.04 万平方米、车位数 1100 个、全年总客流量 1314 万人次、商户 387 家、从业人员期末人数 2409 人、全年销售额（营业额）7.55 亿元、租金收入 6029 万元。

按照城市商业综合体可出租使用面积划分，调查的 3 家商业综合体可出租使用面积都在 5 万平方米以下，划归为小型商业综合体。咸阳市第一家商业综合体于 2009 年 5 月开业，其余 2 家都是近两年才开业的。相对于一线城市，起步晚、发展缓慢。从地区分布看，咸阳市 3 家商业综合体都集中在秦都区人民路一线。

咸阳城市商业综合体特点如下。

①商业综合体经营业态以零售业为主。从 3 家商业综合体入驻商户行业分布来看，零售业 275 家、餐饮业 91 家、服务业 21 家，分别占总商户数的

71.1%、23.5%、5.4%，零售业占七成以上。2017 年 3 家综合体中零售业实现销售额 4.3 亿元，餐饮业营业收入 2.4 亿元，服务业营业收入 0.8 亿元，分别占销售（营业）额的 57.3%、32%、10.7%。

②商业综合体管理模式以租赁为主。从管理模式看，租赁商户 370 家，占 95.6%；自营、联营商户 17 家，占 4.4%。2017 年，商业综合体中租赁商户营业收入为 6.7 亿元，占总销售额的 89%；自营、联营商户营业收入为 8316 万元，占总销售额的 11%。两种管理模式的营业收入差距较大。

③商业综合体的商户以个体户为主。咸阳市 3 家商业综合体拥有 387 家商户，其中法人 23 家、分支机构 36 家、个体户 328 家。

六　大西安楼宇经济发展思路及评价指标体系

（一）发展思路

1. 基本原则

市场主导与政府引导相结合。楼宇经济的开发建设由市场发挥资源配置的决定性作用，政府管理部门通过市场规律，借助一定的政策来引导开发建设。统筹发挥政府在战略规划、政策法规、标准规范和监督指导等方面的作用，强化政府引导调控，完善相关支持政策，为开发商营造良好环境。

创新升级与现代服务相结合。以楼宇为载体，加快构建现代产业新体系，推进高新技术产业的创新发展，促进现代服务要素聚集，加快发展科技、金融、电商等新产业新业态，加速实现产业体系新旧动能转化，带动楼宇经济快速发展。

产业培育与功能定位相结合。通过楼宇经济的发展形成产业集聚，并与所属区域的产业定位相契合，对区域的经济发展形成产业支撑，从而推动区域的经济转型和产业结构调整。

2. 总体思路

楼宇经济作为加速现代服务业发展的重要手段，应逐步发展成为大西安经济新的增长点，带动经济总量快速、持续增长，促进现代业态的形成。设立楼宇经济产业发展基地，加快推进高端楼宇集聚发展、商圈化发展，不断聚合高端消费、聚焦高端产业，加速形成配套齐全、设施先进的楼宇经济聚集区、中央商务区。优化楼宇经济发展环境，搭建楼宇经济大数据平台，建立政府引导产业发展的投入机制，形成有利于产业创新发展的政策体系。

3. 发展目标

要通过政府引导和市场作用，逐步形成大西安 CBD，以及小寨、土门、纺织城、三桥等在全国有较大影响的商圈。

以楼宇经济推动区域产业结构调整。依托高品质物业引进高端产业发展，逐步置换、淘汰落后产业，实现楼宇从形态到内涵的升级，从而带动中心市区业态调整、核心商圈的提档升级。

以楼宇推动区域要素资源集聚。充分利用楼宇对相同、相关企业的吸附作用，能更大规模地实现产业集聚、资本集聚、人才集聚、信息集聚，促进产业链、价值链的延伸，增强区域产业辐射力、带动力，形成带动区域发展的增长极。

以楼宇融合区域产业联动发展。积极吸引现代都市工业、现代服务业在楼宇中集聚，在更高层次上形成现代服务业与现代都市工业的相互促进、协调发展。

（二）西安楼宇经济发展评价指标体系

1. 构建原则

（1）科学性原则

选择最能衡量、反映西安楼宇经济发展现状和变动趋势的系列指标，在科学研究和充分论证的基础上，形成能准确反映西安楼宇经济发展的评价指标体系。

（2）导向性原则

通过指标体系对西安楼宇经济发展实际状况进行评价和动态监测，及时发现西安楼宇经济发展中存在的不足，从而为西安楼宇经济发展提供包括规划、政策和管理等方面的正确导向。

（3）综合性原则

指标设计对西安楼宇发展状态能进行综合性描述，并且涵盖楼宇经济发展的社会特征，准确地体现楼宇经济发展的内涵。

（4）可操作性原则

充分考虑数据资料的可得性或可测性，选取可量化、有长期统计数据支撑、最有代表性的指标，避免重复。

2. 评价指标体系构建

本文的指标体系结合西安的实际情况，以现阶段西安转变经济发展方式的主要内涵为依据，结合十八大提出的"四化同步"，根据数据的可获得性，构建了由 4 个一级指标、26 个二级指标组成的评价指标体系。该指标体系，可为后续研究楼宇经济发展水平提供参考。

表 2　西安楼宇经济发展指数指标体系

一级指标	二级指标	单位
发展基础	人均 GDP	元
	服务业增加值占 GDP 比重	%
	每万人拥有高等学校在校学生数	人
	城市化水平	%
	第三产业从业人员比重	%
发展环境	宽带用户数	户
	商业综合体平均车位数	个
	民航航线条数	条
	人均铺装道路面积	平方米
	客运总量	亿人次
	空气质量达标天数	天
	人均公共园林绿地面积	平方米
	外商投资项目数	个
	外贸依存度	%
	实际利用外资	万美元

一级指标	二级指标	单位
发展规模	楼宇总建筑面积	万平方米
	楼宇入住单位数	个
	楼宇经济资产总额	亿元
	楼宇经济营业收入	亿元
	楼宇经济从业人员	万人
	世界 500 强企业落户	户
发展效益	楼宇入住率	%
	人均营业收入	万元
	文化产业增加值占服务业增加值的比重	%
	民营经济占经济总量的比重	%
	高新技术产业增加值占 GDP 的比重	%

七　大西安楼宇经济发展的典型案例

2011 年，西安赛格集团投资逾 20 亿元打造了集休闲、购物、娱乐、餐饮于一体的中高档综合性商业体——西安赛格国际购物中心。赛格国际位于长安路与小寨路交会处，占据小寨十字东北角黄金位置，总建筑面积 25 万平方米，商业面积约 18 万平方米。

赛格国际的购物环境和配套设施按照高品质楼宇标准打造，配有亚洲室内第一长扶梯、全球最大室内景观瀑布、全国最大的楼顶阳光停车场、顶级恒温恒湿冰蓄冷中央空调系统、全国最大室内品牌餐饮区等多项顶级设施。2013 年开业以来赛格国际日均客流量由 8.7 万人次稳增到如今的 18 万人次。

赛格国际销售额连续 5 年保持两位数增长，2016 年以单店 45 亿元的销售额进入全国重点商场业绩十强，2017 年更是增长 30%，以 58.5 亿元的年销售额位列全国第七、西部第一。2018 年赛格国际势头更劲，完成销售额 70 亿元，贡献税收 2 亿多元，解决就业人口 2 万多。场内在售的 742 个品牌中，71 个品牌单店销售额全国第一，232 个品牌单店销售额进入全国前十，382个品牌单店销售额位列西部第一，483个品牌单店销售额位列同城第一。

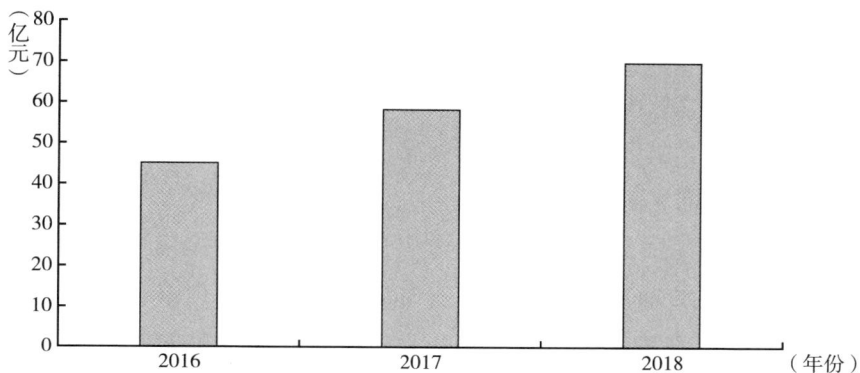

图5　2016～2018年赛格国际销售额

赛格国际近年来陆续获得多项商界权威大奖，标志着赛格国际购物中心已跻身全国一线购物中心阵营，成为西安楼宇经济发展的典型代表。

八　大西安楼宇经济发展的对策建议

（一）产业政策

1. 科学规划，合理引导

确立楼宇经济发展的功能定位、规划布局、业务导向等，制定三年或五年行动计划，对楼宇经济发展做出长远安排。

针对目前存在的区域之间发展不均衡、恶性竞争现状，加强楼宇产业定位，促进各区域楼宇经济的差异化发展，避免恶性竞争。

此外，出台促进楼宇经济发展实施细则，建立以条块结合、以块为主的楼宇招商体制，实行楼宇招商属地责任制与考核激励机制。

2. 楼宇经济体系建设

针对全市楼宇数据不准确、家底不清楚的问题，搭建楼宇大数据平台，统筹建立楼宇经济评价指标体系。深入调查全市的楼宇经济现状，建立楼宇档案信息数据库，定期分析楼宇经济的发展走势，定期对数据进行更新，免费为企业提供服务。召开楼宇发布会，进行宣传推介，从而解决供需矛盾。

3. 空间布局

借鉴国内外大城市发展楼宇经济的经验，科学预测未来几年西安对写字楼的市场需求量，以市场需求引导写字楼供应，避免出现写字楼大量空置现象，避免市场大起大落。

此外，在楼宇的开发建设全生命周期中，落实整体策划和监管。加强楼宇建设项目的前期研究，由市政府组织相关部门对拟建楼宇项目的经营业态、经济效益进行评估，帮助业主提前规划楼宇的主要招商业态及定位。对已建成招商的楼宇，现有业态与规划定位不符的，应逐步予以调整。

4. 关于发展城市商业综合体的建议

①立足实际，科学规划

建议依据城市发展总体规划，结合区域人口、消费习惯、消费能力、城市基础设施建设、商业氛围等具体情况，研究制定本地区城市商业综合体发展的专项规划。

②创新思维，构建"新零售"模式

随着"新零售"模式的逐步落地，线上和线下的关系将从原来的相对独立、相互冲突逐渐转化为互为促进、彼此融合，电子商务的表现形式和商业路径必定会发生根本性的转变，因此，应发展"新零售"模式来启动消费购物体验的升级，推进消费购物方式的变革，构建城市商业综合体零售业态的新模式。

③加大投入，完善配套设施

加强对城市商业综合体功能和其他功能的协调性研究，加快旧城区改造进度，注重公交、地铁线路建设与商业综合体开发的同步配套，解决好交通、环境等瓶颈制约。

④加强管理，提升服务水平

建议有关部门积极学习发达地区城市商业综合体先进经营理念与管理模式，提升本地区的整体商业运作能力。一是统一招商政策，确保商业形态和品牌组合符合经营主题；二是统一营销管理，把松散的经营户和多样的消费形态集合到一个信息平台上，统一策划促销、统一收银管理。

⑤多业态融合，重点提高服务业的市场份额，以此带动商品零售业态快速发展

大西安地区商业综合体中服务业市场份额较低。比如，2017年西安市商业综合体中服务业实现营业额0.8亿元，占销售（营业）额的10.7%。从长远发展看，扩大商业综合体中服务业市场规模将会显著增加商业综合体的效益。

（二）财政政策

1. 专项基金扶持

建立楼宇招商责任体系，形成专门机构招商的格局。设立楼宇招商奖励资金，积极鼓励社会中介机构招商，对发展楼宇经济有突出贡献的单位、业主和个人给予奖励。

2. 融资渠道畅通

创新政府创业投资引导基金方式，采用阶段参股、跟进投资等方式，吸引国内外风投资本投向初创期科技型入驻楼宇企业。探索建立重点楼宇、特色楼宇及入驻企业专项贷款担保机制，建立"楼宇债权引导基金"，开创楼宇招商新模式。

3. 资金管理模式创新

树立市场化配置财力理念，创新资金分配和扶持方式，探索出台亿元楼宇专项资金管理办法，由市级财政出资用于支持税收亿元以上楼宇发展。通过实施税收亿元楼宇创建政策，加大公共政策特别是财税政策对楼宇经济发展的支持力度，培养更多税收超亿元的楼宇。

此外，积极争取国家及市级部门对楼宇经济发展的资金支持。建议加强同国家部委、市级部门的沟通联系，及时跟踪汇报楼宇经济发展的最新动

态，积极争取国家级双创基地、示范园区等各类专项政策和转移支付资金在商务楼宇内兑现落地。

（三）金融政策

1. 强化楼宇企业的金融特惠

目前，西安楼宇企业享有的金融特惠，最突出的就是市或区政府级别的财政奖励，除此之外，其他的金融特惠似乎并不突出。建议强化楼宇经济的金融特惠，加快楼宇经济奖励政策的落实到位；鼓励金融机构增强主动性，积极与相关楼宇对接，建立长期合作关系，比如支持自贸区银行与自贸区的楼宇签订战略合作关系、支持科技银行与高新技术产业集群的楼宇长期合作等；加强楼宇企业的信贷支持，出台降低楼宇经济企业信贷成本的行动方案，符合中小企业融资担保条件的，给予担保补贴支持，符合一定要求的楼宇企业给予贴息贷款等。

2. 设立楼宇试点，打造国际一流水准金融中心

建议西安楼宇群在招商环节提高准入门槛，注重引入资金实力雄厚、技术实力强、管理水平高、设计理念超前的楼宇工业地产、商务楼宇地产开发企业。设立楼宇试点，打造国际一流水准的金融中心。金融中心的招商目标面向全球高端金融机构，吸纳来自世界各国的金融从业人员，力争在西安中心市区打造金融机构密集、要素市场完备、资本集散功能强劲的经济增长极。

3. "楼宇＋金融＋大数据"深度融合，打造高级别的楼宇金融服务平台

在经济全球化和"一带一路"建设的实施下，楼宇经济的行业标准化以及楼宇金融服务的标准化值得积极探索。2018年成都市设立国家级楼宇经济服务标准化试点，成为国内楼宇经济发展的一个创新举措，建议西安可以探索楼宇高级别金融服务平台的建设，融合"楼宇＋金融＋大数据"，促进楼宇金融服务平台的国际化、高端化、智能化。比如，碑林区"十大金卡"服务礼包就是一个创新举措。

4. 促进楼宇企业资本市场融资，强化楼宇经济的金融支撑

一直以来，西安市和陕西省的企业直接融资能力都比较弱，加快企业上市是最有效的强化途径。建议鼓励楼宇开发商或入驻企业紧抓发展机遇，建立自信，加快上市，形成以上市龙头企业为引领的现代产业集群。建议各大交易所、证券公司、上市孵化平台等机构走进楼宇，开展讲座、培训或政策辅导，助推企业上市。鼓励楼宇企业积极走出去，参加企业上市经验分享研讨会、民营企业上市圆桌会等。未来几年，资产证券化将会发展为楼宇经济解决资金问题的有效途径，建议积极探索，促进发展。

（四）组织保障措施

1. 平台搭建

（1）高标准建设商务商业楼宇。重点引进国内外大型公司、知名企业的区域总部或其分部、研发机构、销售中心等，大力发展"智能楼宇"，打造区域商务楼宇精品。

（2）高效能盘活商务楼宇。通过腾笼换鸟等方式提高楼宇的利用率、产出率，实现楼宇经济效益的最大化。全面开展老旧楼宇的改造提升工作，进一步扩容楼宇资源空间，切实改造提升停车场、电梯配置和内部装修等物业设施，提升楼宇次。

（3）高水平管理商务楼宇。针对大部分楼宇物业管理不到位，附加功能、个性化服务不够等问题，引导商务楼宇的管理主体提升物业品质与管理水平。

（4）高品质培植商务楼宇。根据现代服务业对环境品质的较高要求，做优楼宇外部环境，不断提高商务楼宇的品位。

（5）为中小企业提供租金适宜的写字楼，满足不同需求层次。围绕双创，针对创业初期的企业建造"孵化器"式的写字楼，企业以较低租金就可入驻，降低成本。

（6）支持闲置的商办楼宇改为长租公寓。建议出台相关支持政策，将空置率较高的写字楼改为公寓，提高资源利用率等。

2. 信息及服务引导

发展商务楼宇经济行业协会。楼宇协会在经济上自给自足，为会员提供有用信息，协调企业间无序竞争，帮助企业办理相关手续、业务，做企业与政府之间沟通的纽带桥梁。建立政府与楼宇沟通联系制度，经常性召集楼宇业主了解情况，积极安排解决楼宇建设和招商过程中的困难和问题。

针对楼宇经济带动产业转型和经济发展的功能，西安市应构建三高产业体系，增强对楼宇的产业支撑力。一是吸纳集聚高端制造业总部进驻，同时引导大企业从制造业中分离出研发、设计、销售、服务等环节，将其集中到楼宇发展。二是吸纳集聚高科技含量产业进驻。通过建立商务科技园、总部经济园等将产业和城市发展结合起来，为经济发展提供根本性原动力和新增长极，从而从根本上推动区域的产业升级。三是积极吸纳集聚高附加值品牌产业进驻。建立以现代服务业为支撑、以楼宇经济为带动的产业发展模式。

参考文献

陈飞：《楼宇经济对城市经济的贡献研究》，硕士学位论文，天津师范大学，2016。

何继新等：《国内外楼宇经济的实践及对天津楼宇经济发展的启示》，《城市观察》2015 年第 1 期。

王圣学等：《西安 CBD 规划建设研究——兼论西安市碑林中心区》，《中国城市经济》2009 年第 2 期。

夏效鸿：《楼宇经济发展研究》，经济日报出版社，2010。

B.12
陕西省城镇居民住房条件
及住房满意度分析

任洪浩 余劲 任倩*

摘 要: 在住房市场化改革之后,陕西省城镇居民住房条件得到了显著的改善。人均住房建筑面积逐年增长,住房自有率不断增高,户型不断优化,住房设施日趋完善,套均居住人口逐渐下降。城镇居民对住房比较满意,但区域间、不同收入水平间、不同年龄段间、不同性别间差异明显。住房政策应向提高低收入家庭住房满意度、年轻人住房满意度倾斜。

关键词: 城镇居民 住房条件 住房满意度

一 调控政策频出,促进住房条件改善

住房市场化改革以前,城镇地区实施福利房供应体制。在福利房体制下,住房建设资金和维护资金严重不足,导致住房供给难以满足城镇居民的住房需求。住房拥挤、住房设施不齐全严重影响着居民的生活质量。为了增加住房的有效供给,改善城镇居民住房条件,自 1978 年起,我国逐步试点实施住房市场化改革,逐步建立了中高收入家庭通过市场购买住房、中低收

---

* 任洪浩,西北工业大学副教授,主要研究方向为房地产经济、城市经济;余劲,博士,西北农林科技大学教授,主要研究方向为不动产经济、公共管理;任倩,陕西科技大学讲师,主要研究方向为房地产经济。

入家庭由政府或企业提供保障性住房的住房供应体系。

住房市场化改革有效地推动了住房供应增长。陕西省城镇商品住宅竣工面积从 1998 年的 224.85 万平方米增长到 2017 年的 1873.42 万平方米，增长了 7.3 倍。城镇居民人均住房面积持续增长，住房套内功能分区逐渐完备，住房所用建筑材料逐年改善。但城镇住房市场出现了一些新问题，如住房开发投资过热、住房价格快速上涨、住房开发结构不平衡、二手房市场混乱等。为了保障城镇居民住房，进一步改善居住环境，让居民共享经济发展的成果，陕西省在房地产市场管理、保障房建设、棚户区及危房改造等方面颁布实施了一系列房地产政策。

2015～2016 年，陕西省出台了三项政策，政策主要目标是对棚户区及危旧房进行改造，通过多渠道筹集房源、完善棚户区配套设施、创新棚户区改造融资渠道、加快公共租赁住房分配入住、货币化安置等政策改善棚户区居民的住房条件及居住环境。针对 2016 年年末开始的以西安为代表的新一轮房价上涨，为稳定房价，保证城镇居民合理的消费性住房需求，陕西省 2017～2018 年共出台了七项市场调控政策。通过限购、限贷、限价、降低公积金贷款额度，规范住房交易秩序、抑制房价的进一步上涨，使住房的可支付性向合理的区间回归，具体房地产政策见图 1。

图 1　2010～2018 年陕西省房地产政策

二 住房条件逐年改善

（一）城镇居民人均住房建筑面积逐年增长

自 1998 年住房市场化改革以来，陕西省城镇居民人均住房建筑面积呈现逐步上升趋势。人均住房建筑面积由 1998 年的 12.35 平方米增长到 2017 年的 32.70 平方米，增长率为 165%，年均增长 8%（见图 2）。在过去的 20 年间，2002 年人均住房建筑面积增长幅度最大，为 63%，其他年份呈现小幅增长。

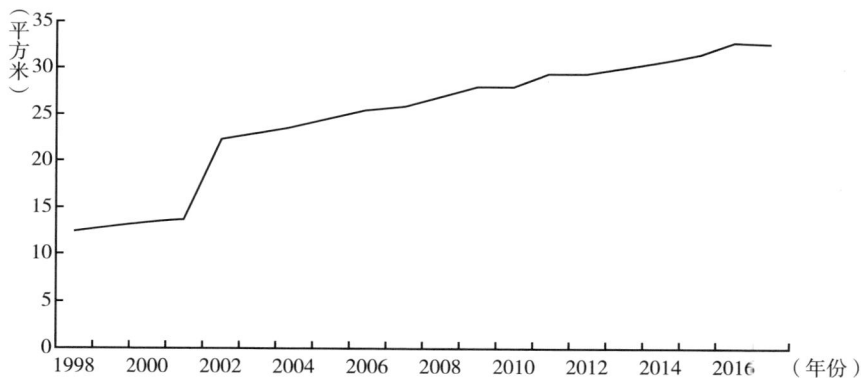

图 2 陕西省城镇居民人均住房建筑面积

资料来源：1999 ~ 2018 年《陕西统计年鉴》。

陕西省城镇居民住房条件在过去 20 年间得到了有效的改善。但是，城镇居民人均住房建筑面积仍显著低于全国平均水平。2017 年，全国城镇居民人均住房建筑面积达到 40.80 平方米，比陕西省多出 8.10 平方米，约 25%。随着陕西省经济的发展，陕西省城镇居民人均住房建筑面积仍有上升的空间，改善性住房需求仍然存在。

（二）城镇住房自有率逐年增高

1998 ~ 2017 年，住房市场化改革进一步深入，城镇居民自有住房比例逐年增长。城镇居民通过购买原有公房、商品房和保障性住房，获得住房所有权。自有住房比例由1998年的15.72%增长到2017年的81.90%，①增长约66个百分点，部分城镇居民拥有两套及以上住房。根据2018年陕西省城镇居民居住现状调查，有16.37%的城镇居民拥有两套住房，3.33%的居民拥有三套住房，0.86%的居民拥有四套及四套以上住房。

（三）城镇住房套均人口数下降

在1998~2017年这20年间，陕西省城镇居民的大家庭集聚生活模式逐渐被核心家庭模式取代，城镇每套住房平均人口数呈现下降趋势。套均人口数由1998年的3.11人下降到2017年的2.90人。套均人口数的下降使城镇居民住房条件得到改善，住房拥挤得到有效缓解。

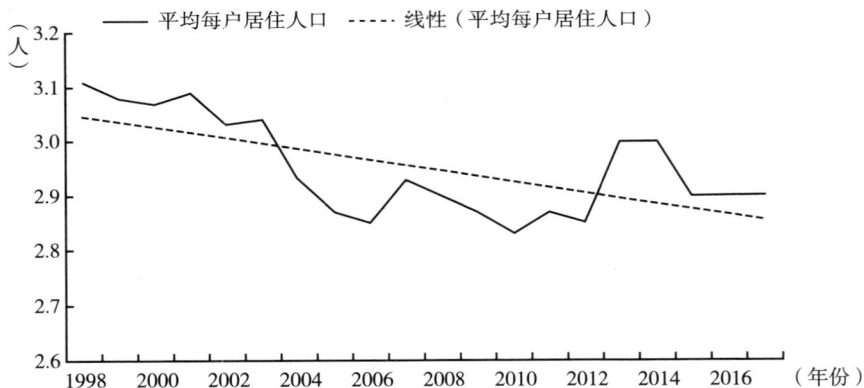

图3　陕西省城镇每套住房居住人口

资料来源：1999~2018年《陕西统计年鉴》。

（四）城镇住房套内功能分区日趋完善

陕西省城镇居民住房套内功能分区日趋完善，住房的宜居性有效提高。

---

① 如包括部分产权自有的住房，1998年自有住房比例为54.58%。

客厅、卫生间、厨房、书房等功能区逐步从住房中分割独立出来，满足了居民对住房不同功能的需求。套内卫生、供暖、供水、供气等设施逐渐完备。无卫生设备的住房比例由 1998 年的 9.72% 下降到 2017 年的 0.70%。2017年，无取暖设备的住房占比为 7.1%，有管道供水的住房占比达到 97%，有管道燃气的住房占比为 58.2%。

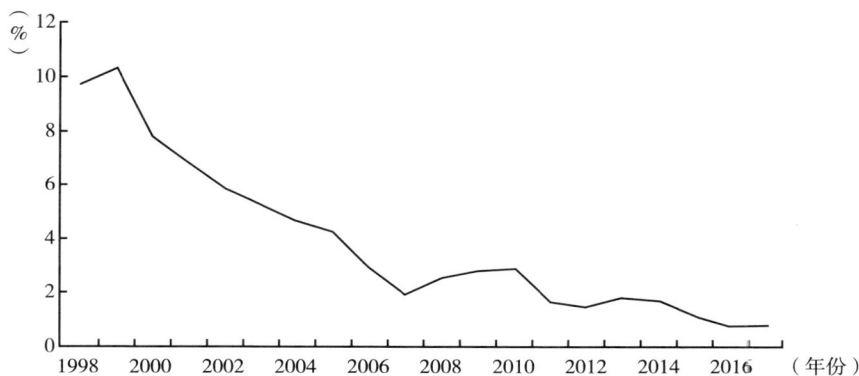

图 4　陕西省城镇住房无卫生设备的比例

资料来源：1999~2018 年《陕西统计年鉴》。

（五）城镇居民居住户型日趋合理

陕西省城镇地区住房以两居室和三居室户型为主。在 1998~2017 年的 20年间，两居室住房所占比重由 1998 年的 43.97% 下降到 2001 年的 39.95%，而后逐年增加，到 2012 年达到最大值 56.97%，从 2013 年起逐步稳定在 40% 左右。三居室住房所占比重呈现出波动变化，由 1998 年的 24.49% 增长到 2001年的 29.07%，2002~2004 年趋于下降，2005 年再次出现增长，到 2012 年达到最大值 31.86%，从 2013 年起逐步稳定在 26~27%。一居、四居及四居以上住房呈现波动变化，但其所占比重均在 5% 以下。

此外，单栋楼房及单栋平房占据一定比例。2017 年单栋平房所占比重为 8.10%，单栋楼房所占比重为 9.90%。

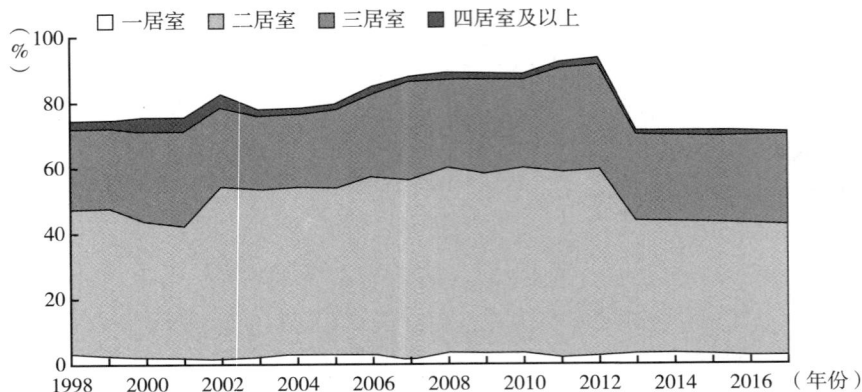

图5 陕西省城镇居民居住户型

资料来源：1999~2018 年《陕西统计年鉴》。

（六）城镇住房建筑材料得到改善

随着高层和小高层住宅小区的开发，陕西省城镇住房建筑材料发生改变。城镇住房建筑材料仍以砖混为主，全省城镇住房中有七成为砖混住房。但砖混住房所占比例呈现逐年下降趋势，由 2013 年的 70.80% 下降到 2017 年的 68.70%。同期，钢筋混凝土住房所占比例逐年提高，由 2013 年的 23.00% 增长到 2017 年的 25.10%。2017 年砖瓦砖木住房所占比例约为 5.70%。

三 城镇居民住房满意度

2018 年 10 月，对年满 18 周岁的陕西省城镇居民住房满意度进行问卷调查，获得 1863 份有效调查问卷。此次调查通过李克特量表对住房满意度进行衡量（1 = 非常不满意；2 = 不满意；3 = 一般；4 = 满意；5 = 非常满意）。调查结果显示，陕西省城镇居民对其住房基本满意，住房满意度平均值为 3.35（标准差为 0.99）。

陕西省城镇居民住房满意度在区域、收入水平、年龄、性别、住房权属等五个层面存在差异。

（一）住房满意度的区域差异

陕西省城镇居民住房满意度存在区域性差异。商洛市城镇居民住房满意度高于其他城市，为3.45，随后是安康市（3.43）。榆林市和咸阳市城镇居民住房满意度最低，分别为3.14和3.23。西安市城镇居民住房满意度为3.31，在陕西省排名第六。

表1　各区域城镇居民住房满意度

城市	住房满意度	标准差
商洛市	3.45	0.95
安康市	3.43	0.98
宝鸡市	3.38	0.96
汉中市	3.37	0.96
铜川市	3.33	1.18
西安市	3.31	1.02
渭南市	3.29	0.99
延安市	3.25	0.90
咸阳市	3.23	0.80
榆林市	3.14	1.07

资料来源：2018陕西省城镇居民居住现状调查。

（二）住房满意度的收入水平差异

收入水平高的城镇居民住房满意度高于收入水平较低的居民。家庭税后年收入26万元以上的居民的住房满意度最高，为4.08，比年收入21万~25万元的居民高出0.30，比年收入16万~20万元的居民高出0.56。年收入10万元以下的居民住房满意度最低，为2.92。年收入26万元以上的居民的住房满意度显著的高于年收入10万元以下的居民（t值为7.98，p值为0.00），高出1.06，约40%。

表 2　不同收入水平城镇居民住房满意度

家庭年收入 （税后）	住房满意度频次（人）					平均住房满意度	标准差
	1	2	3	4	5		
10 万元以下	58	70	204	90	31	2.92	1.07
10 万 ~ 15 万元	20	70	343	207	76	3.35	0.90
16 万 ~ 20 万元	9	43	204	148	84	3.52	0.94
21 万 ~ 25 万元	3	6	42	64	31	3.78	0.90
26 万元及以上	1	4	8	23	24	4.08	0.98

资料来源：2018 陕西省城镇居民居住现状调查。

（三）住房满意度的年龄差异

随着年龄的增长，城镇居民住房满意度逐渐增高。18 ~ 30 周岁的城镇居民平均住房满意度最低，为 3.03。31 ~ 40 周岁与 41 ~ 50 周岁居民住房满意度较为接近，分别为 3.35 与 3.49。51 ~ 60 周岁居民显著高于 51 周岁以下居民的住房满意度，为 4.45。61 岁及以上居民的住房满意度最高，为 4.50。

表 3　不同收入水平城镇居民住房满意度

年龄（周岁）	平均住房满意度	标准差
18 ~ 30 岁	3.03	1.08
31 ~ 40 岁	3.35	0.92
41 ~ 50 岁	3.49	0.93
51 ~ 60 岁	4.45	0.66
61 岁及以上	4.50	0.61

资料来源：2018 陕西省城镇居民居住现状调查。

（四）住房满意度的性别差异

不同性别的城镇居民住房满意度存在差异，但是差异并不显著（Chi - square = 0.03，P - value = 0.87）。男性居民住房满意度为 3.32，比女性居民住房满意度高 0.07。

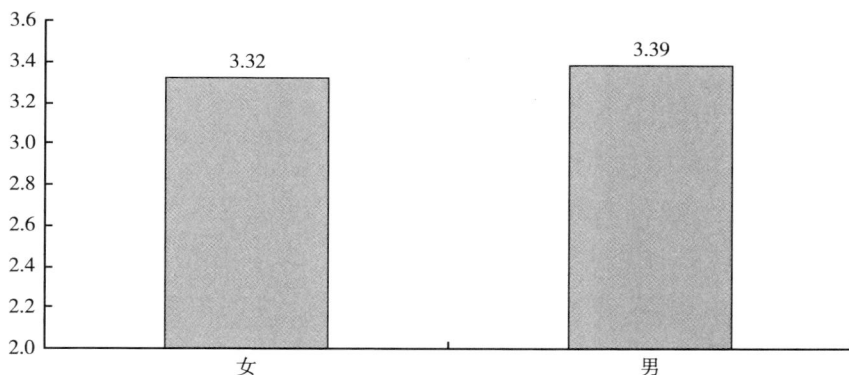

图6　陕西省城镇居民住房满意度的性别差异

资料来源：2018 陕西省城镇居民居住现状调查。

（五）住房所有权与住房满意度

调查数据显示拥有住房的城镇居民住房满意度平均值为 3.53，比租赁住房的居民住房满意度显著地高 0.47（Chi – square = 41.72，P – value = 0.00）。拥有多套住房的居民住房满意度为 4.52，显著高于只有一套住房的居民。

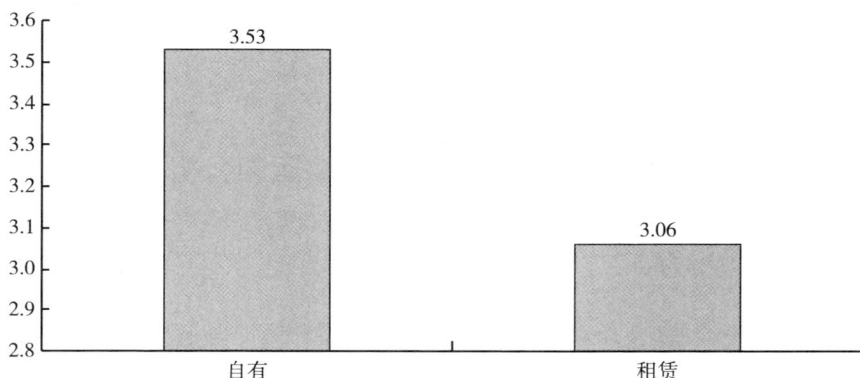

图7　陕西省城镇居民住房满意度的性别差异

资料来源：2018 陕西省城镇居民居住现状调查。

（六）对住房价格的满意程度

大多数城镇居民认为住房价格偏离了经济基础，在一定程度上存在泡沫，对住房价格的满意度较低，住房价格的平均满意度为 2.02。认为住房价格非常高和较高的、对当前住房价格不满意人数分别为 573 人和 792 人，占所参与调查人数的比例为 30.76% 和 42.51%。21.74% 的居民对住房价格的满意度一般，只有 4.99% 的居民较满意和满意当前的住房价格。

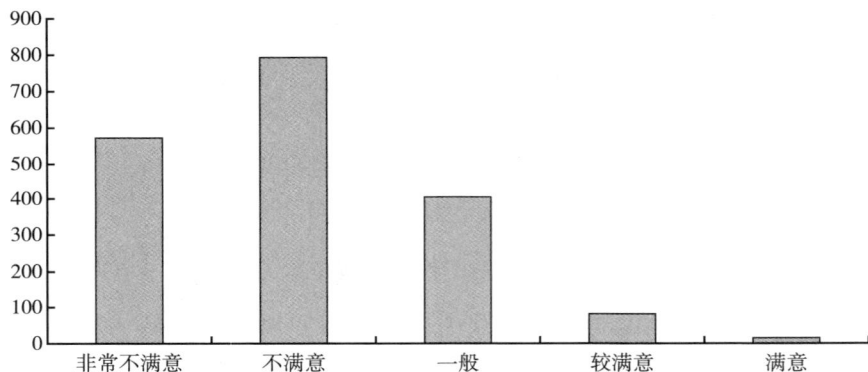

图 8　陕西省城镇居民对住房价格的满意程度

资料来源：2018 陕西省城镇居民居住现状调查。

四　陕西省住房满意度影响因素分析

（一）住房权属

住房权属影响城镇居民的住房满意度。自有住房促进城镇居民的住房满意度的提高，主要原因有以下两点。首先，拥有住房的城镇居民不受房东的约束，可以自主将房屋进行装修和适当的改造，使房屋更好地适应居民的需求。其次，租赁住房具有不稳定性，主要体现为租金的不稳定性和租期的不稳定性。由于近两年房价快速上涨，租金也不断上调，增加了租户的住房支出。部分租户为规避房租上涨带来的经济压力，不得不调整住房地点，给租户的工作和生活带来不便。

（二）住房面积

较大的住房面积可以为居民提供更多的活动空间，提高居民的住房满意度，尤其是家中有儿童的居民。近些年，陕西省雾霾较为严重，不适合儿童及成年人在户外活动。较大的住房可以给儿童提供更多的室内活动空间，减少其室外活动时间。并且，随着人们生活水平的提高，家用电器日益增多，较大的住房面积可以在满足居民活动的同时提供足够的空间存放家用电器。较小的住房面积不能有效满足居民对空间的需求。同时，拥挤的居住环境容易给人造成负面情绪，降低居民住房满意度。

（三）户型及设施

较好的户型和完备的室内设施可以充分满足居民对住房的功能性需求，使居民住房满意度提高。首先，较多的卧室及卫生间，可以为家庭成员提供更多的私密空间。随着"二孩"政策的放开，二孩出生人数逐年增加，较多的卧室及卫生间为祖父母更好地照顾孙子孙女提供必要条件。同时，较多的卧室可为将来子女照顾年长的父母提供足够的空间。其次，室内独立厨房、卫生间、自来水等设施的完备，极大地方便了居民的生活。

（四）住房抵押贷款

在高房价收入比的背景下，中低收入家庭往往通过贷款购买住房。高额的住房抵押贷款给居民带来了较大的经济压力，不仅约束了居民对其他产品的消费，而且使居民对住房的预期升高。实际住房条件和居民的高预期之间的差异造成了居民对住房的不满意。

（五）居民年龄

年龄是影响住房满意度的重要因素。年轻的城镇居民住房满意度低于年龄较长的居民。这主要是因为部分刚刚入职的年轻人没有足够的收入去购买住房，在父母不能给予资金支持的情况下，这部分年轻人通常选择租赁住房。而租赁住房通常有居住面积小、人员庞杂、私密性差、安全性低等特征，不能充分满足年轻人的住房需求。即使部分年轻人购买住房，其首套自有住房通常较小，不能有效满足住房需求。随着子女的出生，住房面积更加紧缺。因此，年轻人的住房满意度较低。随着年龄的增长，子女由于学习或者工作原因搬出原有住房，父母获得较多的住房空间，住房满意度会相应提高。

（六）收入水平

不同收入水平的居民住房满意度不同。中高收入家庭有更多的住房选择，通过购买较大的住房、进行较好的装修满足其对住房居住功能的需求。同时，中高收入家庭通过购买周边基础设施齐全、环境优良、教育资源丰富的住房，满足其对住房附属功能的需求。低收入家庭则居住在租赁住房、保障性住房或自己购买的面积较小的住房，房屋的装修较差，其住房需求往往不能得到有效满足，住房满意度低于中高收入家庭。

五 政策建议

（一）加大保障房建设规模，改善存量保障房

陕西省城镇低收入家庭仍面临住房困难。低收入家庭住房面积小、住房设施不齐全、房屋老旧。但由于低收入（2017 年低收入家庭可支配收入为 12890.10 元）及高房价，低收入家庭不能自主改善其住房条件，需要通过保障房政策改善其居住条件。陕西省各市应针对自身特点，扩大保障房建设规模，为低收入家庭提供户型合理、设施齐全的共有产权房、公共租赁住房。同时，对已有保障房进行修缮，完善配套设施，改善低收入家庭的居住环境。

（二）有序增加住房供给，满足新增城镇人口住房需求

陕西省仍处于快速城镇化阶段。2017 年陕西省常住人口城镇化率为 56.79%，2017 年城镇人口增长至 2178.15 万人，较 2016 年增加了 68.25 万人。与 2010 年相比，城镇人口增加了 472.29 万人，年均增加 67.47 万人。虽然陕西省实施了人才房、人才住房补贴等政策，在一定程度上缓解了来陕就业、创业人才的住房问题，但是对于大多数新增的城镇人口而言，住房问题仍然十分严峻。因此，在实施人才房、人才住房补贴政策的同时，各市应根据本市城镇人口增长的速率，有序开发建设户型多样、面积合理、设施齐全、社区环境优美的住房，满足新增城镇人口的住房需求。

（三）盘活存量住房，满足改善型住房需求

从目前人均住房面积来看，2017 年陕西省城镇居民人均住房建筑面积为 32.70 平方米，较全国平均水平低 8.10 平方米。随着陕西省经济的进一步发展，人均可支配收入快速增长，必然引起居民对大户型、高质量住房的需求。改善型住房需求在未来的房地产市场中占有重要的地位，政府及房地产市场要给予充分的重视。在适度扩大新建住房户型的同时，盘活存量房市场，打通改善型住房家庭房屋置换的通道，使有改善型住房需求的家庭可以通过存量房市场出售自有的小户型住房、购买较大户型住房，从而改善居民的住房条件，提高居民的住房满意度。

（四）规范住房租赁，保障租户的合法权益

租赁住房市场无序化程度仍然较高。部分租户和业主只签订非正式的租房合同，导致租户的合法权益不能得到充分的保障。业主不按照所签订合同收回住房或者上调租金的事情时有发生，住房的维修费用支付问题也屡见不鲜。部分房屋中介为了争夺房源，往往诱导业主提高租金，损害租户的利益。为了维护租户的权益，政府应加强对中介机构的监管，对不合理的市场行为进行处罚。同时，政府应规范并强化住房租赁合同的监管，对于一些不

按照合同规定办事的业主或者租户给予惩罚，将租赁住房合同的履行情况纳
入社会信用体系中，对失信的业主和租户的信息予以公开。

参考文献

陈钊、陈杰、刘晓峰：《安得广厦千万间：中国城镇住房体制市场化改革的回顾与
展望》，《世界经济文汇》2008 年第 1 期。

冯健、林文盛：《苏州老城区衰退邻里居住满意度及影响因素》，《地理科学进展》
2017 年第 2 期。

何深静、齐晓玲：《广州市三类社区居住满意度与迁居意愿研究》，《地理科学》
2014 年第 11 期。

李正图、杨维刚、马立政：《中国城镇住房制度改革四十年》，《经济理论与经济管
理》2018 年第 12 期。

陕西省统计局：《陕西省 2017 年人口发展报告》，2017。

湛东升、孟斌、张文忠：《北京市居民居住满意度感知与行为意向研究》，《地理研
究》2014 年第 2 期。

Chen L，Zhang W，Yang Y and Yu J. Disparities in living conditions and satisfaction
among urban residents in Dalian，China. *Habitat International*，2013，40.

Ren H，Folmer H. Determinants of residential satisfaction in urban China：A multi - group
structural equation analysis. *Urban Studies*，2017，54（6）.

区　域　篇

Regional Reports

B.13

2017~2018年西安市房地产业发展报告

黄小丹*

摘　要：　最新一轮房地产持续调控政策对近两年波澜壮阔般发展的市场可谓影响深远。本文重点分析2017年以来西安房地产业发展的基本特点及其存在的问题，反映出西安房地产市场进一步活跃，区域影响力不断增强，房地产业趋向健康稳定发展的路径。

关键词：　西安　区域影响力　趋势

一　房地产发展现状

近年来，西安营商环境优化，人才新政力度加大，受全匡大环境的影

---

*　黄小丹，西安市统计局处长，主要研究方向为投资、房地产开发、建筑业及消费等。

响，西安房地产市场活跃度进一步增强。西安市通过一系列限购、限售、限贷和控房价政策调控，保持了全市房地产开发业快速稳定发展的态势。

（一）房地产开发企业情况

1. 2017年西安房地产开发企业基本情况

随着房地产业的不断发展，房地产开发企业数量和开发项目不断增加，尤以三级及以下资质企业数量增长较快。2017 年，西安市有在开发项目的房地产开发企业（以下简称房地产开发企业）1044 家。其中，一级资质企业 19 家，较 2014 年减少了 2 家；二级资质企业 143 家，较 2014 年增加了 29 家；三级及三级以下资质企业 882 家，较 2014 年增加了 233 家。2017 年，二级以上企业占 15.6%，较 2014 年减少 1.6 个百分点。2018 年 1 ~ 9 月，全市房地产开发企业达 1145 家，同比增长 13.0%；开发项目 1173 个，增长 6.3%。

表1　2017 年西安市房地产开发企业基本情况

企业分类	企业总数	一级	二级	三级以下
企业个数（个）	1044	19	143	882
比例（%）	—	1.8%	13.7%	84.5%
从业人员（人）	43568	5719	9049	28800
比例（%）	—	13.1%	20.8%	66.1%

资料来源：西安市统计局。

从单位规模来看，中型和微型企业最多。2017 年西安市 1044 家房地产开发企业中，有大型企业 3 家，占 0.3%；中型企业 510 家，占 48.9%；小型企业 105 家，占 10.1%；微型企业 426 家，占 40.8%。

从企业控股来看，民营经济成为绝对力量。其中，国有控股 151 家，占 14.5%；集体控股 17 家，占 1.6%；私人控股 784 家，占 75.1%；港澳台商控股 16 家，占 1.5%；外商控股 11 家，占 1.1%；其他控股 65 家，占 6.2%。

从企业效益情况来看，利润总额大幅增长。2017年房地产开发企业资产总计9208.52亿元，较2016年增加1394.74亿元，增长17.8%；负债总计7954.34亿元，增长20.2%。主营业务收入1500.14亿元，增长12.1%，其中商品房销售收入1453.31亿元，增长12.0%。利润总额153.80亿元，增长113.0%，较上年提高132.2个百分点，整体扭亏为盈。

2. 房地产开发企业人员构成

近年来，房地产开发业发展迅速，从业人员也随之增加。2014年以来，西安市房地产开发从业人员年均增长率达到12.0%。值得一提的是，2015年房地产开发从业人员锐减28.7%，但2016年从业人数以53.3%的增速得以回升。2017年，房地产开发从业人员年均人数达到了75447人，是2008年的4倍。2008年，房地产开发从业人员占第三产业从业人员的比重为1.0%，2014年与2015年这一比重达到最大值，占2.5%。2017年，房地产开发从业人员占第三产业的比重为2.2%，其中女性员工16419人，占比37.7%，2014年以来，女性员工所占比重维持在38%左右。

3. 2014～2018年房地产企业增长情况

2014年以来，房地产法人单位总数增速提高，其中房地产开发企业数也保持着稳定增长。2017年全市房地产业法人单位数达到8016家，同比增长17.9%，增速较上年提高15.0个百分点；企业数达到8000家，增长18.0%，增速较上年提高15.1个百分点。其中有开发项目的房地产开发企业1044家，增长13.2%，增速较上年提高5.7个百分点。截至2018年9月，西安市有开发项目的房地产开发企业1145家，增长13.0%，增速较上年提高6.6个百分点。

4. 企业存在的主要问题

从房地产开发企业资质来看，西安市房地产开发企业数量多，但规模小、资质低。2017年，全市一级资质房地产开发企业仅有19家，二级资质企业143家。

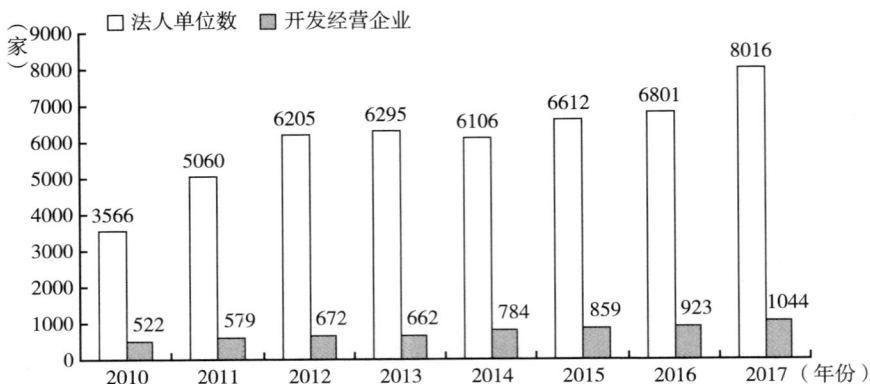

图1 房地产业法人单位数

从负债率来看，全国房地产开发企业资产负债率在逐年上升，2016年平均负债率达到78.3%。近年来，西安市房地产开发企业资产负债率始终高于全国平均水平。2017年，西安市房地产开发企业资产总计9208.52亿元，同比增长17.8%，增速较上年提高4.6个百分点；同时负债总计7954.34亿元，增长20.2%；资产负债率提高6.1个百分点，上升至86.4%；利息支出17.17亿元，增长11.5%。房地产开发企业资产负债率偏高，经营风险大。

5. 企业发展动向和发展趋势

近年来，民营经济在房地产领域中迅速崛起。2017年，全市1044家房地产开发企业中，国有企业仅有58家，占比为5.6%，较上年回落7.9个百分点。房地产开发企业完成投资2333.34亿元，其中国有企业占比为7.9%，较上年回落0.1个百分点。民营化已成为房地产企业发展的大趋势。房地产项目成本高、资金周转期长的特点，决定了房地产业将实现集团化和规模化经营，日趋与金融业相融合。

近年来，西安这座历史古城成为网红城市，历史文化、名吃景点越来越为人熟知；交通便捷，高铁城际连接各大城市，地铁覆盖各大区县；系列人才落户政策的推出，使西安由"人才培育大本营"蜕变为"人才集结营"；西洽会、西商大会、丝博会、欧亚经济论坛、硬科技大会等招商引资平台的强力加持，带动了西安房地产业的快速发展。在国家政策的正确指导以及政府部门的服务、监管和引导下，西安房地产企业有更好的生存环境，也将有更好的发展前景。

（二）房地产开发与投资状况

1. 房地产开发土地供应乍暖还寒

2014～2016年，国家建设用地供应量逐年下降，房地产开发用地供应量也随之下降。西安市房地产开发用地占建设用地供应总量的比例由2014年的45.3%下降为2015年的35.9%，再缓慢回升至2016年的38.5%。2017年，西安市计划供应国有建设用地42691.151亩（原口径，下同），较上年增长18.5%，与2016年相比，回升28.3个百分点，上涨幅度较大。其中商服用地5890.269亩，占计划供应量的13.8%；住宅用地13381.156亩（含保障性安居工程用地2707.371亩），占计划供应量的31.3%。房地产开发用地面积增长14.8%，与2016年-5.8%的增长率相比，提高了20.6个百分点；与2015年-13.6%的增长率相比，提高了28.4个百分点。

房地产开发用地的平稳增长，为全市房地产市场的发展提供了支撑。西安市国地局数据显示，2017年全市供应房地产开发用地356宗，总面积19635.44亩，分别较上年增加20宗和增长25.1%。其中，商品房开发用地288宗，面积15431.16亩，分别较上年减少4宗和增长42.9%，分别占全市房地产开发用地和面积的80.9%和78.6%。

2018年土地供应量再次大幅下降。西安市国土局数据显示，上半年，西安市房地产开发供应用地与上年同期相比下降38%，其中，商品房开发用地同比下降37.4%。2018年1～8月，市级供地面积2023.32万平方米，较上年同期下降5.0%，其中，房地产开发供应面积为331.49万平方米，同比下降64.2%。

从房地产开发用地供应结构来看，商服用地与住宅用地的比例从2015年的1:4提高到2017年的1:3。在住宅用地上，2017年普通住宅用地已较2014年增长6.5%。另一方面，保障性安居工程因每年政府计划变动，土地供应波动较大。

表2 2014～2017年西安市房地产开发用地供应结构

单位：万平方米，%

	2017年		2016年		2015年		2014年	
	供应量	比重	供应量	比重	供应量	比重	供应量	比重
房地产开发用地	1309.02	41.6	1052.3	38.5	899.4	35.9	1598.7	45.3
商服用地	322.41	24.6	205.9	19.6	168	18.7	397.9	24.9
住宅用地	986.61	75.4	846.4	80.4	731.4	81.3	1200.8	75.1
普通住宅	706.33	71.6	513.9	60.7	509.9	69.7	663.5	55.3
保障性安居	280.28	28.4	332.5	39.3	221.5	30.3	537.3	44.7

2. 开发土地需求趋于理性

2017年，随着土地供应量的增长，西安市房地产开发企业土地购置费310.53亿元，同比增长1.28倍，增速较上年提高159.4个百分点，拉动全市房地产开发投资增长8.6个百分点；土地购置费占房地产开发投资比重较上年提高6.4个百分点，土地费用对开发投资增长拉动作用增强。

2018年1～9月，西安市房地产开发企业土地购置面积为142.44万平方米，较上年同期下降34.2%；土地成交价款71.08亿元，下降42.3%。

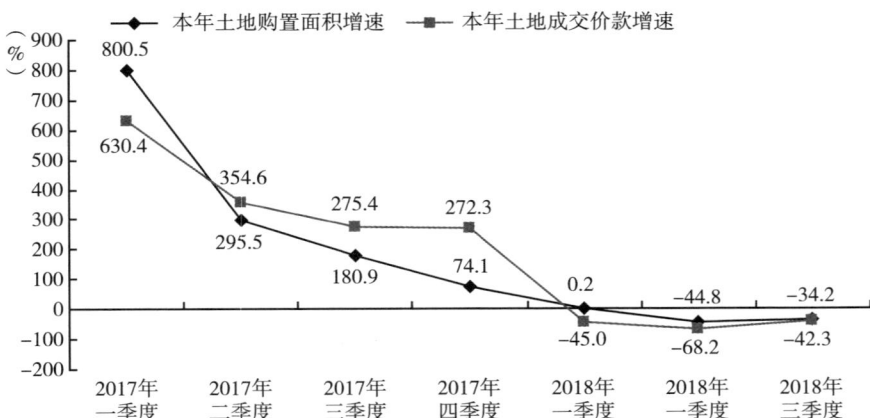

图2 西安市房地产开发企业土地购置增长情况

3. 房地产开发资金保障有力

随着市场逐渐升温，实际到位资金作为先行指标，其较快增长拉动投资增长。2017 年，房地产开发投资实际到位资金 3031. 10 亿元，比 2016 年实际到位资金多出 706.56 亿元，增长 26.9%，较上年提高 16.5 个百分点。实际到位资金增速高于全市完成投资增速 11.9 个百分点，有力地保障了房地产开发市场的开发投资。

2018 年 1～9 月西安市完成房地产开发投资 1857.57 亿元，较上年同期增长 11.6%；实际到位资金 2526.20 亿元，较上年同期增长 17.5%。

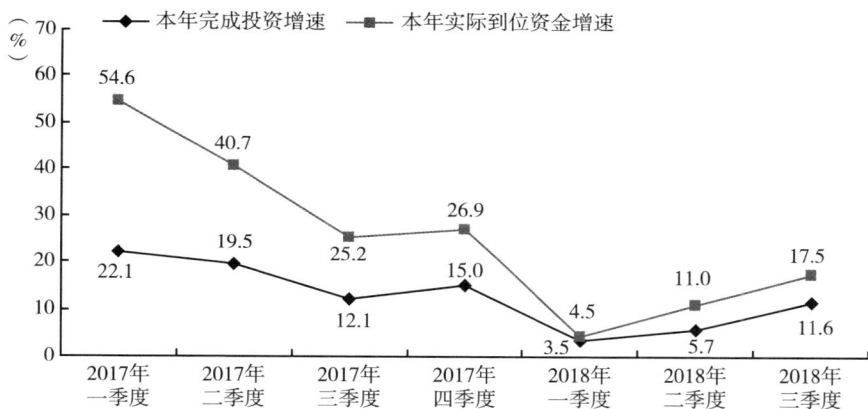

图3　西安市房地产开发企业实际到位资金增长情况

4. 房地产开发投资增速提高

2015 年以来，西安市房地产开发投资加速增长。2017 年，全市房地产开发完成投资 2333.34 亿元，增长 15.0%，增速较上年同期提高 8.2 个百分点，分别高于全国、全省 8.0 个和 1.7 个百分点，拉动全市固定资产投资增长 1.3 个百分点。房地产开发行业成为拉动西安固定资产投资增长和经济快速发展的重要力量之一。

2017 年，房地产开发住宅投资 1566.37 亿元，比上年增长 16.71%，占房地产开发投资的比重为 67.1%。别墅、高档公寓投资 58.89 亿元，增速为 37.07%。商业地产投资增幅较大，办公楼投资 221.2 亿元，增长

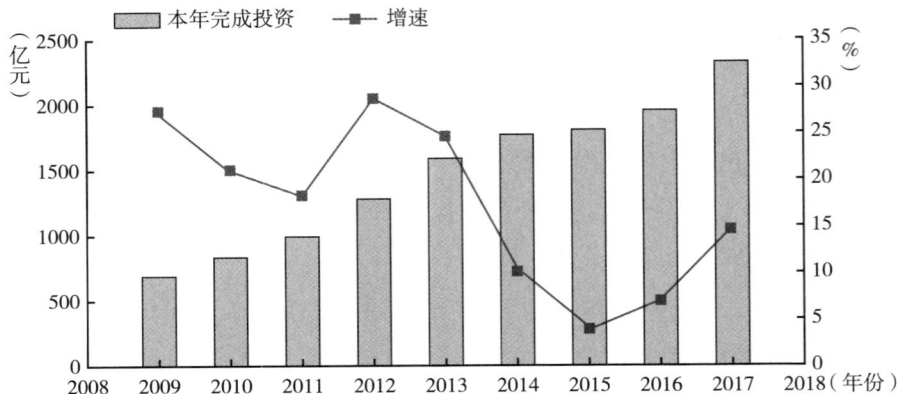

图4 西安市房地产开发投资趋势

28.46%，占比为9.5%，与上年持平；商业营业用房投资319.73亿元，增速10.14%，占比为13.7%。

2018年1~9月，全市房地产开发完成投资1857.57亿元，同比增长11.6%，较上年同期回落0.5个百分点。其中，土地购置费402.61亿元，同比增长98.3%，较上年同期回落18.9个百分点；土地购置费占全市房地产开发投资的21.7%，占比较上半年提高1.1个百分点，拉动全市房地产开发投资15.6个百分点。

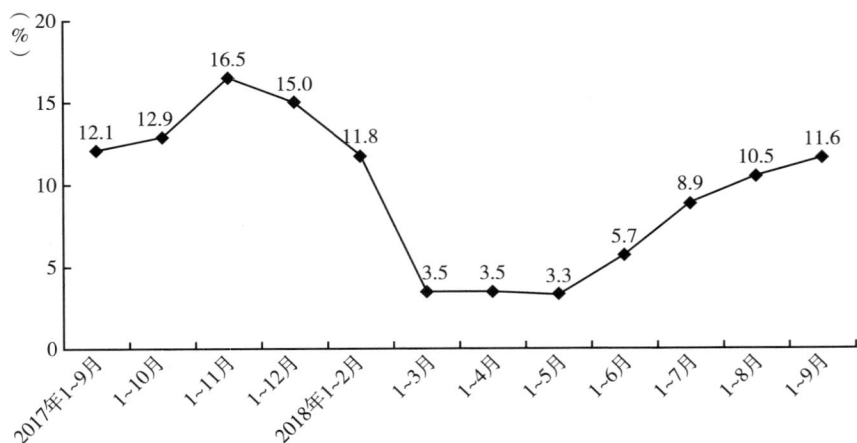

图5 全市房地产开发完成投资增速趋势

2017年，全市有民营房地产开发企业785家、项目934个，完成房地产开发民间投资1784.44亿元，增长17.6%，较上年提高16个百分点，占全市的76.5%。在全市招商引资"一号工程"的大力引导和营商环境的不断改善下，民间投资占比逐步提升，投资环境的不断改善，民企在西安参与投资的愿望日渐增强。

5. 房地产施工面积和竣工面积增速放缓

从施工面积来看，房地产市场不断发展，2014年以后，西安市房地产开发施工面积年增长率稳定在9%左右。2017年，房地产开发企业房屋施工面积为15843.92万平方米，增长5.4%。2017年，全市房屋施工面积从一季度增长14.3%逐季回落至全年增长5.4%。其中，新开工面积从一季度高增长81%快速下滑至全年下降11.3%。竣工面积从一季度高增长127.8%快速下滑至全年增长4.8%。整体回落趋势明显。

2018年1～9月，施工面积增速降幅有所收窄。全市房屋施工面积14989.36万平方米，同比下降1.4%，较上年同期回落7.0个百分点。其中新开工面积1946.79万平方米，同比增长3.6%，较上年同期提高21.1个百分点。全市房屋竣工面积628.38万平方米，同比下降36.1%，较上年同期回落69.2个百分点。

在全市房屋竣工面积增速回落的同时，商品住宅竣工面积占比有所下降。2014年以前商品住宅竣工面积比重在83%以上，2017年商品住宅竣工面积达到1281.70万平方米，占房屋竣工面积的78.4%。商品住宅仍然占房地产业的大头，但商业地产的发展势头更为迅猛。

表3 2014～2017年西安市房屋竣工面积

单位：万平方米

年份	房屋竣工面积	住宅竣工面积	占比
2014	1533.70	1307.64	85.3%
2015	976.64	766.58	78.5%
2016	1560.18	1259.24	80.7%
2017	1634.63	1281.70	78.4%

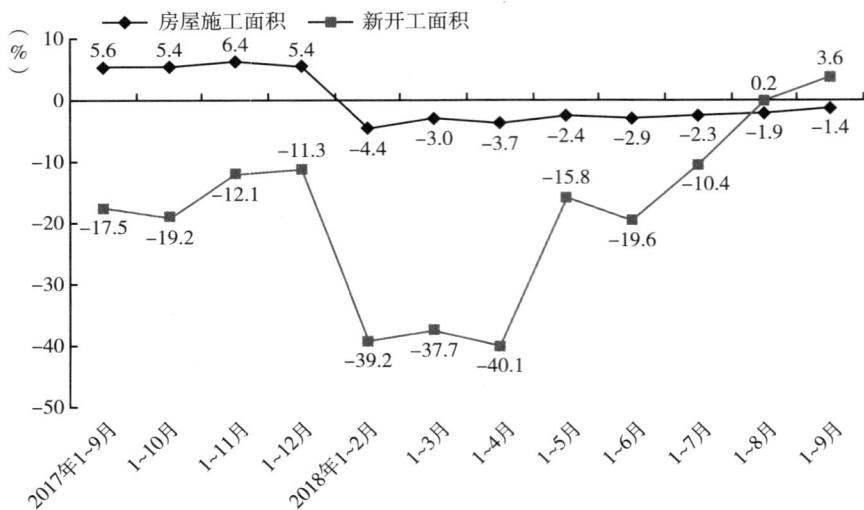

图6 全市房地产开发房屋施工及新开工面积增速趋势

6.房屋待售面积减少,住宅预售增加

全市房屋竣工面积增速快速回落,直接导致已建成未售出的现房大幅减少。2017年,全市房屋竣工面积1634.63万平方米,较上年增加74.45万平方米,增长4.8%,增速较上年回落54.9个百分点。其中住宅竣工面积1281.70万平方米,增长1.3%。截至12月末,全市待售面积379.66万平方米,下降2.0%,待售总量与上年末相比减少7.72万平方米,同比增速回落39.6个百分点。其中,住宅待售面积176.90万平方米,下降20.1%,商业营业用房和办公楼等其他类型房屋待售面积均有所增加。从待售时间看,待售1~3年的商品房数量下降26.3%;待售3年以上商品房的数量下降10.3%。

从预售面积来看,2017年房地产批准预售面积为634.5万平方米,同比下降11.6%,降幅较2016年扩大了7.1个百分点。其中,住宅预售面积为515.34万平方米,同比增加1.4%,增速较2016年提高了14.3个百分点。在房地产新批准预售面积逐年减少的情况下,住宅的预售面积出现了回暖现象。

（三）房地产销售状况

1. 房地产销量平稳增长

从房地产开发企业销售面积来看，增长率有逐年上升的趋势。其中，2014 年新建商品房销售面积为 1707.71 万平方米，与上年相比增速为 2.7%。往后，销售面积增长速度不断加快，到 2017 年销售面积为 2509.8 万平方米，增速达到 22.6%，较上年提高 6.5 个百分点。

2017 年，新建商品住宅销量达到 2147.7 万平方米，增速为 13.2%，占新建商品房销售面积的 85.6%，占比较 2014 年的 89.4% 略有下降，但住宅销售仍占据房地产市场的极大份额。办公楼销售面积为 145.19 万平方米，增速为 126.7%；商业营业用房销售面积为 137.54 万平方米，增速为 69.7%。住宅销售中，144 平方米以上住宅和别墅、高档公寓销售增长最为明显，分别增长 34.6% 和 56.9%，高于全市商品房销售面积增速 13.8 个和 36.1 个百分点。

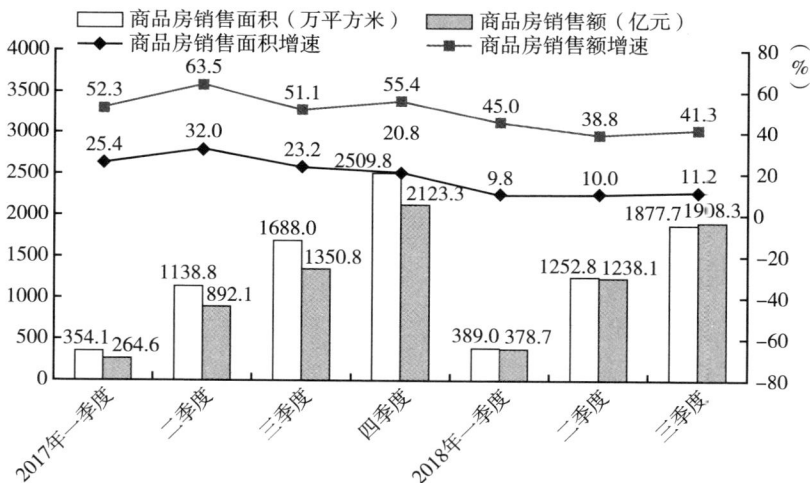

图 7　全市商品房销售面积、销售额增长趋势

网签销售数据显示，2017 年西安新建商品住宅累计销售 10.8 万套，其中，4 月销售量近 2.1 万套，创近五年新高。在限购令出台后，销量迅速下滑，下半年各月销售量均在 7000 套以下。

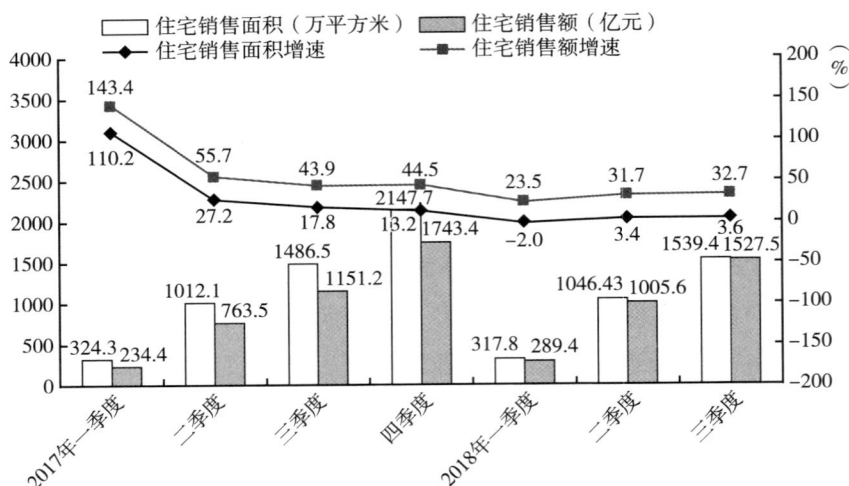

图8 全市住宅销售面积、销售额增长趋势

进入 2018 年，商品住宅销售增长有所放缓。1~9 月，西安市商品房销售面积 1877.68 万平方米，增长 11.2%，增速较上年同期回落 2.0 个百分点。其中住宅销售面积 1539.35 万平方米，增长 3.6%，增速较上年同期回落 14.2 个百分点。

2. 房地产价格涨幅扩大

2017 年，西安二手住宅交易市场强势回归，价量稳步攀升，销售价格强势上涨，交易量创历史最高水平。据西安市房管局网签数据，2017 年西安二手住宅销售 4.9 万套，同比增长 38.8%，销量是 2015 年的 2 倍。其中，4 月至 7 月连续四个月成交量超 5000 套，屡创交易新高。

从销售价格来看，2015 年以来，西安新建商品住宅销售价格总体快速上升。2017 年，西安房地产市场在全国大环境的影响下进一步活跃，新建商品住宅销售价格同比涨幅达到 12.5%，较 2015 年提高 16.7 个百分点。

其中新建商品房住宅价格增长明显。全年西安新建商品住宅销售价格同比累计上涨 12.5%，创近五年最高，涨幅比上年扩大 9.3 个百分点。

表 4　2014～2017 年商品房销售价格指数

	2014 年	2015 年	2016 年	2017 年
新建商品住宅	104.1	95.8	103.2	112.5
90 平方米以下	104.2	95.7	104.2	112.7
90～144 平方米	103.5	96.5	102.7	112.9
144 平方米以上	105.1	94.5	103.1	111.6
二手住宅	99.8	93.3	97.0	104.8
90 平方米以下	99.7	94.0	97.1	105.3
90～144 平方米	99.8	92.9	97.0	105.6
144 平方米以上	100.1	93.4	96.8	102.1

资料来源：国家统计局西安调查队。

在 15 个副省级城市中，西安市排位上升至第三位，较上年大幅前进八位。从类型看，90 平方米及以下、90～144 平方米和 144 平方米以上新建商品住宅销售价格同比分别上涨 12.8%、12.6% 和 11.1%。12 月同比涨幅在 15 个副省级城市中位居第一，在 70 个大中城市中位居第二。

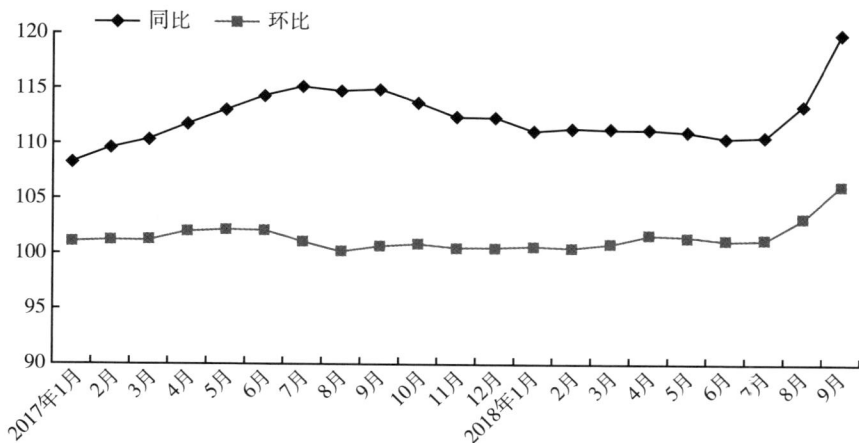

图 9　西安新建商品住宅销售价格指数

资料来源：国家统计局西安调查队。

在新房市场的刺激拉动和新政限制的双重影响下，西安二手房市场反应敏锐，交易活跃，销售价格强势上涨。2017 年，西安二手住宅全年同比累计上涨 8.8%，创近五年最高，涨幅比比上年扩大 7.8 个百分点。在 15 个副省级城市中，西安排第十位，较上年前进五位。

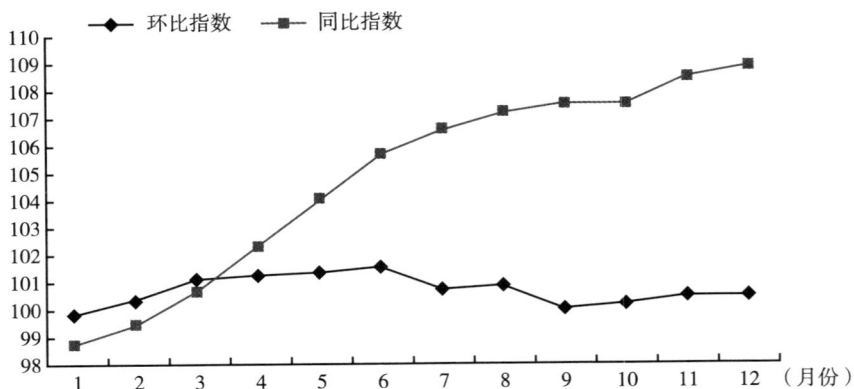

图 10 2017 年二手住宅销售价格指数

资料来源：国家统计局西安调查队。

2018 年 1~9 月，西安二手住宅销售价格同比累计上涨 9.9%，涨幅较上半年上升 0.9 个百分点。二手住宅销售价格上涨原因是新建商品住宅限价及摇号政策使新房购买难度增加。

3. 住宅销售比重有所下降

2014 年以来，商品房销售面积中，住宅销售面积一直占据着绝大部分，但从总体趋势来看，住宅销售面积比重有所下降，办公楼、商业营业用房等其他商品房的销售面积均呈现出上涨趋势。2017 年，全市商品房销售面积为 2509.78 万平方米，其中住宅销售面积为 2147.67 万平方米，占全市商品房销售面积的 85.6%，较上年降低了 6.1 个百分点；办公楼销售面积 145.19 万平方米，占比为 5.8%，提高了 2.7 个百分点；商业营业用房 137.54 万平方米，占比为 5.5%，提高了 2.0 个百分点。

从销售额来看，2017 年全市商品房销售额为 2123.34 亿元，其中住宅销售额 1743.43 亿元，占比为 82.1%；办公楼销售额 156.28 亿元，占比为 7.4%；商业营业用房销售额 177.38 亿元，占比为 8.4%。

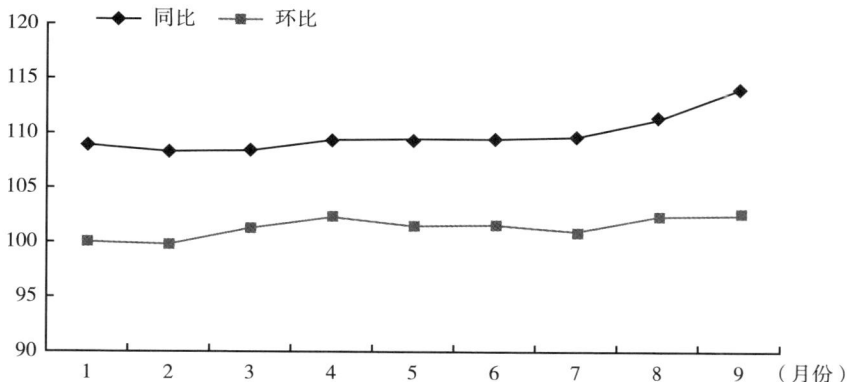

图11　2018年西安二手住宅销售价格环比、同比指数走势

资料来源：国家统计局西安调查队。

住宅销售中，别墅、高档公寓的销售比重有所上升。2017年，别墅、高档公寓的销售面积为60.42万平方米，占住宅销售面积的2.8%，较2016年提高了0.8个百分点。

（四）2014～2018年国家宏观调控房地产以来房地产业的变化状况

2014～2018年，国家宏观调控房地产经历了全面刺激和紧急收紧两种调控方向。2016年"2·17"新政前，在防止过冷的调控目标下，西安市房地产业迅速发展。房地产业开发投资稳定增长，占全社会投资的比重迅速提升，在2016年，这一比重达到了历史最高的37.7%。房地产企业数量稳定增加，二级资质以上企业所占比重保持在16.0%以上。

2016年"9·30"新政后，在避免过热的调控目标下，西安市房地产业的发展速度有所放缓。从房地产业开发投资来看，投资额仍然保持着高增长，但其所占比重开始下滑。2017年房地产投资占全市第三产业固定资产投资的比重为37.3%，较上年下降了11.1个百分点；占全市固定资产投资的比重为30.9%，较上年下降了6.8个百分点。

2018年，在国家"因城施策"的新方向下，针对市场短期商品房供应量减少和需求旺盛的矛盾，西安市出台了摇号等政策，同时加大土地供应、

265

加快各环节审批流程、加大市场推盘力度，房屋施工和竣工面积下降情况有所缓解，市场供需逐步稳定。从2018年房地产交易备案情况来看，1~8月房地产批准预售面积与商品房、二手房交易备案面积出现下跌，市场供需矛盾有所缓解，房地产行业竞争将更加激烈。

（五）房地产与社会经济的关系分析

1. 房地产业在经济发展中所占比重持续加大

2017年，西安市房地产业开发投资2333.34亿元，占第三产业固定资产投资的比重为37.3%，占全社会固定资产投资的比重为30.9%；房地产开发投资实际到位资金5678.50亿元，占全市固定资产投资到位资金的比重为54.0%，较上年提高9.2个百分点。房地产业增加值为550.35亿元，占西安市GDP的比重达到7.4%，比2016年提高了0.1个百分点，比2014年提高了1.5个百分点。

2. 房地产业对本市经济具有拉动作用

从增加值增速看，房地产业增加值增速平稳加快。2014年与2015年，房地产业的增加值增速均低于GDP增速。2016年房地产业发展态势良好，增加值增速超过GDP增速，到2017年房地产业增加值增速达到9.6%，比GDP增速高出1.9个百分点。

从增加值占比看，2014~2017年，西安市房地产业累计增加值1733.99亿元，占第三产业增加值的11.6%，占全市生产总值的6.9%；其中2017年西安市房地产业增加值为550.35亿元，占第三产业增加值的12.0%，占全市生产总值的7.4%。

3. 房地产业促进就业

2017年西安市房地产业从业人口12.31万人，较上年增加2.25万人，占全市就业人口的2.1%，同比增长22.4%，增速较上年同期提高3.9个百分点，对新增就业贡献率达3.9%。其中房地产业单位从业人员平均人数为75447人，较上年增加2519人，占全部单位从业人员平均人数的3.7%，同比增长3.5%，占比较上年同期提高0.8个百分点，对就业贡献率达到

9.3%；单位从业人员工资总额为 43.74 亿元，占全部单位从业人员工资总额的 2.8%。

4. 对地方财税和居民收入的贡献

2017 年，西安市财政总收入 1364.71 亿元，其中税收收入 448.99 亿元。房产税 20.70 亿元，占税收的比重为 4.6%，对全市税收收入贡献率达 3.9%。

2017 年，全市居民家庭人均可支配收入为 32597.4 元，其中出租房屋财产性收入 1040 元，占比为 3.2%，较 2016 年下降 0.5 个百分点。

二　房地产发展趋势分析

（一）房地产业供给不足

房地产开发用地平稳增长，为全市房地产市场的发展提供了支撑。西安市国地局数据显示，全年全市供应房地产开发用地总面积为 19635.44 亩，较上年增长 25.1%，其中商品房开发用地 15431.16 亩，较上年增长 42.9%。但 2018 年，房地产施竣工面积均出现下跌情况，待售面积尤其是商品住宅的待售面积也有大幅下降。在高需求之下，短时间内房地产供应情况不容乐观。

（二）购房需求居高不下

从购房需求角度看，"二孩""返乡"政策持续强化购房刚需，在返乡置业和学区房等热点影响下，刚需和改善型住房的需求将会持续增长，市场购买力仍有进一步释放的空间。人才引进、简化落户手续等新政刺激住房新需求。据统计，自从 2017 年西安出台了"史上最宽松落户政策"，在对普通大中专院校毕业生落户等一系列落户条件做出调整后的 9 个月里，西安共迁入 18.6 万人，其中学历落户近 10 万人，占户籍新政落户总人数的 80.6%。此外，投资、投机等保值、增值需要，也加大了西安市房地产需求。房价上涨，城镇居民家庭仍存在购房意愿。在房价不断上涨的态势中，中高收入群体中的很多家庭受价格上涨影响，增强了购房欲望；低收入群体中的部分无房户、有改善住房需求的刚需购买户或有二套房购买需求户，出现了一定的购房恐慌。

2017 年，在购房人群中"80 后"占六成多。步入婚育阶段，购房成为刚需之选；事业进入上升期，改善型住房需求增加。"80 后"成为西安市购房主力军。

（三）房价涨幅加大

从 2017 年房价情况看，价格涨势依旧，涨幅回落显现。到 2018 年，新建商品住宅各月价格同比指数均维持在 111.0 左右，二手住宅维持在 109.1 左右，二者各月价格环比指数均维持在 101.1 左右。2018 年 1~9 月，新建商品房均价同比上涨 27.0%，其中住宅均价同比上涨 28.1%，总体看来，房价上涨速度加快。

（四）非商品住宅比重提高

在房地产结构中，随着经济的发展，非商品住宅的比重将会逐渐提高。2014 年以来，商品住宅销售面积占商品房销售面积的比重逐年下降，到 2017 年，该比重下降至 85.6%，较 2016 年减少了 6.1 个百分点，随之而来的是办公楼、商业营业用房等其他商品房所占比重的不断提升。

随着改善性需求的提高，在商品住宅中，别墅、高档公寓也更加畅销，2017 年销售面积占商品住宅销售面积的比重达到 2.8%，较 2016 年上升了 0.8 个百分点。预估未来房地产市场中，非商品住宅以及别墅、高档公寓的销售将日益高涨，另外，伴随着二孩政策的实施，大户型房屋需求也将不断提高。

（五）西安楼市渐趋理性

从目前整体情况来看，西安楼市渐趋理性，购房者选房、购房更趋从容。主要有以下五个方面的原因:一是住宅供应阶段性短缺得到缓解。二是国家定调"房子是用来住的,不是用来炒的",西安房价在市政府调控下涨幅趋稳,购房者买涨不买跌,百姓购房更趋理性,不再跟风,开始从价格、品牌、位置等角度进行综合考虑。三是刚需家庭优先摇号、通过系统有序摇号等措施,缓解了购房家庭的恐慌情绪。四是有意愿、有能力买房子的家庭,在过去两年已经购买了商品房,新的购买力,还需要一定时间积累。五是目前西安商品房价格在 10000 元左右,且以 100平方米以上大户型居多,首付一般需 30 万～40 万元,对部分购房群体构成较大压力。

年轻一代的住房观念也出现了重大转变。"90 后"的传统住房观念淡化,对租房接受度很高,"只租不买"的观念流行起来,住房租赁市场将持续增长,房地产企业在房屋租赁方面要重视起来。

三 房地产发展存在的问题及原因分析

(一)区域发展不平衡

2017 年,全市房地产开发投资增速最高的几个区域分别是高陵区、鄠邑区、航空基地以及阎良区,其中高陵区增速最高,较 2016 年上涨了141.2%。增速最低的三个区域分别是碑林区、蓝田县以及周至县,其中碑林区位于西安市中心地带,城中村项目开始较早,待开发土地少,房地产开发投资较 2016 年下降了 41.8%;蓝田县与周至县属于生态发展区,房地产开发投资也呈下降态势。

(二)房地产企业融资难度加大

国家的调控政策给房地产企业的经营带来融资环境的转变。国家进一步压缩房地产企业的贷款金额,提高放款门槛,使得房地产企业融资难度进一步加大,目前新的有效融资渠道仍然比较缺乏。

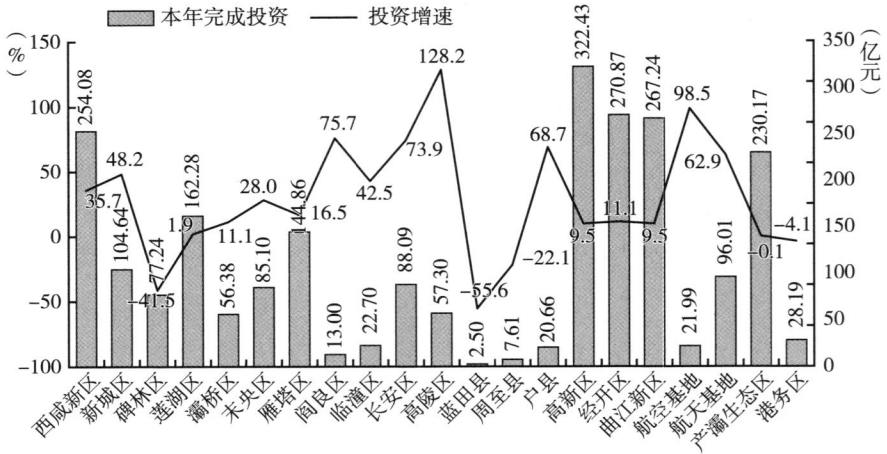

图12 2017年各区域房地产开发投资情况

（三）房地产开发企业银行贷款难度大

房地产开发银行贷款难度较大，从2018年一季度看，全市房地产开发国内贷款79.38亿元，下降24.3%，增速较上年同期回落44.1个百分点。其中，银行贷款70.46亿元，下降19.0%，回落34.7个百分点；企业自筹资金259.15亿元，下降0.8%，增速较上年同期回落40.2个百分点，自筹资金首次负增长。

四 国家土地政策对本市房地产业的影响

（一）2017年土地市场交易繁荣

2017年西安市土地政策频出，土地市场政策从严。四限政策促使土地出让竞价方式由网上挂牌转为现场拍卖，市场公开透明，各大品牌开发商踊跃进入西安市场。

西安市国土局数据显示，全年全市供应房地产开发用地356宗，总面积

19635.44 亩，分别较上年增加 20 宗和增长 25.1%。其中，商品房开发用地 288 宗，面积 15431.16 亩，分别较上年减少 4 宗和增长 42.9%，分别占全市房地产开发用地和面积的 80.9% 和 78.6%。此外市场成交结构出现变化，商业营业用房等非住宅商品房销售比重不断上升，使得土地市场结构也出现变化，商服用地的比重有所上升。

（二）土地市场高热，企业不理性行为频发

2017 年，土地市场面临竞争激烈、市场高热、供应趋紧的局面，首次出现优质地块熔断频现的局面。为此需要进一步完善土地配置机制，限定政府在土地市场中的权利、责任范围，建立透明公开的土地市场。

五　保障性住房

（一）竣工面积

2017 年，西安市保障性安居工程累计竣工 26.01 万套，较上年增长 20.0%；累计竣工面积达到 1735 万平方米，较上年增长 17.4%。2017 年，西安市保障性安居工程累计分配入住 24.68 万套，较上年增长 25.3%；累计分配入住面积达到 1638.95 万平方米，较上年增长 22.1%。

（二）土地供应

2017 年，全市实际供应保障性安居工程土地 280.28 万平方米，占全省的 13.8%，与 2016 年的 16.2% 相比回落了 2.4 个百分点；占全市住宅用地的 28.4%，占比较 2016 年的 39.3% 回落了 10.9 个百分点。

（三）投资

2018 年 1~6 月保障房投资完成 6.13 亿元，其中政府资金 5.64 亿元；保障房施工面积 559.37 万平方米，共 81266 套。

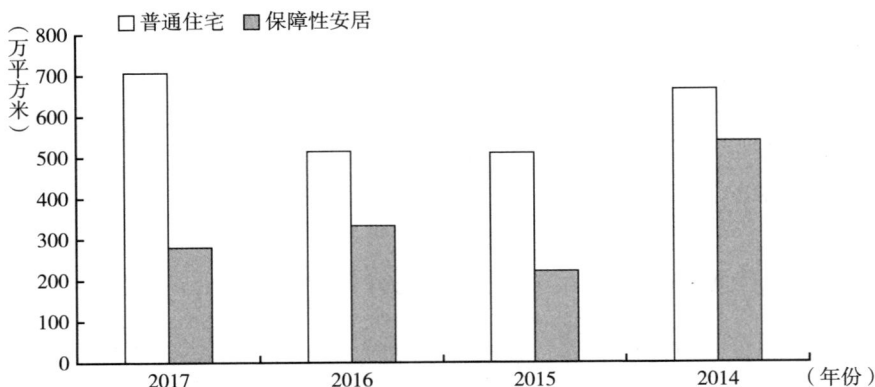

图13　西安市保障性安居工程土地供应量情况

六　物业管理现状及对策

2015 年，西安市规模以上物业管理单位由 2014 年的 12 家激增到 126 家，此后则保持平稳增长。到 2017 年，规模以上物业管理单位达 159 家，较上年净增加 21 家；从业人员 42974 人，较上年增长 6.4%；营业收入 55.57 亿元，较上年增长 30.2%；但利润总额为 1.14 亿元，与 2016 年 1.93 亿元的利润总额相比下降了 40.9%。其中，管理费用和销售费用上涨明显，分别为 7.13 亿元和 2.22 亿元，较 2016 年分别增长了 21.5% 和 55.7%，增速提高了 4.6 个百分点和 8.2 个百分点。随着社会公众和监管部门对物业管理规范化要求的不断提高，物业管理业的成本快速上升，这也反映出企业在成本管控方面的不足。

七　房地产发展对策及2019年房地产业发展趋势预测

关于房地产发展的对策，一是要加强政府的宏观调控和监管。面对居高不下的购房需求，政府应该抓住房地产市场发展的主要矛盾，进行有效的宏观调控，严格控制投机性购房行为，努力实现房地产供需平衡；通过货币、信贷及税收等多个方面的调控，促进西安市房地产的稳健发展。二是要完善房地产市场法规，建立长效机制。实现投资、销售、服务等多方面的法制化，增强管理部门的执行力，管制房地产企业的不理性行为，规范房地产市场秩序。

从2018年的房地产业发展现状来看，市场开发投资仍然保持稳中向好态势。政府将继续坚持房地产调控目标不动摇，保持调控政策的连续性和稳定性，加快住房制度改革，科学制定住房发展规划，健全完善住房供应和保障体系，深化土地供给侧结构改革，增加公租房供给，有序实施限价商品住房建设，推进共有产权住房试点，培育发展住房租赁市场。随着城镇化率不断提高，"二孩""返乡""西纳英才"等政策都将不断加大西安市住房市场需求。预计2019年西安房地产市场发展总体向好，供需关系趋于合理，房地产业将继续健康平稳发展。

B.14
2017～2018年咸阳市房地产业发展报告

周 华*

摘　要： 2017年初，西咸新区划归西安代管，咸阳城区面积减少，经济规模缩减，同口径指标增速保持稳定，咸阳市房地产市场受西安房地产市场的拉动，出现小幅上扬。2018年4月以来，咸阳房地产市场的销售价格出现较大幅度上涨，拉动了房地产市场，但与一线城市相比具有明显的滞后性，市场需求不足。本报告分析了咸阳市房地产市场现状，发现咸阳市房地产存在的问题，最后对2019年咸阳市房地产发展趋势进行了展望。

关键词： 规模缩减　需求不足　西咸新区　咸阳市

一　咸阳市建筑业发展概况**

2017年咸阳市全社会建筑业实现增加值243.96亿元，比上年增长9.0%；具有资质等级的总承包和专业承包建筑企业103户，比上年增加1户（同口径比较）；全年完成建筑业总产值682.09亿元，比上年增长8.6%。其中，国有及国有控股企业431.09亿元，增长13.3%。资质以上

---

* 周华，长安大学建筑学院讲师，主要研究领域为城市与区域发展，城市经济等。
** 2017年1月22日，西咸新区由西安市代管，2017年开始统计数据不再包括西咸新区，文中同比数据为扣除西咸新区后的同口径比较，特殊说明的除外。

建筑企业共签订合同额 1382.48 亿元，增长 11.9%。全市建筑企业房屋建筑施工面积 3339.16 万平方米，增长 6.9%。其中，新开工面积 1283.03 万平方米，增长 6.4%。

表 1 2014～2017 年咸阳市建筑业产值

	2014 年	2015 年	2016 年	2017 年
全年建筑业增加值(亿元)	184.90	202.74	223.01	243.96
具有资质的建筑企业数(个)	106	111	123	103
全年完成建筑业总产值(亿元)	547.51	588.66	656.12	682.09
资质以上建筑企业签订合同额(亿元)	946.11	1140.51	1269.92	1382.48
房屋建筑施工面积(万平方米)	3176.40	3262.38	3338.87	3339.16
其中:房屋建筑新开工面积(万平方米)	1114.57	1230.09	1397.58	1283.03

（一）建设用地与城镇化

2016 年，咸阳市建设用地面积 234 平方公里，占全市行政地域面积的 2.3%，其中市辖区建设用地面积 92 平方公里，占市辖区行政面积的 17.42%。全市居住用地 71.56 平方公里，道路交通设施用地 38.98 平方公里，工业用地 36.1 平方公里，绿地与广场用地 27.26 平方公里。城镇化率稳步提升，2017 年城镇化率达 50.26%，同口径增长 1.24 个百分点。

近年来，咸阳市加大存量建设用地盘活力度，2017 年全市盘活存量建设用地 12000 亩，市区盘活 6200 亩，较 2016 年有所上涨，特别是西咸新区由西安代管后，咸阳市区盘活的存量土地比上年增加 2600 亩，增长 72.2%，咸阳存量建设用地的利用效率大幅提升。

表 2 2014～2017 年咸阳市建设用地面积、城镇化率

	2014 年	2015 年	2016 年	2017 年
城镇化率(%)	47.73	49.10	50.84	50.26
建设用地面积(平方公里)	—	209.0	234.0	—

表 3　2015～2017 年咸阳市建设用地计划任务

单位：亩

	2015 年		2016 年		2017 年	
	市区	全市	市区	全市	市区	全市
农村建设用地	95	535	129	730	90	680
保障性住房	—	—	715	2245	662	1332
盘活存量建设用地	—	—	3600	11800	6200	12000

资料来源：咸阳市国土资源局。

（二）基础设施投资与建设

2017 年咸阳市基础设施建设主要由重点项目拉动，投资保持高增长态势。2018 年 1～8 月，全市基础设施建设投资 355.3 亿元，增长44.9%，高于全市固定资产投资增速 31.7 个百分点。基础设施建设投资对全市固定资产投资的贡献率达到 82.9%，拉动全市固定资产投资增长10.9 个百分点。

二　咸阳市房地产市场运行分析

（一）土地供应

2017 年，咸阳市市区挂牌土地成交量、土地成交总额均低于往年，但单位土地价格上涨较快。土地市场通过招拍挂成交土地 80 宗，比2016 年下降 28.6%[①]；成交面积 4354971.10 万平方米，比上年下降19.92%；成交总额 41.77 亿元，比上年增长 8.8%；单位土地成交价63.97 万元/亩，同比上涨 14.76%。其中居住用地（包括商住）17 宗，商服用地 19 宗，工业用地 27 宗，相比 2016 年的 27 宗、22 宗、42 宗均有较大幅下降。

表4　2015～2018年咸阳市市区土地成交情况

	2015年	2016年	2017年	2018年1～8月
成交数量(宗)	40	112	80	34
成交土地面积(万平方米)	1969442.40	5438022.20	4354971.10	1737117.97
土地成交总额(亿元)	14.69	45.44	41.77	38.42
单位地价(万元/亩)	49.75	55.74	63.97	147.50

资料来源：根据咸阳市国土资源局网站整理得到。

2018年1～8月，各类土地成交量继续大幅下滑，成交土地34宗，同比下降46%；单位土地价格却大幅上涨，招拍挂成交的各类土地单位价格达147.50万元/亩，同比大幅增长130%。成交的34宗土地中，居住用地17宗，成交75.42亿平方米，总额32亿元，单位地价290万元/亩；商服用地7宗，7.56亿平方米，总额1.24亿元，单位地价109万元/亩；工业用地9宗，88.3亿平方米，总额4.19亿元，单位地价32万元/平方米。

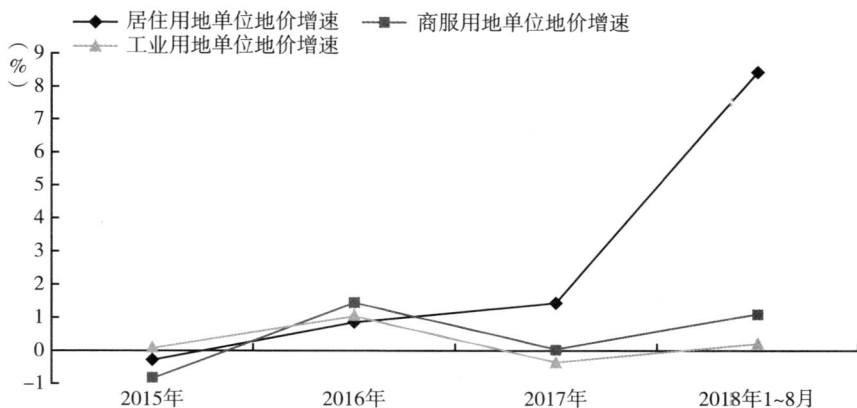

图1　2015～2018年咸阳市区土地交易价格变动趋势

（二）房地产企业

1. 房企规模

2017年，咸阳房地产开发企业数量为120家，同比下降25%，同口径增长 0.8%；房地产企业项目数为 72 个，同口径下降 1.4%。2018 年，由于房地产市场整体好转，新开工项目逐步增加，截至 6 月底，全市新增房地产开发项目 21 个，比上年同期增加 17 个项目。

2. 经营情况

2017 年，房地产主营业务收入为 61.72 亿元，比上年下降 25%，利润额却上涨了 44%，主营业务税金及附加大幅下降。2018 年 1~6 月，全市房地产开发企业实际到位资金 57.5 亿元，比上年同期增长 2.7%。从资金来源渠道看，房地产开发企业仍依赖自筹资金，截至 6 月企业自筹资金为 37.6 亿元，占本年到位资金的 65.4%；定金及预收款达 9.1 亿元，占本年到位资金的 15.9%，占比较上年同期提高 6.1 个百分点。

表 5　2014~2017 年咸阳市房地产企业经营情况

	2014 年	2015 年	2016 年	2017 年
实收资本金总计（万元）	375288	517923	515130	278170
资产总计（万元）	3635113	5631460	4416652	3062859
负债总计（万元）	3119540	3767320	5018167	2661826
房企主营业务收入（万元）	770968	720492	824877	617187

（三）房地产开发

1. 房地产开发投资

2017 年咸阳全社会固定资产投资完成 2382.67 亿元，同口径增长 11.3%。房地产开发投资 104.50 亿元，比上年同口径下降 0.6%。2018 年 1~7 月，房地产开发扭负为正。全市房地产开发投资 57.24 亿元，同口径增长 3.4%，改变了前几个月下降的局面，较 1~6 月加快 3.5 个百分点。商品房销售面积 77.7 万平方米，同比下降 8.6%。

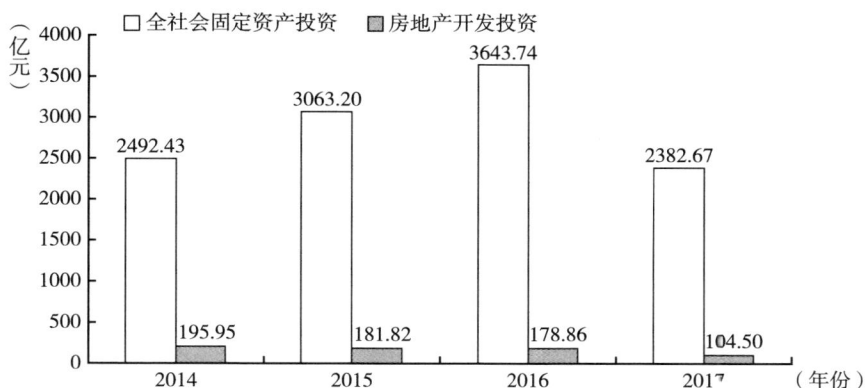

图2　2014～2017 年咸阳市开发投资情况

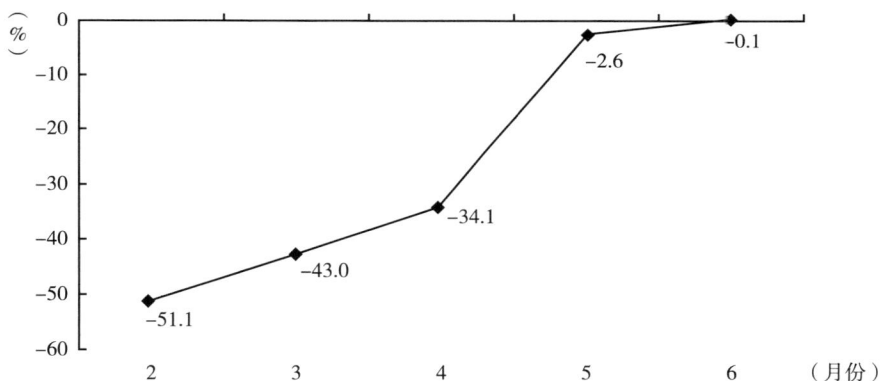

图3　2018 年 2～6 月咸阳市房地产投资增速

2. 投资构成

建安工程投资一直以来占据房地产开发投资的主体，土地购置费占比提高。2017 年建安工程投资 103.08 亿元，占全部房地产开发投资的98.6％，土地购置费仅占 0.4％。2018 年上半年，土地购置费占比提高，土地购置费 9.5 亿元，占全部房地产开发投资的 20.7％，较上年同期提高 20.3 个百分点；建安工程投资 33.7 亿元，占比下降为全部房地产开发投资的 73.1％。

从不同房屋类型看，咸阳市商品住宅投资占房地产开发投资的绝大部分。2017 年商品住宅投资 97.8 亿元，占全部房地产开发投资的 93.6%，同比增长 10.5%；商业营业用房投资位居第二，占全部投资的 5.4%，同比下降 51.6%。2018 年 1～6 月，全市商品住宅投资 41.4 亿元，占全部房地产开发投资的 89.8%；商业营业用房投资 2.1 亿元，同比下降 32%；办公楼投资 0.9 亿元，同比增长 3.7 倍。

表6　2014～2017年咸阳市房地产投资构成

单位：万元

	2014 年	2015 年	2016 年	2017 年
房地产开发投资	1959505	1818166	1788639	1045027
按构成分:建筑安装工程	1871968	1745071	1742268	1030756
土地购置费	57922	34524	9439	4230
按工程用途分:住宅	1818377	1629984	1514371	977928
办公楼	48538	33629	33113	4659
商业营业用房	59734	122300	200214	56649
其他	32856	32253	40941	5791

3. 房地产施工与竣工

2017 年，随着西咸新区划归西安代管，咸阳市房地产施工面积缩减至 728.21 万平方米，同比下降 28.38%，但同口径增长 2.8%；竣工面积 33.65 万平方米，同比下滑 13%，同口径增长 26.3%；其中，住宅竣工面积同口径增长 7.2%，反映了住宅市场的投资加快。

2018 年 1～6 月，施工面积小幅滑坡，新开工面积快速增长。咸阳房屋施工面积 632.3 万平方米，同比下降 6.4%。其中新开工面积 115.6 万平方米，同比增长 153.8%。新增房地产开发项目的纳入，是拉动本年新开工面积快速增长的主要因素，本年新增项目共增加新开工面积 76.3 万平方米，拉动全市新开工面积增长 67.4 个百分点。

表 7　2014～2017 年咸阳市房地产施工、竣工面积

单位：万平方米

	2014 年	2015 年	2016 年	2017 年
房地产开发施工面积	1226.08	1137.72	1016.7	728.21
其中：住宅	1128.91	977.72	816.01	664.47
房地产开发竣工面积	30.35	67.28	38.67	33.65
其中：住宅	30.23	59.86	27.61	29.61

4. 房地产销售与价格

咸阳市 90% 以上的商品房销售量来自商品住宅。2017 年咸阳市商品房销售面积 176.13 万平方米，同口径增长 0.5%；商品房销售额 75.19 亿元，同口径增长 12.1%；其中，商品住宅销售面积和销售额分别占全部商品房的 97% 和 95%，其他类别的商品房占比很低。

价格方面，2017 年咸阳市商品房销售均价为 4269 元/平方米，比上年小幅增长 1.72%，与 2014 年均价基本持平。2018 年 1～8 月在西安房地产大市场的带动下，全市商品房销售价格持续上涨。截至 6 月底，实现商品房销售额 31.4 亿元，同比增长 12.5%；商品房销售平均价格分别较上年同期和 2017 年底提高 779 元/平方米和 525 元/平方米，同比增长 17.8%，增速较 1～5 月提高 1.6 个百分点。

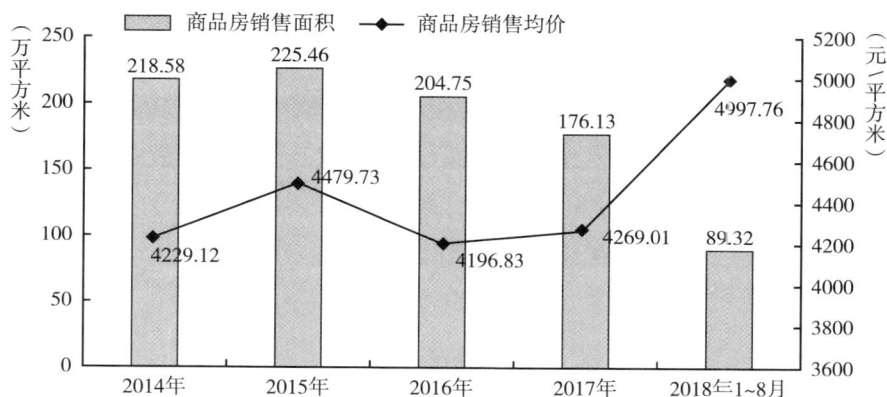

图 4　2014～2017 年咸阳市商品房销售面积与价格

（四）保障房性安居工程

1. 政策推进

陕西保障房、棚改房建设一直位于全国前列，建设量大、任务重。2014～2018年8月，陕西省保障房建设连续四年名列全国前三；2015年，陕西省保障房基本建成量居全国第一、新开工量全国第五、新增发放租赁补贴户数全国第二。2015～2017年，四类保障房建设任务减少，棚改项目增多，全省平均每年完成20万户棚改。2017年超前完成棚改任务目标。2018年起实施新三年棚改计划，三年改造棚户区64.58万套，2018年计划开工20.2万套，棚改工作继续走在全国前列。

2. 保障房建设

咸阳市在陕西省保障房建设计划的引领下有序推进，有效改善了中低收入城市居民的住房条件，其中棚改项目占到总量的75%。2014～2018年9月，咸阳市累计开工建设四类保障房272.2万平方米，3.89万套。其中廉租房开工建设面积42.28万平方米，共8652套，建成5644套，分配4644套；公租房开工建设面积71.02万平方米，共13526套，建成11803套，全部分配完成；经适房63.90万平方米，共7385套，建成5463套，入住4893套；限价房建设95万平方米，共9360套，建成5650套，入住3068套；棚户区改造建设848万平方米，共10.74万户，建成6.09万套，入住5.37万套。累计发放各类补贴金额2566万元。

表8　2014～2018年咸阳市保障性安居工程建设分配情况

	开工建设面积 （万平方米）	建设/改造套数 （套）	建成套数 （套）	分配/入住套数 （套）
廉租房	42.28	8652	5644	4644
公租房	71.02	13526	11803	11803
经适房	63.90	7385	5463	4893
限价房	95.00	9360	5650	3068
棚　改	848.00	107418	60943	53673
合计	1120.20	146341	89503	78081

资料来源：咸阳市住房和城乡建设规划局。

从 2015 年起，咸阳市保障房建设逐渐向棚改转移。2014 年，新开工保障性住房包括四类保障房和棚改房共 3.8 万套，为 11.5 万户、28.3 万人发放最低生活保障金 5.7 亿元；2015 年，持续推进棚户区改造，10.5 万群众告别老旧危房；2016 年，限价房和经适房停止新建，之前已开工建设的继续完成建设并实施分配，开工建设的保障性安居工程包括廉租房、公租房和棚改房，共计 15 万套，竣工 61089 套、入住 49946 套；2017 年，公租房和廉租房停止新建，棚户区改造开工项目 22 个、11581 套，保障性住房分配入住 14541 套。

（五）二手房市场

随着商品房市场的回暖，咸阳市二手商品房交易火热，宏观调控的效果还未在二级市场显现。2017 年，二手房交易面积 65.34 万平方米，同比增加 86.1%，交易价格 4096 元/平方米，同比增长 16.28%，咸阳市二手商品房价格在长期低价徘徊后快速反弹。

2018 年，咸阳市二手房交易延续了 2017 年迅猛增长的态势，仅 1～6 月，交易面积即达 52.68 万平方米，交易价格为 4803 元/平方米，同比增加 15.96%。

表 9　2014～2017 年咸阳市二手房交易量、交易价格

		2014 年	2015 年	2016 年	2017 年	2018 年 1～6 月
交易面积（万平方米）	二手房	18.08	48.72	35.11	65.34	52.68
	二手住房	16.50	29.28	33.79	63.00	51.06
交易数量（套）	二手房	1928	2945	3634	6452	5447
	二手住房	1847	2830	3535	6306	5320
交易均价（元/平方米）	二手房	3681	2686	3562	4142	4803
	二手住房	3741	3395	3493	4096	4874

（六）物业管理

咸阳市物业管理工作是在国务院 2007 年 10 月 1 日修改实施的《物业管

理条例》指导下开展的。2014 年以前,《咸阳市物业管理实施细则》等一系列规范性文件相继出台实施,使咸阳市物业管理有章可循。2014 年,咸阳市住房和城乡规划建设局发布了《咸阳市住房和城乡建设规划局关于理顺物业管理体制的通知》(咸政建发〔2014〕362 号),建立了地区分级物业管理体系,按照"属地管理、条块结合"的原则,由社区、街道办事处、县(区)物业行政主管部门、市级物业行政主管部门四级联动、齐抓共管、分级实施,开展属地化管理工作,构成了咸阳市现行物业管理的基础框架。2017 年,《关于推进我市物业服务企业资质行政许可电子化审批工作的通知》发布,对咸阳市物业管理技术方法进行了更新,随后的发布的《关于做好老旧小区改造后加强物业管理工作的指导意见》(咸政建发〔2017〕71号)对咸阳市老旧社区改造后物业管理资金筹措工作进行部署,是物业管理对象和内容上的进一步补充。

总体来说,咸阳市物业管理仍未形成有效的市场管理模式,各项管理条文、办法的细则、深度不足,对企业的约束力有限。业主对物业管理行业的认知不充分,物业管理企业的服务质量偏低、管理粗放,在一定程度上影响了咸阳市物业管理质量的提升。

(七)住房公积金

2017 年,咸阳市住房公积金缴存余额上升,提取金额、贷款数量和贷款金额下降,住房公积金使用率下降。住房公积金资产风险情况良好,个人住房贷款过期额、保障性住房逾期项目贷款、历史遗留风险金额均为 0。

1. 缴存

2017 年,咸阳市住房公积金缴存总额增长,高于全省平均水平,公积金使用率下降。公积金管理中心新开户单位 195 家,实缴单位 5123 家,净增单位 253 家;新开户职工 23514 人,实缴职工 36.28 万人,职工净减少69790 人;缴存额 26.97 亿元,同比增长 2.86%。2017 年末,缴存总额达177.15 亿元,同比增长 18%;缴存余额达 74.57 亿元,同比增长 14.7%。

2. 提取

2017 年咸阳市住房公积金提取金额下降。6.29 万名缴存职工提取住房公积金 17.39 亿元，同比下降 26.84%，占当年缴存额的 64.5%，比上年减少 26.19 个百分点。提取职工中，中低收入者占 97.54%。提取金额中，住房消费提取占 68.15%，非住房消费提取占 31.85%。

3. 贷款

贷款方面，2017 年发放个人住房贷款 0.65 万笔 16.55 亿元，同比分别下降 14.47%、4.89%。个人住房贷款市场占有率为 12.16%，比上年减少 10 个百分点。个人住房贷款余额占缴存余额的 81.96%，比上年增加 5.58 个百分点。

职工贷款笔数中，购房建筑面积 90（含）平方米以下占 15.47%，90～144（含）平方米占 81.21%，144 平方米以上占 3.32%。购买新房占 94.7%（其中购买保障性住房占 1.72%），购买存量商品住房占 2.12%，建造、翻建、大修自住住房占 0%，其他占 3.18%。贷款职工年龄结构方面，30 岁（含）以下占 43.15%，30～40 岁（含）占 35.7%，40～50 岁（含）占 15.7%，50 岁以上占 4.45%。首次申请贷款占 99.89%，二次及以上申请贷款占 0.11%。

4. 小结

2017 年，在陕西省房地产价格迅猛上涨的势头下，省内其他各市都出现住房公积金贷款发放快、提取量增加、资金余额不足的情况。然而，咸阳市住房公积金使用却出现截然相反的状况，在价格上涨的情况下，贷款笔数下降 14.4%，提取额下降 26.87%，缴存余额增长 14.7%，房地产市场需求有限，活力明显不足。

三　咸阳市房地产业存在的主要问题与趋势展望

（一）主要问题

1. 产业驱动力不足，房地产业增长乏力

近年来，咸阳市经济发展总体趋势平稳但增长动力不足，特别是 2017 年

初西咸新区归西安代管后，咸阳市各项经济指标总量上呈现下降趋势。2018年上半年，全市规模以上工业增加值增速与上年同期相比回落1.9个百分点，低于全省平均增速3.2个百分点，拉动率较上年同期回落1.2个百分点；重点项目进展缓慢，工业投资同比下降24.8%，七大支柱产业投资下降35.2%；建筑业增长放缓，建筑业增加值同比增长8.6%，较上年同期回落2.3个百分点，拉动全市GDP增长0.6个百分点，拉动率较上年同期回落0.1个百分点。

经济规模缩小、工业投资下降、建筑业增长放缓，与商品房销售面积负增长密切相关。2018年上半年，咸阳市商品房销售面积同比下降5.8%，较上年同期回落15.5个百分点；房地产业增加值22.66亿元，较上年同期回落2.8个百分点，对经济增长的拉动率为0。

2. 城市户籍人口流失，影响本地房地产需求

西咸新区划归西安代管后，咸阳市人口基数减少约12%。2017年咸阳市常住人口减少61.06万人，户籍人口减少61.54万人。

咸阳市户籍人口变动情况显示，受西安市2017年户籍开放政策的影响，咸阳市迁往省内其他城市的户籍人口大幅增加，由2016年的25514人增加到2017年的34698人，增长36%。而在此之前，迁往省内其他城市人口与省内迁入人口、省外迁入人口、迁往省外人口三项指标一直保持逐年递减的趋势。中心城市西安配套的购房指标、中心城市发展的趋势、市场对房价上涨的预期是咸阳户籍人口流失的原因之一。

3. 房地产市场缩小，投资增速持续下滑，企业数量减少

西咸新区划归西安代管后，咸阳市房地产市场缩小。相比2014年，咸阳市房地产投资由195.95亿元下降为104.50亿元，减少了46.7%（非同口径，下同）；房地产企业数量从151家下降到120家；企业从业人员数从7369人下降到5494人；主营业务收入从77.10亿元下降到2017年的61.7亿元，降幅达23.3%；施工面积从1226.08万平方米下降到728.21万平方米，降幅达68.37%。行业整体规模缩小，项目数量下降，直接影响房地产业对财政的贡献。2018年房地产业虽有回暖迹象，销售额上涨10.3%，但销售面积同比下降9.6%，竣工面积同比下降53.5%，市场规模持续萎缩。

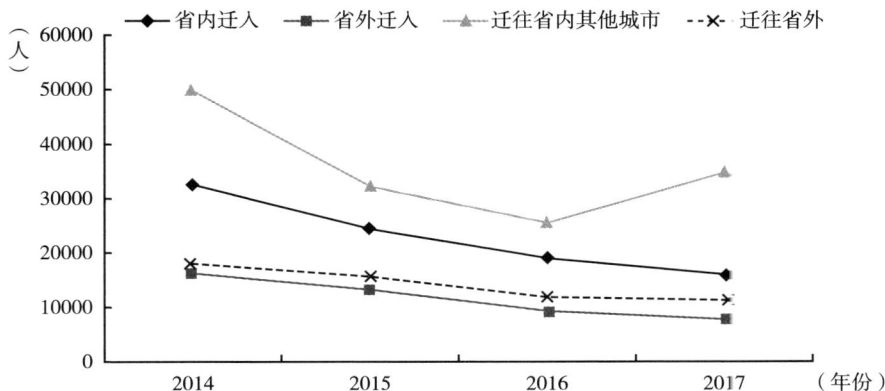

图5　2014～2017年咸阳市户籍人口迁入迁出量

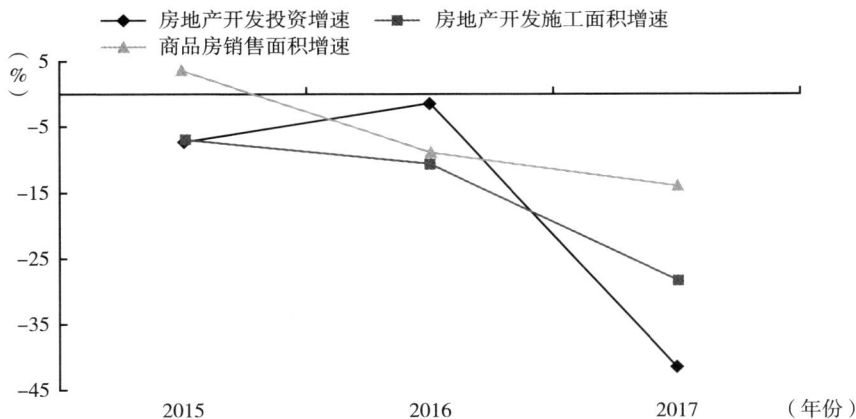

图6　2015～2017年咸阳市房地产开发增速

说明：2017年增速未采用同口径数据。

4. 房企高负债运营，自筹资金依赖度提升，金融风险加大

房地产是一个高负债的行业，国内龙头地产公司的负债率基本上超过
80%。2016年咸阳市房地产企业的负债率高达113.62%，资金周转出现很大
风险。2017年受西安房地产市场上涨的带动，房企负债率下降为86.9%，但较
2014年仍然高出1个百分点，房地产企业的资金周转和融资能力仍面临挑战。

2018年全国金融市场持续紧缩，房地产企业获得国内贷款的比例不断降低，2018年1~9月，咸阳市获得国内贷款额占资金来源的比例降至6.4%；自筹资金占实际到位资金的六成以上，房企贷款难度加大，房地产销售减缓，回收资金大幅减缓，房企资金周转陷入困境。

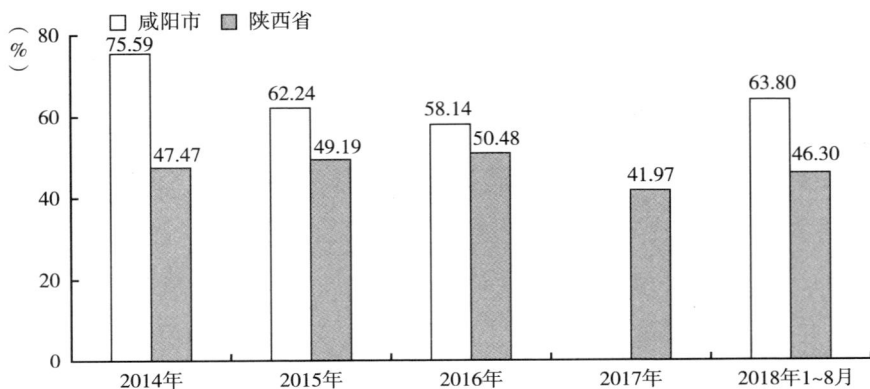

图7　咸阳市、陕西省房地产企业自筹资金占资金来源比例

（二）趋势展望

1. 宏观经济展望

2018年，中国宏观经济进入紧缩通道。中国正在进行防范金融风险、供给侧改革、生态文明建设等重要调整，中国经济的基本面依然向好，经济总量增速不减，消费市场巨大，消费结构升级现象明显，基础设施对经济发展的支撑日益强大。

2019年，中国房地产市场将延续风险防范、保持稳定的走势，在金融政策紧缩、"住房不炒"的基调下，全国房地产市场的分化会进一步深入：一线城市在政策调控下挤压泡沫、回归理性；二线中心城市在区域发展的大背景下市场预期仍然不减，短期回调，中长期看好；三、四线城市受供需结构影响，上涨空间有限，仍然有去库存压力和下滑风险。

2. 区域发展展望

西安作为国家中心城市、关中平原城市群的核心，正在城市群引领区域发展的国家战略下稳步推进大西安建设。2017年，西安代管西咸新区助推大西安发展，西咸新区房地产价格增幅巨大，市场火爆；反观咸阳，房地产市场多项指标虽然同口径依然上升，但总量萎缩：开发投资下降、新开工商品房面积减少、房企数量和项目数缩减，市场规模进一步缩小。随着大西安中心城市建设的推进，咸阳市的"回流效应"将进一步加大，咸阳市面临融合发展与"去中心化"发展的重大考验。保障房地产市场发展的路径有两条：一是加快地铁、城市主干道、快速路等基础设施与中心城市的高效对接；二是在产业结构上深化调整，形成与中心城市一体化的产业体系，从而带动就业岗位的增长，增加房地产市场需求。

3. 咸阳市房地产市场展望

2019年，咸阳市房地产市场将延续"住房不炒"的政策基调，市场价格主要受西咸新区发展、西安市房地产市场预期、咸阳二三产业优化升级、货币化安置政策和房企资金状况的影响。

第一，一方面，西咸新区大发展、西咸一体化是不可逆的发展趋势，2019年应会有实质性推进，对咸阳房地产市场的投资、市场规模、市场需求、价格产生利空反应，拉低房地产成交量。另一方面，在基础设施方面的合作则会对局部沿线地带产生利好反应，推动价格上涨。

第二，西安市房地产市场在2018年1～6月表现出极高热情，在政府调控下，7～9月市场逐步降温，价格平稳，成交量下滑。预测2019年市场观望情绪会进一步持续，一线城市房价下降的影响波及西安，但对咸阳市房地产市场的刺激明显弱于西安，咸阳房地产价格表现出反应滞后、振幅缩小的特点。

第三，西咸划分对咸阳工业影响较大，大力发展第三产业、调整经济结构、优化产业结构是保持经济持续较快增长、增加劳动力、吸引投资的有效方式，能够优化咸阳房地产市场投资环境、增加市场需求。但咸阳经济结构调整短期内不会产生显著效果，房地产投资下滑压力仍会持续，需求减少的现象难以改观，市场销售疲态持续。

第四，棚改项目的货币化安置增加了房地产市场的需求，推动住房价格上升。2018 年下半年，国家全面收紧货币化安置政策，棚改项目进展减速，市场需求减少，各房企房价都将有所放缓，甚至有下调的可能，以消化前期过快的涨幅。刚需家庭将迎来咸阳买房新机遇。

第五，房企资金在 2018 年下半年出现全国范围短缺、贷款减少、融资难度加大的现象，咸阳也不例外。在市场销售萎靡、资金流动性紧缩的情况下，房企资金回流压力持续增大，降价促销售的可能性增大。

参考文献

咸阳市统计局：《影响咸阳上半年 GDP 核算因素分析》，2018 年 8 月 15 日。

中商产业研究院：《2018 年陕西咸阳人口大数据分析：常住人口增速微降人口老龄化加剧》，2018 年 2 月 15 日。

咸阳市统计局：《咸阳市 2017 年国民经济和社会发展统计公报》，2018 年 4 月 10 日。

咸阳市统计局：《1～9 月咸阳房地产开发投资平稳增长》，2017 年 11 月 1 日。

咸阳市统计局：《上半年我市建筑业完成总产值 246.4 亿元》，2018 年 8 月 10 日。

咸阳市统计局：《上半年咸阳市房地产开发投资持续好转》，2018 年 8 月 15 日。

咸阳市统计局：《上半年我市建筑业完成总产值 246.4 亿元》，2017 年 8 月 10 日。

腾讯网：《前三季度我省房地产开发总体平稳》，2018 年 11 月 14 日。

《陕西省住房公积金 2017 年年度报告（陕建发〔2018〕79 号）》，2018 年 4 月 28 日。

B.15

2017~2018年渭南市房地产业发展报告[*]

高敏芳　张萍　赵维[**]

摘　要： 本报告首先对2014~2018年渭南市房地产业的开发情况、投资情况、销售情况以及房地产业的动态发展情况进行系统分析，运用供求理论分析渭南市房地产业发展的趋势，发现渭南市房地产业发展存在的主要问题，最后结合保障房建设和物业管理建设两个方面对渭南市房地产业的发展给出了相应的对策建议，并预测了渭南市房地产业发展的短期趋势。

关键词： 渭南市　房地产　物业管理

一　渭南市房地产发展现状

2017年渭南市房地产开发投资113.81亿元，比上年增长17.4%，其中，住宅投资78.89亿元，增长9.1%。房屋施工面积1177.52万平方米，增长7.4%；商品房销售面积206.49万平方米，增长18.3%；商品房待售面积113.03万平方米，下降14.9%。房地产市场火爆，去库存取得成效。

（一）房地产企业情况

2014年到2017年，渭南市房地产企业数量从128家增加到153家，增

---

　*　感谢渭南市统计局、住建局提供的数据材料。

**　高敏芳，渭南师范学院教授，研究方向为产业经济；张萍，渭南师范学院教授，研究方向为产业经济；赵维，博士，渭南师范学院讲师，研究方向为国际贸易、区域经济。

长了 19.53%。其中国有企业 5 家，集体企业 2 家，其他企业 146 家。当年完成投资共计 113.8 亿元，其中，商品住宅完成投资 78.89 亿元，别墅和高档公寓完成投资 0.75 亿元，办公楼完成投资 1.41 亿元，商业营业用房完成投资 27.99 亿元。截至 2018 年前三季度，渭南市房地产企业数量为 173 家，实收资本共计 390.7 亿元，资产总计 3469.9 亿元。

表1　2017 年渭南市房地产开发企业基本情况

单位：个，万元

县市区	开发企业个数	资产总计	负债合计	所有者权益合计
渭南市	153	34698621	27223917	7474704
临渭区	44	12577945	11335015	1242930
华州区	8	793144	698346	94798
高新区	13	2228770	1930632	298138
大荔县	10	1113240	615595	497645
合阳县	9	1019616	783924	235692
澄城县	7	778308	655073	123235
蒲城县	11	746181	656117	90064
白水县	1	235543	236790	-1247
富平县	14	6328871	3056434	3269137
韩城市	26	7112134	5886672	1225462
华阴市	8	1768169	1369319	398850

注：潼关县和经开区数据缺失。

（二）房地产开发与投资状况

1. 土地规划和购置面积

2018 年 2 月，渭南市国土资源局编制《渭南市土地整治规划（2016 ~ 2020 年）》，对渭南市农用地、农村建设用地、待复垦采矿用地、城镇工矿建设用地、待开发易耕后备土地等五类土地的整治规模和开发潜力进行了评估和测算。农村建设用地坚持集约高效原则，以整治"空心村"与闲置低效用地等为重点，整合资源、聚合资金，稳步推进农村建设用地整理，完善农村基础设施配套建设，改善农民生产生活条件，逐步减少农村居民点用地面积，发挥土地整治综合效益。同时，优先选择农村建设用地整理工作基础较好的乡镇开展城乡建设用地增减挂钩试点，安排挂钩周转指标不低于800.00公顷（1.20万亩）。依据全市经济社会发展实际，加强对低效和闲置的农村建设用地的整理力度，稳妥开展城乡建设用地增减挂钩试点工作，促进城乡用地结构、布局的优化，以及土地利用效益的提高。及时总结挂钩试点经验，探索符合渭南实际的增减挂钩模式，拓展全市建设用地空间。2014～2018年渭南市土地购置面积如表2所示。2018年1～7月，房地产开发企业土地购置面积13818万平方米，同比增长11.3%，增速比1～6月提高4.1个百分点；土地成交价款6619亿元，增长21.9%，增速提高1.6个百分点。

表2　2014～2018年渭南市房地产开发企业土地购置面积

单位：万平方米

	2014年	2015年	2016年	2017年	2018年（前三季度）
土地购置面积	144142	296366	371351	486535	758864

2. 房地产开发资金来源

从资金来源渠道看，2017年渭南市房地产实际到位资金中，国内贷款占1.76%，外资占比为0，而自筹资金占总到位资金的43.40%，此外其他资金来源占比为54.84%。从所有制形式看，国有、私营和集体所有制资金占比很低，股份制资金占比达到了76.40%，由于自筹资金主要为自有资金如盈余资金、现房销售回款和关联借款以及股权融资等，其他资金以预收账款及定金、个人按揭贷款为主。说明渭南市房地产资金来源渠道较为单一，主要通过企业自筹资金和购房者交付房款的渠道获得资金。从时间趋势来看，国内贷款的比重逐年下降，非银行金融机构贷款比重明显增长，说明渭南市地产企业难以通过信托、资管、券商、保险、基金等非银机构进行融资。

2018年前三季度，渭南房地产企业实际到位资金122.63亿元，同比增长85.6%，增速较第二季度明显提高55.4个百分点。从资金构成看，国内贷款4.04亿元，同比增长237.1%；自筹资金65.02亿元，同比增长

159.8%；定金及预付款 33.12 亿元，同比增长 35.7%；个人按揭贷款 12.91 亿元，同比增长 26.6%；其他资金 7.53 亿元，同比增长 43.9%。从到位资金情况看，自筹资金占比达到五成，仍为企业资金来源的主要渠道。

表3　渭南市房地产开发投资资金来源

单位：万元

	本年实际到位资金	国内贷款	#银行贷款	#非银行金融机构贷款	自筹资金	其他资金
2014 年	936933	88936	76606	12330	421150	
2015 年	938969	51347	46777	4570	458381	
2016 年	965679	60456	59371	1085	486850	418373
2017 年	945754	16653	10987	5666	410435	518666
2018 年（前三季度）	1226259	40430	38794	1636	650200	

3. 房地产开发投资额

2016 年渭南市房地产开发投资额共计 969542 万元，按照工程用途分，住宅完成 7228859 万元、别墅高档公寓 880 万元、办公楼 24992 万元、商业营业用房 204542 万元、其他 17123 万元。2017 年渭南市房地产开发投资共计 1145618 万元，增长 17.38%，其中住宅完成 788892 万元，增长 9.13%；别墅高档公寓 7529 万元，增长 7.5 倍；办公楼 14053 万元，降低 43.8%；商业营业用房 279874 万元，增长 36.83%；其他 55270 万元。2018 年 1~9 月，房地产开发完成投资 121.09 亿元，在全省仅次于西安市和宝鸡市，增长 79.3%，增速仅低于延安市。其中，住宅投资 849495 万元、办公楼 16074 万元、商业营业用房 200059 万元、其他 145302 万元。恒大珺睿府、碧桂园翡翠传奇、宏帆广场等一批全国知名开发商开发的大楼盘对渭南市房地产市场拉动作用明显。可以看到，随着知名地产商入驻渭南，花园洋房、别墅公寓等高端投资得到迅速增长。进一步观察县市区房地产开发投资情况，临渭区、韩城市和富平县的开发投资额较高，而潼关县、华州区的开发投资额较低。在工程用途上，全市的别墅高档公寓投资由合阳县贡献，商业营业用房投资中韩城市占比较高。

表4　2017年渭南分县市区房地产开发投资情况

单位：万元

	住宅	别墅高档公寓	办公楼	商业营业用房	其他
渭南市	788892	7529	14053	279874	55270
临渭区	492170	—	9968	107196	34245
华州区	2537	—	—	709	2
高新区	9095	—	—	1064	
潼关县	2800	—	—	—	—
大荔县	22128	—	—	12287	1310
合阳县	25683	7529	96	6351	20
澄城县	10414	—	—	3902	580
蒲城县	18480	—	—	4349	90
富平县	74568	—	1400	24882	13963
韩城市	121208	—	1889	114775	5060
华阴市	9808	—	700	4359	

注：资料来自《渭南统计年鉴》，其中白水县和经开区数据缺失。

4. 房地产固定资产投资情况

渭南市房地产固定资产投资完成额逐年增长，2010年房地产业投资总额为471849万元，2017年房地产业投资总额为3848528万元，增长7倍多，2011～2013年渭南市房地产投资额增速分别达到61.8%、106%和72.4%，而后增速显著下降，2016年为负值，2017年又开始回升。渭南市房地产投资额的变化与国家对房地产业的宏观调控政策息息相关，自2010年以来国家针对过热的房地产市场展开了密集的市场调控，包括"国九条"、"国五条"、严格二套房贷、上调存款准备金率等，在国家调控下，渭南市房地产热也得到了一定程度的遏制，该作用在2013年后凸显。进入2013年后我国经济增速逐渐下降，各一线、二线城市房地产泡沫继续累积，而三线、四线城市的房价开始下跌，渭南市房地产投资额持续增长但增速下降，直至2017年开始回升。

图1　2010～2018年渭南市房地产固定资产投资完成情况

5. 房地产施工面积

2008～2017年的10年间,渭南市房地产施工面积逐年增长,2008年房地产施工面积为274.5万平方米,到2009年增长为323.5万平方米,增长17.9%,随后各年依次增长20.3%、66.5%、39.9%、31.9%,2014年增长率为负值,此时国家的宏观调整政策作用凸显,房地产市场降温,之后的几年施工面积增长率为个位数。2017年渭南市房地产施工面积为1177.5万平方米,同比增长7.4%。2018年前三季度渭南市房地产施工面积达到1398.8万平方米,同比增长18.8%。

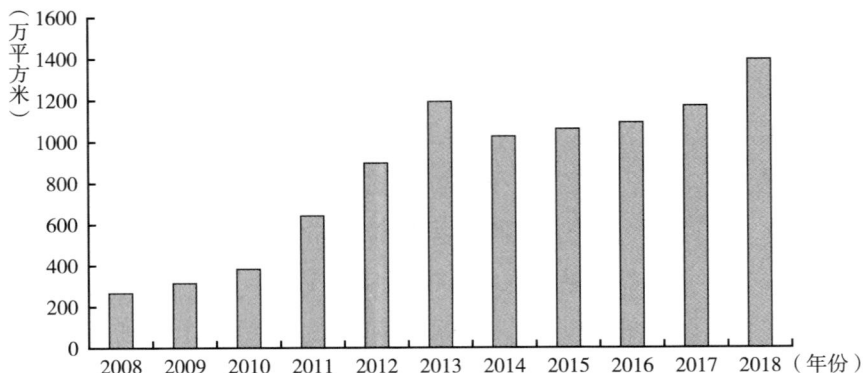

图2　2008～2017年渭南房地产施工面积

6. 房地产竣工面积及价值

2008～2017年的10年间，渭南市房地产竣工面积波动较大，2008年房地产竣工面积为88.2万平方米，到2009年降为79.2万平方米，随后各年依次为75.3万平方米、116.9万平方米、102.8万平方米、184.7万平方米、218.6万平方米，2015年急剧减少到88.5万平方米，2016年增长到163.6万平方米，2017年渭南市房地产竣工面积为138.5万平方米，2018年前三季度房地产竣工面积为82.4万平方米。与此对应，2008年渭南市房地产竣工价值为10.7万元，到2009年为10.8万元，随后各年依次为12.4万元、21.4万元、20.3万元、37.0万元、50.8万元，2015年又下降到19.3万元，2016年增长到35.1万元，2017年渭南市房地产竣工价值为29.8万元。

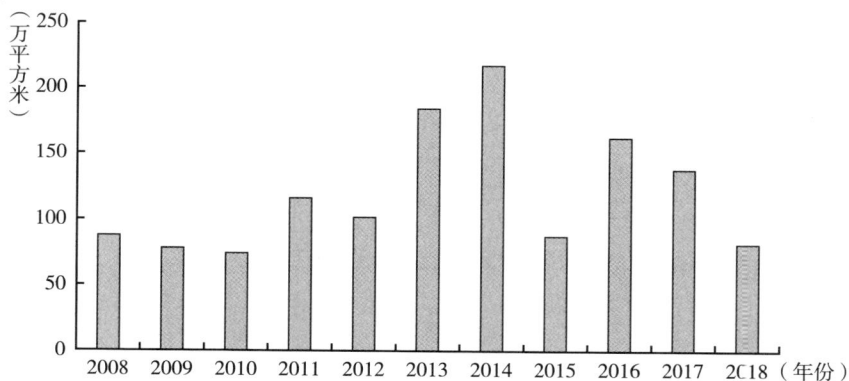

图3 2008～2017年渭南房地产竣工面积

7. 2018年逐月商品房施工面积、竣工面积及价值

2018年，在房地产开发投资增速高速攀升的同时，房屋施工速度明显加快，商品房施工面积过10亿的有14个。表5是渭南市2018年逐月商品房施工面积和竣工面积。前三季度数据显示，房屋施工面积达到1398.77万平方米，其中，房屋新开工面积598.46万平方米。新项目、大项目集中开工是新开工面积大幅增长的主要原因，前三季度全市共新入库项目63个。

表5　2018 前三季度渭南市商品房施工面积、竣工面积及价值

	商品房施工面积(平方米)	商品房竣工面积(平方米)	商品房竣工价值(万元)
2018 年 2 月	8305213	385751	128089
2018 年 3 月	8462031	496181	153768
2018 年 4 月	8831922	556964	167194
2018 年 5 月	10071331	615750	179444
2018 年 6 月	10589818	616854	179775
2018 年 7 月	11381042	702616	203210
2018 年 8 月	12662953	722958	205419
2018 年 9 月	13987658	823707	226181

8. 各县市区的房地产开发面积

2017 年渭南市房屋施工面积中临渭区、高新区、富平县和韩城市的施工面积较大,与此同时这些区县的住宅施工面积也较大。而房屋竣工面积数据显示,临渭区、大荔县以及韩城市的房屋竣工面积较大。

表6　2017 年部分县市区房地产开发面积

单位:万平方米

县市区	施工房屋面积	其中:住宅	竣工房屋面积	其中:住宅
渭南市	1177.5	857.6	138.5	93.6
临渭区	521.6	404.8	28.5	22.1
华州区	33.3	29.5	2.1	1.0
高新区	83.7	44.9	—	—
潼关县	1.6	1.6	1.6	1.6
大荔县	44.8	37.8	29.3	24.4
合阳县	51.4	41.3	8.4	4.8
澄城县	21.7	17.7	—	—
蒲城县	43.3	42.1	—	—
富平县	172.7	111.0	7.0	—
韩城市	167.9	96.3	49.3	27.6
华阴市	35.7	30.6	12.4	12.1

注:来源于2017 渭南市统计年鉴,其中白水县和经开区数据缺失。

（三）房地产销售状况

1. 按用途分商品房销售面积

2014年渭南市商品房销售面积为325.3万平方米，其中住宅销售面积占比为87.0%，办公楼销售面积占比为0.3%，商业营业用房销售面积占比为9.4%。到2017年，商品房销售面积为2064864万平方米，其中住宅销售面积为168.9万平方米，占比为81.7%；办公楼销售面积40829平方米，占比为2.0%；商业营业用房销售面积306685平方米，占比为14.85%。可以看到，办公楼和商业用房的销售面积占比增长，而住宅的销售面积比重减少，说明购房者对房屋的需求从基本住房需求逐渐向商业用途转变，也从侧面反映了渭南市经济的快速发展。

2018年前三季度，全市商品房销售面积为176.88万平方米，同比增长25.3%，增速较二季度提高了1个百分点，高于全省平均增速15.6个百分点。按用途分，住宅销售158.71万平方米，同比增长36.6%；商业营业用房销售15.4万平方米，同比下降25.6%；办公楼销售2.55万平方米，同比增长23.2%；其他用房销售0.22万平方米，同比下降4.4%。从住宅结构看，90～144平方米户型销售113.54万平方米，同比增长40.8%，占住宅销售的七成，仍为销售主力；144平方米以上户型销售28.92万平方米，同比增长41.6%。

2017～2018年，渭南市商品房销售面积增长速度明显高于全省增速，图4是2017和2018全省和全市商品房销售面积逐月增长情况。

2. 按用途分商品房销售额

2017年，商品房销售额为75.3亿元，其中住宅销售额为55.6亿元，占比为73.9%；办公楼销售额2.1亿元，占比为2.8%，商业营业用房销售额16.7亿元；占比为22.2%。从销售额占比看，办公楼和商业营业用房的销售额增长较快，说明渭南房地产市场的繁荣一定程度上是经济发展拉动的。

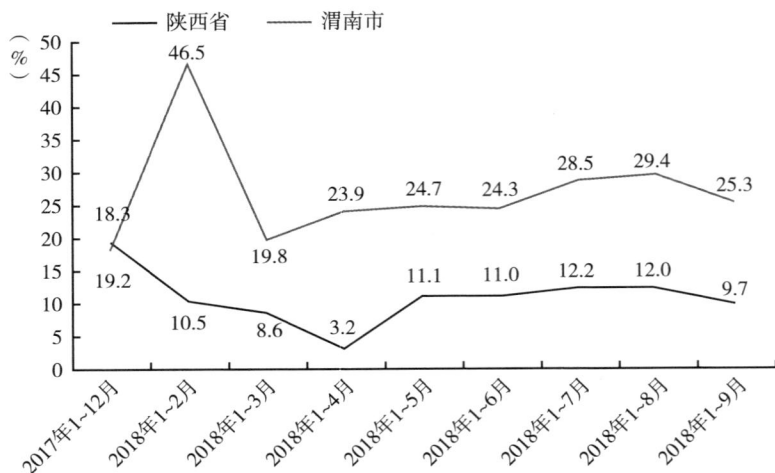

图4 2017～2018年全省和渭南市商品房销售增速比较

表7 2014～2018年渭南市商品房销售额

单位：万元

	本年商品房销售额	住宅	办公楼	商业营业用房	其他
2014年	1203557	—	—	—	—
2015年	777661	558989	8526	201938	8208
2016年	549065	602066	15943	42246	9668
2017年	752560	555918	21324	167262	8056
2018年（前三季度）	734511	—	—	—	—

3. 商品房待售情况分析

随着供给侧结构性改革的持续推进，陕西省商品房库存压力得到缓解。2018年前三季度数据显示，陕西省房屋竣工面积为971.84平方米，同比下降33.5%，降幅比上半年扩大0.5个百分点。商品房待售面积为753.04万平方米，同比下降19.6%，降幅比上半年扩大1.1个百分点，总量减少26.76万平方米，比上年同期回落41.7个百分点。9月末渭南市商品房待售面积为85.8平方米，同比下降35.7%，下降幅度较二季度加大10.6个百分点，其中，住宅待售面积为52.36万平方米，占全部待售面积的比重为61%，同比下降33%。渭南市商品房待售面积的下降和全省呈现同步化趋势，待售面积的减少一方面是现房销售增长所致，另一方面是竣工速度下降所致。

4. 分县市区商品房销售情况

从商品房销售面积和销售额来看，2017 年临渭区、韩城市、大荔县、富平县和合阳县的销售面积较高，分别达到了 676483 平方米、604507 平方米、205499 平方米、202056 平方米和 114729 平方米。2018 年前三季度，临渭区、韩城市、大荔县和富平县的商品房销售面积分别为 619432 平方米、442058 平方米、179855 平方米、202468 平方米，尤其是富平县仅三季度的销售面积已超过 2017 年全年。从商品房销售额来看，2018 年前三季度临渭区、韩城市以及大荔县的销售额较高，分别为 287711 万元、197176 万元以及 56233 万元。

5. 2018年逐月商品房销售情况

2018 年 2 月至 2018 年 9 月底，渭南市商品房销售面积和销售额不断增长，但是增速呈下降趋势。一方面说明渭南市房地产市场发展势头强劲，另一方面销售额的增长超过了销售面积的增长幅度，说明渭南市房价攀升。

表8　2018 年前三季度渭南市分县市区商品房销售面积和销售额

	商品房销售面积（平方米）	商品房销售额（万元）	房屋施工面积（平方米）	房屋竣工面积（平方米）
临渭区	619432	287711	5672770	149094
高新区	70736	38630	1470661	—
华州区	26526	7126	391702	43214
潼关县	—	—	18961	
大荔县	179855	56233	414576	110935
合阳县	76784	23196	474952	38461
澄城县	30570	10067	262444	99171
蒲城县	42403	14794	636862	54728
白水县	26386	9035	107510	—
富平县	202468	72161	2527263	34608
韩城市	442058	197176	1769967	231246
华阴市	51614	18382	239990	62250

表9 2018 年渭南市商品房逐月销售情况

	商品房销售面积(平方米)	商品房销售额(万元)
2018 年 2 月	120330	42758
2018 年 3 月	346065	133443
2018 年 4 月	498862	193658
2018 年 5 月	660416	253866
2018 年 6 月	872367	331980
2018 年 7 月	1065714	415985
2018 年 8 月	1274643	502238
2018 年 9 月	1768832	734511

6. 房地产增加值

2016 年，渭南市房地产业增加值（按当年价格计算）为 55.35 亿元，其中房地产开发 6.1 亿元、物业管理业 4.32 亿元、房地产中介服务业 0.66 亿元、自有房地产经营活动 41.22 亿元、其他房地产业 3.05 亿元。2017 年渭南市房地产业增加值（按当年价格计算）为 63.9 亿元，增长 15.4%，其中房地产开发 12.67 亿元、物业管理业 4.21 亿元、房地产中介服务业 0.6 亿元、自有房地产经营活动 43.7 亿元、其他房地产业 3.01 亿元。

（四）2014～2018年国家宏观调控房地产以来渭南房地产业的变化

2014 年，我国宏观经济环境不景气，房地产销售面积和销售额同比大幅下滑。对此，从中央到地方都采取了一系列调控措施，对房地产市场加以调整，着重让市场发挥作用。当年商品房销售额和销售量均取得了不错的成绩。

2015 年楼市"去库存"上升为国家任务，"3·30 新政"、5 次降准降息、二套房、公积金新政、"新版930"等政策密集出台，渭南市在去库存的进程中也取得了不小的成绩，截至 2015 年末，渭南市住宅库存量为 8044 套。

　　回望 2016 年的中国房地产市场可谓波澜不惊，渭南市房地产在"去库存"贯彻全年的同时，也掀起了最强"执法风暴"。对于促进渭南房地产市场良性竞争，规范行业风气起到了很关键的作用。2016 年 1～12 月，渭南新推住宅总共 9718 套，全年销售总套数为 7354 套，同比增长 33%。

　　2017 年，渭南各区域表现积极，各开发商积极入市，楼市供应面积上升，市场呈现出回暖趋势。2017 年 1～12 月，渭南总计成交 10804 套，同比上升 47%；成交均价为 4143 元/平方米，与 2016 年相比，每平方米增长 556 元。在全国众多热点城市普遍呈下行趋势的情况下，渭南市房地产强势增长的原因主要有两个。从需求方面看，随着拆迁改造政府红利的加持，入市购房者快速增多；热点城市限购限贷，购房人口资源回流，市场不断升温。从供给方看，碧桂园、宏帆等名企入市，拉高了楼盘品质，也提升了整体均价。

　　2018 年，渭南市房地产市场持续升温，国有大型房企纷纷入驻，新项目拉动全市房地产投资一路走高，新开工面积增幅明显，房地产市场发展势头良好。商品房销售逐渐趋稳，待售面积继续缩减，企业资金较为宽松，后续发展动力较足。

（五）房地产与社会经济的关系分析

　　房地产与国民经济的增长密切相关，已成为拉动我国 GDP 的重要力量。房地产市场的繁荣发展不仅为国民经济提供了巨大的物质资本，也提高了人民的生活水平、居住环境，拉动了投资消费需求的增长，扩大了就业。

1. 房地产在经济发展中所占比重

　　渭南市房地产业增加值从 2010 年的 25.71 亿元增长到 2017 年的 63.9 亿元，占生产总值的比重从 3.21% 上升到 3.86%。2016 年全市房地产总产出为 77.58 亿元，较 2015 年的 75.22 亿元增长了 2.36 亿元，其中房地产开发经营业总产出 9.37 亿元，物业管理总产出 7.2 亿元，房地产中介服务总产出 1.39 亿元，自有房地产经营活动 53.54 亿元，其他房地产业 6.08 亿元。

表 10　2010～2017 年渭南市房地产增加值与总增加值比较

单位：亿元

	房地产业增加值	总增加值（生产总值）	占比
2010	25.71	801.42	3.21%
2011	31.33	1028.97	3.04%
2012	38.51	1157.32	3.33%
2013	43.56	1321.81	3.30%
2014	47.75	1423.75	3.35%
2015	53.65	1430.41	3.75%
2016	55.35	1488.62	3.72%
2017	63.9	1656.62	3.86%

2. 房地产业对本市经济的拉动作用

房地产业对国民经济有重要的贡献，不仅直接拉动 GDP，对其他产业的影响力系数和拉动力系数也较高。如房地产业的繁荣拉动了建材耗材、机械设备、水泥钢铁、仪器仪表、金融保险、租赁与商务服务，涉及制造业、建筑业以及服务业等诸多行业。简单地，运用 1992～2017 年共 26 年的渭南市房地产增加值和 GDP 增加值数据进行最小二乘估计，发现房地产业增加值每增长 1%，GDP 增加值就增长 0.92%。

3. 房地产对就业的贡献

2014 年渭南市房屋建筑业从业人员数占建筑业总从业人员的 77.6%，2016 年该比重达到 83.7%，说明渭南市房地产业对建筑业的就业贡献达到了 80% 以上。进一步观察房屋建筑业中工程技术人员和现场施工人员的人数和占比，发现工程技术人员和施工人员的比重几乎不变。如果工程技术人员可以表示高级人力资本的投入，施工工人表示劳动力生产要素的投入，那么几乎不变的比重说明渭南市房地产行业近几年并没有出现明显的技术进步。

表11　2014~2018年房屋建筑业从业人员

单位：人

	从事主营业务活动的从业人员平均人数①	其中,工程技术人员	现场施工工人	工程技术人员比重	施工工人比重
2014	61964	8874			
2015	58027	8174	32151	14.1%	55.4%
2016	61815	6893	32950	11.2%	53.3%
2017	65099	8739	33118	13.4%	50.9%

①期初和期末的平均。

三　房地产发展趋势分析

（一）供给趋势

从房地产市场供给来看，首先，2014~2018年渭南市房地产企业数量逐年增加，从2014年的128家增长到2017年的156家，与此同时，企业税负自"营改增"普遍推广后大幅下降。但是房地产企业的技术水平与生产模式并未出现较大变化，从工程技术人员数和施工工人数近乎不变的比例关系中可以看到。

其次，从房地产开发投资资金情况看，2014年和2015年房地产开发投资资金增幅不明显，而2017年房地产开发投资金大幅增长，达到17.38%。花园洋房、两梯两户、湖景大宅等一系列高端产品供应量大幅增长，使得2017年房地产开发投资资金中别墅高档公寓的投资额增长了7.5倍，碧桂园、宏帆广场两大知名地产商为渭南市场注入了强有力的产品竞争力和新层次的营销管理思路，这些都有力促进了渭南市房地产市场的开发。

再次，从房屋施工面积和竣工面积看，自2015年开始，渭南市房屋建筑业施工面积逐年增加，但增幅不大，增速在个位数徘徊。进入2018

年，渭南市房地产市场迎来一波小高潮，前三季度数据显示，1~9月份房屋施工面积已远远超过2017年，增幅达到18.8%，年末增幅达到20%左右。而随着大批项目的逐渐完工，预计2019年房屋竣工面积也将超过2018年。

最后，得益于城市拆迁改造，人口红利促使大批购房者入市，市场购买力增强，供不应求的情况正在发生，渭南市场库存正在减少。

（二）需求趋势

从渭南市商品房销售面积和销售额来看，自2017年开始，房地产市场需求迅速增加，2017年商品房销售面积为206.5万平方米，较上年增长18.3%；其中住宅面积168.9万平方米，较上年增长5.8%；办公楼面积为4.1万平方米，较上年增长13.0%；商业营业用房销售面积为30.7万平方米，较上年增长2.5倍。与此同时，商品房销售额达到75.3亿元，较上年增长37.1%，其中办公楼销售额2.1亿元，增长33.8%；商业营业用房16.7亿元，增长近3倍。可以看到，渭南市房地产市场繁荣的原因是渭南市经济快速发展导致的商业用房需求增加和人民收入水平上升导致的对高端住房需求的增加。可以预计，未来随着热点城市限购限贷、购房人口资源回流、更多新产品面世和新型销售模式出现，渭南房地产需求量将稳步增长。

（三）价格趋势

综观渭南市2017~2018年前三季度房地产价格变化趋势，可以看到渭南市房地产市场价格从2017年开始逐渐增长，到2017年底达到4000元/平方米以上的价格，到2018年5月掀起了一波小高潮。对渭南2018年上半年在售楼盘进行调查统计，2018年上半年，渭南新房共计成交6448套，环比2017年下半年上涨55%，同比2017年上半年上涨106%；新房成交均价5292元/平方米，环比2017年下半年上涨2281元，同比2017年上半年上涨3322元，2018年上半年新房成交面积为832205.88平方米。

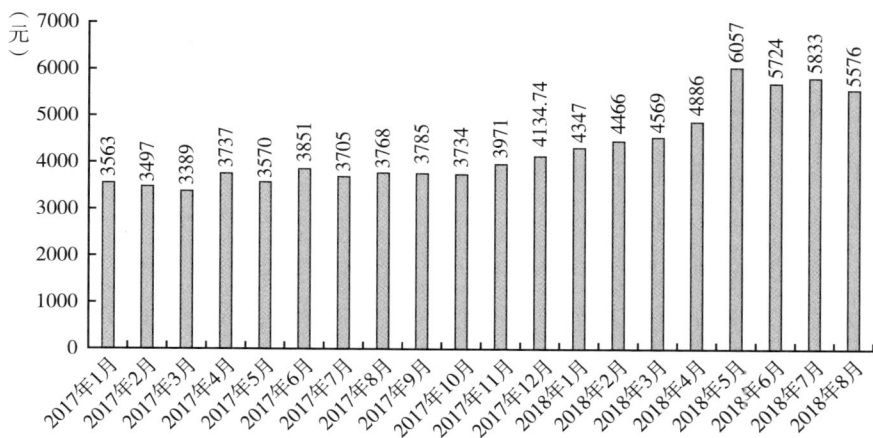

图5 2017~2018年渭南楼市成交均价

资料来源：搜狐焦点网渭南站数据中心，http：//www.myzaker.com/article/5b499c357f780be12700000c/。

四 房地产发展存在的问题

（一）各区域投资与销售差异明显

2017年渭南市房地产固定资产总投资达到113.8亿元，其中临渭区65.4亿元，占比为57.5%；韩城市和富平县投资额也较高，分别为24.3亿元和11.5亿元；而投资较低的区县为华州区和潼关县，分别为2800万元和3248万元，不到房地产固定资产投资的0.3%。其次，从房地产开发投资额来看，同样是临渭区、韩城市和富平县的投资额较高，投资额最低的华州区和潼关县仅占到总开发投资资金的0.3%和0.4%。再次，从商品房销售面积和销售额来看，除临渭区、韩城市和富平县的销售面积较大外，合阳县、大荔县和高新区的销售面积也较大，而仅有临渭区和韩城市的销售额较高。我们用销售额和销售面积的关系得到估计的房价，可以看到，临渭区和韩城市的房价较高，而潼关县、华州区和合阳县的房价较低。

（二）地产企业融资渠道不畅

2018 年前三季度，渭南房地产企业实际到位资金 122.63 亿元，同比增长 85.6%，增速较第二季度明显提高 55.4 个百分点。从资金构成看，国内贷款 4.04 亿元，同比增长 237.1%；自筹资金 65.02 亿元，同比增长 159.8%；定金及预付款 33.12 亿元，同比增长 35.7%；个人按揭贷款 12.91 亿元，同比增长 26.6%；其他资金 7.53 亿元，同比增长 43.9%。从到位资金情况看，自筹资金占比达到五成左右，仍为企业资金来源的主要渠道。由于自筹资金主要为自有资金如盈余资金、现房销售回款、关联借款以及股权融资等，其他资金以预收账款及定金、个人按揭贷款为主。说明渭南市房地产资金来源渠道较为单一，主要通过企业自筹资金和购房者交付房款的渠道获得资金。从时间趋势来看，国内贷款的比重逐年下降，无论是银行贷款还是非银行金融机构的贷款均无明显增长

（三）商业用房去库存压力较大

2017 年底，渭南市商品房待售面积中住宅、商业营业用房和办公楼待售面积分别为 66.7 万平方米、31.24 万平方米和 7.42 万平方米，分别较上年末减少 6.4 万、减少 7.78 万和增加 0.78 万平方米。2018 年前三季度数据显示，商品房待售面积为 753.04 万平方米，同比下降 19.6%，降幅比上半年扩大 1.1 个百分点，总量减少 26.76 万平方米，比上年同期回落 41.7 个百分点。9 月末渭南市商品房待售面积 85.8 平方米，同比下降 35.7%，下降幅度较二季度加大 10.6 个百分点，其中，住宅待售面积为 52.36 万平方米，占全部待售面积的比重为 61%，同比下降 33%。按照 2017 年商品房月均销售面积测算去化周期，住宅去化周期约为 4.74 个月，商业营业性用房去化周期为 12.22 个月，办公楼去化周期为 21.8 个月，其他用房去化周期最长需要 32.3 个月。非商品房去化周期均较长，去库存压力仍较大，需要重点关注。

（四）保障房安居工程建设问题突出

2018年7月，陕西省发改委、住建厅安排渭南市2018年第二批保障性安居工程中央预算内投资2.324亿元。本批计划共安排项目24个，涉及渭南市澄城县、临渭区、蒲城县等7个县市区。其中，租赁型保障房配套基础设施项目4个，中央预算内投资3580万元；棚户区改造配套基础设施项目20个，中央预算内投资19660万元。渭南市将按照"突出抓重点、补短板、强弱项"的要求，重点对安居工程政策落实情况、管理绩效情况和遵守法律法规情况进行审计，查找在保障性安居工程重点环节、重点资金、重点项目中存在的各类问题，着力推动解决安居工程建设发展不平衡不充分的问题，提高安居工程建设管理质量和效益。

五　保障房建设现状及存在的问题

（一）2014～2018年保障房建设基本情况

2014年渭南市累计开工建设保障性安居工程44654套，竣工34561套，规模达到2401470平方米。其中，公租房开工18991套，竣工18991套；经济适用房开工1516套，竣工1516套；限价商品房开工7701套，竣工4444套。

2015年渭南市累计开工建设保障性安居工程65232套，竣工46292套，规模达3597760平方米。其中，公租房开工26549套，竣工17699套；经济适用房开工1995套，竣工1995套；限价商品房开工6669套，竣工6669套。

2016年渭南市累计开工建设保障性安居工程37128套，竣工25521套，规模达到2428700平方米。其中，公租房开工9288套，竣工2468套。

2017年渭南市累计开工建设保障性安居工程25460套，竣工16080套，规模达到160800平方米。

2018年5月，全市累计投资建设各类保障性住房11.7447万套，城镇住房保障覆盖面积提高，惠及住房保障群众增加。基本实现中低收入住房困难家庭"住有所居"，低收入和最低收入家庭"应保尽保"。

（二）2014～2018年保障房建设存在问题

1. 保障房准入退出机制不完善

渭南市政府对保障对象虽有相关规定但是由于我国征信体系不完善，导致个人除工资外的收入难以纳入核算。一纸收入证明难以反映真实的收入情况，同时，在核算过程中还涉及与其他部门如税务局、公安局、工商局等单位协作，使得申请人的真实收入情况难以得到体现。在退出机制方面，大量保障对象通过隐瞒或提供虚假证明材料的方式继续享受保障房的福利和优惠，而有关部门由于信息的不对称通常难以发现。

2. 保障房融资渠道较窄

保障房由于经营利润较低，建设周期较差，企业投资的意愿较低，都是政府通过财政支出的形式参与保障房建设。同时，地方财政对土地的依赖程度高，导致政府建设保障房的主动性和积极性受到影响。保障房建设较少在资本市场中获得资金，融资渠道狭窄又进一步阻碍了保障房的发展。渭南市作为四线城市，经济总量较小，2017年预算收入只有312.6亿元。受到政府财政收入的限制，保障性住房建设投入资金不足，保障性住房任务的完成大部分是通过棚户区改造的形式实现的，体现了政府的无奈。随着保障性住房规模不断扩大和新开工项目增多，资金需求量不断增大，建成后的维护运营也需要一大笔资金，无论是上级补助资金还是地方预算均捉襟见肘。

3. 保障性住房规划不科学，缺乏配套设施

保障房在商品属性上属于准公共物品，由政府提供，在给低收入居民提供基本生活保障的同时，还需关注居民的生活质量和社会归属感。渭南市保障房建设的选址和多数城市一样，都是距离市中心较远的位置，如城乡接合部，各种配套设施不健全，再加上物业管理不规范、施工质量不过关，给人民的生活质量造成很大的影响。此外，由于租户状况复杂，治安隐患较多，

未来应从围绕"居民自治、管理有序、服务完善、治安良好、环境优美、文明祥和"这一目标对保障房小区进行提升和改造。

六 物业管理现状及存在的问题

（一）物业管理基本情况

2006年渭南市成立了渭南市物业管理处，专门负责全市的物业管理工作，并且具体负责物业管理的日常工作。截至目前，渭南全市有物业企业100多家、从业人员3000余人，物业服务领域从单一的住宅物业扩展到商场、写字楼、学校、医院、工厂等各类公共服务行业，已经成为与广大人民群众生活工作息息相关的行业。统计资料显示，2016年渭南市共有规模以上物业管理单位16家、资产合计11374万元、从业人员1120人、营业收入6505万元、利润总额474万元，2017年渭南市共有规模以上物业管理单位19家、资产合计11316万元、从业人员1950人、营业收入12051万元、利润总额50万元。

（二）物业管理市场存在的问题

1. 管理企业缺乏诚信且态度较差

在渭南市房地产业繁荣发展的同时，小区物业服务质量得到了稳步的提升，但是仍然存在管理企业缺乏诚信、服务态度较差等问题。作为北方的一个小城市，冬季的供暖问题是影响人们生活质量的一个关键点，停暖、暖气不热等均是住户反映的一个常态化问题，产生此类情况的根本原因就是我国物业法律政策并没有有效地建立和实施。众所周知，我国物业法律政策的框架，主要是由为数不多的行业性、地方性的政策法规组成的，相对完善的法规体系尚未形成。因此，在物业管理工作中由于缺乏行业规范，使得很多问题无法得到及时有效的解决，给人民的生活带来负面影响。

2. 管理制度不完善导致纠纷频繁发生

由于管理制度的不完善，物业管理企业的工作人员在处理具体的工作中，不能严格规范地按法律制度办事，处理问题的主观性较大，公正性和客观性无法保证，住户与物业的矛盾不断累积，纠纷事件频繁发生，且呈现出纠纷难度大、纠纷周期长等特点。特别是在业主委员会改选、物业公司选聘等时，物业管理公司和业务的矛盾就更加突出。针对这种现状，部分城市试行了《物业纠纷调解管理机制》，渭南市物业管理工作中，应充分发挥专业部门人才优势和专业法律知识优势，引入多元调解机制，搭建物业管理服务诉求主体沟通平台，实现人民调解、行政调解、司法调解在物业活动纠纷调处中的联动效应，促进物业活动纠纷的依法处理和物业矛盾的快速化解。

3. 服务质量较差且乱收费现象严重

在物业管理工作中，物业管理企业服务质量较差、收费透明度较低、收费标准高低不等，且大部分物管公司没有相关收费依据。但是由于缺乏法律规范，这一问题长久以来无法得到解决，已经逐渐影响了人们的正常生活，给人们的日常生活及工作带来了极大的不利影响。

七 房地产发展对策及2019年房地产业发展趋势预测

2018年，渭南房地产市场持续升温，新开工面积增长明显，商品房销量逐渐增长，待售面积继续缩减，企业资金较为宽松，后续发展动力较足，其原因如下。一方面是国有大型房企纷纷入驻带来众多高端产品和多样化的营销方式，凸显的是项目的雄厚实力，但是与之匹配的，是不断上涨的渭南房价。另一方面，随着《大西安立体综合交通发展战略规划》正式印发，给渭南市预期房价上涨提供了有力的支撑。此外，西安市楼价疯涨、摇号政策令更多渭南人开始回购。然而，受国家调控政策和西安市房价的影响，2018年下半年渭南市房地产市场也逐渐开始趋于平稳，预计短期渭南市房价上涨空间不大。

（一）宏观调控政策趋于严格

2018年是发布房地产调控政策次数最多的一年，楼市政策执行严格。在此背景下，整体市场表现平稳，但部分楼市出现明显调整。数据显示，

"金九银十"成色严重不足,大部分热点城市成交环比下行,预计短期内房地产行业将在底部运行。受整体宏观环境的影响,渭南楼市在经历了上半年的快速增长后于下半年趋于平稳。

(二)保障房建设进一步加强

2018年5月,渭南累计投资建设各类保障性住房11.7447万套,城镇住房保障覆盖面扩大,惠及住房保障群众增加,基本实现中低收入住房困难家庭"住有所居",低收入和最低收入家庭"应保尽保"。预计未来渭南市保障房建设将进一步完善,惠及人群范围进一步扩大,重点解决城市中低收入住房困难家庭、各类人才、农民工和新毕业大学生住房问题,同时推进共有产权住房制度改革。

(三)棚户区改造持续进行

全市开工建设棚户区改造项目62个、29263户,开工率100%;货币化安置13611户,货币化安置率达到46.5%,高于省上下达目标6.5个百分点;基本建成保障性住房和棚户区改造安置房4.71万套,占年度任务2.82万套的166%;完成投资76.51亿元,其中棚户区改造完成投资38.13亿元,全面完成年度各项目标任务。同时,建立起棚改组织领导机制、工作推进机制、资金保障机制、跟踪督查机制、考核问责机制"五大机制",破解了融资难、征迁难等难题,为今后的工作奠定了良好基础。

把货币化安置作为加快征迁进程的重要突破口,全力推进货币化安置工作。制定了《渭南市棚户区改造货币化安置实施意见》,指导县(市、区)全面推进货币化安置工作。适时推广临渭、合阳货币化安置模式,进行示范引导,把货币化安置率列为年度考核和银行贷款条件,有效促进了县(市、区)货币化安置率的提高。

(四)物业管业制度化规范化

一方面物业管理部门要履职尽责,建立许可证制度。在小区综合验收阶段，由建设主管部门牵头、物业管理主管部门和乡镇（街道）参与，按照有利于物管企业原则进行小区综合验收及物业投入使用许可。

另一方面，街道要有权有责。街道办事处要设立物业管理办公室，并配备熟悉纠纷调解、换届选举和规划建设的工作人员，落实必要经费保障，定编、定岗、定人、定责，切实做到矛盾纠纷有人调解、换届选举有人指导、规划建设有人监督。

（五）房地产业相关数据继续完善

房地产业的发展离不开真实完善的房地产统计数据和信息引导。为了避免错误和失真信息对市场的错误引导，建议由统计局牵头，联合住建局、房管局、土地局，建立房地产行业年鉴或公报，定期在公众平台上公开发布数据。二手房价格、租金和空置率要按照区域或板块发布，保障房开发数据和信息也要细化到地段、地块、新开工面积、竣工面积、分配时间和配套等。

参考文献

陕西省统计局相关资料：《陕西统计年鉴》，2014～2017。
渭南市统计局：《渭南市统计年鉴》，2014～2017。
渭南市统计局：《渭南市统计月报》，2018 年 1～9 月。

2017~2018年铜川市房地产业发展报告[*]

王赵民^{**}

摘　要： 本报告介绍了2017~2018年铜川市房地产业发展状况。包括房地产企业、土地规划、房地产投资规模与建设、房屋销售、房地产中介市场、保障性住房建设以及物业管理等状况，全面客观分析了房地产业与经济社会的关系、存在的问题及原因，并对2019年度房地产业发展走势进行预测。

关键词： 铜川市　房地产业　发展现状

　　2017年铜川市坚持供给侧结构性改革，调结构、转方式、稳增长，实现生产总值、地方财政收入稳步增长，全市实现生产总值343.59亿元，增长7.6%，较上年加快0.6个百分点；完成地方财政收入20.06亿元，同口径增长9.3%。

一　房地产业发展现状

　　近年来，铜川市围绕促进渭北区域中心城市建设和西铜一体化发展，统

---

　*　在撰写本文时，铜川市统计局高卫军、张冬等提供了有关房地产方面的资料；铜川市住建局提供了保障性住房、廉租房、物业管理及二手房交易等方面的资料；中国人民银行铜川中心支行提供了房贷资料；铜川市税务局提供了房地产行业税收资料。对以上单位及个人谨致谢忱。
　**　王赵民，铜川市人民政府研究室副调研员，研究方向为宏观经济、铜川地域文化。

筹城市、建制镇、中心村协调发展，突出新区引领地位，城市化不断加快，房地产业得到了快速发展，房地产市场进入高速增长的快车道，企业总量从少到多，规模逐步扩大，实力明显增强，在增加就业、拉动内需、扩大消费、加速实现城镇化等方面发挥了重要的作用。

2017年，铜川市加强房地产市场监管，抑制投机性购房需求，保持了房地产市场健康稳定发展。但由于受调控政策等多种因素的影响，铜川市房地产开发呈现投资增速持续下降、销售面积增速平稳、施工面积和新开工面积速度下降、到位资金持续收紧的态势，供过于求状况依旧，去库存压力较大。

进入2018年，全市房地产业投资平稳增长，新开工面积、商品房竣工面积和销售面积快速增长，房地产业拉动经济增长和就业的作用突出。

（一）房地产企业情况

1. 铜川市房地产企业基本情况

铜川市房地产企业由国有、集体、股份有限公司和私营企业、个体企业构成，非国有房地产企业为房地产行业的主力军。截至2017年底，铜川市有各类房地产开发企业333家、物业企业554家、房产中介14家、二手房中介14家。截至2018年9月底，铜川市有房地产开发企业304家、物业企业703家、房产中介24家、二手房中介9家。

2017年，铜川市共有资质以上房地产企业73家，同比增加2家。其中，具有二级房地产开发资质企业5家，三级12家，四级36家。房地产开发项目94个，增长11.9%。全市房地产行业实现增加值2.58亿元，占GDP的3.3%，较上年同期提升0.1个百分点；同比增长5.8%，增速提升0.6个百分点。

截至2018年9底，铜川市实有房地产开发企业91家，其中二级资质企业9家，三级及三级以下资质企业82家。商品房开工面积30.51万平方米，竣工面积42.6万平方米，累计施工面积552.72万平方米（含保障房）。

2. 2017~2018年房地产开发企业增长情况

2017年，全市资质以内的房地产法人企业73家，与上年同期持平。其中，二级房地产开发资质企业5家、三级12家、四级36家。

表1 2017年铜川市房地产开发企业投资情况

单位：万元

名 称	绝对值
住宅	126520
办公楼	5551
商业营业用房	45424
其他	69861
本年新增固定资产	53338

资料来源：2018年《铜川市统计年鉴》。

进入2018年以来，受西安房地产市场影响，铜川房地产市场回暖，房地产企业总量稳步增加，规模逐步扩大，实力明显增强，房地产企业逐步走出困境。前三季度，铜川市审批房地产企业资质19批次，共有铜川市贝特置业科技有限公司、铜川鑫睿置业有限公司、铜川鸿森房地产开发有限公司等22家房地产开发企业获准。

3. 房地产企业存在的主要问题

铜川市房地产企业资质较低，规模较小，存在的主要问题主要有四点。

（1）资金压力大

银行加强了对房地产贷款的风险审查，提高了贷款门槛，开发商越来越难以从银行取得贷款，企业资金周转主要依靠自筹解决，无法保证开发过程的顺利进行。2017年，全市房地产开发企业到位资金24.21亿元，同比下降33.2%，降幅较2016年扩大30个百分点。从资金构成来看，国内贷款0.99亿元，同比下降73%；自筹资金11.02亿元，下降44.3%；其他资金（定金及预付款、个人按揭贷款）12.2亿元，同比下降4.5%。三种类型资金比为4.1∶45.5∶50.4，其中，国内贷款资金和自筹资金比重分别较上年回落5.6和9.1个百分点，其他资金比重提升15.2个百分点。

（2）征地拆迁难度大

在市场销售不景气及土地价格持续升高的情况下，土地投资成本加大，投资规模增大，资金周转期延长，自筹的资金难以满足企业投资的需求，开发目标难以实现。

（3）去库存压力较大

部分房地产开发企业销售状况不佳，达到银行信贷支持的门槛较难，资金回笼缓慢，出现资金短缺，基础设施和配套设施建设缓慢，影响去库存的进度。

（4）企业资质较低

房地产企业资质较低，没有特大型企业，向外扩张的能力较弱。

（二）房地产开发与投资状况

1. 土地规划和供应

（1）土地规划

作为陕西省老煤炭建材工业基地，铜川市按照"北疏南扩"的城市建设要求，积极抢抓国家支持保障性住房建设机遇，争取住房建设用地指标、资金以及征迁安置补偿等政策，确保房地产建设用地，其住房供应增量呈逐年增长趋势。尤其是重视保障性安居工程建设，2017年、2018年保障性安居工程和中小套型商品房用地占比分别为67.91%和89.88%。

表2 2017年铜川市住房用地供应计划

单位：公顷

住房供地总量	13.24			存量		3.22		增量			10.02
保障性安居工程用地								商品住房用地			保障性安居工程和中小套型商品房用地占比（%）
保障性住房用地		各类棚户区改造用地				公共租赁房		限价商品房	总量	中小套型商品住房	
廉租房	经济适用房	总量	廉租房	经济适用房	中小套型商品住房	划拨	出让				
3.41	0	0	0	0	0	2.65	0	2.93	4.25	0	67.91%

资料来源：铜川市国土资源局。

（2）土地供应

国家土地政策对铜川市房地产业影响很大，土地价格随政策而波动。铜川市落实房地产交易税费优惠政策，对库存消化周期较长的区域暂停土地供应，对已供地未实施或部分实施的房地产项目，严格按照程序调整土地用途。

2018年以来，恒大、绿地等房地产开发企业陆续来铜川市投资，在提升居住品质的同时，带动了铜川土地价格上涨，重点地段的每宗土地拍卖价格达到326万元左右，普通地段达到100万元左右。土地价格分摊到房屋价格上，也催高了房价，每平方米约增加2000～2500元。

表3 2014～2018年铜川市住房土地供应情况

单位：公顷

年份	住房供地总量	存量	增量
2016	30.42	4.20	26.22
2017	13.24	3.22	10.02
2018	38.50	8.71	29.79

资料来源：铜川市国土资源局。

2.房地产资金

（1）房地产开发企业资金情况

房地产企业资金主要由银行贷款和自筹构成，自筹来源主要是购房者的定金、预付款以及个人按揭贷款等。

2017年，受国家和地方政府陆续出台的房地产新政影响，房地产市场有所起色，市场需求有所释放。全市房地产开发企业到位资金24.21亿元，同比下降33.2%，降幅较2016年扩大30个百分点。从资金构成来看，国内贷款0.99亿元，同比下降73%；自筹资金11.02亿元，下降44.3%；其他资金（定金及预付款、个人按揭贷款）12.2亿元，同比下降4.5%。三种类型资金比为4.1∶45.5∶50.4，其中，国内贷款资金和自筹资金比重分别较上年回落5.6和9.1个百分点，其他资金比重提升15.2个百分点。数据一方面显示房地产市场金融政策调控执行效果明显、金融机构贷款增速和比重双下降；另一方面显示房地产开发企业通过吸收定金及预付款、个人按揭贷款等多种方式积极改进销售，促进资金回笼，自身资金积累状况有所改善。

2018 年，全市房地产业投资由负转正，新开工面积和销售面积快速增长。一季度，全市房地产企业实际到位资金 12.7 亿元，同比增长 2.67 倍；其中，企业自筹资金 2.67 亿元，增长 29.6%，占本年到位资金的 21%；其他资金 10.03 亿元，同比增长 6.18 倍，占本年到位资金的 79%。

（2）铜川市金融机构基本情况

2017 年，全市共有银行业金融机构 14 家、营业网点 156 家、从业人员 2314 人。年末金融机构各项存款余额 499.94 亿元，较年初新增 35.95 亿元，比上年增长 7.7%；各项贷款余额 206.95 亿元，较年初新增 33.46 亿元，增长 19.3%。其中短期贷款 45.63 亿元，中长期贷款 129.69 亿元。证券机构累计成交量 167.38 亿元，下降 14.8%；客户资产量 14.47 亿元，下降 2.3%。

（3）银行对房地产业的支持情况

银行对房地产企业和个人购房提供贷款服务，一直处于增长趋势，有力地支持了房地产业的发展。2017 年，全市房地产开发贷款 27589.91 万元，比上年增加 10623.87 亿元；个人购房贷款为 237298.70 万元，比上年增加 21654.26 万元。

表 4　2014~2018 年铜川市房地产开发贷款情况

单位：万元

指标名称	2014-12-31 —余额	2015-12-31 —余额	2016-12-31 —余额	2017-12-31 —余额	2018-09-30 —余额
一、房地产开发贷款	21400	16800	16966.04	27590	18006
1. 地产开发贷款	9500	6500	0	0	0
2. 房产开发贷款	11900	10300	16966	27590	18006
（1）保障性住房开发贷款	11900	300	300	13600	6560
（2）商业用房开发贷款	0	10000	16666	13990	11446

指标名称	2014－12－31 —余额	2015－12－31 —余额	2016－12－31 —余额	2017－12－31 —余额	2018－09－30 —余额
二、购房贷款	180473	201327	216916	238532	283420
1. 企业商业用房贷款	383	368	1305	1233	1129
2. 个人购房贷款	180090	200959	215611	237299	282291
其中:个人商业用房贷款	4389	8055	11669	12662	12741
三、证券化的个人住房贷	0	0	791	656	1675

资料来源：中国人民银行铜川中心支行。

3. 固定资产投资及房地产投资完成情况

2017 年，全社会固定资产投资完成 476.29 亿元，比上年增长 12.5%。其中，固定资产投资（不含跨地市投资和农户投资）471.15 亿元，增长 15.0%。民间投资 166.75 亿元，下降 1.0%。全市施工项目 1308 个，增长 28.7%；完成投资 446.42 亿元，增长 21.6%。其中亿元以上项目 132 个，增长 28.2%；完成投资 167.99 亿元，下降 5.3%。全年房地产开发投资 24.74 亿元，比上年下降 42.1%。其中，住宅投资 12.65 亿元，下降 41.7%；商业营业用房投资 4.54 亿元，下降 62.5%。商品房销售面积 41.19 平方米，增长 18.5%。

从投资占比看，续建项目投资仍占主导。2017 年，全市房地产项目有工作量的 63 个，其中本年新开工项目仅 5 个，完成投资 3.51 亿元，占全市房地产开发投资的 14.2%；58 个续建项目完成投资 21.23 亿元，占全市房地产开发投资的 85.8%，其中有 39 个项目已经完成项目计划总投资。

从工程用途看，住宅类、商业营业用房等四类投资全面下降。2017 年全市住宅投资 12.65 亿元，同比下降 41.7%；商业营业用房投资 4.54 亿元，同比下降 62.5%；办公楼投资 0.55 亿元，同比下降 57.7%；其他房屋投资 6.99 亿元，同比下降 8.4%。四种类型投资比为 51.2∶18.4∶2.2∶28.2。

从区域投资来看，五个区县均呈下降态势。印台区下降 63.2%，新区下降 41.4%，耀州区下降 38.1%，王益区房地产投资增速下降 5.5%，宜君县下降 3.6%。

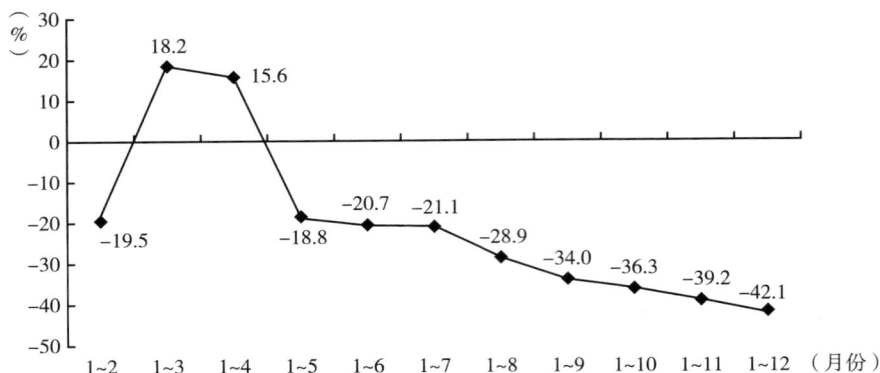

图1　2017年全市房地产投资变动趋势

2018年前三季度，铜川市固定资产投资同比增长13.0%，全省排名第6。房地产投资完成22.09亿元，增长12.5%，比上半年回升23.4个百分点，占全省房地产投资的0.9%。

2014年以来，全市固定资产投资增长率为10.29%~26%，2014年最高，2016年最低。房地产开发投资增长率为28.3%~42.74%，2016年最高，2015年最低。

表5　2014~2017年铜川市固定资产投资与房地产开发情况

单位：亿元，%

年份	固定资产投资	增长	房地产开发投资增长
2014	327.63	26.00	31.66
2015	383.98	17.20	28.30
2016	423.23	10.29	42.74
2017	476.29	12.59	24.74

资料来源：铜川市统计局。

4. 房地产施工面积及竣工面积

2018年1~2月，全市房地产市场总体呈现投资增速下降、销售面积迅猛增长、到位资金充足的态势。全市房屋施工面积431.48万平方米，同比下降7.3%，以续建项目为主。

一季度，全市竣工面积增多，新开工面积大幅下降。由于本年无新项目投入，全市房屋施工面积438.66万平方米，同比下降10.3%。全市新开工面积1.85万平方米，同比下降92%；房屋竣工面积27.48万平方米，同比增长61.8%。

1~9月，全市施工面积475.65万平方米，同比下降3.7%；本年新开工面积38.83万平方米，同比增长37%。商品房竣工面积大幅增加。全市房屋竣工面积38.68万平方米，同比增长107.1%。

（三）房地产销售状况

1. 房屋销售量

2017年一季度，全市商品房销售3.44万平方米，同比增长18.4%，增速较上年同期回落10.4个百分点。其中，商品住宅销售3.41万平方米，增长21.6%，占99.1%。商品住宅销售面积中，现房销售1.59万平方米，占46.2%；期房销售1.86万平方米，占54.1%。

随着人们生活水平的提升和二孩政策的放开，改善居住条件的需求带动销售明显增长。2017年一季度，全市商品房中90平方米以下销售面积为0.84万平方米，占住宅销售面积的24.6%，同比下降25%；90~144平方米销售面积2.24万平方米，占销售面积的65.4%，增长151.4%；144平方米以上销售面积为0.34万平方米，占销售面积的10%，下降57.8%。

从2017年第四季度开始，受西安等周边房价上涨的影响，铜川房价开始上涨，房屋销售量不断递升。

分类型看，商品房销售仍以期房为主。现房销售面积11.99万平方米，同比下降16.4%；期房销售面积29.21万平方米，同比增长43%。现房和期房销售面积比为29.1∶70.9。

分用途看，商品住宅销售仍是商品房销售的绝对主力。2017年，商品住宅销售面积40.1万平方米，同比增长24.1%，占商品房销售面积的97.4%；商业营业用房销售面积1.09万平方米，同比下降54.2%，占商品房销售面积的2.6%；办公楼和其他用房均无销售。

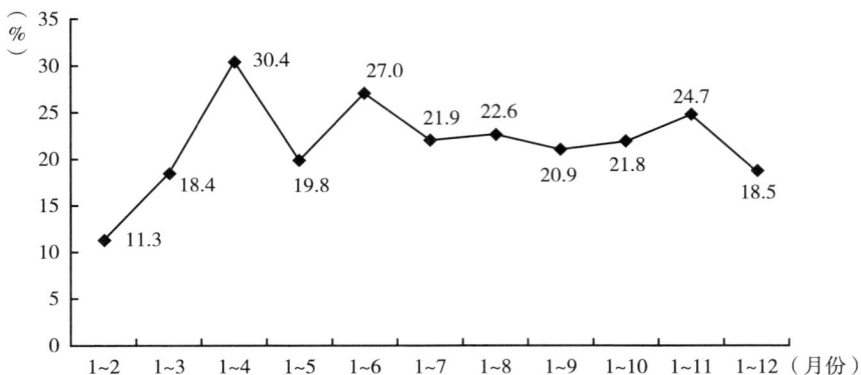

图 2　2017 年全市商品房销售面积增速趋势

从户型结构看，中户型受青睐，小户型和大户型销售低迷。90 平方米以下销售面积 7.07 万平方米，同比下降 36.2%；90~144 平方米销售面积 30.39 万平方米，同比增长 90%；144 平方米以上销售面积 2.65 万平方米，下降 50%。三种户型销售面积比为 17.2∶73.8∶6.4。

2018 年前三季度，铜川市商品房销售 39.83 万平方米，增速 57.1%，比上半年下降 56.4%，占全省商品房销售面积的 1.4%。其中，商品住宅销售 37.77 万平方米，增长 51.6%，较上半年回落 61 个百分点。全市待售面积 51.3 万平方米，同比增长 16.9%；较上半年增加 7.23 万平方米，增速提升 23.7 个百分点。

2. 房屋价格

2017 年 9 月份之前，铜川市房价一直徘徊在每平方米 3000 元左右，从 9 月开始，铜川市房价大幅上涨。2018 年 10 月，房价已攀升到每平方米 5000 元左右，其中地段、位置较好的楼盘每平方米售价在 7000 元左右。

进入 2018 年，在多项政策的作用下，铜川市房地产开发投资增速加快，1~9 月，新开工面积快速增长，销售、待售面积增加明显。房价上涨、房价区域性特点明显，存在两极分化。

从 2010 年至 2017 年上半年，铜川市新区房价稳定在 3200 元/平方米左右；自 2017 年 9 月开始，新区房价经历了大幅上涨，截至 2018 年 7 月，新区均价为 5408 元/平方米，环比上涨 1.2%。2018 年上半年，与延安、西安、咸阳等周边城市相比，铜川新区房价仍处在合理水平。2018年7月，新区房价平均处在5400元/平方米左右，同比上涨74%；王益、印台、宜君、耀州等区县房价与上年同期基本持平，均价保持在3200元/平方米左右。新区重点地段房价较高。比如，沿正阳路的中央公园、鸿翔意境、学府城等房价较高；而正大华庭、幸福里等其他路段房价相对处在合理水平。

新区房价上涨的原因有四点。一是全国三、四线城市房价呈现上涨趋势。受全国房价市场环境影响，三、四线城市房价大幅度增长，铜川周边的延安、西安、咸阳等城市房价持续上涨，辐射拉动新区房价上涨。二是新区商品房改善性需求增强。铜川新区基础设施建设不断完善，住宅环境水平逐步提高，群众对住上好房子需求有所增强，推动房价大幅上涨。三是"去库存"政策效果明显。自2016年开始，铜川市严控商品房供应，缩小保障房建设规模，致使房屋库存供应量减少，导致房屋价格上涨。四是大房企投资带动。恒大、绿地等房地产开发企业陆续来铜川市投资，在提升铜川市居住品质的同时，带动重点地段每宗土地拍卖价格上涨，土地价格分摊到房屋价格上，推高了房价。

（四）房地产业变化状况

2017年以来，铜川市认真贯彻落实中央、陕西省房地产市场调控措施，着力推进供给侧结构性改革，多措并举促进房地产去库存，按照控制增量、消化存量的思路，采取控制商品房增量、加大棚改货币化安置、鼓励农民工等群体进城购房等多种措施化解房地产库存，激发新增住房消费，加强市场双向调控，房地产市场总体上保持平稳运行态势。但受调控政策等多种因素影响，铜川市房地产供过于求的状况难以缓解，去库存压力依然较大。

截至2017年末，全市商品房待售面积44.98万平方米，同比增长6.9%。其中待售1～3年（含1年）的商品房面积20.67万平方米，占全市商品房待售面积的46.8%，比重较上年降低13.3个百分点。从构成看，住宅待售面积23.42万平方米、办公楼0.23万平方米、商业营业用房16.43万平方米、其他房屋待售面积4.09万平方米，分别占全市商品房待售面积的53.1%、0.52%、37.2%和9.3%。

表6　2017年铜川市及各区县待售面积

单位：平方米，%

	待售面积		增速
	2017 年	2016 年	
全市	441342	412994	6.9
王益区	30637	16460	86.1
印台区	22785	20338	12.0
耀州区	99136	69796	42.0
新　区	253244	266632	−5.0
宜君县	35540	39768	−10.6

资料来源：铜川市统计局。

2018年一季度，铜川市房地产行业待售面积47.72万平方米，同比下降3.5%。其中，耀州区9.91万平方米，同比增长42%；宜君县5.09万平方米，增长28%；王益区4.03万平方米，下降16.450%；印台区2.12万平方米，下降28.7%；新区26.57万平方米，下降13.4%。前三季度，全市待售面积51.3万平方米，同比增长16.9%。

（五）房地产与社会经济的关系分析

1. 房地产业在经济发展中所占比重

2017年，全市房地产业实现增加值15.97亿元，占GDP的比重为4.6%，高于2014~2016年，说明房地产业在铜川经济发展中体量不大，但占比呈小幅增长趋势。

表7　2014~2017年铜川市房地产业在全市经济中的比重

指标名称	2014 年	2015 年	2016 年	2017 年
生产总值（亿元）	340.42	324.54	311.61	348.59
房地产业增加值（亿元）	6.36	10.56	13.47	15.97
占GDP的比重（%）	3.2	4.2	4.3	4.6
房地产业（亿元）	2.52	2.42	2.65	3.42
居民自有住房服务（亿元）	3.84	8.14	10.82	12.55

资料来源：铜川市统计局。

2018 年 1～9 月，全市实现生产总值 223.18 亿元，房地产业增加值 13.87 亿元，占比为 6.21%。说明房地产行业回暖，供需两旺。

2. 房地产业对铜川市经济的拉动作用

2017 年，全市实现生产总值 348.59 亿元，房地产业实现增加值 15.97 亿元，占 GDP 的 4.6%，对全市经济增长的贡献率为 3.2%，拉动全市经济增长 0.24 个百分点。

2018 年 1～9 月，全市实现生产总值 223.18 亿元，房地产业增加值实现 13.87 亿元，其中，房地产增加值为 3.34 亿元。

由此可以看出，铜川市房地产业增加值呈快速增长趋势，对经济快速发展的拉动作用比较明显。

3. 房地产对就业的贡献

房地产行业从业人数较多，除了房地产开发、销售以及物业管理人员外，还有保安、清洁、园林绿化等。从业人员来自高校毕业生、下岗职工、失地农民等，解决了工作问题。

4. 房地产对地方财税和居民收入的贡献

（1）对财税的贡献

2017 年，全市房地产行业实现税收收入 20450 万元，占到全市税收收入的 14.37%；房产税为 3186 万元，占公共预算的 1.6%，占税收收入的 2.24%。由此可见，在全市公共财政预算、税收收入中，房产税占比呈稳定状态。

表8　2014～2017 年铜川市房地产行业税收收入及占比

单位：万元、%

指标	2014 年	2015 年	2016 年	2017 年
税收收入	136208	130225	118806	142264
房地产行业税收收入	35296	21430	30191	20450
占比	25.91	16.46	25.41	14.37

资料来源：国家税务总局铜川市税务局。

（2）对居民收入的贡献

从事房地产开发经营、物业管理人员的工资，高于当年铜川市城镇居民人均收入水平，房地产业对居民收入的贡献较为明显。

表9　2014～2017年铜川市房地产企业从业人员年平均工资

单位：元

指标	2014 年	2015 年	2016 年	2017 年
房地产企业从业人员	32771	28477	29148	30693
房地产开发经营人员	38832	36060	36208	37499
物业管理人员	19074	19976	21153	21968

资料来源：《铜川市统计年鉴》，2015～2018。

二　房屋中介业发展状况及对策分析

（一）中介企业及市场现状

2017年，铜川市在工商行政部门登记的房产中介有14家。截至2018年9月底，铜川市共有二手房中介机构24家。受地域和房源的影响，铜川市二手房交易市场保持平稳。

（二）二手房交易情况

铜川市重视二手房市场监管，全面规范房地产中介机构的开发、销售和中介行为，维护房地产市场秩序。

2017年铜川市二手房交易889套，比2014年的719套多了170套。2018年以来，铜川市二手房交易异常活跃，1～10月，交易量为1196套，高于2014～2017年的年交易量。

表10　2014～2018年铜川市二手房交易数据汇总

序号	年月	交易面积（万平方米）	交易金额（万元）	住宅交易面积(万平方米)	住宅交易金额（万元）	住宅交易套数(套)
1	2014 年	9.53	22227	3.24	12914.95	719
2	2015 年	11.06	28057	9.81	24152.46	1009
3	2016 年	6.50	17367	6.31	16507.35	686
4	2017 年	9.58	27130	8.62	22783.38	889
5	2018 年 1 月	0.78	2254	0.76	2197	70
6	2018 年 2 月	0.53	1434	0.46	1234	49
7	2018 年 3 月	1.37	3897	1.21	3413	119
8	2018 年 4 月	1.93	5862	1.69	4874	168
9	2018 年 5 月	1.82	4818	1.62	4130	125
10	2018 年 6 月	1.41	4366	1.28	3968	125
11	2018 年 7 月	1.60	5178	1.08	3245	114
12	2018 年 8 月	1.77	5121	1.76	5068	180
13	2018 年 9 月	1.27	3691	1.26	3681	140
14	2018 年 10 月	1.00	2694	0.96	2666	106

资料来源：铜川市住建局。

三　保障性住房状况

（一）保障房建设情况

铜川作为老矿业城市，在当年"先生产、后生活"方针的指导下，职工的居住条件一直很差，形成大量棚户区。多年来，铜川市十分重视保障房建设，按照"好房子、好环境、好服务"的标准，加强保障房建设和管理，加快城中村、成片棚户区和国有工矿区、城镇铁路沿线棚户区改造。

2017 年，陕西省下达铜川市保障性安居工程目标任务为：城市棚户区改造开工 4803 套，基本建成 1017 套；2014 年以前开工建设的公租房应分配数不少于 44396 套，其中政府投资公租房应分配数不少于 37916 套；公共租赁住房基本建成 3000 套；新增城镇住房保障家庭租赁补贴 185 户。2017 年，全市棚户区改造开工 4803 套，占目标任务的 100%，其中实物安置 1239 户、货币化安置 3564 户，货币化安置户数占已开工户数的74.2%；基本建成 1017 套，占目标任务的 100%；2014 年以前开工建设的公租房累计分配 45079 套，占目标任务的 101.54%（其中政府投资公租房累计分配 38083 套，占目标任务的 100.44%）；公租房基本建成 3180 套，占目标任务的 106%；新增城镇住房保障家庭租赁补贴 339 户，占目标任务的 183%。

2018 年，省上下达铜川市保障性安居工程目标任务为：棚户区改造开工 2277 套，基本建成 1324 套；列入国家计划的政府投资公租房新增分配 1167 套；2018 年发放城镇住房保障家庭租赁补贴 6100 户。截至 9月底，全市棚户区改造开工 2277 套，占目标任务的 100%（其中安置房开工 1362 套、货币补偿 915 户）；基本建成 1348 套，占目标任务的101.81%；列入国家计划的政府投资公租房新增分配 1198 套，占目标任务的 102.66%；发放城镇住房保障家庭租赁补贴 6145 户，占目标任务的100.74%。

表 11 2018 年铜川市棚户区改造计划

区县	项目个数	占地面积（亩）	改造套数（套）	征迁面积（平方米）	改造人数（人）	计划总投资（万元）
合计	32	7741.68	16166	2380316	38270	1072990
耀州区	2	663	1660	350355	5830	171000
王益区	11	254.00	2445	165913	7266	46098
印台区	9	299.68	2423	295848	6018	137505
宜君县	2	438	1100	77000	2080	55000
新区	7	6075	8512	1486000	17024	659488
市本级	1	12	26	5200	52	3900

资料来源：铜川市住建局。

（二）实施保障房的主要做法

1. 积极申请项目，争取中央、陕西省补助资金

2017 年，争取棚户区改造补助资金、货币化安置奖补资金、公租房配套基础设施财政补助资金、保障性安居工程配套设施中央预算内投资资金共计 3.05 亿元。2018 年共策划上报保障性安居工程及其配套基础设施、公共服务设施项目 37 个，争取中央、陕西省各类补助资金 3.1 亿元，为项目建设及基础设施完善提供了有力的资金保障。争取到 2018 年第一批中央预算内资金 8500 万元，用于保障性安居工程配套基础设施建设。全市 11 个项目获得资金支持，其中租赁型保障房配套基础设施建设资金 4850 万元；棚户区改造配套基础设施建设资金 3650 万元。

2. 完善政策体系，规范安居工程建设

2017 年铜川市出台保障房申请、分配"三变、三不变"的政策措施，资格申请多渠道受理，逐项目按"人选房"模式常态化分配。2018 年市政府印发《关于进一步加快棚户区改造工作的实施意见》，修订完善全市 2018～2020 年棚户区改造三年计划，市政府办印发《铜川市棚户区改造项目国开行贷款资金管理办法》，市住建局印发了《关于进一步降低市本级公租房申请条件的通知》，加快公租房分配。

3. 坚持建管并重，强化保障房后续管理

根据《陕西省租赁型保障房资产管理办法（试行）》，经市深化改革体制委员会研究同意，制定印发了《铜川市租赁型保障房资产管理实施细则》，积极与发改、财政、国土、审计等部门协调沟通，完善相关项目手续，加快项目竣工决算审计进度，力促资产核定工作快速推进。同时积极和农发行、长安银行、光大银行等金融机构对接，研究探索租赁型保障房资产变资本融资模式，充分发挥国有资产增值保值效益。

4. 构建信息系统，推动保障房信息化建设

住房保障信息平台以保障性住房六大模块为基础，把住房保障工作整理为 29 个业务流程，集成为政策管理、土地管理、资金管理、项目管理、房

源管理、质量管理、分配管理、运营管理、综合管理等九大业务系统，涵盖了项目建设、申请审核、房屋分配、运营和监管、视频会议等全过程。为加强信息平台运行工作，铜川市紧密和省保障房管理中心沟通，及时召集各区县召开专题会议安排部署落实，多次深入各区县调研平台操作管理存在的问题，每年组织信息平台操作培训会，印发了《住房保障信息平台建设管理考核办法》《关于住房保障资格审核与信息平台同步开展工作的通知》等文件，进一步加强平台运行管理工作。现已完成了信息平台各类数据及附件的录入工作，按月更新项目进度和完成投资情况，及时录入新增租赁补贴户和已分配保障户信息。对外开放的保障房门户网站和电子政务视频会议系统开通运行，实现了信息平台由数据平台向工作平台、管理平台的转变。

（三）棚户区改造情况

铜川市历来重视棚户区改造，2018年8月市政府根据国家、陕西省精神，结合铜川市实际，出台了《关于进一步加快棚户区改造工作的实施意见》，提出了具体的贯彻实施意见。

1. 安置政策

一是实行实物安置和货币补偿相结合的安置方式，由棚户区居民自愿选择。以政策奖励引导鼓励王益区、印台区被征迁群众在新区进行安置，在就业、社保、就学等方面除享受优惠政策外，市财政给予每套每平方米补贴300～500元奖励（每套补贴不超过5万元）。二是采用集中和分散相结合的方式筹集房源，在新区锦绣新城建设棚户区改造集中安置区，新建安置区可配建一定比例商业用房以实现资金平衡；在新区新开发建设的商品房项目配建一定比例的安置房，配建的安置房享受棚户区改造土地及费用减免等优惠政策。三是按照国家有关规定制定具体的安置补偿方案。王益区、印台区棚户区改造项目被征迁群众在新区安置的，征迁补偿费市级和区按6：4的比例分担。耀州区、宜君县、新区实施的棚户区改造项目，根据年度任务完成情况给予资金奖励。

2. 资金筹措

多渠道筹集资金，加强资金使用、归集、监管和偿还。一是争取中央、陕西省补助资金，二是加大财政资金投入，三是发行专项债券，四是争取信贷支持，五是引入社会资本参与，六是落实税费减免政策。

3. 建立推进机制

一是建立领导小组研究解决问题机制，二是建立层层包抓机制，三是建立并联审批机制，四是建立部门支持配合机制，五是建立信访维稳机制，六是建立考核奖惩机制，七是建立舆论宣传引导机制。

四 物业管理状况

铜川市物业管理行业起步于20世纪90年代，20年来物业服务行业不断发展成长，在促进经济发展和社会和谐稳定方面做出了积极贡献。新建和在建的成片住宅小区都有物业公司，已逐步进入规范化物业管理阶段。

（一）物业公司状况

从2017年开始，铜川市放宽了物业企业准入条件。外地物业管理企业进入铜川市场，带来了先进理念和管理方法，促进了铜川市物业管理服务水平整体提升。

（二）物业管理情况

市住建局作为政府管理物业工作的主管部门，主要做了以下工作。

1. 开展物业政策法规宣传活动

为做好物业政策法规的宣传，市住建局多次组织召开工作会议和业务骨干座谈会，通过报纸、政府网站等宣传媒介扩大宣传覆盖面，并在小区内开展形式多样、扎实有效的宣传活动，进一步提高广大市民的政策知晓率，掀起学习物业管理政策法规的热潮。

2. 严把物业企业资质审批关

一是调动各区县物业管理行政主管部门的工作积极性。对申报成立的物业服务企业，先由区县物业主管部门就其办公场所和服务项目实地查看，依法审查。二是初审通过后，市便民服务大厅受理审批。三是在行业监管方面创新工作方法，实行从业人员证件"锁定"管理制度，维护物业管理市场秩序。

3. 指导成立铜川市物业管理协会

为了加强行业自律、规范经营行为，经过广泛宣传动员，组建了铜川市物业管理协会。协会在推行"三供一业"、户表改造等工作中发挥了重要作用。

4. 开展物业管理创优活动

在全市物业住宅小区和物业服务企业中组织开展以优秀小区和优秀物业服务企业为内容的物业服务行业创优活动，及时督促各区县做好市级优秀物业管理小区和优秀物业服务企业的筛选上报工作。

5. 开展物业服务行业创优和"和谐社区·幸福家园"创建活动

一是制定印发《2018 年保障小区"和谐社区·幸福家园"创建方案》，将创建任务分解到区县，夯实各区县政府的创建责任。二是成立了工作小组，定期召开联席会议，研究解决创建中遇到的问题，形成了专人负责、层层落实、同心协力、齐抓共管的良好工作局面。三是加强实地检查指导，对发现问题下发整改督办单，督促各参创单位做好整改，不断完善硬件设施和软件条件，做好创建举证资料的整理收集。四是加强"和谐社区·幸福家园"创建宣传，积极引导小区居民参与创建工作，提高小区居民的幸福感和满意度。

6. 坚持开展专项检查活动

定期对各区县物业管理工作进行专项检查，指导协调区县和街道办、社区履行监管职能，在安全生产、消防安全、改善人居环境、创文、创国卫等重要工作中发挥作用。

五 房地产发展存在的问题、对策建议及趋势预测

（一）存在问题及原因分析

经过综合研判，铜川市房地产发展存在的主要问题如下。一是房地产企业投资信心不足。房地产市场调整状态仍在持续，需求不旺、效益下滑等问题使房地产开发企业对入市投资持谨慎态度。二是房屋销售不旺。主要是受大环境低迷、连续多年大量建设保障性住房、投资性因素减弱等多重因素的影响，还存在商品房积压严重、住房供应结构性矛盾依旧突出等深层次问题。

（二）几点建议

一是落实政策措施，促进行业稳定发展。按照中央、陕西省关于房地产调控的政策措施和市委、市政府《关于促进房地产市场平稳健康发展的意见》《关于房地产去库存优结构的意见》的要求，对商品房去库存工作进度较慢、消化周期过长的区县暂停房地产开发用地供应、禁止新建棚户区安置房。严格按照程序调整土地的用途。鼓励房地产企业发展养老、旅游文化和体育地产等产业，多元化经营，提升经济效益、提振行业信心。鼓励棚户区安置户购买存量商品房，提高货币化安置比例，加快棚户区改造进度。对回铜工作无住房的大学毕业生，允许购买限价商品房。建议各级政府可收储一部分商品房作为对高端人才、有突出贡献专家或学者、重大科技发明或专利等群体的奖励住房房源。

二是加大商品房去库存力度。当前住房市场结构性矛盾突出，需从供需两端采取措施应对。从需求端看，对中低收入群体，在做好保障房建设和供应的基础上，坚持公平、公正、公开和全覆盖的原则，在改善配套设施和提高入住率方面强措施、重推进、求实效，让中低收入者的住房条件尽快得到明显改善；结合扶贫攻坚工程，将农村符合条件的家庭纳入住房保障范围，

消除其后顾之忧。对改善性需求群体，在改善居住环境、提升住宅品质等方面重设计、强建设、严管理、优服务，打造品牌住宅小区，带动行业发展。对高端需求群体，以市场调节为主导，注重监管与服务，促其健康良性发展。对投机性需求，坚决遏制与打击恶意炒作楼盘、串通提高房价等不良行为，稳定市场、行业发展。从供应端看，在土地供应、项目建设、融资、销售等不同环节，采取相应措施加大保障房供应、适当调控高端住房供应，让中央"房子是用来住的，不是用来炒的"的要求真正体现。

三是深化改革释放活力。继续深入推进行政审批制度改革、商事制度改革，规范中介服务，降低社会保险费成本，对所有新建项目一律取消除城市基础设施配套费以外的水电气热或碰口费等强制性收费。定期开展"三个清单"落实情况督促检查，强化市场监管，规范市场交易行为，切实为企业降费减负增效，增强企业发展活力，促进行业健康平稳发展。

四是合理调控土地供应。坚决落实"房子是用来住的，不是用来炒的"这一定位，规划土地供应，稳定社会预期，防止房地产价格过快增长引起的开发商资金链断裂带来的泡沫风险。

五是加快培育房屋租赁市场。完善住房租赁法律法规，购租并举，培育和发展住房租赁市场主体，鼓励房地产开发企业开展住房租赁业务，完善住房租赁支持政策，保障承租人依法享受基本公共服务，落实提取住房公积金支付房租政策，合理制订房屋租赁价格，引导城镇居民通过租房解决居住问题。

（三）2019年房地产发展趋势预测

铜川市住建局、市棚改办专程赴各区县对2019年棚改项目申报事宜进行现场对接和指导。截至2018年11月，已按程序向省厅追加申报2018年计划项目4个、4186套；已初步确定2019年第一批项目12个、计划改造套数6562套。预计2019年，铜川市房地产行业保持基本稳定。主要指标预计：土地供应充足，地价变化不大；待销售面积保持平稳，但库存仍有压力；房价不会再出现大幅上涨。从近年来房价变动趋势看，2019年房价出现上涨的月份为 4～5 月；而进入 6 月，房屋销售进入淡季，房价基本维持在现有水平，且群众持观望态度，房价涨幅不大。

参考文献

《铜川市国民经济和社会发展统计公报》，2014～2017。

《铜川市统计年鉴》，2015～2018。

B.17
2017~2018年宝鸡市房地产业发展报告

任维哲　章帅　刘莉　刘路燕　陆启浩[*]

摘　要： 本报告结合宝鸡市经济社会发展目标、宏观经济概况，综合分析宝鸡市房地产业运营、房地产市场运行和保障性住房建设情况，并基于主成分分析法研究宝鸡市房地产周期波动，认为地区生产总值、居民消费水平、商品房销售面积是影响宝鸡市房地产周期波动的重要因素。在此基础上，分析宝鸡市房地产业存在的问题，提出相应的解决方法，最终对宝鸡市房地产业的发展做出展望。

关键词： 宝鸡市　房地产　周期波动

一　宝鸡市城市建设和土地面积

宝鸡市位于陕西省关中平原西部，毗邻川甘宁，全市总面积为1810213公顷，其中市区面积362666公顷，占陕西省土地总面积的比例为8.8%。陕西省统计局相关资料显示，2017年年末宝鸡市常住人口为378.1万人，

---

[*] 任维哲，博士，西安财经大学科研处处长，教授，研究方向为金融学；章帅，西安财经大学硕士研究生，研究方向为投资分析与管理；刘莉，西安财经大学硕士研究生，研究方向为公司金融；刘路燕，西安财经大学硕士研究生，研究方向为公司金融；陆启浩，西安财经大学硕士研究生，研究方向为区域经济学。

其中城镇人口约占 52. 12%，人均建设用地 106 平方米。

宝鸡市城乡建设用地受地形地貌影响，整体布局较为分散，中部地区城镇集中，南部地区和北部地区城镇布局较为分散，交通用地网络仍待完善。

依据宝鸡市现行规划，到 2020 年，宝鸡市建设用地总规模不超过 89500 公顷，城乡建设用地规模不超过 71100 公顷，新增建设月地规模不超过 14100 公顷，全市人均城镇工矿用地为 95 平方米。从宝鸡亓土地利用规划状况来看，宝鸡市可供开发的土地面积数量可观，必将有力地促进宝鸡市房地产业未来的发展。

二 宝鸡市房地产业运营分析

（一）宝鸡市房地产企业

根据表 1 可知，宝鸡市 2017 年房地产开发企业数量为 243 家，其中渭滨区有 109 家、金台区有 66 家、陈仓区有 15 家，其他县共有 53 家。2017 年宝鸡市房地产开发企业的实收资本金总额为 666989 万元，较上年增长了 16.6%；房地产开发企业的资产总计为 8002073 万元，较上年增长 39.95%；其折旧额总计为 8099 万元，较上年减少 26.56%。负债额总计为 6277366 万元，较上年增长 52.13%；企业所有者权益合计为 1724707 万元，较上年减少 1.98%；全部从业人员平均人数为 5778 人，较上年增长 9.95%；应付工资总额为 26396 万元，较上年降低了 0.65%。

表 1　2017 年宝鸡市房地产开发企业基本情况

项目	合计	项目	合计
开发公司个数（个）	243	负债总计（万元）	6277366
实收资本金合计（万元）	666989	所有者权益合计（万元）	1724707
资产总计（万元）	8002073	全部从业人员平均人数（人）	5778
本年折旧（万元）	8099	本年应付工资总额（万元）	26396

资料来源：《陕西统计年鉴（2018）》。

截至 2018 年 9 月底，宝鸡市有房地产企业 249 家，说明 2018 年前三季度房地产企业增加 6 家，增长率为 2.47%，企业数量的增长为宝鸡市房地产业的发展奠定了一定的行业基础。

（二）固定资产与房地产开发投资分析

如图 1 所示，2014～2017 年，宝鸡市的固定资产投资额呈现快速增长的趋势，年均增长率达到了 23.43%。2016 年，宝鸡市共计完成固定资产投资 3199.84 亿元，相比 2015 年增加了 609.96 亿元，上涨幅度为 24.1%。其中，农户及跨地区项目投资额为 83.66 亿元，较上年上涨 23.6%；民间投资额为 1871.54 亿元，上涨 12.8%。第一产业的投资额达到 271.72 亿元，上涨 12.2%；第二产业的投资额为 996.90 亿元，上涨 10.6%；第三产业的投资额为 1847.56 亿元，增长 34.2%。2017 年，宝鸡市的全社会固定资产投资额为 3856.67 亿元，较 2016 年增加 656.83 亿元，涨幅为 20.5%。其中，农户及跨地区项目投资额为 110.18 亿元，上涨 31.7%；民间投资额为 2229.56 亿元，上涨 19.1%。第一产业投资额为 421.10 亿元，上涨 55%；第二产业投资额为 1090.98 亿元，涨幅为 10.3%；第三产业投资额为 2233.41 亿元，比 2016 年增加了 20.5%。

2014～2017 年，宝鸡市房地产开发企业投资额从 93.14 亿元增长到 165.60 亿元，涨幅为 77.8%，年均上涨 19.45%，由此可以看出，宝鸡市的房地产开发企业投资额处于持续增长阶段。2017 年宝鸡市房地产开发企业投资额为 165.60 亿元，较上年增长 25.1%。其中住宅投资完成 133.09 亿元（别墅、高档公寓 2.454 亿元），较上年上涨 27.65%（其中别墅、高档公寓增速为 121.7%），住宅投资涨幅超过房地产开发投资；办公楼投资完成 4.534 亿元，上涨 24.93%；商业营业用房投资完成 21.99 亿元，上涨 49.89%；其他投资完成 5.97 亿元，同比下跌 39.64%。从房屋用途来看，2017 年宝鸡市四大类房屋投资整体呈现"三升一降"的发展态势，2017 年住宅投资占房地产开发企业投资的比重为 83.6%，仍然是拉动房地产投资增长迅猛的主要因素。据图 2 数据

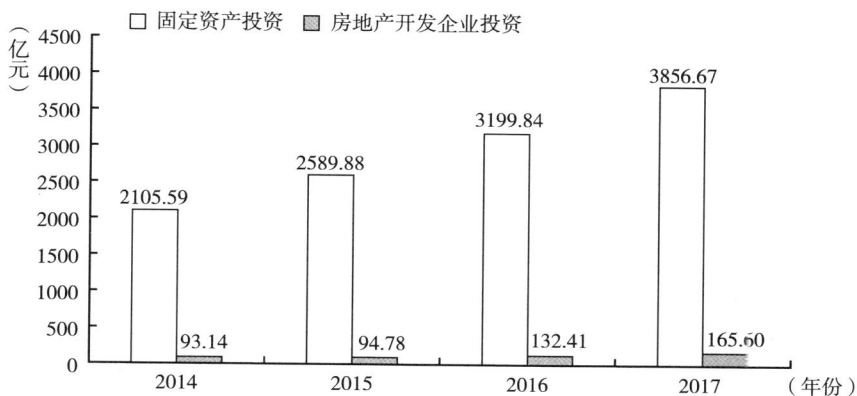

图1 宝鸡市固定资产投资与房地产开发企业投资

资料来源：2015～2018年《陕西统计年鉴》。

可知，2014～2017年宝鸡市房地产开发企业投资额中土地购置费部分处于逐年下降状态，其购置费用由73555万元下降至17254万元，年平均下降幅度为25.51%，下降趋势迅猛。

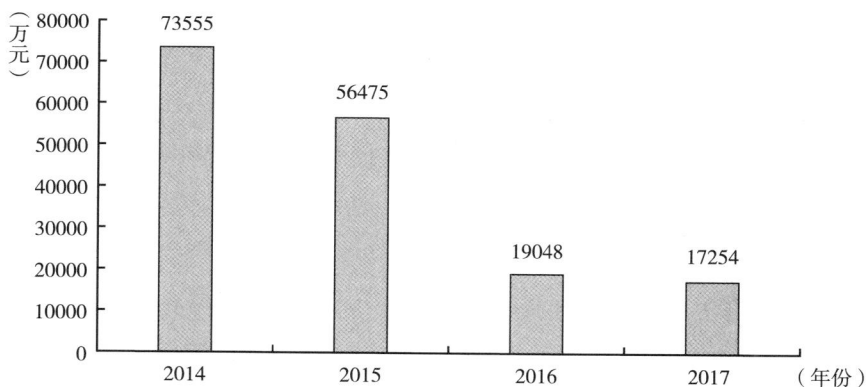

图2 2014～2017年宝鸡市房地产开发企业土地购置费

资料来源：2015～2018年《陕西统计年鉴》。

2018年前三季度，宝鸡市房地产开发企业的投资总额为149.72亿元，同比上涨28.4%，相比2018年上半年提高了10.6%，其投资额与陕西省房地产投资额的比重为 5.8%。受前期房地产市场刺激，2018 年前三季度宝鸡市房地产企业开发热情高涨，房地产项目数量为 168 个，相比上年同期增长 5.66%，新增开发项目数量可观，有利于拉动宝鸡市房地产投资额的快速增长。

宝鸡市房地产开发企业投资额逐年增加，固定资产投资额也逐年递增，两者呈现同步上升的发展趋势。与此同时，虽然房地产开发企业投资额呈现逐年递增趋势，但其所占宝鸡市固定资产投资总额的比重一直维持在 4% 上下，仍然存在上升空间。

（三）商品房施工面积分析

2014～2017 年宝鸡市商品房施工面积持续增长，2014 年施工面积为 838.63 万平方米，到 2017 年增长为 1178.39 万平方米，年均增长幅度为 13.5%。其中，2014 年商品房施工面积增长较快，较上年增长 15.1%；2015、2016 年增速分别为 9.7%、3.4%，相比 2014 年增速有了一定程度的回落；2017 年增长速度达到最高，为 25.4%。2017 年宝鸡市商品房施工面积为 1178.39 万平方米，其中住宅类施工面积 891.32 万平方米，占整体商品房施工面积的比重为 75.64%。

2014～2017 年，宝鸡市商品房新开工面积从 234.45 万平方米上涨至 349.01 万平方米，年均涨幅为 28.85%。2014 年商品房新开工面积为 234.45 万平方米，2015、2016 年新开工面积较 2014 年有较大幅度的下滑，至 2017 年新开工面积出现明显上升现象，并超过了 2014 年的水平。近两年，恒大、新城、碧桂园等一线开发商进驻宝鸡，很大程度上提升了宝鸡市的区域竞争力，加上宝鸡市社会经济的稳定发展促进了宝鸡房地产业的发展与成熟，综合带动了消费者的购房热情和需求，推动着商品房新开工面积的日益增长。

宝鸡市 2018 年前三季度的商品房施工面积为 1150.98 万平方米，较上年同期上涨 27.3%，由此推断目前宝鸡市商品房需求依旧旺盛。

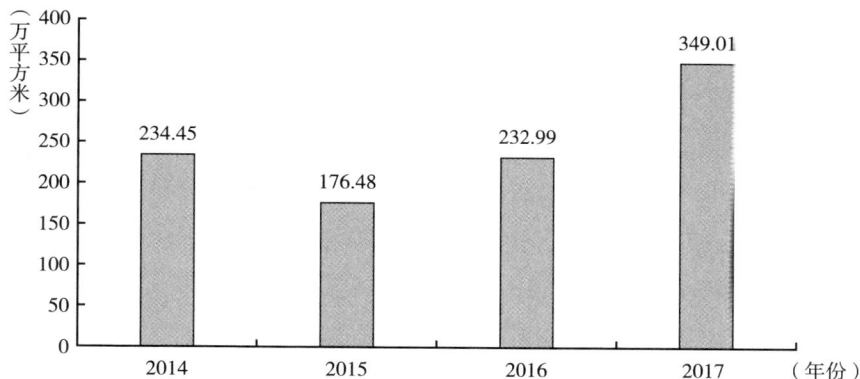

图3 2014～2017年宝鸡市商品房新开工面积

资料来源：2015～2018年《陕西统计年鉴》。

（四）商品房竣工面积分析

2014～2017年宝鸡市商品房竣工面积波动幅度较大，总体趋势为先升后降。2014、2015、2016年商品房竣工面积逐年增长，并于2016年达到最高点78.74万平方米；2017年商品房竣工面积则出现大幅下降，竣工面积仅为61.05万平方米，相比2016年下降29.14%。

2017年宝鸡市商品房竣工面积为61.05万平方米，其中住宅竣工面积达52.97万平方米，所占比重为86.76%，住宅竣工面积是宝鸡市商品房竣工面积最重要的组成部分。竣工房屋总价值达12.49亿元，其中住宅达到了10.74亿元，所占比重为85.99%。竣工房屋总造价为2046元/平方米，其中住宅类造价为2027元/平方米。

（五）商品房销售分析

2014～2017年宝鸡市商品房销售面积呈现逐年增长态势，其走势与商品房新开工面积保持较高的同步性。2014年商品房销售面积为263.19万平方米，2017年达到了311.38万平方米，年均增长6.5%。具体而言，2015年商品房销售面积较上年稍有回落，2016年、2017年则表现出了逐年增长的态势。

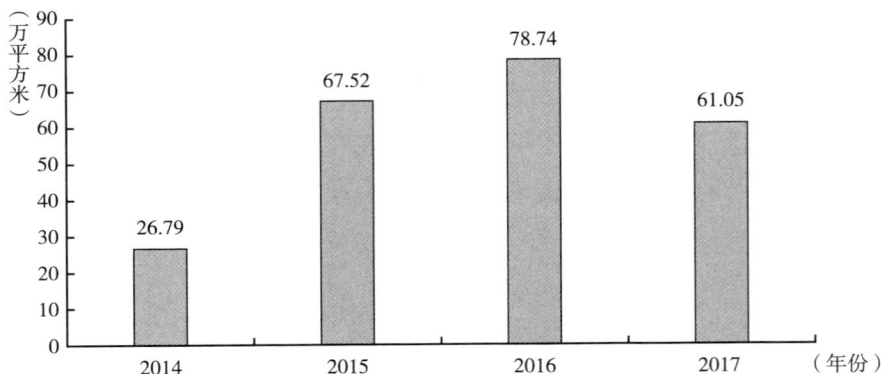

图4　2014～2017年宝鸡市商品房竣工面积

资料来源：2015～2018年《陕西统计年鉴》。

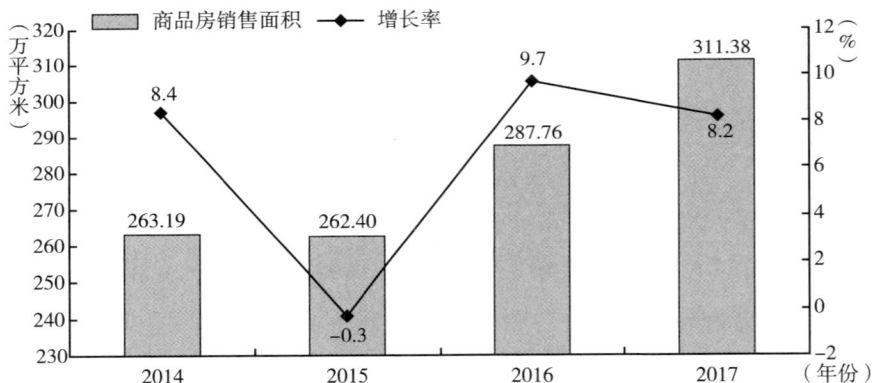

图5　2014～2017年宝鸡市商品房销售面积与增长率

资料来源：2015～2018年《陕西统计年鉴》。

2017年宝鸡市商品房销售面积为311.38万平方米，其中住宅的销售面积为293.08万平方米，办公楼的销售面积仅为3137平方米，商业营业用房的销售面积为17.41万平方米，其他房屋的销售面积为5722平方米，住宅、办公楼、商业营业用房、其他房屋销售面积占商品房销售面积的比重分别为94.12%、0.11%、5.59%、0.18%。2017年宝鸡市商品房销售收入总额为

121.08 亿元，其中住宅销售收入为 111.25 亿元，办公楼销售收入为 1808 万元，商业营业用房销售收入为 9.51 亿元，其他房屋销售收入为 1361 万元，住宅、办公楼、商业营业用房、其他房屋销售收入占商品房销售收入的比重分别为 91.88%、0.15%、7.85%、0.12%。由此可见，在销售收入和销售面积中，住宅类始终占据绝对比重，是宝鸡市商品房销售的重点所在，其次是商业营业用房。由此可见，未来一段时间内居民对商品房的主要需求仍然是住宅类和商业营业用房类。

2018 年前三季度，宝鸡市商品房销售面积为 136.07 万平方米，其占陕西省商品房销售面积的比重仅为 4.8%，销售面积增速较上半年回落 9.4 个百分点，较上年同期下降 0.5 个百分点。商品房销售总收入运到 60.05 亿元，较上年同期上涨 16.5%；商品房待售面积则同比下降 12.2%。

（六）城镇与农村人均居住面积

2014～2017 年宝鸡市城镇居民人均居住面积从 31.3 平方米/人上升到 34 平方米/人，年均增长 2.23%。

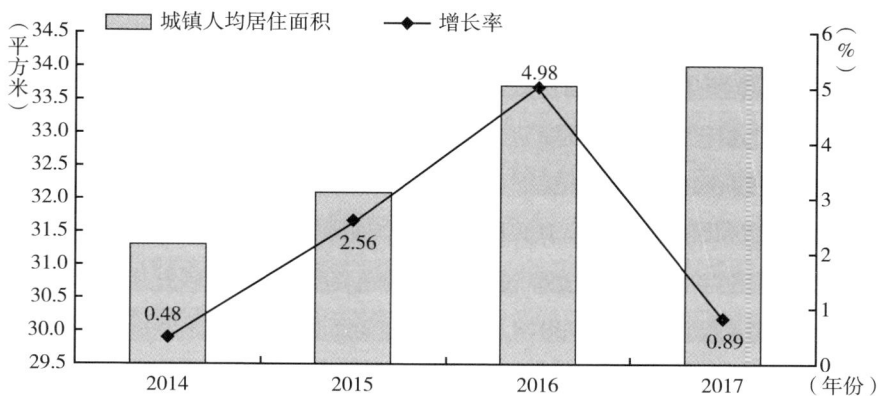

图 6 2014～2017 年宝鸡市城镇居民人均居住面积

截至 2017 年底，我国城镇人均居住面积为 23.7 平方米。与我国人均居住面积相比，宝鸡市人均居住面积更大。随着宝鸡市城市化进程的不断推进，宝鸡市未来的城市居住水平仍然有较大发展空间，具体取决于房价、居民预期、户籍人口城镇化率、土地资源等诸多因素。

三　2017、2018年宝鸡市房地产市场运行情况

（一）商品房供销情况

1. 基本情况

2017年宝鸡市商品房的供应量为203.56万平方米，较上年增长5.05%，其中普通住宅供应量为179.35万平方米（18116套）、别墅10.05万平方米、商业营业用房16.32万平方米。商品房成交总量为248.58万平方米，较上年增长16.98%，其中普通住宅成交量为235.62万平方米（20455套）、别墅9.88万平方米、商业营业用房6.15万平方米。

截至2018年9月底，宝鸡市商品房供应量为136万平方米，商品房成交量为262.89万平方米。其中，普通住宅成交247.12万平方米，占商品房总成交量的94%；商办类成交15.77万平方米，占商品房总成交量的6%。

2. 成交价格

2017年全年宝鸡市商品房成交均价为4135元/平方米，较2016年上升4.3%。其中住宅成交均价为3774元/平方米，较上年上升4.46%；别墅成交均价为7952元/平方米，较上年上升0.01%；商业营业用房成交均价为11816元/平方米，较上年上升19.53%。

截至2018年9月底，全市新房成交均价为5045元/平方米，二手房成交均价为4514元/平方米。2018年前三季度每月新房、二手房成交均价如图7所示。

（二）商品房存量情况

2017年全市商品房存量为631.35万平方米，较上年减少3.93%。其中住宅存量为336.86万平方米，商办类存量为294.49万平方米。

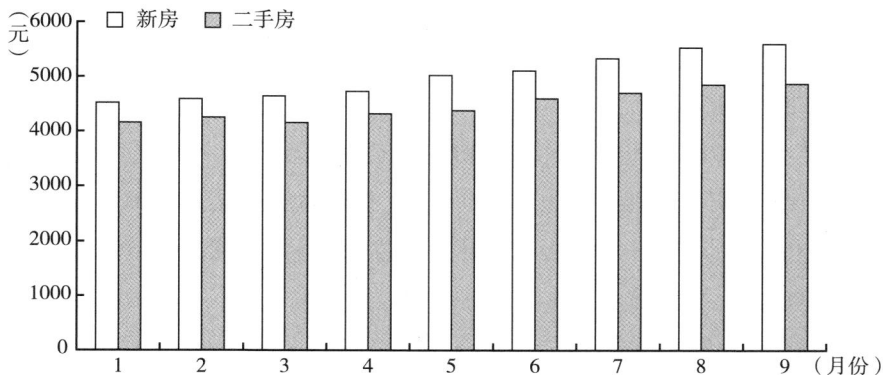

图7　2018年前三季度宝鸡市新房、二手房月度成交均价

资料来源：宝鸡房价网，http://baoji. jiwu. com/fangjia/。

2018年前三季度全市商品房存量为622万平方米，其中住宅存量为312万平方米，商办类存量为310万平方米。宝鸡市目前房地产市场去库存压力较大。

（三）商品房用途分析

1. 住宅类用房分析

随着碧桂园等一线品牌房企陆续进驻宝鸡市，宝鸡市的住宅产品整体质量有很大程度上的提升，物业服务更加完善、基础设施配套日渐齐全、住宅人性化设计理念更加深入，能够满足更多客户的多样化住宅需求。2017～2018年9月底，宝鸡市住宅供销热点主要集中于东高新、金台大道、行政中心、虢镇、西河滩等区域，东高新区域成交均价居于首位。

从住宅结构来看，2017～2018年前三季度宝鸡市住宅市场主要供应住宅面积为90～100平方米的商品房，并且未来一段时间内居民三力住宅需求仍为90～100平方米的商品房。

2. 别墅类用房分析

近两年宝鸡市别墅区主要集中在城西别墅区、石鼓山别墅区、高新别墅区。城西别墅区、石鼓山别墅区主要依托九华山、浅山景区、西府旅游街区、陈仓老街等旅游景观资源，高新别墅区的主要优势则在于自身优质的配套设施、浓厚的居住色彩。

3. 公寓类用房分析

2017～2018年前三季度，宝鸡市在售公寓主要集中于东高新、行政中心区域，主要为小户型公寓，其空间百变、灵活性较强、总价较低，相比大户型住宅而言，更适合年轻的工作者进行过渡。主要类型包括酒店式公寓、长租公寓、健康公寓等。

4. 商业营业用房分析

目前，宝鸡市主要有东高新商圈、经二路商圈、金台大道商圈、桥南商圈、虢镇商圈五大商圈，其承担着不同的商业发展功能。宝鸡市近来商业用房成交集中于金台大道、西河滩、群众路区域，且各个区域间的成交均价差异较为明显。随着银泰城、吾悦广场、新里城的入驻，加上宝鸡市经济社会同步快速发展，人均可支配收入增加，居民消费能力的提高，宝鸡市未来商业发展空间较大，与之紧密相关的商业营业用房亦拥有较大发展空间。

5. 办公类用房分析

近两年，宝鸡市日益发展的中小微企业，跨区域流动、跨区域投资的企业和单位等的办公用房集中于东高新、金台大道、桥南、市中心等区域。

四　保障性住房建设情况

（一）保障房政策

近年来，宝鸡市不断增强对保障性住房建设管理工作的重视程度，持续强化民生兜底保障，切实解决群众住房问题，不断增强群众的获得感和幸福感，以实现政府保持经济稳定增长，发展促进改革，不断调整结构，深化惠及民生举措的重要目标。此外，宝鸡市综合考虑社会经济发展状况、居民住房情况、住房建设成本、住房维修成本，不断降低准入门槛，致力于减少住房闲置，从根本上为居民住房保障保驾护航。坚持以政府引导为起点，鼓励全社会共同参与，多项举措同步推行，积极主动调整和完善保障房分配管理政策，致力于形成体系较为完备、覆盖不同收入阶层群体的科学保障制度，基本做到应保尽保。

近两年，宝鸡市以"东扩南移北上"为大城市发展战略，不断创新住房保障机制，始终坚持将其与新型城镇化、工业化和农业现代化相结合，并坚持与产业发展、园区建设同步开展。与此同时，宝鸡市现有的旧城改造、新区开发项目的实施与推进与群众住房保障息息相关，城市配套、公共服务配套、小城市培育、重点示范镇建设也有利于保障居民住房。当前，宝鸡市正在不断健全保障房机制，切实提高保障房配置效率，重视明晰产权，致力于盘活资产，坚持租补分离的原则，强调柔性退出方式，积极推行由市场定价、梯度补贴、租补分离的保障方式，坚持收取租金和发放补贴同步实施，做好"收支两条线"。住房保障主管部门会同物价部门，综合考察房屋所处的区域以及房屋具体情况等因素，确定合理的市场租金标准。

（二）棚户区改造政策

宝鸡市制定了《关于加快推进棚户区改造货币化安置和收储存量住房转化为租赁型保障房的实施意见》，主要包括货币（现金）安置、被征收人自主选择存量普通商品住房安置、政府购买存量普通商品住房作为安置房三种方式。该《实施意见》必将有效提高宝鸡市棚户区改造的安置效率，切实减少过渡安置的时间，使得安置户、保障对象分散居住，有利于疏散中心城区的人口，减轻中心城区负荷，有效推动城市的转型升级；加快宝鸡市存量住房消化速度，稳定房地产市场的发展，引致拉动宝鸡市经济的发展。

宝鸡市持续有序推进棚改专项债券试点发行，遵循公开、公平、公正的原则，采取市场化方式发行棚改专项债券。棚改专项债券期限可以根据棚户区改造项目的征迁、土地收储、出让期限进行适当调整，原则上不超过15年，但是可以根据项目实际适当延长。

（三）保障房建设和棚户区改造情况

2017 年宝鸡市共完成保障性住房和棚户区改造投资 60.13 亿元，新开工棚户区改造项目 38 个、2.5927 万套。截至 2017 年底，宝鸡市各类保障性住房、棚户区改造项目基本建成 1.9611 万套，竣工 18.5315 万套，分配入住 17.437 万套，入住率达 94.1%。

2018 年，陕西省政府下达宝鸡市保障性安居工程的目标任务主要为：棚户区改造新开工套数为 696 套，棚户区改造基本建成套数为 10000 套，政府投资公租房新增分配套数为 2757 套，租赁补贴发放户数为 1623 户。截至 2018 年 9 月底，宝鸡市已经开工的棚户区改造项目个数为 19 个、套数为 9916 套，其数值已为省政府下达目标任务的 102%；棚户区改造基本建成套数为 8708 套，其已完成省政府目标任务的 87%；政府投资公租房新增分配套数为 3605 套，已完成省政府目标任务的 131%；租赁补贴发放户数为 1623 户，现已经 100% 完成省政府目标任务，整体而言，保障性安居工程各项工作均进展顺利。与此同时，继 2018 年第一、第二季度荣获陕西省保障性安居工程季度点评会第一后，第三季度宝鸡市继续位列全省第一，保障性安居工程成果显著。

五　宝鸡市房地产周期波动研究

一个完整的房地产周期一般分为以下四个阶段：复苏阶段、扩张阶段、收缩阶段、衰退阶段。本文利用主成分分析法研究宝鸡市房地产周期波动性。

（一）指标选取

在房地产周期指标的构建方面，应考虑指标的全面性、科学性以及数据可获取性。根据目前我国房地产周期研究的相关文献，本文选取以下七个指标进行分析：①房地产开发投资额（V_1），房地产市场受投资影响程度较大，投资额的波动必然会影响房地产周期波动；②商品房施工面积（V_2），施工面积指在报告期内施工的全部房屋建筑面积，商品房施工面积会影响房地产市场的供给情况；③商品房竣工面积（V_3），房屋竣工面积是一定时期内竣工的房屋建筑面积之和，竣工面积会直接影响房地产市场的供求；④商品房销售面积（V_4），销售面积包括现房销售建筑面积和期房销售建筑面积两部分，是衡量房地产市场供需关系的重要指标；⑤商品房销售均价（V_5），价格最能反映房地产市场的供需情况；⑥GDP（地区生产总值）（V_6），宏观经济的增长与房地产业的发展存在一定相关性；⑦居民消费水平（V_7），居民消费水平的增长会促进房地产消费，进而影响房地产需求变化（见表2）。将上述数据进行归一化处理，进一步展开主成分分析。

表2 房地产周期波动影响指标

年份	房地产开发投资额（万元）	商品房施工面积（万平方米）	商品房竣工面积（万平方米）	商品房销售面积（万平方米）	商品房销售均价（元）	地区生产总值（亿元）	陕西省居民消费水平（元）
2007年	389436	319.57	55.32	122.35	1481.07	578.78	5272
2008年	594960	361.26	50.21	146.55	1623.18	714.07	6290
2009年	584904	472.10	45.09	149.05	2616.21	807.50	7154
2010年	637019	588.30	77.02	198.37	2721.01	978.22	8273
2011年	727104	461.39	40.22	211.78	2886.67	1179.60	10053
2012年	758757	523.86	26.58	220.53	3074.24	1380.33	11852
2013年	812723	719.76	32.99	262.72	3535.69	1545.91	13206
2014年	931447	828.63	26.79	263.19	3369.82	1642.90	14812
2015年	947798	909.00	67.52	262.40	3639.13	1787.63	15363
2016年	1324102	939.76	78.74	287.76	3559.76	1932.14	16657
2017年	1655956	1178.39	61.05	311.38	3888.5	2179.81	17951

资料来源：宝鸡市统计局。

（二）计算过程

运用 spss24 对表 2 数据进行主成分分析，并计算综合指数，提取得到 Z_1、Z_2 两个主成分，综合指数指标值 Y 是各主成分贡献率的加权和，表示如下：

$$Y = 0.845Z_1 + 0.155Z_2$$

将其代入原始指标，加权平均后综合值表示如下：

$$Y = 0.3497V1 + 0.3651V2 + 0.2164V3 + 0.331V4 + 0.3012V5 + 0.3441V6 + 0.331V7$$

代入宝鸡市 2007~2017 年各指标的原始数据计算如图 8。

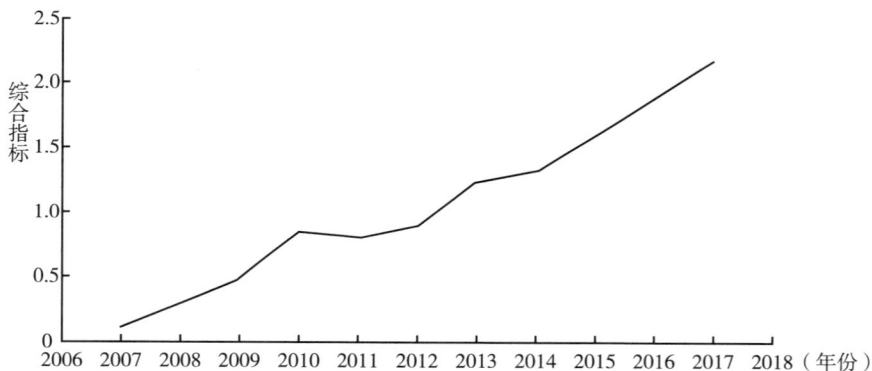

图 8　综合指标周期

（三）结果分析

（1）周期轨迹描述

2007~2017 年，宝鸡市房地产市场共经历了 2 个完整的周期，每个周期长度 4 年。第一个周期为 2009~2012 年，其峰值期与低谷期分别为 2010 年与 2012 年。第二个周期为 2012~2015 年，其峰值期与低谷期分别为 2013 年与 2014 年。通过比较两个周期的波动幅度，可以看出第一个周期的波动幅度较大，第二个周期的波动幅度较小。从波动趋势来看，预计第三个周期的峰值将出现在 2018 年或 2019 年。

（2）波动原因分析

在两个主成分中，第一个主成分 Z_1 所占比重最大，比重为 81.019%。地区生产总值、陕西省居民消费水平和商品房销售面积所占荷载比较大，荷载值都达到 0.982 以上，说明宝鸡市房地产周期波动的主要因素是地区生产总值、居民消费水平与商品房销售面积。

第二个主成分 Z_2 所占比重为 14.830%，其中商品房竣工面积荷载值较大，竣工面积能够清楚地反映出房地产市场的供给情况，说明宝鸡市房地产市场供给水平的变化对宝鸡市房地产周期波动的影响较大。

六 宝鸡市房地产业存在的问题及解决办法

（一）宝鸡市房地产业存在的问题

1. 房地产开发资金来源结构单一，过分依赖银行贷款

在房地产企业的融资结构中，银行贷款所占比重较大。宝鸡市房地产业的开发、销售和购房者购房资金中的很大一部分来自银行贷款。房地产业的贷款比例已经濒临警戒数值，因此房地产业藏着极大的金融风险。如果银行的资金大量流向房地产业，则会挤压其他行业的资金，进而影响其他行业的正常发展。

2. 房地产投资偏热，行业外资金比重增加

房地产业的高回报率吸引了宝鸡市其他行业的大量资金，其利润率已经远远超过了实际财富增值范围，在一定程度上产生了经济泡沫。从总体上来看，对宝鸡市经济发展产生了负面影响。

3. 房地产供求的结构性矛盾突出

2017 年以来宝鸡市房地产市场出现了"局部过热"的情况，其原因之一为结构性矛盾突出。首先，商业用房投资所占比重远远高于住宅投资。其

次，满足大多数消费者需求的中低端住房供给减少，高端住宅供应增加。再次，保障型住宅供应量不够，并且价格已经超出了大多数低收入家庭的购买力。最后，城市改造过程带来的被动需求增加，从而刺激了消费者对房屋的需求，最终导致房价上涨。

4. 消费者的理念有待更新

宝鸡大多数消费者深受"居者有其屋"的影响，把"有其屋"解读为必须拥有属于自己的产权房，偏好于购买一套自己的房产。其实，"居者有其屋"不等于"居者购其屋"。即便在发达国家和地区，有能力购房的也是少数，大部分人都在租房。此外，租房是大多数流动人口的首要选择，同样也是宝鸡未来房地产发展的趋势。

（二）解决办法

1. 严格控制投入房地产行业的资金

减少宝鸡市房地产业的资金流入渠道，规范资金流入的方式，正确引导资金合理有序地流向房地产业。加强房地产业的竞争，淘汰一些低效的企业。政府应该引入先进的管理理念，促进宝鸡市房地产业整体质量的提高。

2. 严格控制外资进入宝鸡市房地产行业

近几年来外资为了获得高额利润，除了通过直接从事房地产开发或直接购买国内的不动产以外，还通过向国内房地产开发企业融资的方式进入国内房地产市场。因此，宝鸡市政府应加强对外国房地产投资基金的管理，限制外资进入宝鸡市房地产业的规模。

3. 增加房地产投资中直接融资的比重

银行贷款占宝鸡市房地产开发商开发资金的比重较大，这对银行业的金融安全造成很大隐患。宝鸡市房地产行业亟须改变传统的融资方式，扩大直接融资规模，降低资金杠杆。一些大型房地产企业可以发行房地产信托投资基金或实施股权融资、债权融资等。

4. 加强住房供应结构调整

集中力量发展中低价位、中小套型的普通商品住房和经济适用住房、廉租住房等。宝鸡市应把住房套型结构比例按照总体要求统筹规划后，分解到各个具体区域，落实到各个具体项目。编制年度用地计划时，优先保证中低价位、中小户型商品房与经济适用房、廉租房等的土地供应数量，切实调整优化新建住房结构比例。另外，积极促进二手住房供给数量的增长，增加住房的有效供给，促进供需平衡。

七 宝鸡市房地产业发展展望

（一）市场趋势

2019年国家房地产调控政策会进一步加强，并向二、三线城市延伸。另外，宝鸡市响应国家政策、针对自身状况出台了一系列相关政策对房地产市场进行调控。预计2019年宝鸡房地产市场将会展现出温和上涨的情况：在经济运行不出现"黑天鹅"的情况下，2019年宝鸡市商品房销售面积将会同比上升，预计同比增长0.4%～2%，商品房销售均价会在一定程度上上涨。宝鸡市的总体收入水平较低，消费者购房能力有限，对房价的承受能力也是有限的。对于计划在2019年购房的消费者来说，可能需要承受更高的房屋价格。原因有以下四点：第一，宝鸡市依托渭河谷地建立，为狭长地带，土地开发数量有限；第二，在关中平原城市群发展规划中，宝鸡市被规划为重点开发区和重要节点城市；第三，宝鸡市的城市轨道交通建设规划通过评审、宝鸡市被确定为全国性综合交通枢纽，这些因素导致宝鸡市的交通枢纽优势进一步上升；第四，宝鸡中央金融文化商务区建成落地带动了宝鸡市第三产业的发展。

（二）机遇与风险

从宝鸡市的房地产市场发展状况来看，宝鸡市的人均住房面积处于较高水平。前期土地开发强度较大，获批的土地面积也较多，这导致宝鸡市的住房供应量在一定程度上或在一定时间段内大于需求量，房价上涨速度较缓。

但是随着宝鸡市城市化进程的加快，房地产市场会进一步得到发展。目前，宝鸡市房价的上涨趋势已经初显端倪，新一轮的上涨周期有可能已经开始。即便这样，可以确定的是当前宝鸡市房价仍在民众的购买力之内，民众现在买房是比较划算的。由于受到收入水平限制，宝鸡市房价的"天花板"相较于其他城市来说是透明的。

另外，还必须清晰地认识到国家对房地产业的调控强度越来越大，措施越来越深入而细致。宝鸡市在这样的大环境下，能够自主地调控房地产市场的空间越来越小。国家对银行资金流向房地产市场做出的严格规定，会导致宝鸡市房地产业的融资渠道受到限制，也会对宝鸡市房地产业的良性健康发展形成巨大挑战。

（三）宝鸡市政策展望

近年来，国家提出要坚持"房子是用来住的，不是用来炒的"的基调，构建长期和短期相结合的制度体系，这就为宝鸡市房地产市场的发展指明了方向。

针对宝鸡市未来住房需求增加、房价上行的趋势，宝鸡市政府应该做好以下几点。

第一，加强宝鸡市政府在房地产市场中的作用，主导宝鸡市的住宅开发与建设。此外，也要加强非政府组织的监督作用，提高非政府组织在房地产市场发展过程中的参与能力和监督能力，使得宝鸡市政府的政策倾向能够符合人民群众的需要。

第二，建立商品房为主、廉租房为辅的住房保障供应体系，控制高档住宅的建设与开发。要把握好土地在各类房屋供给中的分配比例，降低别墅等高端住房土地供给，增加经济适用房的土地供给。

第三，根据本市的经济发展状况和工资水平，大力推动经济适用房建设，扩大经济适用房建设的规模。建立健全有针对性的住房公积金制度，提高住房公积金的覆盖面，提升消费者的购买力。

第四，住房补贴政策与优惠制度要及时有效地确立与实施，要着重强调租房补贴制度的建立，既要满足当地消费者的长期住房需求，又要满足其短期的住房需求。

第五：做好规划，分阶段分批次地有序开发，保障住房的有效供给。房价上涨的一部分原因就是土地供给不足导致的房屋供给量下降。应加快对老城区的改造，挖掘老城区的住房供给量，进而满足宝鸡市消费者的住房需求。

参考文献

宝鸡市住房和城市建设局：《宝鸡市三季度保障性安居工程建设获全省第一》。

陕西省统计局：《前三季度我省房地产开发总体平稳运行》。

B.18

2017~2018年杨凌示范区
房地产业发展报告

任倩 吴晓雨 雷锦玉 余劲*

摘　要： 本报告对近年杨凌示范区房地产市场发展现状进行分析并预测其未来发展趋势，以期为示范区房地产市场的健康稳定发展提供决策依据。杨凌示范区经济总量及居民收入稳步提高，但增长速度趋缓。在此背景下，房地产投资额经历了较大幅度波动，房地产投资额占固定资产投资额比重由2016年的超过20%降至2017年的9.82%。近年来，商品房施工面积高于竣工面积。房地产销售面积呈不断上升的趋势，其中，2017年销售面积较上年增加22.80%。2017~2018年前三季度，普通住宅销售价格维持稳定，增长率为2.48%。二手房市场呈繁荣发展，2018年前三季度二手房价格较2014年定基增长34.04%。在积累了大量经验的基础上，保障性住房及住房公积金异地贷款进程稳步推进。基于对近年杨凌示范区房地产市场发展的判断，预计2019年示范区房地产业仍将延续前期的平稳态势。

关键词： 杨凌示范区　房地产业　保障性住房

---

* 任倩，陕西科技大学讲师，主要研究方向为房地产经济；吴晓雨，西北农林科技大学经济管理学院研究生，专业为土地资源管理；雷锦玉，杨凌示范区房产管理处主任；余劲，博士，西北农林科技大学经济管理学院教授，主要研究方向为不动产经济学和公共管理学。

一 城市规划与基础建设

杨凌示范区总面积135平方公里，城市规划面积为35平方公里。《杨凌城乡总体规划（2010～2020年）》中指出：坚持以经济、社会、人口、环境和资源相协调的可持续发展战略为前提，统筹做好杨凌城乡规划、建设和管理的各项工作。截至2020年，在杨凌城区35平方公里建设用地中，居住用地将达到8.307平方公里。城区规划建房12.33万套，面积达1487.3万平方米，满足30万人口的居住要求。

2017年，示范区完成全社会固定资产投资206.12亿元，相比上年增长15.2%。而2017年上半年，为了示范区建设，已累计流转土地6.3万亩，占耕地面积的73.3%，在为促进新型农业经营主体持续发展做出贡献的同时，也带动了示范区的基础建设。2017年全年安排重点建设项目168个，年度计划投资170.4亿元，政府投资基本建设项目76个，杨凌自贸试验区安排重点建设项目54个。这些重点项目的建设均驱动了杨凌房地产市场的发展。在示范区基础设施建设和公共服务设施建设的基础上，示范区的城市功能不断完善健全。2018年，示范区新增建设用地指标2000亩，盘活抵销闲置用地1000亩以上，土地利用效率不断提高。

在深化城市定位和发展战略研究的同时，开展具有特色的区域城市设计，提出区校一体、融合发展机制，大力推进地下综合管廊、海绵城市、生活垃圾处理厂等建设。在交通规划方面，完成107省道、344国道、杨凌大道渭河桥等工程，增强区域城市发展的承载力。

二 杨凌示范区房地产业总体运行状况

（一）固定资产投资及房地产开发投资

杨凌示范区固定资产投资在总额保持上涨的同时，增长速度趋缓。2014～

2016 年固定资产投资增长速度保持在 25% 左右，2017 年固定资产投资增长率相较上年有所回落，增长速度为 15.17% （见图 1）。2017 年固定资产投资总额为 206.12 亿元，以 2014 年为基期，定基发展水平达到 178.75%。固定资产投资额不断上涨，其增长速度却出现一定程度的回落，意味着杨凌示范区经济在面临诸多发展机遇的同时也面临一定挑战。固定资产投资增速放缓主要受到占总投资比重较大产业的影响，基建业、制造业和房地产开发投资对整体固定资产投资的影响较大。在全国固定资产投资增速均放缓的背景下，杨凌示范区需要对经济增长点进行适当调整。

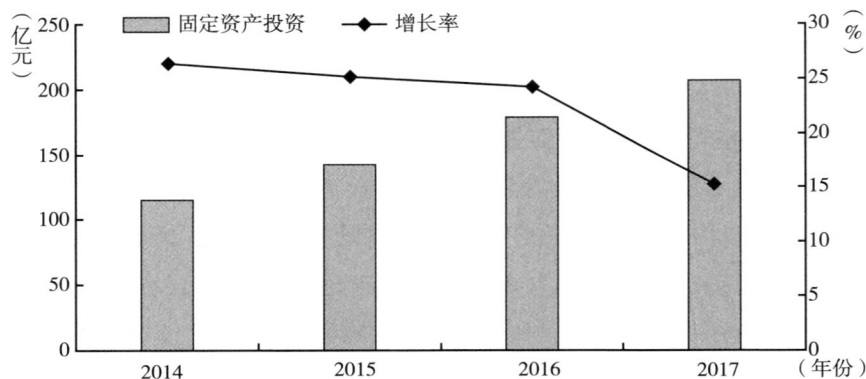

图 1　2014~2017 年杨凌示范区固定资产投资

资料来源：杨凌示范区管委会。

从 2016 年到 2018 年上半年，杨凌示范区房地产投资额经历了较大波动，增长变动幅度明显。国家频繁出台的调控政策影响了房地产市场的稳定性。2014 年之前，针对过热的房地产市场，政府颁布了最严苛的房地产调控政策，调控效应逐渐蔓延到全国，导致全国房景气指数不断下滑。在房地产市场持续调整的过程中，2014 年和 2015 年全国各地均出现了房地产行业利润减少以及运行周期缓慢的现象，因此，投资倾向于流向其他领域或保持观望，房地产投资增长速度下降明显。2014 年和 2015 年杨凌示范区房地产完成投资额分别为 24.58 亿元及 19.14 亿元，而增长率则为 -23.24% 及

－22.13%。由此可见,房地产投资直接受到房地产景气程度的影响。2014年开始的房地产销售市场疲软,使得政府重新审视房地产市场,2016年宽松的货币政策为前两年低迷的房地产市场带来了生机。与此同时,得益于低迷的股票市场,房地产作为投资对象再次成为众多流动资金的最佳选择,大规模资金通过资产管理、基金公司等方式注入房地产市场。2016年示范区房地产投资额高达35.85亿元,相较上年同期增长87.30%,房地产投资增长额创历史新高。高涨的房地产市场销售情况使得房地产库存有所下降,房地产开发企业不惜重金在区内优质地区进行补库,更刺激了房地产投资额的大幅增长。2016年房地产市场高度繁荣后,2017年房地产投资额理性回归到20.25亿元,同比下降43.51%。截至2018年9月,示范区房地产投资额达到14.32亿元,维持了较稳定的发展(见图2)。

示范区房地产投资额占固定资产投资额的比重波动明显。2014年和2016年的比重超过20%,对固定资产投资贡献额较大。而2015年和2017年,该比重分别为13.27%及9.82%。房地产市场从2014年开始进入低迷时期,2016年迅速回暖,为当年固定资产投资额做出较大贡献。2017年杨凌区房地产投资占固定资产投资的比重仅为9.8%,这不仅与房地产市场的理性回归有关,也与其他行业发展相对加快相关。

综上所述,近年来固定资产经历了投资额不断上涨但涨幅逐渐下降的过程,而房地产投资额波动幅度明显且对市场变动具有较大反应。房地产投资占固定资产投资比重处于不断调整的过程中。原因在于受到整体宏观经济下行压力的影响,固定资产投资额的增长及增速与杨凌区生产总值变动相配合,波动呈现一致性。而房地产市场受到经济政策调控以及市场景气的影响,在2014～2018年起伏较大,2016年房地产投资额增长迅速。

(二)房地产业施工和竣工面积

1. 房地产施工面积

2013～2017年,房地产施工面积波动幅度较大,除2014年之外,均保持快速增长。2014年房地产全行业处于调整阶段,房价回落,成交量大幅

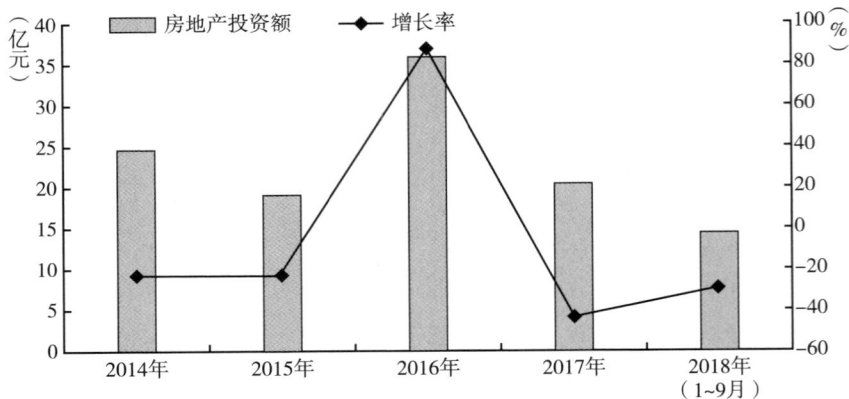

图2 2014～2018年9月杨凌示范区房地产投资额

资料来源：杨凌示范区管委会。

度萎缩，房地产企业拿地量明显下滑，房地产施工面积降至79.84万平方米，同比下降56.21%（见图3）。房地产开发企业受到2014年以来库存与资金压力的影响，对房屋的实际供应量持观望紧缩的态度。随着2015～2016年房地产市场开始回暖，房地产施工面积转跌为升，增长速度分别达到54.41%及39.93%。2017年施工面积增长速度放缓，较上年增长9.57%。

2. 房地产竣工面积

杨凌示范区房地产竣工面积由2013年的129.51万平方米迅速跌至2014年的51.8%，此后一直小幅波动在50万平方米附近，2015年达到近年来最低值35.68万平方米。从增长速度来看，2014年和2015年保持了大幅的负增长，而在2016年却显现出极速上升的趋势，同比上涨42.02%。2014年较2013年出现巨幅下跌，意味着在经济下行压力面前，一些房地产开发企业出现了资金紧张、周转困难等问题，工程建设受到影响，并且在售商品房的滞销也使得在建的开发项目建设速度放缓，导致房地产竣工面积减少。2015年房地产行业开始回暖，并且2016年宽松货币政策的颁布，适时地缓解了房地产开发商的窘境以及房地产作为支柱型产业引起的整个经济下行的

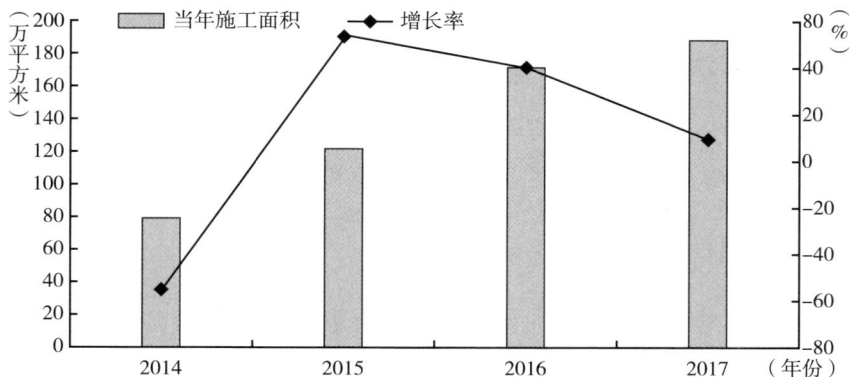

图3 2014～2017年杨凌示范区施工面积

资料来源：杨凌示范区管委会。

连锁反应，房地产竣工面积在2016年回归至50.67万平方米。2017年竣工面积基本与2016年持平，为50.45万平方米（见图4）。

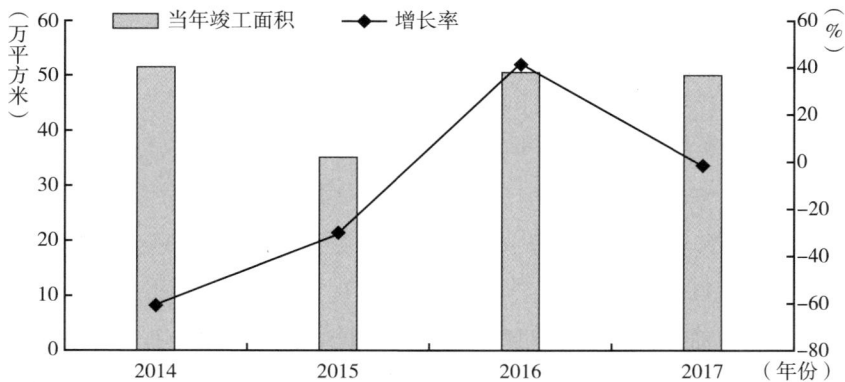

图4 2014～2017年杨凌示范区竣工面积

资料来源：杨凌示范区管委会。

从施工面积和竣工面积双方面来看，2013～2016年，房地产业施工面积均高于竣工面积。截至2016年，房地产施工面积为172.51万平方米，而竣工面积仅为 50. 67 万平方米。在房地产市场较为低迷的 2014 年，房地产施工和竣工面积经历了齐跌的局面，跌幅均超过了 55%。2015 年房地产市场的回暖过程在房地产施工面积这一指标上体现得较为明显，而竣工面积由于受到房地产企业资金量等情况的冲击，在短时间内难以恢复，因此在经历了又一年的下跌过程之后，在 2016 年信贷宽松的环境下，恢复增长。

（三）房地产销售面积及均价

由图 5 可见，2014 ~ 2018 年第三季度，杨凌示范区房屋销售面积均保持在 40 万平方米左右。2014 年和 2015 年房地产销售面积略有下降，而 2016 年及 2017 年房地产销售面积则呈现持续增长的过程，商品房销售面积分别为 40. 34 及 49. 61 万平方米，2017 年较上年增长 22. 80%。截至 2018 年前三季度，销售面积已经达到 34. 25 万平方米。2014 年销售面积较竣工面积略低，而 2015 年销售面积与竣工面积基本持平，2016 年销售面积在较大幅度增长的情况下，低于当年竣工面积。房地产销售面积受国家政策的影响较大，基于杨凌示范区经济快速发展、城市基础设施建设不断完善的背景，大量外来人口以及农村人口涌入杨凌示范区购房，人口对住房的刚需保持在稳定并略有上升的阶段，房地产销售情况良好。

商品房销售价格在 2014 ~ 2018 年稳中有升，增长速度放缓。2014 年普通住宅价格为 3455 元/平方米，与 2013 年相比基本保持稳定。继 2015 年普通住宅价格略有上扬后，2016 年住宅价格下跌 5. 71%。2017 年房地产价格较上一年增长 11. 39%，截至 2018 年 9 月，房地产价格总体运行趋势良好，价格达到 3767 元/平方米（见图 6）。2014 年，受到房地产行业不景气以及国家对房地产限购、限价、限贷等行政手段调控继续推行的影响，房地产价格基本持平。2016 年以来，虽然国家针对前两年房地产市场的萧条景象颁布了一系列信贷宽松政策，对居民购房采取了一定程度的鼓励措施，然而，杨凌示范区购房者的目的多为改善住房，对区内多数中低端楼盘的普通住宅关注度较差，政策效果并不明显。2017 年以后，在全国房地产市场逐渐回暖的背景下，示范区整体经济发展形势看好带来了大量住房需求，大型房地

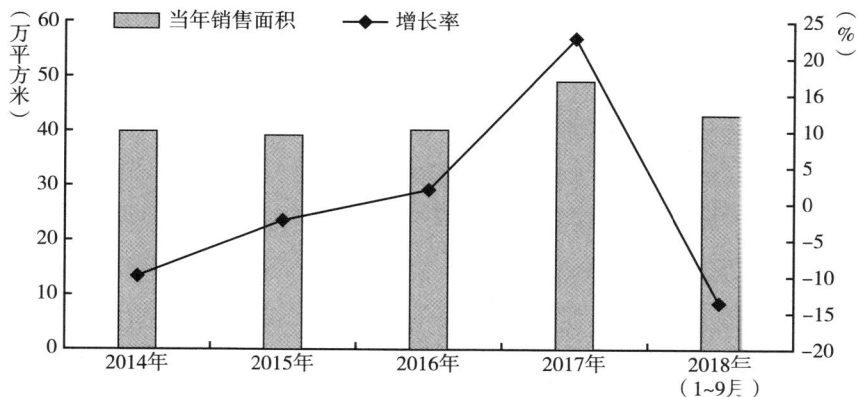

图5 2014～2018年第三季度杨凌示范区销售面积

资料来源：杨凌示范区管委会。

产开发企业的进驻也为示范区房地产市场注入了新的活力。2018年，绿地集团在杨凌签约及开展了绿地世界城项目，总投资约69.5亿元，为加速杨凌自贸区开发建设起到了积极作用。随着2017年及2018年示范区房地产市场的逐步推进与发展，房地产业发展情况较乐观。2014～2018年，普通住宅价格定基增长率为9.03%，年平均增长率2.1%，由此可见，杨凌示范区房地产市场始终保持较为平稳健康的发展。

（四）房地产市场住宅供应结构及成交量

1. 住宅供应结构

杨凌示范区住宅供应面积逐年上涨。从供应结构来看，2014年多以90～144平方米的中型实用性住宅为主，大户型和小户型的住宅较少，而2015～2018年则90平方米以下、90～144平方米及144平方米等三种户型均衡供应。总体而言，杨凌示范区仍以90～144平方米的实用性住宅供应为主，大户型和小户型的住宅提供较少。

2. 商品房预售量

2014～2017年杨凌示范区办理预售许可件数保持在15件左右，较2012

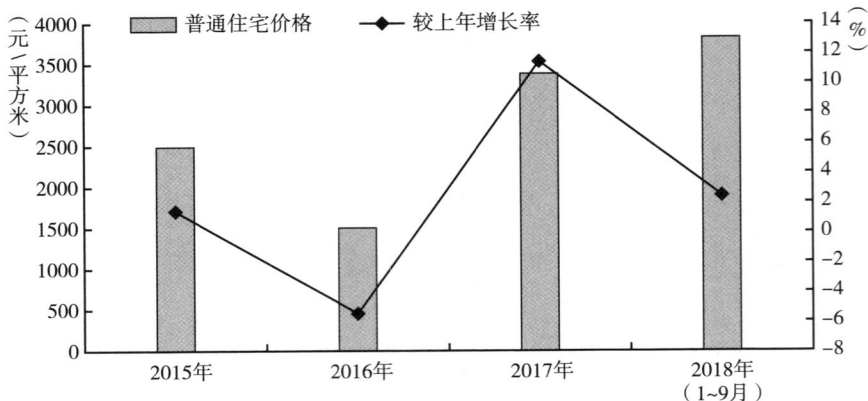

图6 2015～2018年9月杨凌示范区房地产普通住宅销售价格

资料来源：杨凌示范区管委会。

年的19件略有下降。2015年预售房屋建筑面积较2014年上涨58.92%，预售件数由2014年的14件上升到17件。2016年销售证件许可件数为13件，销售房屋建筑面积较上年上升1.6%。2017年，预售房屋面积34.6万平方米，预售证件许可件数为16件。而2018年1～9月，预售许可件数为8件，预售房屋建筑面积仅为16.3万平方米。

综上所述，2014～2018年房屋预售建筑面积波动较大，2015年及2016年预售房屋建筑面积较大，这与当时房地产市场回暖繁荣的状况相关。而2017年在国家鼓励房地产市场理性回归的情况下，房屋预售面积又出现回落的状况。

3.商品住宅成交量

2014～2018年商品房成交量逐年放大，增长速度较快。2014年商品房成交1735套、成交面积17.61万平方米，其中住宅成交1694套（多层住宅交易142套、高层住宅成交1552套）、面积17.31万平方米（见表1），占所有商品房成交套数的97.64%，成交面积占总商品房成交面积的98.30%。商业用房等其他房屋交易量较低，仅有41套，成交面积占比不足2%。

表1 2014～2018年9月杨凌示范区商品房成交情况

	商品房成交量（套）	商品房成交面积（万平方米）	住宅成交套数			住宅成交面积		
			成交（套）	其中:多层住宅成交（套）	其中:高层住宅成交（套）	成交面积（万平方米）	其中:多层住宅成交面积（万平方米）	其中:高层住宅成交面积（万平方米）
2014年	1735	17.61	1694	142	1552	17.31	1.21	16.10
2015年	2230	26.15	2152	278	1874	23.66	2.36	21.30
2016年	3788	45.38	3558	513	3045	42.38	4.36	38.02
2017年	4810	61.53	4628	745	3883	55.25	6.33	48.92
2018年1～9月	3688	48.55	3268	366	2902	39.91	2.93	36.98

资料来源：杨凌示范区管委会。

2015年示范区商品房成交2230套，成交面积提高至26.15万平方米，为上年的128.53%。住宅成交量依然占据总成交套数的较大比重，达到96.50%，这意味着杨凌示范区房地产仍然以住宅建设为主。高层住宅的成交套数及面积远高于多层住宅成交套数，分别为其6.74倍及9.03倍。较之住宅成交情况，其他商业服务业用房成交套数占比及成交面积占比较低，究其原因，其一为商服用房开发的潜力较大，另一个原因在于商服用房存在囤积情况，交易量偏低，面临着较大的去库存压力。

房地产市场在2016年迎来了繁荣发展，商品房成交量较上年同期增长69.87%，商品房成交面积增长73.54%，达到了近年来最高。其中，住宅成交占据总成交套数的93.93%，占比较2014年和2015年略有下降，这也意味着商服用房的成交量缓慢增长。高层住宅成交套数为总成交套数的85.58%，示范区居民对高层住宅的需求量较大。

杨凌示范区2017年商品房成交套数4810套，成交面积61.53万平方米。其中住宅成交套数4628套，占总成交套数的96.22%。多层住宅成交套数仅为745套、面积6.33万平方米，高层住宅成交套数3883套、成交面积48.92万平方米，占总成交面积的88.52%。2017年商品房交易情况较2016年稳步上升，但商品房交易套数增长速度明显回落，回归到26.98%。

截至 2018 年 9 月，示范区商品房成交套数为 3688 套，住宅占 88.61%。其中，高层住宅成交套数为 2902 套，是多层住宅的 7.93 倍。从商品房成交面积来看，住宅成交面积达 39.91 万平方米，占总商品房成交面积的 82.20%。高层住宅成交面积在 2018 年前三季度达到 36.98 万平方米。

通过以上分析可知，杨凌示范区商品房成交量和商品房成交面积在 2014～2018 年五年间均呈上涨趋势，在 2016 年在整体宏观经济情况的看好以及房地产市场回暖的带动下，增长幅度达到了近几年的峰值。而从整体商品房交易情况来看，住宅的成交量和成交面积占了绝大部分比重，其中高层住宅的需求量较大。

4. 二手房成交量

近年来，杨凌示范区二手房市场整体发展情况良好。2014～2018 年 9 月二手房成交套数经历了两次大幅度增长（见图 8）：一次在 2015 年（由 2014 年的 142 套增长到 2015 年的 316 套，增长水平达到 222.54%）；另一次在 2018 年，二手房成交套数出现极速增长，截至第三季度达到 1356 套，为 2017 年交易套数的 3.95 倍。而 2015～2017 年，二手房交易套数稳定维持在 330 套左右。

从二手房交易面积来看，二手房交易面积在 2015 年和 2018 年增长迅速，较上年分别增长 151.12% 及 252.08%，其余年份保持在 4.5 万平方米以上，波动幅度较小，这与二手房成交套数的发展情况一致。

从二手房交易价格来看，二手房的交易价格由 2014 年的 2350 元每平方米上涨至 2018 年 9 月的 3150 元每平方米，定基增长 34.04%。除了 2017 年略有下跌（跌幅 0.167%）以外，在多数年份保持上涨，上涨幅度较小。

综上所述，杨凌示范区 2014～2018 年 9 月二手房交易市场较之前得到了快速发展，二手房交易套数和面积均保持增长趋势，2018 年的增长幅度最大。在交易量增加的同时，二手房交易价格增长较为稳定，2015 年的增长速度达到近年的峰值 25.53%，其余年份的增长速度均不到 1%，这表明二手房市场泡沫较少，保持了健康的发展趋势。

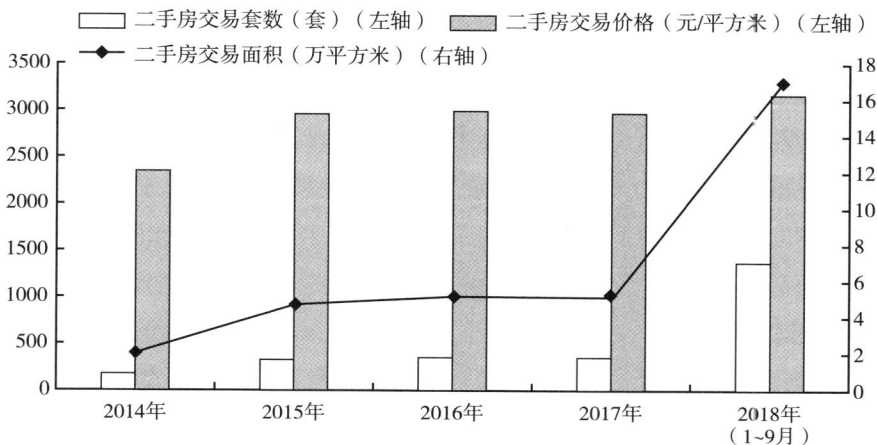

图7　2014～2018年9月杨凌示范区二手房交易

资料来源：杨凌示范区管委会。

（五）房地产企业及房地产中介发展状况

图8表明近年来杨凌示范区房地产企业的情况。示范区房地产市场经过数年发展、优胜劣汰，房地产企业数稳定在20家左右。进驻杨凌示范区的房地产企业开发资质以暂定资质和四级资质为主，二级资质和三级资质的房地产企业较少，缺乏一级资质优质企业，实力较弱、资金链紧张，风险承受能力较差。这些企业的进驻使得示范区的房地产开发以中低档次为主，高品质产品较少，对改善型住房需求强烈的消费者而言吸引力不强。

2011年恒大地产集团入驻杨凌后发展情况良好，打造的杨凌恒大城兼容了高层住宅商业用地等各种功能的房地产产品。到2015年，只有恒大地产的恒大城产品销售状况较好，达到日均1.5套左右，其余大部分房地产开发企业房屋销售不畅，商品房积压情况严重。2018年8月，在杨凌自贸区开发建设的基础上，绿地集团入驻杨凌。绿地杨凌世界城项目集农副产品产业链、综合商旅中心、五星级酒店以及高品质商品房小区于一体，总投资100亿元。这将为杨凌示范区房地产行业的发展起到推动作用，并从本质上提高示范区整体房地产企业的质量。

房地产业从业人员人均收入近年来有较大的提高。2014 年房地产业从业人员人均收入为 5562 元/人，2017 年达到 7409 元/人，累积发展水平为 133.21%，年平均增长速度 7.4%。房地产业从业人员工资水平的逐年提高表明在经济稳定发展的宏观背景下，房地产行业发展平稳。

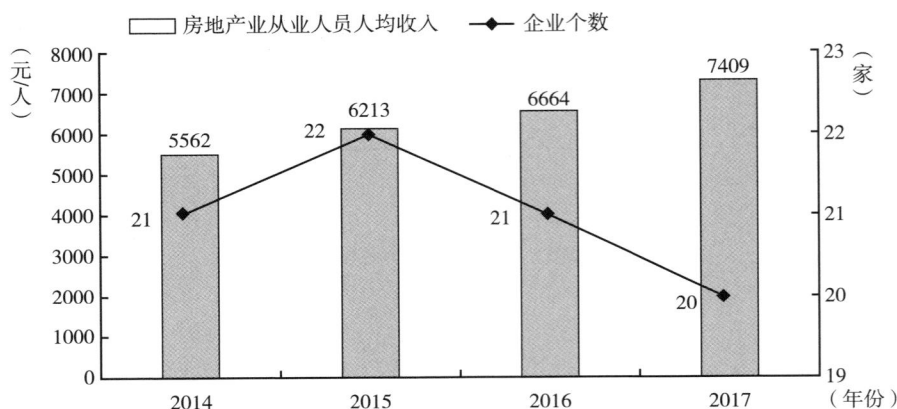

图 8　2014～2017 年杨凌示范区房地产企业情况

资料来源：杨凌示范区管委会。

三　保障性住房建设情况分析

（一）杨凌示范区保障性住房建设情况

自 2010 年开始，杨凌示范区不断扩大保障性住房的建设力度，采用廉租房、公租房、限价房及棚户区改造等多种形式相结合的模式。在近几年保障房的建设发展中，积极促进已开工的保障房顺利竣工；对于已竣工的保障房，完善配套设施建设；而已经完成配套设施建设的保障房，着重进行人员的入住分配。统筹安排、协调推进，结合示范区发展的实际情况，考虑建设需要，进一步推动保障房建设。

自杨凌示范区2008年开展保障性住房建设工作以后，截至2015年9月，示范区保障性住房除去7000套限价商品房和1600套经济运用房，还有33044套供应，建筑面积305.98万平方米。其中28145套是与城中村改造配套开展的廉租房和棚改房，多种原因导致部分已建成保障房空置，入住率较低。4923套公租房投用稀释了部分购房户，大量保障性住房的建成入住，冲击了部分普通商品房市场。2016年以后，示范区停止经济适用房建设，保障房建设工作以棚户区改造为主，逐步推进棚户区货币化安置。2017年棚户区改造项目全部实现货币化安置，严控新建安置房，倡导棚改拆迁户购买新建商品住宅。

表2反映2014～2018年度杨凌示范区各类保障性住房规划建设的基本情况。就廉租房而言，2014年规划建设582套，而2015年锐减至75套。建设面积分别为2.91万平方米及0.375万平方米。2016年以后由于房地产库存积压严重等问题的出现，为了加快消化商品房库存量，减轻政府的管理压力，国家颁布了消化现有房屋库存等政策，其中包括通过市场筹集房源、政府给予租金补贴、发展租赁市场等新的政策方向。未来示范区政府将通过向房企购买或者向房东提供住房补贴等形式筹集房源，这些房屋的地理位置一般优于先前集中建设的廉租房或公租房，将更利于进行现有资源的优化配置。

公租房的发展趋势与廉租房类似，2014年规划建设公租房412套，而2015年仅规划建设87套，之后为了优化现有社会资源的配置，2016年以后停止新的集中公共租赁住房建设。对于原先公租房和廉租房分开申请和配租所造成的工作不合理以及不利于人们申请等情况。2016年颁布的新政策规定公租房和廉租房将并轨，将公共租赁住房政策的覆盖面扩大到非户籍人口，解决外来务工人员的住房困难问题。对于低收入人群，申请公共租赁住房的租金将远远低于市场价格，有利于地方经济发展及区域建设。

2016年停止公共租赁住房的集中建设以后，示范区保障性住房的工作以棚户区改造为主，推行棚户区改造的货币安置办法。货币化安置既可以进行全部货币化安置也可以进行部分货币化安置。在 2014 年及 2015 年，杨凌示范区棚户改造任务分别为 888 套和 1019 套，相比于 2010 年开始的棚户区改造任务而言，其规模大幅下降，而 2016 年以后至 2018 年 9 月，棚户区改造建设任务则维持在 150 ~ 200 套的水平上。2018 年对十大棚户区（包括法禧村、川西村、建子沟村等村落）进行改造，搬迁改造 2710 户居民，改造回收土地 1501 亩。改造回收后的土地将用于省道建设、生产企业建设以及公共基础设施建设，为未来示范区经济的发展起到了积极的作用。

自 2008 年开展保障房建设以来，杨凌示范区解决了部分中低收入家庭对于购房和租房的需求，促进了示范区房地产市场的健康发展。随着保障房建设体系的丰富和完善，新阶段的住房保障体系建设将对未来示范区房地产业乃至全区经济的健康发展起到不容小觑的作用。

表 2　2014 ~ 2018 年杨凌示范区各类保障性住房规划建设情况

单位：套数

	2014 年	2015 年	2016 年	2017 年	2018 年	合计
廉租住房	582	75	0	0	0	657
公租房	412	87	0	0	0	499
棚户区改造	888	1019	150	200	150	2407
合计	1882	1181	150	200	150	3563

（二）杨凌示范区保障性住房建设方式

保障性住房是推进城镇建设的重要环节。杨凌保障性住房建设的发展有力推进了新城区的建设，并取得了一定成就。

1. 借力保障房建设提速城镇化进程

杨凌示范区是国家级高新农业示范区，农业人口约占总人口的 1/2。随着经济不断发展，城镇化进程加快，农业人口向城镇转移成为必然的趋势和选择。示范区进行棚户区改造，对土地进行集中整合，并为失地农民建设安置小区，率先保障失地农民进城安家落户。实施搬迁与安置分离、补偿与购买分离、生活安置与生产安置相结合的政策。安置过程中，实行户籍制度、管理体制、经济组织形式和土地性质同步转变的方式，实现失地农民一次性彻底城镇化转移，对整村集中安置的，设立社区居民委员会，创建了新的管理体制。杨凌的保障性安居工程建设，初步探索出了一条符合杨凌实际的发展之路，形成了将失地农民安置、城中村改造、棚户区改造、城市建设与保障性住房建设相结合的建设体系。

2. 解决新分支户进城的住房问题

随着城镇化进程的不断加快，越来越多的农民子女选择在城市安家落户。为了解决新分支户进城的住房问题，2016年《杨凌示范区失地农民进城安置办法》提出符合宅基地审批条件的新分支户，可按建安成本价的55%购买一套安置房。这极大程度地解决了农民子女的后顾之忧，为杨凌示范区的可持续发展做出了贡献。

3. 继续对城中村、棚户区进行改造，并推进棚户区货币化安置攻策

近年来，杨凌示范区搬迁改造城中村及棚户区群众数千户，改造城市环境，打造优质投资环境，带动企业发展。2016年起，杨凌示范区响应国家政策，积极探索创新棚户区改造货币化安置方式，提高货币化安置率。从2017年起，原则上不再新建棚户区改造安置性住房，通过政府购买存量商品房作为安置房源，对棚改对象全部实行货币化安置，化解房地产库存。加大棚户区改造货币化安置户的资金补助力度，对2016年1月1日后购买存量商品房的棚户区改造征收对象，每套在陕西省奖励0.8万元的基础上，示范区财政再奖励0.5万元。

4. 廉租住房和公共租赁住房并轨，统一按照保障性住房运行管理

廉租住房和公共租赁住房并轨，统一按照保障性住房运行管理，使城镇中低收入家庭、新就业职工和外来务工人员住房困难问题得到基本解决，居住条件得到明显改善，实现杨凌人"住有所居，应保尽保"的目标。对租赁住房保障对象实施分档补贴。保障对象居住租赁住房的，政府即期向保障对象发放租金补贴。以租赁保障性住房的"市场定价"略低于同街区类似房屋市场平均租金水平确定租金标准。

四 住房公积金异地贷款情况分析

2010 年杨凌示范区住房公积金异地贷款试点工作正式启动，经过 5 年的发展，公积金异地贷款工作取得了一定成效。2015 年，陕西省住建厅下发《关于住房公积金个人住房异地贷款有关问题的通知》，支持全省 10 个设区市和杨凌示范区之间实现通贷。

从消费者角度而言，住房公积金异地贷款对购房者产生了积极影响，扩大了消费者购房的区域选择，刺激了房地产市场需求，推动了房地产市场的发展。住房公积金异地贷款作为杨凌示范区公积金工作的特色业务，提高了住房公积金的使用效率，在积极利用发挥住房公积金保障作用的同时，也为引进人才安家提供了良好的政策环境和支持，住房公积金异地贷款加强了陕西省各区市之间的交流与合作，提高了示范区竞争力，改善了群众的居住环境，并推动城市化进程。

2015 年以后，住房公积金异地贷款工作快速发展，无论是贷款户数还是贷款金额均呈现上升的趋势。受理异地贷款户数由 2014 年的 36 户上升到 2018 年 1~9 月的 253 户，贷款金额逐年快速增长，截至 2018 年 9 月，贷款金额较 2014 年上涨了 9.79 倍。由该数据可以看出，愿意申请住房公积金异地购房贷款的消费者人数将不断增加。在吸取现阶段经验的基础上，未来应实施更好的管理制度以适应示范区房地产市场的健康发展、满足群众的要求。

表3 2014~2018 年 9 月杨凌示范区住房公积金异地贷款情况

年份	受理异地贷款户数	审核通过户数	发放异地公积金贷款金额（万元）
2014	36	36	602
2015	75	75	1524
2016	172	172	3637
2017	199	199	4652
2018（1~9 月）	253	253	6494

资料来源：杨凌示范区管委会。

五　2017～2018年杨凌示范区房地产市场存在问题与对策

（一）杨凌示范区房地产市场存在问题

1. 房地产市场库存量较大，去库存任务艰巨

截至2017年12月，杨凌示范区商品房待售面积持续增加。2018年前两月，示范区商品房待售面积增速放缓，2012年后首次呈下降趋势。然而，商品房囤积库存量仍然较大，隐性库存亦对商品房库存量带来影响，商业住房待售面积消化周期长，近年来较高的待售面积以及低迷的市场销售情况可能导致商品房存量进一步增加。商业营业项目滞销、企业销售不畅、房地产企业在商业用房方面积压资金严重，这为资质较差的杨凌房地产企业来带来一定困难，影响示范区整体房地产行业的发展。

2. 保障房缺乏严格监管

示范区保障房供应充足，为城镇化建设以及人才安居落户提供了有力保障。然而，由于监管不严，部分保障房配套设施较差，后续物业服务难以跟上。少数开发商以修建保障房的价格购入土地，却以商品房价格向业主出售房屋。因此，在保证保障房数量的同时，还需要对保障房的质量、配套设施以及后期物业服务进行不断完善和规范。

3. 房地产调控措施频繁变动，商品房供应结构不合理

为了促进房地产市场稳定发展，国家频繁出台各类房地产行业调控措施，包括货币政策及财政政策。这些政策虽然对解决房地产市场问题起到了一定作用，然而一部分问题依然存在。区域房地产的供给与需求没有得到有效调节，供需不匹配。针对区域内居民大量的住房改善需求以及杨凌区以外居民来示范区购房的强烈意愿，现有的住房供应结构难以满足消费者要求。

（二）杨凌示范区房地产市场应对策略

1. 落实"去库存"相关政策，加大房地产调控力度

针对杨凌示范区房地产囤积现象，应全面落实《杨凌示范区房地产去库存优结构八项措施》，加大对房地产商的扶持，引导消费者购买及消化商品房，促进房地产市场健康发展。

2. 优化商品房供应结构，严格规划

针对现有房地产囤积严重的问题，严格审批新建房地产项目规划，落实容积率不得超过 2.5 的控制指标和停车位、日照时间等指标规范，优化商品住宅供给结构。对于示范区居民强烈改善现有居住环境的要求，可在未来开发商建设房屋过程时加大较大户型商品房的供应量。

3. 继续推进棚户区安置工作，发挥公积金支持作用，严格市场监管

严控新建安置房，倡导棚改拆迁户购买新建商品住宅，规范货币化安置。此外，充分发挥公积金支持作用，吸纳企事业单位临聘人员和农民工加入住房公积金缴存范畴，并加大放贷力度，使其能够通过住房公积金贷款购房。对于房地产市场，加强动态监管和预警分析引导，严格控制新增库存，引导房地产市场平稳发展。强化对入区房地产企业的审批以及引导，加强其对示范区房地产行业的带动作用。

六　2019年杨凌示范区房地产市场展望与预测

（一）2019年杨凌示范区房地产市场展望

房地产投资额近几年波动幅度明显，经历了 2016 年房地产市场回暖后，2017~2018 年房地产市场重新进行了调整，而房地产投资占固定资产投资比重也回归至 2017 年的 9.8%。这意味着示范区房地产市场逐步回归理性，预计 2019 年房地产市场投资额仍将保持稳定。

2013、2014 年施工面积和竣工面积基本持平，2015 年及 2016 年，施工面积远高于竣工面积，表明房地产开发企业进度减缓。同时房地产开发企业可能存在控制楼盘开发进度的现象。示范区房地产库存量较大，截至2015年8月，全区库存总量为8173套、105.84万平方米，其中建成房存量为1017套、11.32万平方米，在建项目（含限价商品房、经适房）存量（已发预售许可证）为7156套、94.52万平方米。现在全区共有数十个在建开发项目，因商品房的滞销，在建项目建设速度明显滞后。自由贸易区成立后，杨凌示范区将迎来经济快速发展的时期，随着商品房消化库存量工作的不断推进，房地产企业可能加快楼盘开发进度，竣工面积较近两年将有所提升。

近年来，杨凌示范区房地产均价及销售面积在保持稳定的同时略有提高，房地产发展进入了一个稳定但发展速度较低的时期。虽然均价及销售面积整体保持平稳，但中低端楼盘销售较为低迷，商品房存量较大，竣工量趋缓，略显房地产市场发展后劲不足。住房市场供给结构以90～144平方米实用型住宅为主，大户型和小户型住宅较少。示范区居民对住房的需求以改善型住房为主，这给示范区以中低端楼盘类型为主的商品房去库存增加了难度。加上房价的走高、国家继续收紧的货币政策、房地产税的征收、房贷首付以及利率不断上升等一系列宏观调控政策的出台，购房门槛不断提高，购房者的积极性受到影响。此外，杨凌示范区二手房整体发展趋势良好，二手房成交量在2015年和2018年出现了较快增长。这有利于优化示范区存量房市场，带动房地产市场健康发展，未来将持续这一发展趋势。

（二）杨凌示范区商品房价格预测

运用趋势方程拟合法，依据2014～2018年9月杨凌示范区商品房销售均价，得到以下回归方程：

$$y = 3539.6 + 80t$$

式中，t为时间，将2019年代入回归方程，得到2019年杨凌示范区商品房价格预测值为3779.6元/平方米，较2018年9月增长3.3%。由此可见，2019年，杨凌示范区的房地产市场仍将延续之前平稳的发展态势。

从房地产需求来看，杨凌示范区房地产需求以当地居民的改善性住房需求以及周边区域人员需求为主。供给方面，商品房库存量较大，且优质的房地产开发企业数量不足。随着消费者购买力增强，预计未来的房地产需求将平稳上涨。保障房项目的继续实施为房地产供给提供了可靠的保障，有利于吸引人才定居。

未来，在示范区房地产平稳发展的基础上，仍需调整房地产结构，提升改善型住房的房屋质量及配套设施，限制中低端住宅项目开发；适度控制保障性住房建设规模，提高保障性住房入住率；采取有力措施消化房地产存量，缓解库存压力；加大房地产业招商引资力度。

参考文献

《关于杨凌示范区廉租住房和公共租赁住房并轨运行实施意见（试行）》，杨凌示范区住建局，2016 年 6 月 28 日

《2017 年杨凌示范区国民经济和社会发展统计公报》，杨凌示范区统计局，2018 年 4 月 4 日。

《2015 年杨凌示范区国民经济和社会发展统计公报》，杨凌示范区统计局，2016 年 7 月 1 日。

《杨凌示范区房地产去库存优结构八项措施》，杨凌示范区管委会办公室，2016 年 8 月 25 日。

《杨凌示范区 2016 年工作报告》，杨凌示范区人民政府办公室，2016 年 2 月 18 日。

《杨凌示范区 2017 年工作报告》，杨凌示范区人民政府办公室，2017 年 2 月 16 日。

《杨凌示范区 2018 年工作报告》，杨凌示范区人民政府办公室，2018 年 5 月 8 日。

《杨凌示范区住房公积金 2017 年年度报告》，杨凌示范区住房公积金管理中心，2018 年 3 月 28 日。

2017~2018年汉中市房地产业发展报告*

李 军　张科强**

摘　要： 本文主要从汉中市房地产业发展现状出发，根据汉中市的经济环境、产业结构、人口规模、消费水平等经济特点，客观分析了汉中房地产发展面临的问题，并针对各项问题结合本地政策及发展，对汉中市房地产业形势和发展前景进行分析与预测。

关键词： 汉中市　房地产　房价

一　房地产发展现状

汉中 2017 年房地产开发投资完成 97.61 亿元，增长 14.3%；房屋施工面积 961.12 万平方米，增长 10.7%；商品房销售额 61.05 亿元，增长 21.8%。资质以上建筑施工企业完成总产值 229.93 亿元，增长 29.0%。其中，建筑工程产值 221.43 亿元，增长 29.7%；竣工产值 125.93 亿元，增长 27.4%；签订合同金额 390.22 亿元，增长 26.3%。建筑业劳动生产率达到 32.7 万元/人。

* 在《2017~2018年汉中市房地产业发展报告》编写过程中，得到了陕西理工大学领导及陕西理工大学土木工程与建筑学院教师的大力支持与帮助，同时也得到了汉中市住房与城市管理局和汉中市统计局领导及部分科室专家们的大力支持与帮助，在此特表谢意！
** 李军，陕西理工大学土木工程与建筑学院工程管理系副主任，讲师；张科强，陕西理工大学土木工程与建筑学院书记，教授。

在汉中 10 年的规划中，将中心城区结构形态和功能分区确定为"一江两区三组团，三轴十个功能区"，以西进做大，东扩做强，南移做精、北优做特、老城提升为发展方向，汉中 6 大新区应运而生。滨江新区是近几年汉中发展最好的区域，以汉江水面和两岸湿地、文化公园为核心，以天汉大剧院、天汉楼、中咀商务区、龙岗博物馆等城市公共项目为重心。

（一）房地产经营情况

1. 企业经营情况

2018 年以来，汉中大部分楼盘销售良好，资金回笼快，投资资金充足，资金链不存在问题，房企对于后期新开楼盘的销售情况持乐观态度。大部分楼盘的成交均价增幅在 8% 以上，其中个别项目成交均价同比上涨了 20%。从环比来看，2018 年的楼盘成交均价基本持平。目前汉中中心城区房价西南高、东北低，存在地域差异。位于西南滨江新区范围的楼盘，每平方米均价在 6000 元以上，而位于城东的楼盘每平方米均价只有 4000 多元。

2. 中介机构经营情况

截至 2018 年 10 月底，汉中市中心城区二手房成交面积为 22.59 万平方米，同比增长 22%。每月成交的二手房数量比较稳定，以未入住毛坯房和居住年限 5 年内的精装房居多。除老旧小区的房屋成交价较低外，二手毛坯房均价仅比同一地段的新房每平方米低 300 元左右，加上中介费及过户手续费，基本与新房持平。租房市场较为稳定。汉中人口流动性不强，租赁期限多为 1 年以上，受中小学生上学需求和大学生就业等因素影响，7、8、9 月的租房需求较大，其他月租赁量较小。

（二）房地产销售状况

2018 年上半年，全市商品房累计可售面积 334.43 万平方米，同比下降 20.3%。其中，住宅累计可售面积 168.57 万平方米，同比下降 30.24%；上半年住宅累计销售面积 140.58 万平方米，同比下降 1.52%；住宅销售月均成交面积 22.12 万平方米，住宅库存消化周期为 7.6 个月。而非住宅累计可售面积 165.86 万平方米，同比下降 6.7%；非住宅销售月均成交面积 2.54 万平方米，非住宅库存消化周期为 65.3 个月。全市批准预（销）售商品房 102.1 万平方米，全市商品房累计销售面积 155.82 万平方米，同比下降 1%，全市商品房供求差额 53.72 万平方米（差额率 34.48%）。

2017 年全市商品房累计销售面积 322.5 万平方米，同比增长 22%；其中，中心城区商品房累计销售面积 171.46 万平方米，同比增长 20%。

2017 年，全市二手房交易面积 46.72 万平方米，同比增长 20%；其中，中心城区二手房交易面积 24.07 万平方米，同比增长 20%。

（三）房地产销售价格

2018 年上半年，汉中市商品住房销售均价约为 4500 元/平方米，同比增长 34.7%，环比增长 12.2%。其中，中心城区商品住房销售均价约为 5300 元/平方米，同比增长 43%，环比增长 10.3%。上半年，根据家庭地址登记信息，中心城区新建商品房外地人购房占比为 12%，汉台区购房占比为 44%，城固 10%，勉县 8%，南郑 8%，其他县相对占比较低。

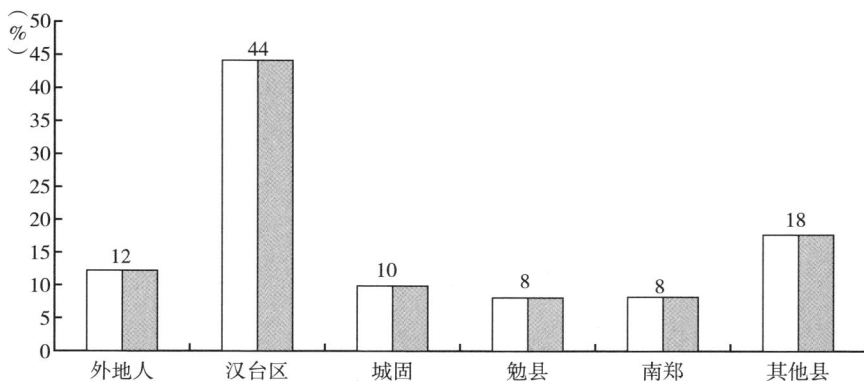

图 1　2018 年各县区购房占比

同时，从 2018 年 6 月中心城区楼盘合同备案统计的住宅成交价格和产品构成数据来看：购置型保障住宅（经济适用房和限价房）价格区间为

2600～3600 元/平方米；普通商品住宅价格区间为 3000～5000 元/平方米；改善型商品住宅价格区间为 5000～6000 元/平方米；精装修（精品）商品住宅价格区间为 6000～8100 元/平方米。购置型保障住宅（经济适用房和限价房）、普通商品住宅、改善型商品住宅、精装修（精品）商品住宅销售面积占比分别为 9%、43%、39%、9%。

从商品住房销售价格看，2017 年全市商品住房销售均价约为 3800 元/平方米，同比增长 20.62%。其中，中心城区商品住房销售均价为 4247 元/平方米，同比增长 18.16%。

（四）各类房地产的发展状况

1. 商品住宅

2003 年以前，汉中房地产业处于空白期。经过近十几年的发展，汉中市房地产业进入稳步上升的阶段。普通住宅业从原本单一的多层物业向高层、复式空中花园、大露台阁楼等多种形式转变。质量好、视野宽的中高层住房成为商品住宅的主流，也更受消费者青睐。近几年来高起点、大手笔的"一江两岸"工程的建设，充分发挥了汉江的潜力，从以前单纯的水利工程成为集资源工程、生态水利、景观水利于一体的休闲购物、餐饮娱乐、观光居住滨水长廊，不仅为居民创造了良好的生活环境，更体现了汉中城市特色景观。汉江两岸是汉中城市目前发展的重点区域，江两岸兴建了大量商品房住宅，居民纷纷购房置业，引领了汉中房价的走势。如今滨江新区已经从一片荒芜，变成高楼林立、公园环绕的宜居生态区，而汉中的房价上涨也是从这里开始的。

2. 商业用房

从 2006 年末开始，汉中的商业楼盘建设进入高速发展阶段，热门区域商业物业一度十分抢手，一铺难求。2015 年汉中市商业物业的在售均价在 11000 元/平方米左右，其中城内区和新建商圈的商业物业价格相对较高，均价在 13000 元/平方米以上，最高已经达到 20000 元/平方米。"一江两岸"规划的顺利发展也带动了城南区商业物业的发展，在售均价在 12000 元/平方米上下。城西区近年投资开发了唐宏广场和百嘉汇名品美居广场，城东区的大型商业广场亿丰国际、财富立方和广厦明珠商业广场等正在如火如荼地兴建。

3. 别墅

汉中城区商品住宅以中档为主，能适应大部分居民的居住需求。早在2001年就有了城西区的怡景花园，城北区的水韵江南及浅水湾官邸。2013年，汉水名城开发的欧式园林别墅区，成为汉中高端住宅的代表。就目前经济形势来看，随着人民消费水平和品位的提升，别墅即高端住宅的市场和前景十分乐观。

（五）各类房地产的发展状况

1. 商品房住宅库存与商业库存两极分化

一方面全市新建商品房住宅销售旺盛，成交面积平稳增长，可售面积和住宅库存消化周期暂时有所增长，"房荒"已初步得到遏制；另一方面非住宅（包括商业用房）市场成交表现不佳，商业楼盘库存积压继续加大，开发企业自持商业用房压力巨大，存在较大风险，但供应过剩有利于商业用房价格回归价值，可降低开店创业成本，促进商业繁荣。

2. 商品房住宅"房荒"现象有所缓解

截至2018年6月底，全市批准预（销）售商品房住宅约86万平方米，全市商品房住宅累计销售面积约140万平方米，全市商品房住宅供求差额约54万平方米，差额率38.48%。

商品房住宅库存消化周期在12～18个月时表明市场供需基本平衡。按照住建部和国土部《关于加强近期住房及用地供应管理和调控有关工作的通知》的规定，土地供应实行"五类"调控：要根据商品住房库存消化周期，适时调整住宅用地供应规模、结构和时序，对消化周期在36个月以上的，应停止供地；36～18个月的，要减少供地；12～6个月的，要增加供地；6个月以下的，不仅要显著增加供地，还要加快供地节奏。目前，汉中市商品房住宅库存消化周期已降至7.6个月，其中中心城区为9.4个月、南郑区降为0.7个月，除宁强为22个月以外，其他县区住宅库存消化周期均在 12 个月以内。特别是南郑区，几乎已无房可售，应继续增加住宅用地供应。

3. 2018年新建商品住宅成交均价上涨趋势明显

随着高铁时代的到来和汉中机场通航能力的增强，"两汉三国，真美汉中"的魅力日益彰显。汉中住宅均价低于周边地级市，对天水、陇南、巴中、安康等地的购房者具有很大的吸引力。据统计，2018 年上半年外地人来汉购房面积为 5.54 万平方米，占整个销售面积的 10.7%；中心城区外地人购房面积为 5.17 万平方米，占中心城区销售面积的 12%。

二 保障房建设状况

（一）基本情况

2014 年至今，汉中市累计实施棚户区改造 8.6 万套，已竣工 4.9 万套，竣工率 57%；已分配 3.3 万套，累计完成投资近 200 亿元。陕西省政府自 2011 年起，对各地市年度住房保障工作进行考核排名，汉中市连续六年获奖，累计获得奖励资金 1.55 亿元。

2017 年度约 20000 套棚户区改造任务开工；约 4600 户租赁补贴发放任务全面完成；4000 套公租房已分配 3958 套，分配率达 98.95%。同时，坚持以服务小区住户为核心，以"健全机制、完善设施、强化保障、提升服务"为抓手，以群众满意为目标，整合各类资源，开展保障房"和谐社区·幸福家园"创建活动，有效提升了公租房分配率和保障对象的幸福指数。目前，汉中市有市级和谐社区 18 个、省级和谐社区 11 个，占"十三五"创建任务总量的 65.91%。

2008 年以来，汉中市共开工建设公租房约 59000 套，比同期任务总数 57966 套多 1034 套；已竣工约 55800 套，竣工率 94.6%；已分配约 54400 套，分配率 97.4%。目前，汉中市 2013 年底前开工建设的公房累计分配约 43200 套，为任务数的 109.8%；2014 年度开工建设的公租房累计分配约

8500 套，为任务数的 100.01%；2018 年新增公租房租赁补贴发放约 200 户，为任务数的 106.5%。

（二）保障房建设存在的主要问题

1. 政策问题

在很多城市，由于中低收入人群较多，保障性住房供不应求，因此，很多地方政府实施限制政策，为购买保障性住房设定了很多限制条件，这种限制条件直接将外来务工人员卡在了购买条件以外，使得改善长期居住在城市的外来人口的住房问题寸步难行。

2. 分配和运营管理方面还存在问题

家庭和个人住房、收入以及金融资产等情况基础信息不足，核定有一定难度，导致保障房存在骗租、骗购情况。个别楼盘为加快销售进度、促进资金回笼，诱导不具有购买资格的消费者购房的行为也时有发生。有的家庭收入增加了，但不退出保障性住房的现象也十分普遍。

3. 保障性住房开发的问题

保障性住房建设用地的一部分资金由政府补贴，但是在很多城市中，政府资金存在或多或少的困难，不能为供不应求的保障性住房建设提供足够的资金支持。尤其是一些廉价的租赁房项目，收入完全无法支撑项目的前期建设以及后续资金回笼，更无法吸引足够的民间资金投入，这给政府带来了较大的财政压力，也严重影响了保障性住房的建设进度。

（三）保障房市场的治理对策

第一，在规划设计上要充分考虑保障性住房布局的科学性和合理性。要立足城市区域功能定位和未来较长时间内城市发展的要求，对保障性住房进行前瞻性规划设计，避免未来出现大量空置保障房，甚至出现因不符合城市整体规划和城市化发展需要，不得不再次花费巨额支出拆除重建的现象。

第二，政府可以充分利用一些老企业、老工厂、老办公用房的拆迁改造用地，在这些拆迁地上新建部分保障住房。这些新建的保障住房，一部分可以作为企业职工回迁的商品房，内部员工可以享受拆迁优惠价；另外一部分可以作为保障住房进行销售。在这些回迁用地上进行建设，政府可以直接出资也可以授权企业出资新建，除了回迁房和部分保障房以外，应给予企业建设一部分商品房用于盈利的空间，如此，不仅可以减少政府财政支出的压力，还可以避免保障住房地处偏远、配套设施落后的局面。

第三，保障性住房建设和棚户区改造资金需求量大，各级政府财力有限，保障乏力。对此，应该认真钻研政策，为各项目实施单位出谋划策，指导项目包装，争取资金。今年，汉中市共争取到保障性安居工程建设中省各类补助、奖励资金 8.6 亿元，比上年同期增长 18%。其中，保障房项目建设补助资金 2.53 亿元，配套基础设施建设补助资金 5.3 亿元，先进县区、先进单位奖励资金 0.78 亿元，所争取资金占比高于全省兄弟市平均水平。

同时，政府还可以利用提高保障住房各方面居住条件来吸引民间资金的投入。增加保障房的名额，可以在保障性住房项目中建设一批专门针对中等收入家庭的"优惠打折性商品房"，吸引前来购房的消费者，增加资金回笼，激活保障住房的销售市场，让保障住房建设"有利可图"，从而提升民间投资的信心和积极性。

第四，多措并举，加快公租房分配入住。一是严格目标考核。在住房保障工作考核排名中，加大公租房分配入住单项指标的考核分值。二是落实挂牌督办。结合中央巡视、国务院大督查、跟踪审计、日常检查中所发现的问题，逐县区对接形成清单，实地督办，将问题向所在县区政府领导反映，促使问题解决。三是完善配套设施。强化资金保障，完善租赁型保障房小区配套基础设施和公共服务设施，解决"最后一公里"问题，为住房分配入住创造条件。四是抓创建促入住。坚持将省政府历年来下达的住房保障工作先进单位奖励资金定项分配给全市保障房创建项目，提升配套设施档次，优化综合服务，促进住房分配入住。

第五，加强制度建设，确保保障性住房分配的公平性和公正性。积极探索保障性住房的建设机制、供应机制、管理机制、准入机制、退出机制。完善保障性住房动态管理机制，逐步建立健全保障对象家庭收入和住房现状监控体系，提高核定工作的准确性和真实性，不断完善保障性住房的准入和退出机制，实现保障性住房应保尽保、应退尽退。

三　楼市走势预测及房地产业发展对策和建议

（一）楼市走势预测

基于以上分析，结合各方面的情况，本报告对汉中市中心域区楼市走势做如下预测。

第一，房价将保持稳定，略有小幅震荡，短期内不会出现大幅上涨的情况。汉中的购房群体主要来自本市，目前汉中人口流出的趋势在加剧，随着2019年购房需求的大量释放，短期内购买力会有所下降。

第二，购房者观望情绪加重，置业周期拉长，销售增速放缓。受部分房地产企业三季度打折促销活动的影响，购房者对房价下降的预期增大。部分非刚需消费者拉长本身置业周期，对整体市场持观望态度，预计后期商品房销售增速将大大放缓。

第三，高品质房地产消费需求将持续旺盛。近年来，恒大、碧桂园、雅居乐、新城控股等大型品牌房企陆续进入汉中市房地产市场，为汉中市房地产市场带来新的居住理念、人文环境、装修风格、销售理念等。高标准的质量要求和严格的品质管控下，高品质的住宅成为汉中城区居民购房首选。

（二）2017~2018年房地产业发展总体情况及原因分析

2017年全市累计完成房地产开发投资119.73亿元，同比增长52.44%；其中，中心城区累计完成房地产开发投资71.66亿元，同比增长86.28%。全市商品房累计施工面积948.42万平方米，同比增长16.59%；其中，中心城区商品房累计施工面积507.77万平方米，同比增长27.69%。全市住宅累计待售面积223.45万平方米，同比下降21.23%，库存消化周期为9.3

个月;其中,中心城区住宅累计待售面积 104.71 万平方米,同比下降 17.37%,库存消化周期为 8.6 个月。全市 1~12 月份外地人来汉购房面积 15.59 万平方米,占整个销售面积的 4.83%;其中中心城区外地人来汉购房面积 13.27 万平方米,占中心城区销售面积的 7.74%。

2018 年下半年商品房住宅供应量持续增大,主要原因如下。

一是中心城区 10 万平方米以上已开工未办预售的"隐形库存"项目达 7 个(约 150 万平方米),全在年内办理预售许可;根据市建规局数据,2018 年 1~6 月共有 30 个商品房项目(建筑面积约 372 万平方米)已经通过规划审批公示,另外,还有万达、碧桂园、雅居乐等一线大型房企纷纷来汉开发,这些商品房项目逐步取得预(销)售许可证后,将在一定程度上有效补库存,扭转供应不足的局面。

二是 2018 年全市新开工棚户区改造目标计划约为 19000 套,随着全市"十大棚户区改造工程"的大力推进,棚改腾空土地规划为住宅用地的比重达 80% 以上,将有利于商品房住宅补库存。

(三)2017~2018 年房地产业发展趋势原因分析

商品房住宅成交均价形成上涨趋势的原因主要有以下三个方面。一是产品结构性变化带来的均价效应。2016 年后,中省未再下达保障房建设指标,随着购置型保障房项目楼盘逐渐清盘,其平抑房价的影响在逐渐降低;精装房、低容积率精品房等中高端住宅产品受到消费者青睐,加上一线房企进入汉中带来的品牌效应提高了利润率,这类房源占比逐渐升高将在一定程度上拉高住宅均价。

二是开发成本上涨导致的住宅价格上涨。2018 年一季度,中国土地市场网招拍挂出让公示数据显示,汉台区最高单价为 315.85 万元/亩,成为历史新高。开发企业为了提高品质选择降低容积率,也提高了楼面地价。同时,2017 年以来材料、人工涨价,商品房销售价格对地价、建材、人工等要素价格的上涨极为敏感。

三是受市场经济规律的影响。供求关系决定竞争价格,在商品房住宅供不应求的需求结构下，短期内已经形成了卖方市场，卖方掌握着价格的主动权，加上老百姓购房保升值、投资渠道单一和"买涨"的消费心态，住宅价格短期内上涨趋势明显。

（四）房地产发展建议

1. 从房地产供给侧精准施策

一是对商品房供地进行精准施策。住房供地方面，建议曰国土部门牵头，进一步落实土地供应"五类"调控，对商品房住宅库存小于12个月的县区调整住宅用地供应节奏，从源头上确保供需基本平衡。由于房地产市场的容纳空间也遵循市场有限性规律，当市场趋向饱和后，又会形成大量库存，因此补库存要适度。非住宅房屋（特别是商业用房）库存量大、消化周期长，商业用地供应应防风险，通过减少商业用地审批去库存。

二是适时调整棚改政策。由于棚改拆迁带来的住房刚性需求，以及棚改货币化安置奖励政策对存量房去库存具有积极作用，棚改政策的调整可作为调控房地产市场的有效手段。自2017年三季度开始，陕西省住建厅对汉中市不再考核棚改货币化安置率，中省对棚改安置房基础配套设施加大了资金补助，未来三年棚改新建安置房数量将大于直接货币化安置数量，而棚改后整理出来的土地也将增加汉中商品房的供应量，满足更多人群居住需要。

三是加快可售房源供给。出台为诚信"红名单"企业和信用良好企业开通预售许可"绿色通道""容缺办理"等措施，缩短可售住宅供应的周期。

2. 预防住宅价格过快上涨

一是严格落实商品房销售明码标价制度。建议由市物价部门牵头、市住管局配合，建立区域商品房价格会商和成交价格公示机制。进一步规范商品房明码标价行为：办理完预售证后一年内不准调价，一次性公布全部房源。加大对商品房销售价格违规行为的查处力度，维护消费者合法权益，营造公开、透明、有序、平稳的房地产市场价格秩序。

二是将房地产市场监管与"智慧汉中"平台相融合。按照推进"互联网＋监管"的要求，对房地产市场监管内容进行细分，向"智慧汉中"平台集成空间立体可视化监管的内容，如商品房预（销）售项目名称、售楼部地址、企业信用、销售房源（是否办理预售许可）、签约成交面积、价格等数据信息，最终实现市场风险预警、投诉响应、案件查处等动态管理，提高房地产市场监管的智能化、精细化水平。

三是加强舆论引导，遏制投机炒作，支持和满足群众多元化居住需求。毫不动摇地坚持"房子是用来住的、不是用来炒的"这一定位，适时制订"限购、限贷"政策，遏制需求端的投机炒作，积极引导群众改变住房消费习惯，逐步形成租售并举的住房供应格局。完善住房租售制度，确保全市房地产市场平稳健康发展。

参考文献

汉中市城乡建设规划局：《汉中市城市总体规划（2009～2020年)》，2010年6月2日。

《汉中市2017年国民经济和社会发展统计公报》，2018。

《汉中市十三五规划纲要》，2016年2月。

王斐：《汉中市房地产发展现状分析》，《现代商贸工业》2010年第19期。

徐欢：《保障性住房建设的影响因素和对策建议》，《研究探讨》2018年第8期。

张科强等：《2012～2013年汉中房地产业发展报告》，《陕西房地产发展报告》，2013年10月。

张科强等：《2010～2011年汉中房地产业发展报告》，《陕西房地产发展报告》，2012年10月。

2017~2018年安康市房地产业
发展报告

陈兴平*

摘　要：　本文采用资料收集法、调查法等，对安康市中心城市的房地产市场现状及未来五年的供需关系及价格趋势进行了分析。分析结果表明：未来五年，安康市中心城市房地产价格总体呈下跌趋势，但局部区域的供求关系将基本平衡、价格将基本稳定。最后，提出了一些建议。

关键词：　安康市　房地产　价格趋势

一　2017~2018年安康市房地产发展现状

（一）全市总体概况

1. 安康市房地产企业概况

截至2018年9月，安康市有房地产开发企业276家，其中，A级信用等级45家、B级信用等级100家、C级信用等级39家、其他的无信用等级，有物业管理公司207家。

2017年有开发项目的开发公司共有142家，这142家开发公司拥有资

---

* 陈兴平，陕南生态经济研究中心研究员，安康学院经济与管理学院副教授，主要研究方向为农村经济与工程经济研究。

产总计 4184884.1 万元、负债 3319658.1 万元,资产负债率为 79.32%,年平均全部从业人员数为 4448 人,年应付工资总额 24009.8 万元。

2. 安康市房地产开发投资及经营概况①

截至 2017 年底,全市当年共完成房地产开发投资 967146 万元,共完成施工房屋面积 921.8243 万平方米,增长 7.0%。

在经营上,截至 2017 年底,全市房地产开发企业当年完成主营业务收入 433802.7 万元,其中完成商品房屋销售收入 417636.9 万元;完成主营业务成本 331764.4 万元;完成主营业务税金及附加 14887.9 万元。

在销售上,截至 2017 年底,全市当年完成商品房销售面积 1445647 平方米,完成商品房销售额 561797 万元。

3. 安康市房地产金融概况

截至 2017 年底,全市个人住房贷款余额为 68.93 亿元,比上年增加 21.02 亿元;全市个人住房公积金贷款余额为 33.26 亿元,比上年末增加 2.39 亿元。个人住房公积金贷款利率仍维持在 2015 年 8 月的水平:5 年以下 2.75%,5 年以上 3.25%。② 截至 2017 年 11 月末,全市房地产开发贷款 8.66 亿元,比上年增加 0.52 亿元。③

(二)安康市中心城市房地产发展现状

1. 安康市中心城市商品房用地交易情况

2017 年,全年建设用地成交面积为 1624 亩(108.3 万平方米),成交金额 22.23 亿元,其中成交普通商品房用地 9 宗,面积约为 180.99 亩(12.07 公顷),成交金额 1.7813 亿元,④ 亩均普通商品房用地成交金额 98.42 万元,具体见表 1。

---

① 本部分所有数据来源于陕西省统计局。
② 数据来源于安康市住房公积金管理中心。
③ 数据来源于安康市房地产管理局。
④ 数据来源于安康市国土资源管理局、房地产管理局。

表1　2017年安康市中心城市公开出让普通商品房用地清单

宗地号	面积（公顷）	地块位置	成交金额（万元）	出让年限（年）
AK001－002－（094）－846	1.21	汉滨区南环干道北侧	1750	70
AK001－002－（096）－603	2.26	汉滨区新城办木竹桥村	3680	70
AK001－002－（048）－84	0.52	汉滨区瀛湖路路北151号	710	70
AK001－002－（022）－2006	3.41	汉滨区关庙镇东站村	3100	70
AK001－002－（074）－805	2.29	汉滨区西南片区瀛湖路北段西侧	3860	70
AK001－001－（013）－334－1	1.22	安康市江北安康大道东侧	2850	70
AK001－002－（066）－806	0.50	安康市陈家沟村	922	70
AK001－001－（010）－2－4	0.39	汉滨区进站路3号	306	70
AK001－002－（031）－227－1	0.27	汉滨区兴安中路48号	635	70
合　计	12.07		17813	

资料来源：安康市国土资源管理局。

截至2018年9月5日，安康市中心城市成交普通商品房用地8宗，面积约为117.72亩（7.85公顷），成交金额1.2796亿元，[①] 亩均普通商品房用地成交金额约为108.70万元，比2017年亩均增加近10万元，具体见表2。

表2　2018年1月1日～9月5日安康市国土资源管理局在
中心城市规划区范围内公开出让普通商品房用地清单

单位：公顷、万元、年

宗地号	面积	地块位置	成交金额	出让年限
AK001－001－（012）－812	1.32	汉滨区建民办黄沟村	2040	70
AK001－001－（058）－814	1.87	汉滨区建民办长铺村	3430	70
AK001－002－（074）－805－1	0.90	汉滨区瀛湖路北侧	1875	70
AK001－002－（074）－805－2	0.41	汉滨区瀛湖路北侧	670	70
AK001－002－（074）－805－3	0.23	汉滨区瀛湖路北侧	550	70
AK001－002－（074）－805－4	0.03	汉滨区瀛湖路北侧	121	70
AK001－002－（094）－813	2.15	汉滨区新城办木竹桥村	2870	70
AK001－002－（094）－849	0.95	高井路与钱家弯路交汇处东南角	1200	70
合　计	7.85		12796	

---

① 数据来源于安康市国土资源管理局。

2. 安康市中心城市商品房销售面积概况

截至 2017 年底，安康市中心城市累计销售商品房 5597 套，面积 675466 平方米（不含保障房和商铺）。截至 2018 年 6 月底，累计销售商品房 2564 套，面积 310983 平方米（不含保障房和商铺），累计销售套数同比下降 61.74%，各月销售情况见表 3。将安康市中心城市 2018 年 1～6 月的销售情况与同期安康市个人住房公积金贷款余额对比发现：安康市中心城市 2018 年 1～6 月的销售量除少数月份外，其他月份持续下降，而且个人住房公积金贷款余额持续增加也无法阻拦这种销售量的下降，只有个人住房公积金贷款余额增长率大于 1.71% 后才使销售量的这种下降反转为销售量的增加。

表 3   2018 年 1～6 月安康市中心城市房产销售情况

月份	面积（平方米）	套数（套）	成交面积增长率	个人住房公积金贷款（亿元）	
				余额	增长率
2018 年 1 月	65104	531	24.15%	33.38	0.36%
2018 年 2 月	39265	341	−44.17%	33.82	1.31%
2018 年 3 月	53762	460	36.92%	34.00	0.53%
2018 年 4 月	55501	440	−8.19%	34.59	1.71%
2018 年 5 月	66301	524	47.04%	35.19	1.73%
2018 年 6 月	31050	268	−61.74%	35.62	1.21%
合　计	310983	2564			

注：①表中数据来源于安康市房产管理局；②表中数据不含保障房和商铺的销售面积；③表中个人住房公积金贷款数据来源于安康市住房公积金管理中心，利率为：5 年以下 2.75%；5 年以上 3.25%。

3. 安康市中心城市商品房销售价格概况

截至 2017 年末，安康市中心城市（包含高新区）商品房销售均价为 4406 元/平方米，同比增长 2.27%（已剔除 3500 元/平方米以下的保障房项目和高于 6000 元/平方米的精装房和别墅项目）；截至 2018 年 6 月末，安康市中心城市商品房销售均价为 4508 元/平方米，同比增长 2.32%。将安康市中心城市 2013 年 12 月～2018 年 6 月的各类商品房销售均价与同期安康市人民银行个人住房贷款余额进行对比发现：安康市中心城市各类商品房销售均价与人民银行个人住房贷款余额增速大体呈正相关（见表4、图1）。

表4　2013～2018年安康市中心城市各类商品房销售均价

年份	人民银行个人住房贷款（亿元）		中心城市均价（元/平方米）	均价环比增长率
	余额	余额增速		
2018			4508	2.32%
2017	68.93	21.02	4406	2.27%
2016	56.96	16.28	4308	-1.06%
2015	48.98	21.03	4328	-3.44%
2104	40.47	30.32	4483	-2.2%
2013	31.05	36.78	4584	0.6%

注：①表中安康市中心城市各类商品房销售均价数据来源于安康市房产管理局；②人民银行个人住房贷款数据来源于安康市人民银行（不包括住房公积金贷款）。

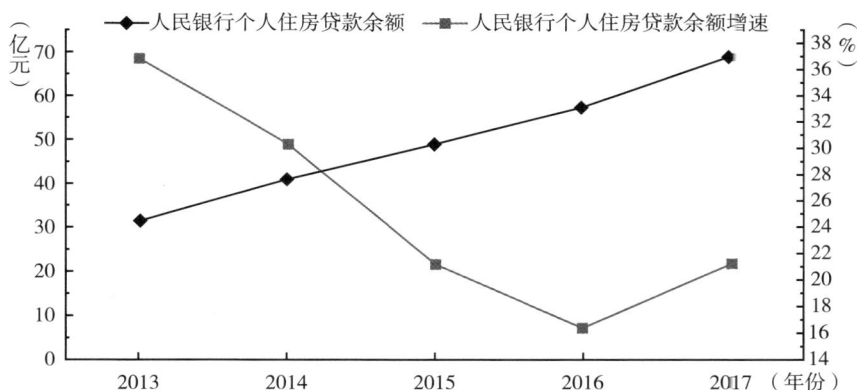

图1　安康市人民银行个人住房贷款余额增速

上述数据表明，安康市中心城市在2017年1月～2018年6月的商品房均价稳定在4300元/平方米～4600元/平方米，但仍存在巨大压力，主要表现为两点。第一，进入2018年后，安康市中心城市商品房的销售量大幅度下降，6月的销售量只有1月的50%左右。第二，2017年累计下来的剩余可销售量巨大，截至2018年6月底，仍有剩余可销售套数11371套、114万平方米。在区域上，主要集中在高新区，有5625套、49.1万平方米，其中，黄沟片区有 3052 套、35.56 万平方米；在用途上，住宅剩余可销售套数 6168 套、面积 73.29 万平方米，非住宅剩余可销售套数 5203 套，面积 40.86 万平方米。①

4. 安康市中心城市房地产市场发展特点

归纳上述相关数据，发现安康市中心城市的房地产市场在 2017 年 1 月～2018 年 6 月具有如下特点。

（1）销售量变动幅度大。

（2）各月平均销售价格变化幅度小，但不同楼盘的销售价格差别很大。

（3）安康市中心城市的房地产市场具有典型的金融属性，其各类商品房销售均价与人民银行个人住房贷款余额增速成明显的正相关性，其销售量只有在个人住房公积金贷款余额增长率大于 1.71% 的情况下才使销售量的下降反转为销售量的增加。

（4）非均衡性，主要表现在销售价格的非均衡性、剩余可销售套数的非均衡性和三率的非均衡性方面。

二 安康市房地产业未来五年的发展趋势

（一）安康市中心城市业未来五年的房地产需求趋势分析

房地产需求可分为刚性需求、改善性需求和投机性需求。

（1）安康市中心城市未来五年的房地产刚性需求。刚性需求主要由新增人口数量决定，即由该区域的城镇化率决定。而安康市在 2017 年、2016 年的城镇化率分别为 47.31% 和 45.60%，分别比上年提高了 1.71% 和 1.28%，因此，预计未来五年安康全市的城镇化率每年将提高 1.5% 左右，即每年将增加的城镇人口数＝上年总人口数×1.5%，其中至少 20% 的新增城镇人口将进入安康市中心城市。

---

① 数据来源于安康市房地产管理局。

2018～2022 年末，安康市中心城市平均每年将增加人口 3000 人左右，但因安康市委市政府实施汉滨、恒口、汉阴、石泉一体化发展项目，安康市中心城市江北城区将新增 10 万城市人口。因此，可以预期安康市中心城市在未来五年每年将增加8000～20000 人，以户均 4 人计算，则每年将新增住宅需求 2000～5000 套。

（2）安康市中心城市未来五年的房地产改善性需求和投机性需求。房地产改善性需求和投机性需求主要受当地社会经济发展、周边城市房地产市场状况及房地产价格趋势的影响。其中，房地产改善性需求主要受当地社会经济发展的影响，而投机性需求主要受周边城市房地产市场状况及房地产价格趋势的影响。

综上，预计未来 5 年，安康市中心城市对房地产的需求量为每年 2000～5000 套。如周边城市房价上涨，其每年需求将超过 5000 套；如周边城市房价下跌，其每年需求将小于 2000 套。

（二）安康市中心城市未来五年的房地产供给趋势分析

房地产供给包括剩余可销售量、2017 年及其之前开始的施工而未竣工的房屋面积、2018 年开始新增施工面积。

（1）剩余可销售量。该部分面积大约为 62.90 万平方米，其中大约有 35.79 为万平方米为商品房待售面积。[①]

（2）2017 年及其之前开始的施工而未竣工的房屋面积。该面积为 2017 年及其之前开工的面积与当年的竣工面积之差，为 640.9318 万平方米，该部分将在 2018、2019 年逐步进入市场。[②]

（3）2018 年开始新增施工面积。新增施工面积主要取决于 2017 年及 2018 年安康市国土资源管理局在中心城市规划区范围内已公开出让的普通商品房用地面积及容积率。2017 年及 2018 年已出让的普通商品房用地面积

---

① 数据来源于安康市房地产管理局。
② 数据来源于安康市房地产管理局。

为298.7112亩（19.92万平方米），而根据安政发〔2016〕12《安康市人民政府关于更新安康市中心城区基准地价和划拨用地供地价格的公告》的规定，住宅的平均土地容积率为2.5，因此，从2018年开始安康市中心城市将新增施工面积49.8万平方米。

综上，安康市中心城市未来五年的房地产供给量在753万平方米左右。

3. 安康市中心城市未来五年的房地产供需关系及价格趋势

上述需求分析显示，未来5年安康市中心城市对房地产的需求量每年为2000~5000套，按平均每套100平方米计算，则未来5年安康市中心城市对房地产的需求总量为100~250万平方米，小于安康市中心城市未来五年房地产的供给量753万平方米。因此，安康市中心城市房地产价格总体趋势将是下跌，至于具体的供需关系及价格趋势还需在中央还未开始征收房地产税、未取消预售制、集体建设用地未大规模进入房地产租赁市场假设情况下，结合以下因素进行分析：

（1）安康市中心城市房地产交易的非均衡性；

（2）新增供给因延迟竣工而推迟上市；

（3）安康市中心城市仍存在的购房潜力。

综上，安康市中心城市房地产价格总体趋势将下跌，但局部区域的供求关系将基本平衡、价格基本稳定。

三　建议

第一，与房地产相关的市级管理部门、服务机构及市房地产协会应提早谋划、积极应对国家开始征收房地产税、取消预售制、集体建设用地大规模进入房地产租赁市场等政策的出台。这3项政策中任何一项开始实施都将对安康市中心城市的房地产带来深刻的影响，如果应对不当，将会有不少房地产开发企业破产，甚至会给安康市的社会经济发展带来毁灭性的灾难。

第二，加大汉滨、恒口、汉阴、石泉一体化发展力度，确保安康市中心城市江北城区新增10万城市人口目标的实现。

第三，适当引导安康市的房地产开发企业发展旅游休闲地产。

第四，通过合并、重组等方式做大做强安康市的房地产开发企业，并引导其实施综合经营，增强其抗风险能力。

第五，提升安康市房地产开发企业经营管理层的经营弹性，宜售则售、宜租则租，该亏本回收资金则应低价回收资金。

参考文献

安康市人民政府：《安康市人民政府关于更新安康市中心城区基准地价和划拨用地供地价格的公告》。

安康市人民政府：《中共安康市委四届五次全体会议召开》，2018 年 1 月 9 日。

赵俊民：《2018 年安康市政府工作报告》，2018 年 2 月 26 日。

B.21
2017~2018年商洛市房地产业发展报告

张　雁[*]

摘　要： 商洛市房地产业整体呈发展扩大态势，企业及从业人员队伍迅速壮大且从业人员综合素质逐步提高，开发投资额和商品房销售量逐年增长，与其社会经济迅速发展、城镇化水平提高、人民生活需求和陕西省系列政策等密切相关。全市房地产投资和销售增长缓慢，冷热不均，商品房供大于求，但单位价格仍有上升空间，而相关政府部门关联度低、执法不严。保障性住房数量有限且发展缓慢，物业管理混乱等问题已经严重影响房地产业的发展。未来政府应加强宏观调控，改善住宅供应结构，规范房地产市场。

关键词： 房地产业　现状　发展　建议　商洛市

一　商洛市建设用地情况

2014年商洛市土地总面积为1958731.16公顷，其中建设用地45049.51公顷，占土地总面积的2.30%。建设用地中，城乡建设用地37658.40公顷，占建设用地总面积的83.60%；交通水利用地7046.51公顷，占建设用地总面积的15.64%。城乡建设用地中，城镇用地6216.83公顷，占城乡建设用地总面积的16.50%。全市土地利用率为98.24%，略高于全省95.06%

---

* 张雁，商洛学院副教授，主要研究方向为区域经济与生态环境。

的平均水平；建设用地比率为2.30%，低于全省4.52%的水平；地均GDP为每公顷2.94万元，低于全省8.60万元的平均水平。

预计2020年末商洛市建设用地总规模控制在48316公顷以内，新增建设用地规模控制在20572公顷以内，其中2015~2020年新增建设用地控制在14853顷以内（其中移民搬迁新增建设用地规模控制在5486公顷以内）。城镇用地规模由2014年的6217公顷调整到2020年的8513公顷，净增加2296公顷，城镇用地占城乡建设用地的比重由2014年的16.50%调整到2020年的21.71%。

二 商洛市房地产业发展现状

（一）房地产企业情况

1. 房地产企业基本情况

商洛市2014~2018年的房地产开发公司分别为48家、45家、49家、40家和40家。近年来，随着房地产业逐渐规范和国内综合实力强的房地产开发有限公司进入商洛市房地产业，房地产业的门槛也逐渐升高，一些不规范或经济实力弱的公司被淘汰出市场，使得开发公司数量减少。但2014~2017年商洛市房地产企业的实收资本、资产、所有者权益、从业人员数及应付工作总额逐年增加，表明商洛市房地产企业与人员结构日趋合理。

随着房地产业大环境和企业间竞争的加剧，商洛市房地产开发企业必然会优胜劣淘，最终会形成口碑较好的地方房地产企业和外来品牌企业平分秋色的局面。

2. 房地产企业人员构成

商洛市房地产从业人员数由2014年的1174人增加到2017年的1416人，增加242人，年均增长率为5.70%；应付工资由2014年的5732万元增加到2017年的6912万元。根据问卷调查，2014~2017年房地产从业人员文化水平逐年上升，到2018年末房地产从业人员的80%具有大专及本科学历文凭，部分管理岗人员具有硕士研究生学历，且专业均与房地产业有关。

3. 企业存在的主要问题

商洛市房地产企业主要存在以下问题：全市房地产企业整体实力较弱，房地产开发企业等级资质偏低，资质均在 2 级以下；房产企业分布不均，40% 的房地产企业集中在商州区；部分从业人员素质低，相关企业有明显欺诈行为，政府监督不严等。

（二）房地产开发与投资状况

1. 2018 年商洛市房地产开发情况

2018 年 1～10 月，商洛市房地产开发完成投资累计 18.65 亿元，同比增长 9.7%；房屋施工面积累计完成 367.90 万平方米，同比增长 8.5%；房屋竣工面积累计完成 4.58 万平方米，同比降低 27.5%；商品房销售面积累计 58.51 万平方米，同比增长 9.8%；商品房销售额累计完成 18.57 亿元，同比增长 10.6%。

表 1　2018 年 1～10 月商洛市房地产开发基本情况

项　目	累　计	同比 ±（%）
房地产开发完成投资	18.65/亿元	9.7
房屋施工面积	367.90/万平方米	8.5
房屋竣工面积	4.58/万平方米	−27.5
商品房销售面积	58.51/万平方米	9.8
商品房销售额	18.57/亿元	10.6

2. 固定资产投资额、房地产投资额

2018 年 1～10 月，全市固定资产投资同比增长 12.5%，比前三季度回落 0.5 个百分点；有全市房地产项目 46 个，同比增长 7.0%；完成投资 18.65 亿元，同比增长率达到 9.7%。

2014～2017 年商洛市全社会固定资产和房地产投资额逐年增加，其中，全社会固定资产投资额从 2014 年的 625.16 亿元增加到 2017 年的 1156.65 亿元，增长率为 85.02%；房地产投资额从 2014 年的 21.07 亿元增加到 2017 年的 18.35 亿元，增长率为 14.82%。

2014～2017年商洛市房地产开发计划总投资、自开始建设至本年底累计投资、本年完成投资和本年新增固定资产均在逐年增加，其中，计划总投资由2014年的888369万元增加到2017年的1291598万元，自开始建设至本年底累计投资由2014年的431799万元增加到2017年的681199万元，本年完成投资由2014年的183463万元增加到2017年的210689万元，本年新增固定资产由2014年的11264万元增加到2017年的38603万元。

表2　2014～2017年商洛市房地产开发投资和新增固定资产情况

年份/年	计划总投资/万元	自开始建设至本年底累计投资/万元	本年完成投资/万元	本年新增固定资产/万元
2014	888369	431799	183463	11264
2015	925302	532286	193487	17455
2016	1157545	526131	200568	24035
2017	1291598	681199	210689	38603

2014～2017年商洛市房地产开发投资，按构成分类为建筑安装工程、设备工器具、其他、土地；按工程用途分为住宅、办公楼、商业营业用房和其他。其中，住宅投资额相差较小，保持在153291～165926万元；而商业营业用房投资额相差较大，由2014年的17149万元增加到2016年的41665万元，2017年又降为39454万元。

表3　2014～2017年商洛市房地产开发投资情况

单位：万元

年份/年	按构成分				按工程用途分				
	建筑安装工程	设备工器具	其他	土地	住宅	#别墅、高档公寓	办公楼	商业营业用房	其他
2014	153403	6680	23380	20961	162410	0	960	17149	2944
2015	177917	6614	8956	7636	154862	0	455	33252	4918
2016	163938	8138	27492	27362	153291	0	30	41665	5582
2017	202827	4043	3819	3410	165926	0	2600	39454	2709

3. 房地产开发面积及造价

2014～2017年，商洛市施工房屋面积逐年增加，由2014年的251.32万平方米增加到 2017 年的 339.59 万平方米，年均增长率为 7.8%，其中，相应年份的住宅施工面积比重为 84.17%、81.88%、79.25% 和 80.87%。而 2014~2017 年商洛市竣工房屋面积差异较大，分别为 30.62 万平方米、22.38 万平方米、5.91 万平方米和 15.36 万平方米，且均为住宅竣工面积，说明商洛市房地产业以住宅开发为主。2014~2017 年商洛市住宅造价分别为 2018 元/平方米、780 元/平方米、2040 元/平方米和 2490 元/平方米，这与建筑材料、人工费等逐年上涨有关。

表 4　2014~2017 年商洛市房地产开发面积及造价情况

年份/年	施工房屋面积(万平方米)	#住宅(万平方米)	竣工房屋面积(万平方米)	#住宅(万平方米)	竣工房屋价值(亿元)	#住宅(亿元)	竣工房屋造价(元/平方米)	#住宅(元/平方米)
2014	251.32	211.54	30.62	29.98	6.22	6.05	2030	2018
2015	249.23	204.07	22.38	22.38	1.75	1.75	780	780
2016	300.13	237.85	5.91	5.91	1.21	1.21	2040	2040
2017	339.59	274.63	15.36	15.36	3.82	3.82	2490	2490

（三）房地产销售状况

1. 商品房销售面积和销售额

2018 年 1~10 月商洛市商品房销售面积为 58.51 万平方米，同比增长 11.9%，销售额为 47.66 亿元，同比增长 17.13%，这与把商洛市划入大西安发展及拟建高铁有关。

2014~2017 年商洛市商品房销售面积相差不大，大致保持在 72.69~75.61 万平方米，除了 2016 年同比下降 5.3% 外，其他年份均有所增长，销售额分别为 20.56 亿元、22.39 亿元、22.39 亿元和 23.73 亿元，同比增长分别为 12.6%、8.9%、0% 和 6.0%。

表 5　2014~2017 年商洛市商品房销售面积和销售额

年份/年	销售面积/万平方米	增长或下降/%	销售额/亿元	增长/%
2014	75.61	14.4	20.56	12.6
2015	76.72	1.5	22.39	8.9
2016	72.69	5.3	22.39	持平
2017	73.87	1.6	23.73	6.0

2. 商品房销售面积及销售额的组成

2018年10月底，商洛市商品房屋销售面积共为515742平方米。2014～2017年，商洛市商品房屋销售主要分为住宅、商业营业用房及其他。其中，办公楼仅在2015年有2000平方米的销售面积、1000万元的销售额，其他年份均无办公楼的销售；住宅销售是商洛市商品房屋销售最重要的组成部分，其销售面积和销售额约占总销售面积和销售额的85%～95%和80%～92%。

3. 各类物业销售量、销售价格

（1）高层住宅

2018年商洛市新建及对外出售的商品房均为高层，均价呈现逐月上升趋势，为4000～4500元/平方米。其中，1～3月均价为4000元/平方米，4月上升到4080元/平方米；5月上升到4200元/平方米，6～7月上升到4300元/平方米，8～12月上升到4500元/平方米。

表6　2014～2018年商洛市商品房屋销售额组成情况

单位：万元

年份	商品房销售额	住宅	#别墅、公寓	办公楼	商业营业用房	其他
2014	205598	191101	—		14497	—
2015	223920	200619	—	1000	16622	5679
2016	223922	189919	—		32509	1494
2017	237301	190692	—		31772	14837
2018	185700	—				

表7　2018年商洛市住宅销售均价情况

月份	1	2	3	4	5	6	7	8	9	10	11	12
均价（元/平方米）	4000	4000	4000	4080	4200	4300	4300	4500	4500	4500	4500	4500
同比±（%）	11.11	11.11	11.11	11.78	15.07	16.22	16.22	18.42	18.42	18.42	18.42	18.42

2014～2018年商洛市住宅均价由2014年的2880元/平方米上升到2018年的4200元/平方米，呈现逐年上升趋势，除了2017年同比增长率为

3.35%，其他年份同比增长率均保持在 10% 以上，2018 年同比增长率为
13.51%，说明商洛市商品房住宅价格在今后一段时期会继续保持上涨趋势。

表8　2014～2018 年商洛市住宅销售情况

年份	均价 （元/平方米）	同比增速 （%）	年份	均价 （元/平方米）	同比增速 （%）
2014	2880	10.77	2017	3700	3.35
2015	3200	11.11	2018	4200	13.51
2016	3580	11.88			

（2）物业销售结构变化

2017～2018 年商洛市以开发 120～160 平方米、160～200 平方米、
200～240 平方米三大面积区间段的房屋为主，这三大区间分别占
28.1%、20.5% 和 16.1%，说明该地区形成了"一步到位"的一次性置
业理念，这与西安房地产业发展、二胎政策、区位以及交通规划等有关。
而一室一厅、两室一厅等小面积小户型的住宅交易活跃于经济适用房、
移民搬迁房以及二手房市场。

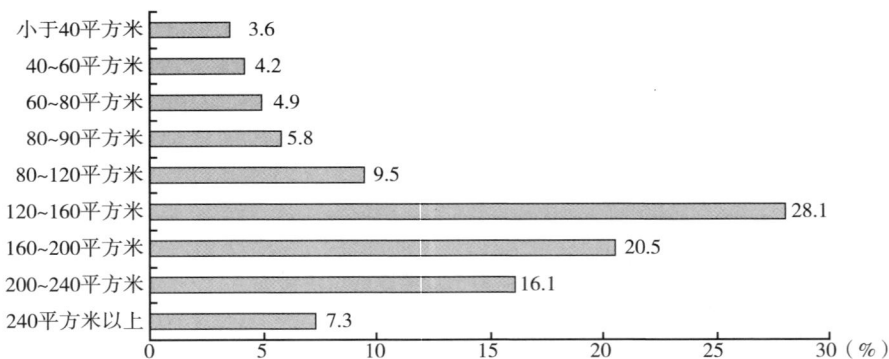

图1　2018 年商洛市普通住宅不同面积区间段比重

（3）购房者年龄段

20～30 岁、30～40 岁、40～50 岁是 2018 年商洛市主要购房者年龄段，
分别占 36.6%、21.7%、28.6%。结合现场问卷调查，商洛市一区六县群

众是普通住宅主要购房者，20～30岁和40～50岁人群购房主要用于自己结婚和儿女结婚，而30～40岁人群购房为改善居住条件。

4. 房屋销售冷热不均

进入2018年二季度以后，商洛全市房地产呈现县区差异较大、项目冷热不均的状态，商州区西边由于地理位置、环境等因素，房地产销售较好，价格较高；东边却比较平淡；洛南、山阳和镇安房地产投资和销售较好，其余县区较平淡。另外，个别房地产项目配套设施不健全，如没有幼儿园、没有超市、水电气不通等，也影响销售。整体上全市房地产投资增长较慢，销售不太好，待售面积较大。

三 房地产与社会经济的关系分析

（一）房地产在经济发展中所占比重

2017年末，商洛市实现地区生产总值800.77亿元，第三产业增加值260.36亿元，增长8.5%；全部建筑业增加值132.94亿元，比上年增长5.7%；资质等级以上建筑企业产值168.6亿元，增长18.3%。其中，国有及国有控股企业完成66.59亿元，增长45.9%。房屋建筑施工面积501.59万平方米，其中投标承包面积151.51万平方米。

（二）房地产业对本市经济的拉动作用

2018年1～10月，商洛市房地产投资加快，共有房地产项目46个，同比增长7.0%；完成投资18.65亿元，同比增长9.7%；商品房销售面积增长9.8%，同比提高11.9个百分点。2017年全社会固定资产投资1156.65亿元，增长23.6%；第三产业投资739.22亿元，增长20.3%；房地产开发完成投资21.07亿元，增长5.0%。2014～2017年商洛市房地产开发经营涉及主营业务收入、土地转让收入、商品房屋销售收入、房屋出租收入、其他收入等，对商洛市经济发展起到一定的拉动作用。

表9 2014～2017年商洛市房地产开发经营情况

单位：万元

年份	主营业务收入	土地转让收入	商品房屋销售收入	房屋出租收入	其他收入	主营业务成本	主营业务税金及附加
2014	100168	2	97736	194	2236	80950	5519
2015	121554	—	118482	347	2725	90330	6102
2016	131711	30	129055	152	2475	108190	4795
2017	148412	80	147772	155	405	120487	4302

房地产开发对社会消费有巨大的拉动作用。按照经济学家提出的计算公式销售额乘以1.34系数计算，商洛市2017年商品房销售面积为73.87万平方米，增长1.6%；商品房销售额为23.73亿元，增长6.0%，带动社会整体消费31.80亿元，对消费需求的贡献率达10%以上。

（三）房地产对就业的贡献

房地产业是一个劳动密集型产业，可吸纳规划设计、建筑安装、装饰装潢、工程监理、房地产中介、劳务服务、信息等各方面的人员就业，不仅解决了相关专业大学生的就业问题，还是吸纳农民进城务工的主要劳务市场。近年来，商洛市房地产业主要吸收了地方高校的本科及专科毕业生加入，使得从业人员业务素质水平逐步提高。

四　保障性住房建设状况

（一）2017年、2018年保障性住房基本情况

2018年，商洛全市计划实施棚户区改造新上项目11个，改造7019套，其中货币化安置6238套，完成总投资22.75亿元，拟申请国开行贷款资金24.82亿元。同时，全面完成续建项目改造建设年度计划。2018年政府投资公租房年新增分配4004套（市本级1936套），发放城镇住房保障家庭租赁补贴12603户（市本级2156户）。

（二）保障房市场存在的主要问题

保障性住房小区建设发展依然缓慢，主要原因如下：地方财政困难，项目周边基础设施建设投资无法解决；地价较高，政府征用集体土地时矛盾比较突出；本地开发企业规模相对较小，因利润空间限制，引进外地有实力的开发企业较为困难。

五　物业管理现状分析

（一）物业管理基本情况

2017年，商洛市取得工商登记的企业法人和申请办理物业管理资质的企业共有20家。商洛市共有物业从业人员近千人，承担着150多个小区的管理工作。从业人员文化素质较低，服务水平参差不齐。各小区物业管理费依然无统一标准，市场监管机制尚未形成，个别地方物业管理矛盾突出、资金使用不透明。物业管理时听取的业主意见较少，大多数居民不满意小区物业管理。

（二）物业管理市场存在问题

商洛市内分散建筑多，没有走规模化建设的路子，难以与城市总体规划、区域控制性规划衔接，给住宅物业管理工作带来诸多困难。由于商洛住房建设规模相对较小，难以达到专业物业管理公司承接的管理区域规模，导致全市整个住房物业管理滞后，短期内难以规模运作。管理市场还存在个别业主享受服务却不履行义务的情况，另外，业主日益增长的需求与有限的服务这一矛盾也逐渐突出。

六　房地产发展趋势

（一）供需趋势

2017年以来，商洛市商品房、经济适用房和廉租房等供给充足，销量呈逐年上升趋势。2018 年 1 ~ 10 月，商洛市商品房房价大幅度上涨，销售量呈下降趋势，而二手房市场交易较为活跃。未来商洛市交易住宅主要是刚需房，投资性住房较少。

（二）价格趋势

受西安房地产大环境和商洛市即将在 2020 年开通高铁的影响，2017 年和 2018 年商洛市住宅均价涨势迅猛，尤其是 2018 年均价达到每平方米 4200 元。根据问卷调查可知，开发商和售楼人员对商洛市房价的上涨有信心，同样，购房者也认为商洛市房价会继续上涨，普遍认为均价会上涨到每平方米 5000 元左右。国家出台的各种调控政策对商洛市房地产影响较小，未来房价会继续上涨。

（三）结构趋势

依据对商洛市区 5 个新建楼盘的调查，商洛市在售商品房的户型以大三、四居室为主，其中三居室的比例占到了 50%，而保障性住房以小一、二居室为主。受房价上涨及二孩政策影响，未来商洛市开发商应多提供小四、五居室。

（四）国家宏观调控的影响

目前，国家宏观调控政策没有影响到商洛市房地产业，其整体上呈现出蓬勃的发展趋势，其原因如下：商洛市为三、四线城市，受到国家宏观调控的一、二线城市大批流动资金进入商洛房地产业，刺激带动了商洛市房地产业的发展；商洛市是西安后花园，融入大西安发展规划圈、高铁即将通车以及移民搬迁等带动了房地产业迅猛发展。未来，国家宏观调控政策力度的加大，必然会优化商洛房地产业，使其健康合理发展。

B.22

2017~2018年延安市房地产业发展报告

周旭 焦盼盼 张帆*

摘　要： 2017年延安市完成全社会固定资产投资1283.65亿元，比上年下降5.6%；完成房地产开发投资63.94亿元，较上年同期下降17.86%；房屋施工面积、竣工面积较上年都有较大增长，商品房销售面积及销售额大幅度增长。2018年延安市房地产投资高速增长，房屋施工面积稳定增长，但商品房竣工面积和销售面积大幅回落，房地产市场呈现供给小于求的状况，商品房价格涨幅较大。近两年，延安保障性安居工程建设力度较大，一直走在全省前列。在延安经济增长乏力的背景下，预计2019年延安房地产市场增势平缓，老城区房价还有上涨趋势，新区房价已缺乏上升空间。

关键词： 延安市　社会经济　房地产市场　保障房

一　延安市房地产业发展现状

房地产业是经济发展、城镇化、商业化的重要组成部分，近几年来延安房地产开发市场主体规模和房地产投资规模持续扩大，市场化水平显著提

---

* 周旭，西安财经大学管理学院副教授，主要研究方向为房地产经济学、工程项目管理；焦盼盼，延安大学建筑工程学院教师，主要研究方向为建筑给排水；张帆，延安大学建筑工程学院讲师，主要研究方向为建筑节能决策理论。

高，房地产业实现蓬勃发展，对推动社会发展、经济增长的贡献率不断提高。

（一）房地产企业状况

截至2017年底，延安市共有房地产开发企业114家，较2016年延安市房地产开发企业多出14家，其中具有一级资质的企业3家，具有二级资质的企业35家，具有三级以下资质的企业76家，行业整体实力不断得到优化提升。代表企业有延安新大洲房地产开发有限公司、延安华龙房地产开发有限公司、延安城市建设投资有限公司、慧泽房地产开发公司、延安圣大房地产开发公司、延安金裕房地产开发有限公司等。2017年末，延安房地产企业总数占全省的4.9%，在全省排名第八，超过商洛、铜川两市，房地产市场规模不断实现突破。

（二）房地产业从业人员状况

房地产的发展给延安带来了更多的就业岗位。2017年末房地产业（房地产开发、物业管理、房地产中介服务等行业）有从业人员5089人，从业人员工资总额1.95亿元。其中房地产开发业有从业人员3098人，从业人员工资总额1.32亿元。

（三）房地产开发与投资情况

1. 固定资产投资与房地产开发投资

2017年延安市全年累计完成全社会固定资产投资1283.65亿元，比上年下降5.6%。其中房地产开发投资63.94亿元，占固定资产投资总额的4.98%。2012～2017年六年间延安的固定资产增长9.42%。

根据表1数据，2012～2017年延安市房地产开发投资258.13亿元，年均投资43.02亿元，极大地推动了延安的城市化进程，成为延安经济发展的重要力量。2015～2017年为延安房地产开发黄金期，年度投资规模保持在50亿元以上。2017年全市房地产开发投资63.94亿元，较2016年的77.84

亿元下降了17.86%，但与2011年相比增长了6.9倍，房地产市场处于活跃状态。

2012年房地产投资增长较快，增幅为151.36%；2013年房地产投资总额有了小幅度的减少，降幅为9.4%；2014～2016年房地开发投资均有不同程度的增长，而2017年房地产投资降幅较大，达到17.86%。2016～2017这两年，房地产投资占固定资产的比重从5.73%降到4.98%。

2017年延安固定资产投资额超过铜川、安康、商洛，在全省排第七名；房地产开发投资额超过商洛、铜川，在全省排名第八；房地产开发投资占固定资产投资的比重高于商洛、榆林，在全省排名第八。延安的房地产开发投资规模相对较小。

表1　2012～2017年延安市固定资产投资与房地产开发投资

年份	固定资产投资（亿元）	同比增长（%）	房地产开发投资（亿元）	同比增长（%）	房地产投资比重（%）
2012	1032.06	26.6	20.31	151.36	1.97
2013	1321.04	28.0	18.40	－9.40	1.39
2014	1541.07	16.7	26.66	44.89	1.73
2015	1637.17	6.2	50.98	91.22	3.11
2016	1359.33	－15.4	77.84	52.69	5.73
2017	1283.65	－5.6	63.94	－17.86	4.98

资料来源：2012～2017年《陕西统计年鉴》。

2. 房地产施工和竣工面积

据陕西统计年鉴数据（见表2），2016年延安市房地产开发房屋施工面积为729.54万平方米，较上年同期上涨22.68%，其中住宅525.91万平方米，下降0.92%；2017年延安市房屋施工面积830.52万平方米，较上年同期上涨13.84%，其中住宅561.96万平方米，上涨8.93%，住宅施工面积占到房地产开发房屋施工面积的67.7%。

2016延安市房地产开发房屋竣工面积107.73万平方米，较上年同期上涨51.84%，其中住宅82.77万平方米，上涨22.42%；2017年延安市房屋竣工面积145.29万平方米，其中住宅125.98万平方米，竣工面积较上年同期上涨34.87%，其中住宅上涨52.21%，住宅供给大幅增加。

表2　2016、2017年延安市房地产开发面积

单位：万平方米，%

指标	2016 年		2017 年	
	绝对量	同比增长	绝对量	同比增长
房屋施工面积	729.54	22.68	830.52	13.84
其中：住宅	515.91	-0.92	561.96	8.93
房屋竣工面积	107.73	51.84	145.29	34.86
其中：住宅	82.77	22.42	125.98	52.26

资料来源：2016、2017年《陕西统计年鉴》。

从延安房地产开发项目规模来说，之前延安受到地形和土地面积限制，大型商品房项目较少，目前大型商品房项目有所增加，延安房地产依然有发展空间。

（四）房地产销售情况

1. 房地产销售面积

延安旧城改造、山体居民搬迁、棚户区改造、基础配套设施建设的稳步推进，极大地激活了改善性住房市场需求，2017年延安商品房销售实现了规模、总量的大幅提升。据陕西统计年鉴数据（见表3），2017年延安市累计销售商品房面积128.87万平方米，较上年同期增长93.59%，其中商品住宅销售119.04万平方米，占商品房销售面积的83.9%；商品房销售额51.19亿元，较上年同期增长127.81%，其中商品住宅销售额42.71亿元，较上年同期增长106.03%。统计数据显示，在商品房的开发投资和销售中，住宅占有绝对比重，商业、办公等其他房地产开发量特别低，房地产开发种类逐渐呈现单一模式，房地产市场结构的合理性急需加强。

从表2、表3可知，虽然2017年延安市房屋竣工面积较上年有了很大增长，但商品房销售面积与竣工面积之比达到0.87:1，而商品住宅销售面积与竣工面积之比达0.94:1，可见延安房地产市场需求稍小于供给，期房销售比重有所降低。

从表2、表3统计数据可以看到，2017年延安房地产的施工面积尤其是竣工面积较上年都有较大幅度的增长，但商品房销售面积增长幅度相对更大，达到93.59%，因此商品房待售面积与上年相比规模较稳定，较2016年同期增长9.27%。可见延安市的住房需求空间还是很大的。

表3 2016～2017年延安市房地产销售情况

指标	2016年		2017年	
	绝对量	同比增长（%）	绝对量	同比增长（%）
商品房销售面积（万平方米）	66.57	19.77	128.87	93.59
其中：住宅	64.73	23.27	119.04	83.90
商品房销售额（亿元）	22.47	1.90	51.19	127.81
其中：住宅	20.73	6.42	42.71	106.03
商品房待售面积（万平方米）	50.79	13.04	55.5	9.27

资料来源：2017、2018年《陕西统计年鉴》。

2. 房地产销售价格

根据延安市房产管理办公室新建商品房销售情况数据，2018年1～8月延安市市区新建商品住房销售均价如图1所示，可以看出延安市房地产销售价格波动较大，且总体来说呈现急剧增长的趋势。增长最快的是6月，销售均价为4709元/平方米，同比增长37.45%，环比增长13.2%；其次是2月，销售均价为4424元/平方米，同比增长23.75%，环比增长12.23%。根据陕西省统计局数据，2018上半年延安房价涨幅位居全省第一，原因有2017年西安房价持续上涨带来的蝴蝶效应，也有延安房地产市场供给不足，还有陕北有购买力的人群看好延安发展。

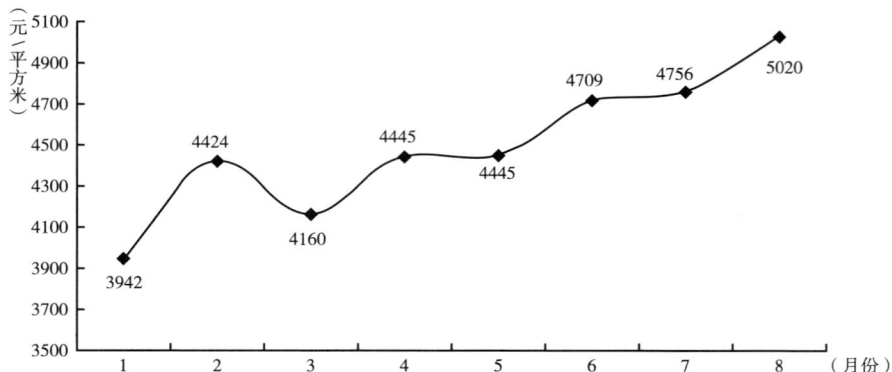

图1　2018年1~8月份延安市市区新建商品住房当月销售均价

资料来源：根据延安市房产管理办公室《延安市房地产市场运行情况》月度统计数据整理。

（五）房地产开发用地情况

延安属于典型的线形城市。宝塔山、清凉山、凤凰山高高耸峙，三面合围的山崖底部，延安城区密集地分布在一个"Y"字形的三条主川道中。延安市区地形最为宽阔的东川最宽处也不足一公里，长度却超过了20公里。而地形更为狭长的南川，最宽处只有200米，只有两三条马路的宽度。受到地形限制，延安市可利用的建设用地很少，延安的用地省上指标是每年9000亩，实际能利用的只有4000亩，已建成的延安36平方公里的城区容纳了50多万人口，人口密度接近北京、上海，达到每平方公里1.47万人，局部超过了北京和上海的人口密度，城市用地紧缺。官方资料显示，延安的人均建设用地仅为72平方米，远远不能满足延安房地产开发建设的需求，城市发展受到严格限制，亟须寻求新的建设用地。

2011年底，延安市政府通过了"削山造地、上山建城"的城市发展新战略，拓展城市发展空间，建设城市新区。2012年4月一期工程启动实施，规划控制面积10.5平方公里，建设期4年；2016年延安新区北区二期用地获国土部支持，规划控制面积8.03平方公里。目前，延安还在抓紧进行新区二期开发、老城区改造动迁、棚户区改造、发展组团等多项工作，希望通过建设城市新区二期工程、棚户区的改造等促进房地产业合理发展。

（六）二手房交易情况

根据 2018 年 1～8 月延安市房产管理办公室二手房交易情况数据，2018 年 1～5 月二手房交易面积同比增速维持在 65% 左右，6～8 月增速放缓；二手房交易中大部分是住宅交易；二手房交易均价 5 月最低为 2906 元/平方米，8 月最高为 3348 元/平方米，均价稳定在 3000 元/平方米左右（见表4），由此可见二手房交易需求量稳步提升、价格适中，暂时没有特别大的涨幅，二手房市场处于正常状态。

表4　2018年1～8月延安市二手房交易情况

月份	二手房交易面积（万平方米）		二手房住宅交易交易面积（万平方米）		二手房住宅当月交易均价（元/平方米）		
	累计销售	同比（%）	累计销售	同比（%）		同比（%）	环比（%）
1	1.51	66.6	1.08	19.37	3046	−0.39	0.76
2	2.49	64.92	1.98	33.06	2938	−2.07	−3.55
3	—	—	—	—	2916	−7.95	−0.75
4	4.86	64.92	4.36	0	3163	−7.95	−0.75
5	6.93	64.92	6.39	0	2906	−7.95	−0.75
6	8.67	17.5	8.13	11.75	3298	11.99	13.49
7	10.76	24.94	10.22	4.33	3225	−0.71	−1.95
8	12.56	20.93	12.01	20.64	3348	19.1	3.81

资料来源：延安市房产管理办公室编《延安市房地产市场运行情况》。

二　延安市保障性安居工程建设状况

（一）延安市保障性安居工程建设现状

1. 延安市保障性住房制度情况

保障房政策实施以来，延安努力健全完善住房保障政策体系，形成了以廉租房、公租房、经适房、限价房四类保障房为主的供应体系，解决了一大批中低收入家庭的住房困难。为了加快保障性住房建设的步伐，延安市对保障房实行税费减免政策，政府对廉租住房、公共租赁住房、经济适用住房建设项目，免征城市基础设施配套费等各类行政事业性收费和市属政府性基金；对廉租住房经营管理单位按照政府规定价格向规定保障对象出租住房的租金收入，免征营业税、房产税；对廉租住房、经济适用住房、公共租赁住房的建设和运营，按规定减免房产税、城镇土地使用税、土地增值税、印花税和契税；电力、通信、市政公用事业等企业对保障性住房适当减免入网、管网增容等经营性收费。

为了推进住房保障分配工作有序健康发展，延安市建立了社区、街道、区县住房保障机构"三审三公示"的审核分配机制，公开摇号分配租赁型保障房，在分配过程中邀请公证、纪检、人大代表等全程参与监督，确保了分配的制度化、科学化和人性化。

2. 保障性住房用地供应情况

延安对保障性住房土地实行优先供应、各项税费减免的政策，各部门联动加快手续办理，市财政对每平方米补助 400 元。从 2017 年国有建设用地供应情况来看，延安市保障性住房的土地供应面积为 86.28 万平方米，已经超过普通商品住房用地供应量。从表 5 数据可以看出，2017 年延安市保障性住房和商品房建设齐头并进。

表5　2017 年延安住宅建设用地供应情况

序号	类别	宗地数	面积（万平方米）
1	普通商品住房用地	42	70.77
2	经济适用住房用地	19	22.83
3	廉租住房用地	14	35.06
4	公共租赁租房用地	4	28.39

资料来源：延安市国土资源局编《2017 年国有建设用地供应情况》。

3. 棚户区改造建设情况

延安棚户区改造工作于 2012 年 10 月正式启动。近几年来，延安市根据

"中疏外扩"城市发展战略，全力推动旧城改造、棚户区改造项目，取得了显著的成就，延安棚户区改造力度在陕西位居第二。

（1）2017年改造建设情况

2017年，延安市新开工棚户区改造39541套，开工率达到128.5%；基本建成47198套，完成年度任务的132.7%。2017年全年共争取中省保障性安居工程基础配套设施补助资金5.7亿元，向国开行融资两批117.96亿元，向农发行融资6.55亿元。各项指标超额完成年度目标任务，上半年和第三季度在全省住房保障工作考核排名中，延安市均位列全省第一。

2017年共列入棚改计划并通过国开行贷款审批的项目为17个，涉及征收建筑面积85.8万平方米、动迁户3.2万多户、动迁人口13.9万人。现已启动征收项目5个，未启动项目12个，共涉及征收建筑面积62.8万平方米、动迁户2.2万户、动迁人口9.4万人。

（2）2018年改造建设情况

近两年延安市大力推进棚户区改造货币化安置，出台了《延安市利用存量商品住房作为棚户区改造安置房省级奖励办法实施细则》，每户奖励0.8万元，由市保障性住房管理中心实行统一兑付，并在棚户区改造综合考核中，对货币化安置率高的县（区）予以加分奖励；同时通过购买社会房源和搭建平台组织征迁群众选购等方式，切实提高了棚改货币化安置率。2018年延安市棚户区改造项目第一批计划项目15个，拆迁计划面积共118.97万平方米，签订拆迁安置补偿协议共8777套，全部为货币安置；第二批计划项目14个，拆迁计划面积共197.06平方米，签订拆迁安置补偿协议共22060套，其中实物配租7278套，货币安置14782套，棚改方式全部为政府购买服务。

按照延安市城市总体规划和棚户区改造计划，2018年新列入征收计划的项目共7个（见表6），包含16个区块，涉及征收建筑面积96.1万平方米，动迁户3.7万多户，动迁人口17.7万多人。2018年延安市征收拆迁数量大，任务艰巨。

表6 2018年延安市棚户区改造新列入征收计划

序号	项目名称	拆迁面积（万平方米）	动迁户数（户）
1	延安市交际宾馆周边棚改项目(4个区块)	12.72	4662
2	延安市王家坪周边棚改项目(4个区块)	21.77	8339
3	延安市光华路山体棚改项目(3个区块)	21.58	9564
4	延安市丝绸厂至刘万家沟沟口山体棚改项目(2个区块)	19.57	7614
5	延安市大砭沟山体隐患区B区棚改项目	16.61	6134
6	延安市粮贸大厦片区棚改项目	1.54	536
7	延安市市场沟南滨路棚改项目	2.31	335

来源：根据延安市房屋征收管理局《2018年重点工作计划》整理。

（二）延安保障房建设需要关注的几个问题

1.安置房配套不健全

截至2017年，延安市公租房配备基础设施建设省级专项资金下达投资12144万元，用于共17个项目的道路硬化、景观绿化、管道和给排水、供热管网、燃气管网及小区照明等工程。但是，由于土地、规划等各方面原因，仍有部分拆迁安置小区远离县城或者市中心，交通、供水、供热、供气等公共服务配套设施建设相对滞后，居民居住不便。

2.保障房项目建设管理不规范

从延安市审计局文件（延市审字〔2018〕16号）对市保障房建设管理的跟踪审计结果来看，延安市对保障房项目管理不规范主要表现在如下方面。

（1）部分项目未取得建设用地批准。延安高新区姚店镇白牙村租赁型保障房项目占地35亩，项目已于2016年6月开工建设，但截至2018年3月底该项目尚未取得建设用地批准。

（2）已分配棚改安置房项目未进行消防验收。截至2016年底，由新区管委会负责实施的延安新区（北区）廉租房建设项目配建棚改安置房988套、延安新区（清凉山北区）棚户区改造项目配建棚改安置房1567套已基本建成，2017年新区管委会在未进行消防验收的情况下就对这些棚改安置房进行了分配。

（3）未严格办理基本建设审批程序。我国现行的基本建设前期工程程序包括项目建议书、可行性研究、初步设计、开工报告等环节，只有在完成上一环节工作后方可转入下一环节。审计发现截至2018年3月底，由延安市保障房公司负责实施的裴庄圆明保障性住房小区15#至26#楼工程未办理施工许可证。

3. 住房保障供给存在严重滞后

部分已建成保障房项目未及时分配，空置超过一年。经延安审计局抽查发现，截至2016年底由新区管委会负责实施的延安新区（北区）廉租房建设项目配建公租房1334套、延安新区（清凉山北区）棚户区改造项目配建公租房1224套已基本建成。截至2018年3月底，两个项目均未进行分配，空置超过一年，使政府的安居工程没有落到实处，造成了资源浪费。

4. 保障房信贷资金使用效益低下

截至2018年3月底，市保障房公司结余24个棚户区改造项目国开行贷款资金52027.75万元，超过1年未使用，其中市城改办11个项目19388.05万元、延安新区管委会4个项目17991.51万元、黄陵县2个项目7287.2万元、宝塔区5个项目5950.99万元、延川县1个项目800万元、富县1个项目610万元。政府相关部门应责令项目实施单位加强信贷资金需求管理，提高资金使用效益。

5. 部分棚改项目没有按期启动

延安市2017年共列入棚改计划并通过国开行贷款审批项目17个，现在已启动的只有城区隐患区、西沟沟道、尹家沟B区、物资局片区、石油机械厂滑塌区5个项目的征收工作，有12个项目未启动，共涉及征收建筑面积62.8万平方米、动迁户2.2万户、动迁人口9.4万人。还需要加大推进棚改项目的实施力度。

三　2017～2018年延安房地产市场发展总结

2017年随着旧城改造、山体居民下山、棚户区改造、基础配套设施建设的稳步推进，延安房地产开发热情高涨，房屋施工面积、竣工面积较上年都有较大增长，房地产供给增加，特别是新区学校、医院、休闲活动等基础配套设施陆续建成交付使用，极大地激活了改善性住房市场需求，商品房销售实现了规模、总量大幅提升。2017年，延安市人民政府在《关于房地产去库存的十条意见》文件精神的指导下，落实了降低贷款首付比例、调整房地产交易环节契税及营业税优惠政策、放宽公积金贷款等一系列政策措施，房地产市场去库存成效显著，库存规模稳定，住房供应结构逐步合理，房价基本稳定，延安房地产市场发展平稳健康。

2018年，商品房销售出现大幅下降，但房地产开发依然火热。延安新区房价相对于2016年，几乎翻了一番。随着新区阳光教育小镇、吾悦广场、北大培文实验学校、坤岗·金融国际等大型房产项目相继开工建设，从2018年6月份起房地产开发投资大幅回升，逐月回暖态势明显增强。2018年1~10月房地产市场运行情况如下。

1. 房地产开发投资扭负为正持续增长

如图2所示，2018年4月前延安房地产开发投资持续回落，但降幅收窄，环比呈现逐月回升，2018年1~5月全市房地产开发投资完成24.93亿元，较上年同期增长21.4%。2018年6月后受延安新区建设、旧城改造、重点镇建设强力推进的影响，房地产开发投资规模触底反弹，实现持续高速增长。

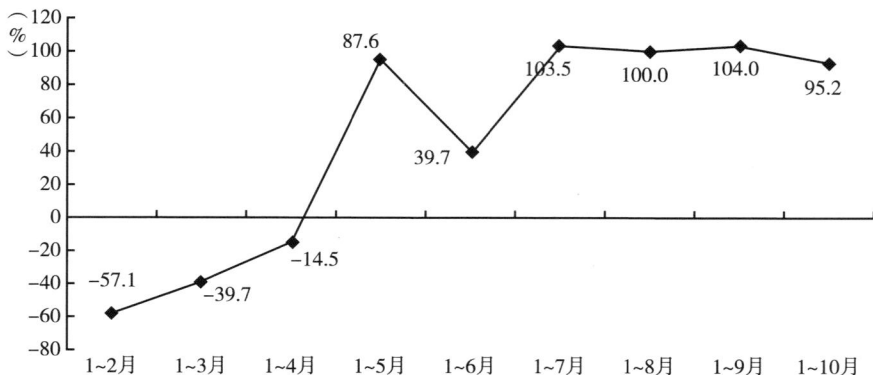

图2　2018年1~10月延安房地产开发增速情况

资料来源：延安市统计局编《固定资产投资》。

2. 房地产施工面积规模扩大

2018 年 1～10 月全市共有房地产开发项目 108 个项目，较上年同期增加 19 个，增长 21.3%。截至 2018 年 10 月底，房地产开发项目施工面积为 944.51 平方米（见表 7），较上年同期增长 17.6%，其中住宅面积 567.84 万平方米，但增速不大，比上年同期增长 4.6%。住宅大户型房屋建设热度在不断提高，144 平方米以上的大户型增长 8.5%。

表 7　延安市 2018 年 10 月房地产开发投资情况

指标	1～10 月累计	比上年同期增长（%）
房地产开发（亿元）	106.3	95.2
房屋施工面积（万平方米）	944.51	17.6
#住宅	567.84	4.6
房屋竣工面积（万平方米）	20.68	−75.8
#住宅	7.15	−91.4
商品房销售面积（万平方米）	73.61	−37.3
#住宅	71.37	−37.2
待售面积	58.20	5.2
房地产开发业企业数（家）	129	15.2

资料来源：延安统计局《延安市 2018 年 10 月固定资产投资》月度数据。

3. 商品房销售面积增速大幅回落

2017 年末商品房销售面积同比增加 93.6%，进入 2018 年，受上年新区大型楼盘相继售罄的影响，加上房地产开发投资规模持续缩小，商品房销售面积下滑较大，连续 10 个月增速为负（见图 3）。2018 年 1～2 月全市商品房销售面积只有 3.4 万平方米，较上年同期下降 63%；1～7 月销售面积 43.98 万平方米，较上年同期下降 42.9%；截至 2018 年 10 月底商品销售面积增速依旧为负，较上年同期下降 37.3%。后期市场商品房供给量不足以及购房者回归理性导致需求量减少，商品房销售面积实现扭负为正的压力较大。

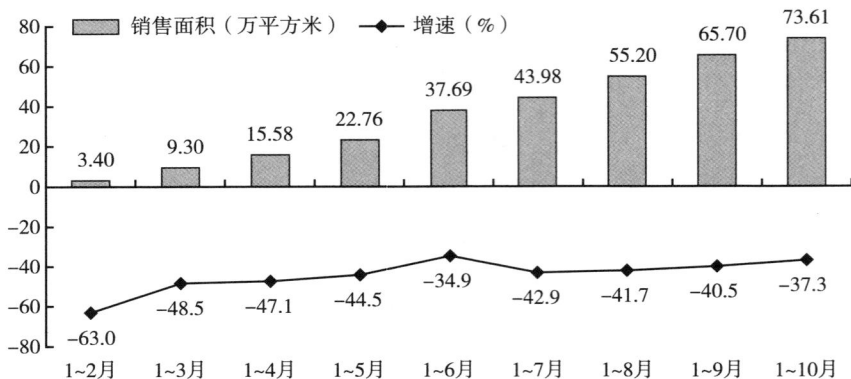

图3　2018年1~10月延安房地产销售面积增长情况

资料来源：延安市统计局编《固定资产投资》。

4. 商品房库存规模稳定

2018年1~3月，全市商品房待售面积为52.54万平方米，1~5月全市商品房待售面积为50.71万平方米，1~6月全市商品房待售面积52.99万，1~9月商品房待售面积为50.21万平方米，截至10月底商品房待售面积为58.20万平方米，较上年同比增长5.2%，较上月有较大增长，从总体来看商品房库存规模比较稳定。在商品房待售面积中，主要是三年以上商品房屋积压严重，占到全部待售面积的40%以上（见表8）。建议政府对现有库存房屋进行摸底，尽快将其纳入保障租赁住房序列，建立保障住房租赁市场，满足务工人员居住需求。

表8　2018年延安市待售房地产信息汇总

	待售面积（万平方米）	占总待售面积的比例（%）	较2017年同期变化（%）
1年以内	12.33	23.7	-20.1
1~3年	17.15	32.9	-39.7
3年以上	22.63	43.4	91.5

资料来源：延安市统计局编《延安：房地产市场运行情况稳中有忧》。

四 2019年延安市房地产市场发展趋势

2019年仍是"十三五"期间房地产业发展的重要机遇期，同时也是关键的转型期。在2019年，延安市还将以保障性住房建设、商品房开发以及新城建设、旧城改造、灾后重建为契机，科学规划、合理布局，稳步发展房地产业。未来楼市政策仍会延续"房子是用来住的，不是用来炒的"这一明确的主线，坚持调控目标不动摇、力度不放松，保持房地产市场调控政策的连续性和稳定性，继续严格执行各项调控措施，防范化解房地产市场风险。

（一）供需趋势

延安稳步实施"中疏外扩、上山建城"的城市发展战略，为房地产市场提供了难得的黄金发展期，房地产开发投资、商品房销售面积均实现了20个月以上的持续增长，房地产开发市场规模已达瓶颈，高位回调态势显现。2018年商品房销售面积持续回落，后期市场商品房供给量不足以及需求量减少，商品房销售面积实现扭负为正压力持续增大。

随着延安文化、旅游产业快速发展，教育、园林绿化等基础设施配套落地，房地产开发市场动力强劲，2018年后半年房地产开发投资较上年同期增长持续保持在一倍的水平，增速连续在全省十市居第1位。在房地产投资向好的形势下，2019年的商品房供给量将大幅增加。但受延安经济增速乏力的影响，2019年延安市居民对商品房的需求将会延续2018年的放缓趋势。

（二）价格趋势

进入2018年以来，延安新区的房价一路攀升，新城各个地块的房价均高出正常价格许多，鲁艺一号至四号安置房均价已经达到每平方米5000多元，杨家岭北苑南苑均价也已经达到5500元/平方米左右，新开盘的延安·

阳光城均价更是在 8000 元/平方米左右。

目前，延安市区房价均价约为 5300 元/平方米，比 2017 年同期增长 1000 元/平方米。从延安市统计局月度快报数据来看，2018 年 1~10 月房屋竣工面积同比大幅下降，降幅达 75.8%，其中住宅下降 91.4%，而商品房销售面积降幅为 37.3%，说明 2018 年商品房市场出现供给小于需求的状况，在这种情况下延安房价很难下降。

延安新机场（南泥湾机场）于 2018 年 11 月 8 日正式通航及西延高铁的建设，也将给延安房地产市场带来积极的作用，预计 2019 年延安市老城区的房价还会保持增长趋势，延安新城房价因已在高位，基本没有上涨空间。

参考文献

呼世慧：《延安市人民政府关于市政公用设施建设情况的报告》，2018 年 4 月 17 日。

陕西省人民政府：《2017 年延安市国民经济和社会发展统计公报》，2018 年 4 月 10 日。

陕西省统计局国家统计局陕西调查总队编《2017 年陕西统计年鉴》。

陕西省统计局国家统计局陕西调查总队编《2016 年陕西统计年鉴》。

薛占海：《2017 年延安市政府工作报告》，2017 年 3 月 1 日。

薛占海：《2018 年延安市政府工作报告》，2018 年 2 月 23 日。

延安市房屋征收管理局：《2018 年重点工作计划》，2018 年 3 月 16 日。

延安市国土资源局：《延安市易地扶贫移民搬迁工作新闻发布会》，2018 年 7 月 13 日。

延安市人民政府：《2017 年公租房配套基础设施建设省级专项资金补助计划表》，2018 年 4 月 23 日。

延安市统计局：《改革开放 40 年延安房地产开发业蓬勃发展》，2018 年 10 月 9 日。

延安市统计局：《2016 年延安市国民经济和社会发展统计公报》，2017 年 3 月 13 日。

延安市统计局：《延安房地产开发市场投资、销售触顶回调》。

延安市统计局：《延安：房地产市场运行情况稳中有忧》，2018 年 9 月 11 日。

B.23
2017~2018年榆林市房地产业发展报告

王育宝　高睿凯　胡雨荷*

摘　要： 榆林市是全国典型的资源型城市。近年来，随着以榆林为中心的国家陕北高端能源化工基地建设的深入推进，榆林市经济持续增长，人民生活质量不断提高，房地产市场相对活跃。但受国家房地产调控政策趋紧、经济结构单一等影响，榆林市房地产业供给和需求发生了系列变化。本文重点分析了榆林市2017~2018年房地产业的发展现状、特点，揭示了发展中存在的问题及其原因，预测了2019年榆林市房地产业的发展趋势，最后提出了应对策略。

关键词： 榆林　房地产　发展趋势　应对策略

一　榆林市建设用地状况

随着经济的发展和人民收入水平的提高，榆林市建设用地规模也不断增加，但住宅用地占比呈不断下降的变化趋势。从2014年到2017年，榆林市（市本级）国有建设用地供应总量由798.12公顷增加到了1306.12公顷，但房地产建设用地面积逐年下降。2017年，榆林市市本级国有建设用地供应总量中，商服用地、工矿仓储用地、住宅用地、公共管理与公共服务用地、

---

* 王育宝，博士后，西安交通大学经济与金融学院副教授，博士生导师，陕西经济研究中心副主任；高睿凯、胡雨荷，西安交通大学经济与金融学院硕士研究生。

交通运输用地、特殊用地分别为 100.93 公顷、157.44 公顷、122.83 公顷、100.76 公顷、815.53 公顷、8.63 公顷，分别占总供给量的 7.73%、12.06%、9.41%、7.72%、62.44%、0.66%。国有建设用地中住宅用地占比有所降低，从 2014 年的 17.5% 降到了 2017 的年 9.41%。榆林商服用地、住宅用地主要集中在榆林市高新区和主城区，工业用地主要集中在榆林市高新区和榆神工业区等。[①]

表1 榆林市 2014~2017 年各供地区域分布

	2014 年		2015 年		2016 年		2017 年	
	土地面积（公顷）	占比（%）	土地面积（公顷）	占比（%）	土地面积（公顷）	占比（%）	土地面积（公顷）	占比（%）
商服用地	171.62	21.5	200.24	15.77	—	—	100.93	7.73
工矿仓储用地	289.57	36.3	523.47	41.22	—	—	157.44	12.06
住宅用地	140.06	17.5	283.29	22.31	—	—	122.83	9.41
公共管理与公共服务用地	168.42	21.1	223.13	17.58	—	—	100.76	7.72
交通运输用地	28.45	3.6	32.54	2.57	—	—	815.53	62.44
特殊用地	0	0	7.18	0.54	—	—	8.63	0.66
合　计	798.12	100	1269.85	100	—	100	1306.12	100

资料来源：榆林市人民政府。

二　榆林市房地产业发展现状及特点

尽管中央、陕西省和榆林市不断出台房地产发展调控政策，但受榆林经济持续稳定发展和人均收入水平不断提高的影响，加上榆林实施精准扶贫和推进城市化进程等措施，榆林房地产业总体表现稳定，波动不大。

（一）房地产企业与开发投资状况

1. 房地产企业数量变化不大、从业人员数量有所增加

2014 年以来，榆林市房地产开发企业的队伍保持着稳定扩大的趋势，

---

① 榆林市国土资源局：《2017 年度榆林市（市本级）国有建设用地供应计划》，2017 年 10 月 26 日。

2014 年全市共有房地产开发企业 151 家，2017 年则增加至 158 家。截至 2018 年 1～9 月，全市房地产企业数量已达到 166 家。房地产业的发展也促使了该产业就业人数的增加，全榆林市房地产业从业人员达 9000 余人。

近年来，一线品牌企业如绿城、绿地、中粮地产、恒大等陆续进入榆林房地产市场，加剧了企业之间的竞争，缩小了当地中小企业的生存空间，但也提高了榆林住房品质，改善了居民的生活环境。

2. 房地产业实际到位资金呈波动回升状态，且民间资本占比较大

受国际能源价格波动的直接影响，榆林房地产企业到位资金规模从 2014 年的 104.97 亿元直接降到 2015 年的 53.77 亿元，此后，房地产实际到位资金呈波动回升趋势。2017 年全年到位资金 67.69 亿元，同比增长 39.5%；2018 年 1～7 月，全市实际到位资金 41.79 亿元，同比增长 37.2%。

实际到位资金中，企业自筹资金等民间资本占比较高。2017 年，企业自筹资金 28.93 亿元，同比增长 30.3%，占 42.74%；2018 年 1～7 月企业自筹资金 17.04 亿元，同比增长 61.5%，占 40.78%。

表 2　榆林市 2014～2018 年房地产开发企业到位资金结构

单位：亿元

年份	2014	2015	2016	2017	2018.1～7
房地产开发企业本年到位资金	104.97	53.77	48.51	67.69	41.79
其中:国内贷款	16.19	10.76	7.33	7.90	4.72
利用外资	0	0	0	0	0
自筹资金	50.74	20.60	22.20	28.93	17.04
其他资金	38.04	22.41	18.98	30.86	20.04
其中:定金及预收款	—	—	—	—	10.51
个人按揭贷款	—	5.44	5.09	—	4.36

资料来源：陕西省统计局。

3. 房地产开发投资额持续增加，住宅投资占比最大

2015～2017 年，榆林市房地产开发投资额由 2015 年的 46.99 亿元增至

2017 年的 63. 25 亿元, 2018 年 1 ~ 9 月达到 69. 14 亿元。房地产开发投资额呈现持续增加之势。

投资方面, 2017 年, 全市房地产开发投资额 63. 25 亿元。其中住宅投资 45. 87 亿元、办公楼投资 1. 38 亿元、商业住宅投资 10. 25 亿元、其他 5. 75 亿元, 分别占房地产开发投资总额的 72. 5%、2. 2%、16. 2%、9. 1%, 住宅投资占比最高。

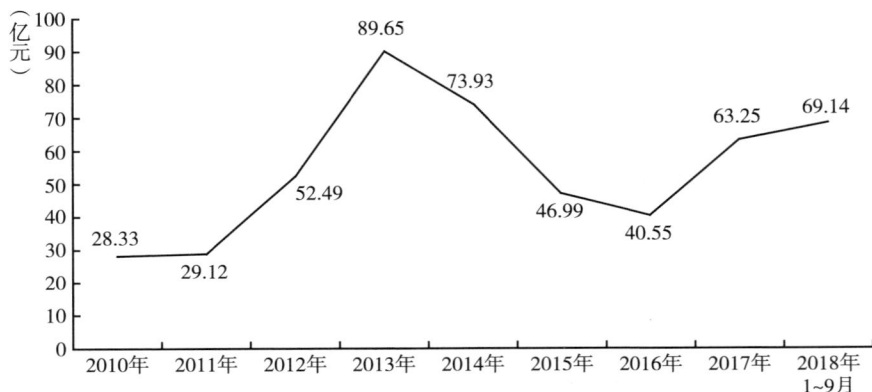

图 1　榆林市 2010 ~ 2018 年房地产开发投资额

资料来源: 陕西省统计局。

4. 房屋竣工面积、建筑施工面积有所波动

2014 年以来, 榆林市房屋竣工面积、房屋建筑施工面积呈波动状态。2014 年, 榆林市房屋建筑施工面积为 1244. 15 万平方米, 2015 年迅速下降至 798. 62 万平方米, 2016 年稍有回升, 为 953. 21 万平方米。2018 年 1 ~ 7 月, 全市房屋施工面积为 938. 57 万平方米, 增长了 5. 2%.

(二)房地产市场供给、需求和服务状况

1. 商品房销售面积、销售额波动较大, 销售价格相对稳定

从 2010 年以来, 榆林市房地产销售面积、销售额有较大波动。2017 年, 全市商品房销售面积为 79. 98 万平方米, 比 2016 年增长 43. 46%。销售

面积快速增长，主要是因为 2016 年下半年榆林市人民政府出台了《榆林市房地产去库存优结构实施意见》《榆林市房地产去库存优结构实施细则》，这两个政策有效促进了当年及次年榆林市商品房的销售。商品房销售均价 2015 年以来相对稳定，总体保持在 5000 元/平方米水平。

表3　榆林市 2010～2018 年 1～9 月商品房投资及其销售状况

项目　年份	建设投资（亿元）	销售面积（万平方米）	比上年增长（%）	销售额（亿元）	比上年增长（%）	销售均价（元/平方米）
2010	28.33	92.3	10.51	34.3	28.56	3716
2011	29.12	97.2	4.87	43.84	27.85	4510
2012	52.49	121.95	25.96	48.9	11.54	4010
2013	89.65	139.1	14.06	59.66	22.00	4677
2014	73.93	106.76	（23.25）	49.69	-16.71	6662
2015	46.99	52.01	（51.28）	24.46	-50.77	5513
2016	40.55	55.79	7.26	29.71	14.10	5025
2017	63.25	79.98	43.36	42.83	44.16	4893
2018 年 1～9 月	43.18	66.23	—	—	—	—

资料来源：《榆林统计年鉴》，榆林市统计信息网、中国房价行情网等。

2. 保障性住房建设稳步推进，质量有待提升

近年来，紧扣"建成陕甘宁蒙晋交界最具影响力城市"和陕西省委省政府提出的"五新发展战略"目标，榆林市委市政府把保障性住房建设作为民生工程建设的重要内容来抓。2016 年，全市城市低保家庭中的住房困难家庭实物配租保障 10277 户，租金补贴 6538 户。全市租赁型保障房项目完成资产管理登记 37 个 6948 套。[①] 2017 年，全市公租房分配 49321 套，基本建成 2523 套；新增租赁补贴 1490 户；棚改开工 17036 套，基本建成 3839 套。通过推进棚户区改造、落实货币化政策、增加保障房供应等措施，有效

---

① 高羽珑：《聚焦住房｜补齐中心城区短板让城市更健康宜居》，《华商报》2017 年 2 月 24 日，第 7 版。

缓解了城乡中低收入家庭住房紧张问题。[①]

尽管近几年榆林市保障性住房建设取得明显成效，但以横山区为代表的部分公租房、廉租房等保障性住房出现了房屋质量不合格，尤其是配套设施严重不完善等问题，导致入住率与交房率出现非常大的缺口。

3. 二手房市场交易稳中有升

二手房市场供需变化不但与市场价格、居民购房偏好、住房区位、收入水平有关系，而且和房地产调控政策尤其是房贷政策有关。2012～2014年，由于调控政策收紧，加上二套房贷难度较大，榆林二手楼市向有价无市方向发展。[②] 2015年特别是2016年底以来，随着煤炭、石油和天然气价格开始上涨，以及中心城区棚户区改造拆迁安置户拿到货币补偿款后住房需求增加，榆林二手房市场开始活跃。2017年，中心城区全年共办理二手房（住宅）交易1800件，交易件数较2016年增长15%；成交价格有所上涨，交易额达9.6亿元。榆林二手房市场呈现稳中有升的态势。[③]

但榆林的二手房市场仍处在较为初步的发展阶段，相关制度规章比较欠缺。政府不应直接干涉二手房市场，而应在宏观调控、税收等方面进行引导，通过基本机制与制度的建设来保障消费者的权利，避免房地产市场投机。

4. 物业管理现状及对策分析

随着住房制度改革与房屋社区管理的日益深化，榆林市物业管理市场化、专业化能力明显提高。2017年2月，榆林市全市注册物业企业408家，有从业人员1.6万余人；物业服务总面积达3100多万平方米，服务覆盖率将近50%。榆林市物业服务行业的职业人员和相关人才不断涌现，以物业服务为主的完整产业链得以产生。

---

① 张三林：《我市2017年积极推进保障性住房建设》，http：//www.ylrb.com/2018/0106/383448.shtml。

② 王圣学主编《榆林市2013～2014年房地产业发展报告》，社会科学文献出版社，2015。

③ 榆林日报：《2017年榆林办理二手房交易1800件 交易额达9.6亿》，http：//xian.qq.com/a/20180102/016217.htm。

榆林市物业管理存在的问题主要体现在管理机制不完善不健全、监管划分不甚明确，有效、公平、透明的市场竞争机制没完全确立，物业企业自身的服务意识与综合服务能力还不能更好地迎合住户需求等。对此，榆林市房地产管理部门应积极引导物业企业认真贯彻《物业管理条例》，建立健全合理的市场竞争与价格管理机制，推动物业管理市场化；加强监督管理机制的建设，保持行业发展安全稳定；引导与监督各方履行物业服务合同，规范维修资金使用；提高市场门槛，积极响应住户需求，积极培养合格有资质的物业公司及企业等。

三 榆林市房地产业发展存在的问题及原因分析

榆林市积极贯彻落实习近平总书记"房子是用来住的，不是用来炒的"的思想，严厉打击房地产投机行为，使房地产业整体发展态势2015年以来波动中相对平稳，但与2014年及以前相比，则表现出供给量、销售量相对下降的特征，其主要原因如下。

（一）房屋供需结构失衡，供大于求

榆林市经济发展主要依赖资源开采，榆林市房地产企业发展也同样受到资源产业波动的影响。榆林市房地产市场库存一直维持在较高水平，受国际能源价格下降和房地产调控政策影响，榆林市房屋的投机性需求呈现下降趋势，普通居民购买房屋的刚性需求不足。尽管地方和国家政府采取了一系列刺激居民需求的措施，榆林市去库存压力仍在增加。

（二）产业结构低度化挤压房地产业发展，加剧房地产市场波动

与省会城市西安不同，榆林市产业结构和内蒙古鄂尔多斯市等资源型城市一样，都具有第二产业在产业结构中过分突出的资源型城市特点。如图2所示，2010～2017年，榆林市产业结构长期呈现出第一、第三产业弱，第二产业强的态势，榆林产业结构低度化特征明显。2014年以后，尽管第二

产业比重总体下降，第三产业比重相对上升，但产业低度化的特征并没明显变化，榆林资源型产业发展特色依然非常突出。

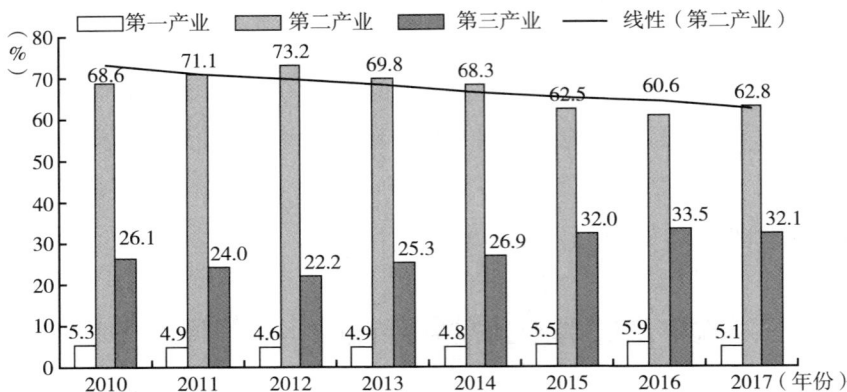

图2　榆林市2010～2017年三大产业所占百分比

资料来源：《榆林统计年鉴》。

为响应中央建设生态文明社会与实现绿色发展的号召，提升整体环境质量，榆林市也在发展太阳能等环境友好型产业，但仍处在过渡期，资源转移过程中的付出暂多于收益。作为榆林市居民重要的就业途径与财政收入的重要来源，二产比重下降导致居民收入与财政收入减少，这在一定程度上也降低了居民的购房意愿。

过分依赖能源产业，不仅导致区域经济不稳定、引起房地产市场波动、加剧房地产市场失衡和风险累积，也对其他产业发展产生了"挤出效应"。以2010～2017年度国际原油价格（Oil price）和榆林市城镇居民可支配收入水平（Income）为解释变量，以地产投资（Investment）为被解释变量，建立国际原油价格与榆林房地产投资、居民收入水平相关关系的多元线性回归模型，模型如下：

$$Investment = a + b(Oil\ price) + c(Income) \tag{1}$$

对数据进行标准化处理并进行回归分析，可以得出国际原油价格与居民收入水平、榆林房地产投资都具有显著正相关关系。由此可见，国际能源价格波动和榆林居民收入水平变化都会对榆林房地产投资产生一定影响。

表4　榆林市房地产投资与国际油价和居民可支配收入的相关性

被解释变量：房地产投资额（investment）	国际原油价格（Oil price）	居民收入水平（Income）	可决系数 R^2	调整 R^2	F统计量	样本量
	0.9245 ** (3.45)	1.7499 *** (4.04)	0.7812	0.6936	8.92	8

注：（1）括号内表示 t 值；（2）*** 、** 、* 分别表示在1%、5%、10%的水平上显著。

（三）对违规售卖和房产投机监管惩治力度不够，加剧楼市混乱

作为资源型城市，榆林财富积累速度较快，居民人均收入比较高，购买力比较强，再加上矿区煤老板、油老板等文化层次较低，于是榆林房地产消费投机性色彩浓厚。在榆林房地产市场上，投机群体相比刚性需求对市场影响更大，一旦房价大幅下跌，极易导致榆林房地产市场不健康发展，加剧市场波动甚至引发混乱。政府相关部门必须加强监管，采取相关措施阻止投机行为，避免房价大起大落，维护消费者特别是刚需者的利益。

（四）房地产市场投融资风险过大，影响持续稳定发展

房地产信贷风险会给整个金融市场带来巨大安全隐患。作为资源型城市，榆林房地产业主要的资金来源是商业贷款和私人信贷。部分房地产企业与村民合作开发的土地由于不能及时转变性质，使得房地产信贷不断收紧，这也是榆林房地市场面临的棘手问题。

榆林市房地产企业资金回收较慢，投资资金趋紧，仅靠销售不能满足再投资的需求。主要原因：一方面，政府调控和市场环境使金融机构对房地产项目放款更加谨慎；另一方面，前几年的民间借贷风险阴霾也加大了房地产企业融资难度。

四 榆林市房地产业发展趋势预测

（一）供给趋势

在政府调控政策方面，榆林市政府在房地产供给问题上大力施行房地产去库存的相关政策，先后落实了陕西省《关于加强商品房预售资金、二手房交易资金监管的通知》、《榆林市房地产去库存优结构实施意见》及《榆林市房地产去库存优结构实施细则》等一系列政策性文件，明确指出通过建立动态跟踪台账、引导房企按市场规律降价销售、完善楼盘周边配套设施、加快网签系统建设、利用存量商品房作为棚户区改造安置房等措施，强力推进全市去库存工作，效果明显。全市住宅销售量逐月增长。[①]

市场的回暖也促进了旧房地产项目的进一步建设和新开发项目的建设，房地产库存进一步减少。截至 2016 年 12 月底，全市商品房库存 678.9 万平方米，其中商品住房库存 351.51 万平方米 26716 套。2017 年，榆林市实施收缩供给侧、提高棚改货币化安置率、清理已售但未网签的商品房、调整供需差距等措施，库存快速削减。截至当年 12 月底，全市商品房库存净减少 155.29 万平方米。2018 年 1~9 月，全市商品房销售面积同比增长 28.5%，待售面积同比下降 7%。

（二）需求趋势

政府的宏观调控政策直接影响了房地产业的需求状况。2014 年，榆林市房地产市场低迷，此后，随着国家房地产调控方向转为刺激房地产发展，榆林房地产投资与消费相应增加。但随着 2016~2018 年国家对房地产市场限购、限贷、限售、限商、限价等调控政策的持续落实，预计未来房地产需求量保持增长，但增幅趋于平稳。

---

① 榆林市人民政府：《榆林市住房和城市建设局 2016 年部门决算公开》，2017 年 9 月 29 日。

2014 年后，面对能源化工工业引起的环境污染加剧和气候变化压力加大的情况，国家开始提倡以新能源产业代替传统能源工业，榆林市经济出现了一定程度的下滑，随之居民购房需求降低，房地产行业发展降速。

（三）价格趋势

作为资源型城市，榆林的经济发展与当地能源开采业密切联系，国际能源价格波动对当地收入水平有较大影响，进而也会影响他们的购买能力，从而导致房价波动。2010～2017 年，榆林市的商品房销售价格呈现先上涨后逐渐下跌的趋势，其与固定资产投资额和市人均 GDP 的变化基本呈现正相关趋势。并且，榆林市城镇化率逐年增长，年末就业人数除 2015 年、2016年有小幅下跌外，也基本呈现上升趋势。从该变化分析，预计未来房屋价格会有小幅回升。

为准确预测榆林市房地产价格走势，利用影响房地产价格的因素和掌握的数据，这里建立一个线性回归模型进行预测。以榆林市商品房销售价格为被解释变量，以榆林市房地产投资额、年末就业数、人均 GDP、城镇化率为解释变量。

模型如下：

$$P = \alpha + \beta BAL + \gamma POP + \delta PGDP + \varepsilon RCITY + \eta \qquad (3)$$

其中：P 表示商品房销售价格；BAL 表示房地产投资额；POP 表示年末就业人数；PGDP 表示人均 GDP；RCITY 表示城镇化率，α、β、γ、δ、ε 分别表示系数，η 表示残差。

表5　榆林市商品房销售价格相关性分析

被解释变量:商品房销售价格（P）	年末就业人数（POP）	城镇化率（RCI）	R^2	调整 R^2	F 统计量	样本量
	6.880618 ** (3.37)	-1.737894 (-1.97)	0.7513	0.6518	7.55	8

注：（1）括号内表示 t 值；（2）***、**、*分别表示在 1%、5%、10%的水平上显著。

对模型数据进行标准化处理，然后做回归分析。回归结果显示，榆林市就业人数（POP）增加可能促进商品房销售价格（P）上升。

综合考虑榆林近年经济发展态势，预计榆林房价短期内还将处于上涨趋势，但不会有较大涨幅。

五　促进房地产业健康发展的对策

随着榆林产业结构转型速度加快、城镇化水平提高和榆林市陕蒙宁晋中心城市建设的提速，榆林房地产业2019年还有较大发展潜力。为促使2019年及以后榆林房地产业持续稳定发展，避免房价大起大落对榆林经济社会发展和居民生产生活带来的不利影响，榆林应采取以下措施促进房地产业健康发展。

（一）强化地方政府监管责任、加强宏观调控

房地产市场的健康发展关系到政府、居民的直接利益。政府应坚持"房子是用来住的"这一指导思想，加强对房地产业发展的宏观调控，引导房地产业沿着城市总体规划方向发展；强化政府在土地出让中的监督作用，完善土地财政公开系统；完善房地产分类规划、分类管理制度，使商品房、保障房费等各类房屋保持合理供应比例；强化房地产政策研究和供求、价格预测，合理科学引导住房消费。

（二）推动产业结构转型优化

单一能源型产业结构产生的"挤出效应"直接影响居民收入分配，冲击房地产市场。为保持经济高质量发展，保证居民持续稳定收入，各级政府应根据榆林转型发展、绿色发展、创新发展需要，积极培育和发展能源精深加工、新能源、新材料等战略性新兴产业以及现代服务业等，积极打造榆林经济新增长点，吸聚社会资本从虚拟经济部门向实体经济部门转移，通过产业结构合理化、高级化，多渠道消化商品房库存，促进房地产业有序发展。

（三）加大房地产市场发展引导和监管

促进房地产市场规范化发展，对稳定区域经济社会发展有重要意义。应加强相关法律法规的建设，严格打击扰乱市场秩序的不规范行为，保护好房地产市场与市场参与者的根本利益。采取招标、拍卖、挂牌和协议出让等方式，严格把控土地供应，集中供应土地，防止分散供应造成的浪费。控制房屋销售许可证的发放，规范房地产企业行为，避免房地产企业销售中不合规行为的出现。对违规开发、占地和销售的企业进行严厉处置，打击不法行为，规范市场秩序。

（四）多渠道消化商品房库存

解决房地产高库存的关键主要是扩大有效需求，推进房产用途多元化改革。加大住房保障货币化力度，将符合条件的商品房作为棚改安置房和公租房房源，整体购买在建房地产项目用于棚改安置和公共租赁，或将尚未开工的建设用地转为棚改安置和公共租赁用地，允许其调整规划建设条件，消化高库存。在人口老龄化、两孩政策背景下，鼓励引导待售商品房向养老、租赁等新兴业态转化。创新支付方式，通过"房票""地票"及"产权共有"等方式，让棚户区改造拆迁户可自主选择政府已回购的房源。完善多层次住房保障体系，通过行政性调控逐步将部分商品房转为托底保障房，解决高库存等。

（五）拓展融资渠道、规范民间借贷

房地产业属资金密集型产业，其显著特点是投资大、资金长期占用。发展房地产业，需要拓展房地产企业的融资渠道，建立多元化融资渠道。改善商业银行的治理结构和产权结构，通过市场化手段规范和严格商业银行住房贷款。商业银行应加强贷款发放风险管理，强化贷款审视和预估，缩小房地产贷款规模。鼓励引导民间资本加入房地产业，从民间借贷角度提出房地产市场风险控制对策，包括建立危机应急处理机制及时防止危机扩散和失控

等。强化政府信用担保，严格打击非法民间借贷、诈骗资金等活动，重建良好社会信用体系。

（六）正确引导居民住房消费观念

正确引导居民住房消费观念，培养公民低碳绿色消费意识，引导居民更多考虑租赁方式以解决住房需求，有效降低房地产市场过度需求，缓解房屋价格上涨，进一步缓解房地产市场压力。限制房地产投机者的购房或房屋转让行为，增加投机者成本，使投机者放弃住房投机心理，促进房地产市场健康发展等。

参考文献

白林：《宏观调控政策下房地产行业战略调整分析》，《商》2015 年第 3 期。

陈朗洲：《市场篇：宏观视野下的房地产市场》，2018 年 8 月 2 日。

高羽珑：《聚焦住房｜补齐中心城区短板让城市更健康宜居》，《华商报》，2017 年 2 月 24 日第 7 版。

《2017 年榆林办理二手房交易 1800 件　交易额达 9.6 亿》，《榆林日报》，2018 年 1 月 2 日。

王育宝等：《榆林市 2013～2014 年房地产业发展报告》。王圣学主编《陕西房地产业发展报告（2013～2014）》，中国社会科学文献出版社，2015。

榆林市国土资源局：《2017 年度榆林市（市本级）国有建设用地供应计划》，2017 年 10 月 26 日。

榆林市人民政府：《榆林市住房和城市建设局 2016 年部门决算公开》，2017 年 9 月 29 日。

榆林市人民政府：《榆林市住房和城市建设局 2017 年部门决算说明》，2018 年 9 月 17 日。

榆林市统计局：《2015 年榆林市房地产市场运行分析》，2016 年 2 月 9 日。

榆林市统计局：《2017 年榆林市国民经济和社会发展统计公报》，《榆林日报》2018 年 3 月 31 日。

榆林市榆阳区人民政府：《2017 年上半年榆阳区房地产业投资销售双增长》，2017 年 8 月 1 日。

张三林：《我市 2017 年积极推进保障性住房建设》，2018 年 1 月 6 日。

掌上陕北：《2017 年榆林 126 个房地产项目总投资 63 亿元》，2018 年 2 月 7 日。

Contents

I　General Report

Abstract：In recent years, the real estate market of Shannxi is generally stable and healthy, that mainly benefited from the Shaanxi economy's "Pursuing and Surpassing" on multiple national platforms and "resolve real estate inventory" policies. In 2017 and the first three quarters of 2018, based on the Shaanxi real estate market was destocking, development investment growth continued to rise, the growth rate of commercial housing construction area slowed down steadily, the growth rate of housing construction area and new construction area has obviously accelerated, land purchase area increased larger. Last year, the funds in place have continued to grow, the proportion of self-funding increased, housing completion rate continued to slow down, the total area of commercial housing for sale decreased and the growth rate continued to fall, commercial housing prices have stabilized after going up a step. Key cities are as pilot of land secondary market transactions, deepen the supply side structural reform of land and housing, innovate the new model of land supply and establish a housing system mechanism of "simultaneous renting and purchase". In 2019, Shaanxi real estate market will develop steadily in the environment of "stable land price, stable housing price, stable expectation", development investment growth slows down, land purchase area reduce, construction area increases slightly, new construction area growth rate decline, completion area and area for sale increase, housing price rise steadily, real estate companies are highly competitive, concentration is further improved, the supply side structural reform of real estate in key cities will accelerate.

Keywords: Real Estate Industry; Destocking; Simultaneous Renting and Purchase; Housing System Reform

II   Special Topics

B. 2   Impact of National Land Policy on Shaanxi Real Estate Industry from 2017 to 2018

Xiang Yali, Song Jiemin and Meng Fanqi / 042

Abstract: At present, the real estate market is developing rapidly, the housing prices continue to grow, and the real estate bubble is more serious, due to the increasing demand for real estate and the increasing investment of developers in the real estate industry. Land policy which is an important means of macro-control of the real estate industry development, is the current and future a period of time the focus of real market regulation and control to ensure the continuous and stable development of market economy, through analysing the mechanism of land policy influence the real estate market, sorting out the possible impact of various land policies on the real estate market, formulating reasonably land policies, and ensuring the long-term development of the real estate industry.

Keywords: Land Policy; The Real Estate Market Macro-control

B. 3   The Impact of National Financial Regulation Policy on Shaanxi Real Estate Industry in 2017 −2018   *Li Zhongmin / 062*

Abstract: This paper introduces the financial control policies adopted by the central government in 2017 and 2018 to promote the healthy development of the real estate industry and restrain the excessive growth of real estate prices, and the corresponding control policies adopted by the Shaanxi Provincial Government. This paper analyses and studies the actual impact of financial regulation policies on Shaanxi real estate industry. On the basis of analysis and research, this paper points out the problems existing in the real estate industry in Shaanxi Province and puts forward some countermeasures and suggestions to solve the problems.

Keywords: Financial Regulation Policy; Purchase Restriction; Interest Reduction; New Housing; Commercial Housing

B. 4   The Impact of the 2017 −2018 Fiscal and Tax Policies on
Real Estate Market in Shaanxi Province

Lou Aihua, Jia Yanling / 088

Abstract: The policies of real estate destocking effectively eliminate the risk caused by inventory overstocking. However, there is a phenomenon that the growth rate of commercial housing sales area is higher than the real estate investment. For the steady development of the real estate industry, we should constantly improve the financial management system, perfect the sources of local government revenue, initiate the reform of real estate tax system and reduce the dependence on the real estate. The supply-side reform of the real estate market should be strengthened, such as increasing the area of land supply and the construction of indemnificatory apartment, promoting the development of the housing rental market and so on. Only by these ways can we effectively realize the objectives that "house is for accommodation rather than speculation" and promote the steady development of Shaanxi real estate industry.

Keywords: Real Estate; Real Estate Destocking; Real Estate Tax; Tax Policy; Fiscal Policy

B. 5   Construction Status and Development Strategy of Affordable

Housing in Shaanxi Province from 2017 to 2018

Wang Wanling, *Tang Xia* / 107

Abstract：2017 − 2018 in shaanxi province overfulfilled task goal of affordable housing construction, the policy system of indemnificatory housing was further improved, public rental housing and shanty housing reform were taken seriously and the common property right housing became a new direction of exploration; the construction of indemnificatory housing played an important role in "benefiting people's livelihood, controlling house prices, and stable growth". However, the value orientation, policies, regulations and systems of affordable housing construction still need to be clarified and improved.

Keywords：Affordable Housing; Public Rental Housing; Shared Property Housing; Shanty Towns Transform Housing

B. 6   Analysis of Shaanxi's House Renting Market from 2017 to 2018

Zhao Huiying / 131

Absrtact：In order to promote the development of house renting market, this paper uses market survey, data analysis and other methods to do the research. The result shows that 10 cities in Shaanxi Province have obvious differences in terms of the scales and prices of house renting. Xi'an is the capital city of Shaanxi. However, the insufficient demand and limited supply make the house renting market in Xi'an operates at a low level.

Keywords：House Renting; Long-term Rental Apartments; Professional Institutions; Government Regulation

Abstract: In 2017 − 2018, housing prices in Shaanxi Province showed a rapid upward trend. The macroeconomic environment, government regulation and control policies, increased demand for real estate, and increased construction costs are the main reasons for the rise in housing prices. In order to make the real estate market in Shaanxi Province develop healthily, it is recommended to improve the housing supply system; strengthen the monitoring of the real estate market; and prepare for the introduction of property tax.

Keywords: Real Estate Price; Real Estate Policy Housing Supply System

Abstract: Property management industry in shaanxi province in recent years, rapid development, property management regulations system gradually perfect, the management scale is growing rapidly, has formed a professional team, service content is increasingly wide, improve quality to create a level. In marketization operation gradually standard at the same time there are disputes in a property company and the owners of the community, the property service fee collection difficulties, property company management and operation ability needs to improve. In this paper, the causes of these problems has carried on the profound analysis, and discusses the countermeasures and Suggestions to solve the problem: from the perspective of the government to strengthen the supervision and management of the property management industry. From the perspective of enterprise experience enterprises of property management industry in China to speed up the transformation and upgrading, improve the management service ability; Of reference and application in other industries from the perspective of industry experience and new technologies to promote the development of fast and good development of property management industry.

Keywords: Property Management; Transformation and Upgrading; Intelligent; Merger and Reorganization

B. 9 Research on the Present Situation and Development Trend of Shaanxi Real Estate Enterprises from 2017 to 2018

Zhang Qian, Shang Yumei / 175

Abstract: Judging from the main indicators and composition of real estate development enterprise investment, the number of real estate development enterprises in Shaanxi Province has continuously increased, and the scale of investment has grown steadily. However, the strength of enterprises is weak, and 21% of the total enterprises with qualifications above the second level. From the perspective of various regions, more than 50% of enterprises are located in Xi'an (including Xixian New District), and the regional concentration is increasing. The business operation mainly relies on the sales income of commercial housing, and the proportion of land transfer income, housing rental income and other operating income is very low. The performance of first-line brand real estate enterprises is strong, market concentration is picking up, industry concentration is increasing, market demand mainly focuses on improving housing, and the trend of integration of real estate development enterprises with other industries will be further enhanced.

Keywords: Real Estate Development Enterprise; Enterprise Qualification; Average Asset; Investment Scale

Contents ↖↘

Abstract: With the continuous development of China's economy and the aggravation of ecological problems such as global warming, the construction of green buildings in China has put forward more requirements in residential buildings. At present, the construction of green residential buildings in China needs to be improved, and the application of green building technology in Shaanxi Province is not perfect enough. Starting from the green building and its development, this paper systematically expounds the evaluation system of green building, illustrates and summarizes the application of green building technology in real estate development in Shaanxi Province, hoping to provide some reference value for the construction of green residential buildings in Shaanxi Province.

Keywords: Green Building; Residential Building; Building Technology

Abstract: The building economy has gradually become an important part of China's urban economic system. The development of the building economy in Greater Xi'an is still in its infancy, so need to accelerate development. This paper describes the theory of building economic development, analyzes the typical models of building economic development at home and abroad and summarizes the experience. Based on a survey of the current situation of building economic development in Xi'an, analyzes the existing problems, and put forward the development thinking of Greater Xi'an building economy and the evaluation index system of building economy, which provides a preliminary exploration for the quantification of building economic development level. Finally, from the four aspects of industrial policy, fiscal policy, financial policy and organizational safeguard measures, the countermeasures and suggestions for the building economy development of Greater Xi'an are put forward.

Keywords: Greater Xi'an; Building Economy; Estate Industrg

B. 12 Analysis of Housing Condition and Housing Satisfaction in
Urban Shaanxi *Ren Honghao, Yu Jin and Ren Qian* / 237

Abstract: After the marketization of house, housing condition of urban residents in Shaanxi province was improved significantly. Specifically, per capita floor area and housing ownership rate kept increasing; housing style was optimized; housing facilities were improved; average number of residents within one house kept declining. Urban residents are satisfied with their housing, but satisfaction level varies across regions, income groups, ages, gender. Housing policy should be made to increase housing satisfaction of low-income household and the youth.

Keywords: Urban residents; Housing Condition; Housing Satisfaction

III   Regional Reports

B. 13 Report on the Development of Xi'an's Real Estate from
2017 to 2018 *Huang Xiaodan* / 251

Abstract: The latest Real Estate Controlling Policies have deeply impacted strongly-changing real estate market. This article focuses on basic characters of real estate industry development in Xi'an and the issues of the market, revealing that Xi'an real estate market is increasingly active that tends to healthy and stable developing methods with further strong regional impact.

Keywords: Xi'an City; Regional Impact; Trend

Abstract: At the beginning of 2017, Xixian New District was managed by Xi'an. The urban area of Xianyang was decreased, the economic scale was shrunk, but the growth rate of the same caliber index remained stable. The real estate market of Xianyang City showed a slight rise being drived by Xi'an Real Estate Market. Since April 2018, the price of Xianyang housing has increased considerably, which has stimulated the market, but compared with the first-tier cities, it has obvious lag and insufficient market demand. The report analyses the current situation, finds the problems, and expectation the trend of Xianyang's real estate in 2019.

Key word: Scale Shrinkage; Insufficient Demand; Xixian New District; Xianyang

Abstract: The article firstly analyzes the development situation, investment situation, sales situation and the dynamic development of the real estate industry in Weinan City from 2014 to 2018. The using the supply and demand theory to analyze the development trend of Weinan, the article analysis the develop trend of real estate industry in Weinan city and discovered the main development problems existed. Finally, combined with the construction of affordable housing and property management, the corresponding countermeasures and suggestions for the development of real estate industry in Weinan City were given, and the short-term trend of the development of real estate industry in Weinan City was predicted.

Keywords: Weinan City; Real Estate Industry; Development

B. 16　Report on the Development of Tongchuan's Real Estate from 2017 to 2018　　　　　　　　　*Wang Zhaomin* / 315

Abstract：This article describes the operating condition of real estate market in Tongchuan from 2017 to 2018, including real estate companies, land planning, investment and construction scale, home sales, construction of affordable housing and estate management condition. This paper comprehensively and objectively analyzes the relationship between the real estate industry and economy and society, existing problems and causes in real estate, and forecasts the development trend of the real estate industry in 2019.

Keywords：Tongchuan；Real Estate；Development Status

B. 17　Report on the Development of Baoji's Real Estate from 2017 to 2018

Ren Weizhe, Zhang Shuai, Liu Li, Liu Luyan and Lu Qihao / 338

Abstract：This topic combines Baoji's economic and social development goals and macroeconomic overview, comprehensively analyses Baoji's real estate operation, real estate market operation and guaranteed housing construction, and studies Baoji's real estate cycle fluctuation based on the principal component analysis method. It considers that the regional gross domestic product, residents' consumption level and sales area of commercial housing are the factors influencing Baoji's real estate cycle fluctuation. Important factors. On this basis, by analyzing the problems existing in the real estate industry in Baoji City, the corresponding solutions are put forward, and finally the development of the real estate industry in Baoji City is prospected.

Keywords：Baoji City；Real Estate；Periodic Fluctuation

B. 18   Report on the Development of Yangling's Real Estate

from 2017 to 2018

Ren Qian , Wu Xiaoyu , Lei Jinyu and Yu Jin / 358

Abstract: This report analyzes the development status of the real estate market in Yangling demonstration zone from 2014 to 2018 and predicts the future trend. So as to provide decision-making basis for the healthy and stable development of the real estate market in the demonstration zone. The analysis shows that the economic and resident income of Yangling demonstration area is increasing steadily and the growth rate is slowing down. In this context, the real estate investment has experienced considerable fluctuations. The proportion of real estate investment in fixed assets decreased from over 20% in 2016 to 9.82% in 2017. Recent years, the construction area of commercial housing is higher than the completed area; The sales area of real estate shows a rising trend, of which the sales area in 2017 is 22.80% higher than that of the previous year. From 2017 to 2018, the sales price of ordinary residential buildings maintained a stable annual growth rate of 2.48%. The second-hand housing market is booming. The price of second-hand housing in the first three quarters of 2018 is 34.04% higher than that in 2014. On the basis of accumulated a lot of experience, the process of loans for low-income housing and housing provident fund in different places has been steadily advanced. Based on the judgment of the development of the real estate market in Yangling demonstration zone in recent years, it is expected that the real estate industry in the demonstration zone in 2019 will continue the previous stable situation.

Keywords: Yangling Demonstration Zone; Real Estate Industry; Affordable Housing

B. 19　Report on the Development of Hanzhong's Real Estate
　　　　from 2017 to 2018　　　　　　　*Li Jun*, *Zhang Keqiang* / 379

Abstract: Since the revolution, the growth of real estate has been one of the most popular hot spots in China. Based on information about the economic environment, industrial structure, population scale and consumption level of the Hanzhong city, this paper carries out an analysis on the current situation and the prospect of the Hanzhong real estate industry in the light of scientific development concept, giving full consideration to the impact of accelerated urbanization and housing commercialization reform.

Keywords: Hanzhong; Real Estate; House Prices

B. 20　Report on the Development of Ankang's Real Estate from
　　　　2017 to 2018　　　　　　　　　　　*Chen Xingping* / 391

Abstract: By means of data collection and investigation, the present situation of the real estate market in the central city of Ankang and the supply-demand relationship and price trend in the next five years are analyzed. The results show that in the next five years, the real estate prices in the central city of Ankang are generally on the decline, but the supply-demand relationship in some regions will be basically balanced and the prices will be basically stable. Finally, some suggestions are put forward.

Keywords: Ankang City; Real Estate; The Trend of Price

B. 21　Report on the Development of Shangluo's Real Estate
　　　　from 2017 to 2018　　　　　　　　　　*Zhang Yan* / 400

Abstract: By means of data collection, questionnaire survey and field survey, this paper analyzed the current situation of real estate development in Shangluo city from 2017 to 2018 and predicted the future trend, so as to provide a basis for the sustainable development of real estate industry in Shangluo city. The main results were as follows: the real estate industry in Shangluo as a whole showed a trend of development and expansion. The enterprises and practitioners were rapidly growing and the comprehensive quality of practitioners was gradually improved. The development investment and commercial housing sales were increasing year by year. The city's real estate investment and sales growth was slow, uneven sales of hot and cold, the supply of commercial housing was greater than the demand, but the unit price still had room to rise, and the relevant government departments were low correlation, lax law enforcement, the number of affordable housing was limited and slow development, property management chaos and other problems had seriously affected the development of real estate. In the future, the government should strengthen macro-control, improve the housing supply structure and regulate the real estate market.

Keywords: Real Estate; Situation; Development; Suggestion; Shangluo City

B. 22 Report on the Development of Yanan's Real Estate from 2017 to 2018   *Zhou Xu, Jiao Panpan and Zhang Fan* / 411

Abstract: In 2017, the amount of fixed assets investment in Yan'an City reached 128.365 billion, which suffered a decrease of 5.6% compared with 2016. Besides, the sum of real estate development investment which totaled 6.394 billion Yuan also witnessed a decrease of 17.86% in comparison to last year. As regards to area of construction and completion of buildings, both increased considerably compared with the previous year. Also, commercial housing sales area and sales amount increased substantially. In 2018, the amount of real estate investment grew rapidly and the construction area increased steadily. However, the completed area and sales area of commercial housing fell sharply. Moreover, the supply of real estate market was less than demand, and the price of commercial housing rose sharply. In the past two years, the construction of security housing projects in Yan'an has been vigorous, and has been in the forefront of the province. Against the background of weak economic growth in Yan'an, it is expected that the real estate market in Yan'an will grow slowly in 2019. The housing prices in the old district of Yan'an will probably continue to rise, whereas there seems to be limited room for the housing prices in the new district of Yan'an to rise further.

Keywords: Yan'an; Social Economics; Real Estate Market; Security Housing

B. 23   Report on the Development of Yulin's Real Estate from
2017 to 2018   *Wang Yubao, Gao Ruikai and Hu Yuhe* / 427

Abstract: Yulin City is a typical energy resource city in China. With the deepening of the construction of the National High-end Energy and Chemical Base of Northern Shaanxi, the economy of Yulin City has continued to grow, the quality of life of the people has continuously improved, and the real estate market is relatively active in recent years, However, due to the single economic structure and the tightening regulation and control policies of real estate, and so on, the supply and demand of the real estate industry in Yulin City have undergone a series of changes. This paper analyzes the specific status, characteristics and problems of the development of Yulin real estate industry between 2017 − 2018, predicts the future development trend. Finally some relevant coping strategies are proposed.

Keywords: Yulin City; The Real Estate; Development Trend; Coping Strategies

权威报告·一手数据·特色资源

皮书数据库
ANNUAL REPORT(YEARBOOK)
DATABASE

当代中国经济与社会发展高端智库平台

所获荣誉

- 2016年，入选"'十三五'国家重点电子出版物出版规划骨干工程"
- 2015年，荣获"搜索中国正能量 点赞2015""创新中国科技创新奖"
- 2013年，荣获"中国出版政府奖·网络出版物奖"提名奖
- 连续多年荣获中国数字出版博览会"数字出版·优秀品牌"奖

成为会员

通过网址www.pishu.com.cn访问皮书数据库网站或下载皮书数据库APP，进行手机号码验证或邮箱验证即可成为皮书数据库会员。

会员福利

- 已注册用户购书后可免费获赠100元皮书数据库充值卡。刮开充值卡涂层获取充值密码，登录并进入"会员中心"—"在线充值"—"充值卡充值"，充值成功即可购买和查看数据库内容。
- 会员福利最终解释权归社会科学文献出版社所有。

数据库服务热线：400-008-6695
数据库服务QQ：2475522410
数据库服务邮箱：database@ssap.cn
图书销售热线：010-59367070/7028
图书服务QQ：1265056568
图书服务邮箱：duzhe@ssap.cn

社会科学文献出版社 皮书系列
SOCIAL SCIENCES ACADEMIC PRESS (CHINA)

卡号：628717643454

密码：

S 基本子库
SUB DATABASE

中国社会发展数据库（下设 12 个子库）

全面整合国内外中国社会发展研究成果，汇聚独家统计数据、深度分析报告，涉及社会、人口、政治、教育、法律等 12 个领域，为了解中国社会发展动态、跟踪社会核心热点、分析社会发展趋势提供一站式资源搜索和数据分析与挖掘服务。

中国经济发展数据库（下设 12 个子库）

基于"皮书系列"中涉及中国经济发展的研究资料构建，内容涵盖宏观经济、农业经济、工业经济、产业经济等 12 个重点经济领域，为实时掌控经济运行态势、把握经济发展规律、洞察经济形势、进行经济决策提供参考和依据。

中国行业发展数据库（下设 17 个子库）

以中国国民经济行业分类为依据，覆盖金融业、旅游、医疗卫生、交通运输、能源矿产等 100 多个行业，跟踪分析国民经济相关行业市场运行状况和政策导向，汇集行业发展前沿资讯，为投资、从业及各种经济决策提供理论基础和实践指导。

中国区域发展数据库（下设 6 个子库）

对中国特定区域内的经济、社会、文化等领域现状与发展情况进行深度分析和预测，研究层级至县及县以下行政区，涉及地区、区域经济体、城市、农村等不同维度。为地方经济社会宏观态势研究、发展经验研究、案例分析提供数据服务。

中国文化传媒数据库（下设 18 个子库）

汇聚文化传媒领域专家观点、热点资讯，梳理国内外中国文化发展相关学术研究成果、一手统计数据，涵盖文化产业、新闻传播、电影娱乐、文学艺术、群众文化等 18 个重点研究领域。为文化传媒研究提供相关数据、研究报告和综合分析服务。

世界经济与国际关系数据库（下设 6 个子库）

立足"皮书系列"世界经济、国际关系相关学术资源，整合世界经济、国际政治、世界文化与科技、全球性问题、国际组织与国际法、区域研究 6 大领域研究成果，为世界经济与国际关系研究提供全方位数据分析，为决策和形势研判提供参考。

法律声明

　　"皮书系列"（含蓝皮书、绿皮书、黄皮书）之品牌由社会科学文献出版社最早使用并持续至今，现已被中国图书市场所熟知。"皮书系列"的相关商标已在中华人民共和国国家工商行政管理总局商标局注册，如LOGO（　）、皮书、Pishu、经济蓝皮书、社会蓝皮书等。"皮书系列"图书的注册商标专用权及封面设计、版式设计的著作权均为社会科学文献出版社所有。未经社会科学文献出版社书面授权许可，任何使用与"皮书系列"图书注册商标、封面设计、版式设计相同或者近似的文字、图形或其组合的行为均系侵权行为。

　　经作者授权，本书的专有出版权及信息网络传播权等为社会科学文献出版社享有。未经社会科学文献出版社书面授权许可，任何就本书内容的复制、发行或以数字形式进行网络传播的行为均系侵权行为。

　　社会科学文献出版社将通过法律途径追究上述侵权行为的法律责任，维护自身合法权益。

　　欢迎社会各界人士对侵犯社会科学文献出版社上述权利的侵权行为进行举报。电话：010-59367121，电子邮箱：fawubu@ssap.cn。

社会科学文献出版社